Heidrun Martinez
Praxisbuch Motivierende und sinnorientierte Beratung in der Wohnungslosenhilfe

Heidrun Martinez

Praxisbuch Motivierende und sinnorientierte Beratung in der Wohnungslosenhilfe

Mit Online-Materialien

Die Autorin

Heidrun Martinez, Dipl.-Sozialarbeiterin, Personal-Coach und Logotherapeutin, arbeitet seit mehr als 20 Jahren in der Wohnungslosenhilfe.

Dieses Buch ist erhältlich als:
ISBN 978-3-7799-6277-9 Print
ISBN 978-3-7799-5577-1 E-Book (PDF)

1. Auflage 2021

Herstellung: Ulrike Poppel
Satz: Helmut Rohde, Euskirchen
Druck und Bindung: Beltz Grafische Betriebe, Bad Langensalza
Printed in Germany

Weitere Informationen zu unseren Autor_innen und Titeln finden Sie unter: www.beltz.de

Inhalt

Online-Material: Befragung „Motivation in der Wohnungslosenhilfe"

Das Online-Material können Sie über unsere Internetseite (www.beltz.de) herunterladen. Sie kommen zu den Materialien, indem Sie auf die Seite des Titels gehen und den Link zu den Materialien anklicken.

Vorwort

Wohnungslosigkeit kann als extremste Form von Armut und Ausgrenzung verstanden werden. Dabei lässt sich Wohnungslosigkeit als ein vielschichtiges Phänomen beschreiben, bei dem Ursachen in gesellschaftlichen Strukturen ebenso zu berücksichtigen sind wie die Würdigung der individuellen Lebensgeschichten der jeweils einzelnen Betroffenen. Neben dringend notwendigen gesellschaftspolitischen Veränderungsprozessen ist es vor allem für Fachkräfte in den Einrichtungen der Wohnungslosenhilfe von Bedeutung, wie denjenigen Menschen professionell begegnet werden kann, die ihre Beratungsangebote in Anspruch nehmen. Genau an diesem Punkt setzt das vorliegende Buch an und leistet einen wertvollen Beitrag zur methodischen Weiterentwicklung der Beratung in der Wohnungslosenhilfe.

Die Wohnungslosenhilfe lässt sich zunächst als ein komplexes und ausdifferenziertes Hilfesystem beschreiben, sodass Beratung in diesem Feld nicht einheitlich erfolgt, sondern in unterschiedliche Rahmenbedingungen eingebettet ist. Zudem richten sich die Beratungsangebote an eine äußerst heterogene Zielgruppe, wodurch die Beratungsbedarfe ganz vielfältiger Art sind. Ein Großteil der Menschen, die Beratungsangebote der Wohnungslosenhilfe in Anspruch nehmen, ist jedoch in hohem Maße von existenziellen, psychosozialen Problemlagen betroffen. Hiermit sind diverse Herausforderungen für die professionelle Beratungsarbeit verbunden, die ein entsprechendes Methodenrepertoire als auch eine damit einhergehende reflektierte Haltung der professionellen Fachkräfte erfordern.

Heidrun Martinez führt ebendies im vorliegenden Buch zusammen. Sie greift unterschiedliche Ansätze auf, die eine motivierende und sinnorientierte Beratung mit entsprechender Grundhaltung in der Wohnungslosenhilfe eröffnen. So werden Grundlagen der Motivierenden Gesprächsführung, der Logotherapie und Existenzanalyse wie auch der Salutogenese präsentiert und am Handlungsfeld der Wohnungslosenhilfe konkretisiert, was insbesondere durch zahlreiche Fallbeispiele und Übungsszenarien sehr anschaulich und praxisnah geschieht. Hierbei wird der große Verdienst dieses Buches deutlich, denn es handelt sich um ein Praxisbuch, das aus der Praxis für die Praxis geschrieben wurde. Heidrun Martinez bündelt ihre jahrelangen Erfahrungen als Sozialarbeiterin in der Wohnungslosenhilfe mit wissenschaftlichen Erkenntnissen und legt schließlich eine anschauliche Handreichung vor, um Beratungssituationen mit wohnungslosen Menschen motivierend und sinnorientiert zu gestalten.

Wer die Autorin dieses Buches kennt, weiß genau, welche Bedeutung sie der professionellen Haltung für das Gelingen psychosozialer Hilfen im Allgemeinen und Beratungssituationen mit wohnungslosen Menschen im Speziellen zuspricht. Die Leser*innen werden während des gesamten Buches dazu eingeladen, sich der Sensibilität, mit der die Autorin wohnungslosen Menschen in Beratungskontexten begegnet, anzuschließen und ihr methodisches Knowhow zu erweitern. Und dies ist gleich in zweifacher Hinsicht wünschenswert: Zum einen bekommen Fachkräfte der Wohnungslosenhilfe viele hilfreiche Ideen und methodische Anregungen, die ihren Arbeitsalltag nicht nur erleichtern, sondern auch maßgeblich bereichern können. Zum anderen ist der hier vorgelegte Entwurf einer motivierenden und sinnorientierten Beratung aber auch ein Plädoyer für Beratungskontexte in der Wohnungslosenhilfe, in denen wohnungslose Menschen Wertschätzung und Respekt erfahren, ihre Hoffnung und Zuversicht gestärkt wird sowie ihre gesundheitsfördernden Anteile in den Fokus rücken. Dieser grundlegenden Ausrichtung von Beratung in der Wohnungslosenhilfe ist eine weite Verbreitung und Berücksichtigung in der Praxis zu wünschen!

Daniel Niebauer
München, November 2020

Einleitung

Der 62-jährige Herr Baumann zieht bereits seit 23 Jahren ohne festen Wohnsitz umher. Sein kleines Hab und Gut in dem großen Trekking-Rucksack kann er kaum noch längere Strecken schultern. Herr Baumann ist gesundheitlich stark eingeschränkt, das Leben auf der Straße hat ihn früh altern lassen. Er lebt von Tagessätzen, die er sich mehrfach pro Woche in Sozialämtern abholt, 1/30 des aktuellen Regelsatzes beträgt dieser. Ein Kontakt zur Familie besteht seit fast 30 Jahren nicht mehr, er ist alleine unterwegs, trifft nur hier und da in den Übernachtungsstellen der Wohnungslosenhilfe ein paar bekannte „Berber". Mehrfach hat er versucht, über eine stationäre Einrichtung in ein geregeltes Leben in eigener Wohnung zurückzufinden, es ist ihm allerdings noch nicht gelungen. Früher oder später sah er auch dort nie eine Perspektive für sich.

Herr Bäcker, 50 Jahre alt, wurde vor zwei Tagen aus der Haft entlassen. Er hat drei Jahre verbüßt, nachdem er in einer Notunterkunft eine gefährliche Körperverletzung beging. Dort hatte er vor der Inhaftierung bereits ein Jahr gelebt. Die Wohnverhältnisse waren beengt, er war mit drei anderen Männern in einem Zimmer untergebracht und es wurde tagtäglich viel getrunken. Herr Bäcker möchte keinesfalls in diese Unterkunft zurück. In der JVA hatte er als Entlassungsadresse die seiner Eltern angegeben, doch als er vorgestern bei ihnen vor der Tür stand, gaben sie ihm zu verstehen, dass er nicht länger als zwei Nächte bleiben könne. Das Verhältnis zu ihnen ist seit vielen Jahren angespannt. Weitere Verwandte oder frühere Freunde hat er nicht. Nun weiß er nicht wohin, muss allerdings der Führungsaufsicht eine feste Adresse mitteilen und sich regelmäßig melden. Auch für die Agentur für Arbeit benötigt er eine Anschrift, denn ohne dem kann er seine Leistungsansprüche nicht verwirklichen. Der Druck lastet auf ihm und er weiß nicht, wo er eine Perspektive findet. Er begibt sich in die nächstgelegene Großstadt und erhält bei der Bahnhofsmission den Hinweis auf einen Tagesaufenthalt der Wohnungslosenhilfe, bei dem man eine Postadresse einrichten kann.

Frau Bergmann (24 Jahre alt) ist vor drei Jahren aus dem Elternhaus verwiesen worden, nachdem sie weder einen Schul- noch einen Berufsabschluss erreicht hatte. Cannabis hat sie bereits mit sechzehn Jahren konsumiert, etwas später kamen dann auch sogenannte Partydrogen hinzu. Im Alter von 8–10 Jahren war sie sexuell missbraucht worden, ihr alkoholabhängiger Vater hatte davon gewusst, war aber nicht eingeschritten. Frau Bergmann leidet unter einer Borderline-Persönlichkeitsstörung und kommt in keiner Partnerschaft, keiner Freundschaft und keinem helfenden Kontext über längere Zeit zurecht. Sie lässt sich auf wechselnde Männerbekanntschaften ein und begibt sich damit immer wieder in Abhängigkeitsverhältnisse. Frau Bergmann verlor nun erneut ihren SGB-II-Leistungsbezug, da sie versäumt hatte, einen Weiterbewilligungsantrag zu stellen. Sie war über drei Monate nicht mehr dazu gekommen, ihre Post bei der ambulanten Wohnungslosenhilfe abzuholen. Ganz ohne Kostgeld lässt ihr Kumpel sie nicht mehr bei sich wohnen, sodass sie erneut vor der Frage nach einem Schlafplatz für die nächsten Nächte steht.

Alter, Geschlecht, Sozialisation, berufliche Hintergründe, soziales Umfeld, begleitende Erkrankungen etc. könnten nicht unterschiedlicher sein, als sie bei der Klientel der Wohnungslosenhilfe in Erscheinung treten. Die Komplexität der Problemlagen stellt hohe Ansprüche an die Professionellen dieses Arbeitsfeldes. Wohnungslose Menschen befinden sich in einem Randbereich unserer Gesellschaft und sind vom normalen Leben extrem ausgegrenzt. Zudem steigen die Zahlen der Betroffenen jährlich in brisantem Maße an; seit Jahrzehnten wird das Thema „hochaktuell" genannt. Nach einer Schätzung der Bundesarbeitsgemeinschaft Wohnungslosenhilfe (www.bagw.de) zufolge waren im Laufe des Jahres 2018 in Deutschland *678.000* Menschen von Wohnungslosigkeit betroffen. In diese Zahl sind die in Asylunterkünften untergebrachten anerkannten Flüchtlinge miteinbezogen, die ca. 65% der Wohnungslosen ausmachen. Ab 2022 wird ein Gesetz für eine bundesweite Wohnungslosenberichterstattung in Kraft treten, um eine drohende planmäßige Untererfassung wohnungsloser Menschen zu vermeiden. Die sich stetig vergrößernde Schere zwischen Arm und Reich und die längst überstrapazierte Lage auf dem deutschen Wohnungsmarkt lässt die Prognosen steigen. Doch nicht nur die monetäre Kluft führt zur Wohnungsnot. Wohnungslosigkeit ist vielfach ein komplexes Problem, das selten nur auf eine einzige Ursache zurückzuführen ist. Deshalb reicht oftmals die alleinige Beschaffung von Wohnraum nicht aus, um langfristig gesicherte Lebensverhältnisse und eine soziale Integration aufzubauen.

Fachkompetente Unterstützung finden die Betroffenen in den unterschiedlichen Diensten der Obdach- und Wohnungslosenhilfe. Städte und Kommunen halten vielerorts Fachstellen zur Prävention und Bekämpfung von Wohnungslosigkeit vor. In überwiegend freier Trägerschaft existieren in der Bundesrepublik Deutschland ca. 1260 qualifizierte soziale Dienste in Form von Beratungsstellen, begleitetem Wohnen, Tagesaufenthalten und Straßensozialarbeit (Stand 2017). Darüber hinaus bestehen ehrenamtliche Anlaufstellen, wie Klöster, kirchlich geführte Übernachtungsstellen, Bahnhofsmissionen etc. als Teil der Versorgungslandschaft.

Die Bundesarbeitsgemeinschaft Wohnungslosenhilfe (BAG-W), die Katholische Arbeitsgemeinschaft Wohnungslosenhilfe (KAG-W) sowie der Evangelische Bundesfachverband Existenzsicherung und Teilhabe e.V. (EBET) sind die größten Verbände in Deutschland, die sich sozialpolitisch und ordnungsrechtlich für Wohnungsnotfälle einsetzen. Obwohl es immer mehr wohnungslose Menschen gibt, befindet sich auch das Arbeitsfeld der Wohnungslosenhilfe in einem Randbereich der sozialen Infrastruktur.

Dieses Buches ist überwiegend während der Corona-Pandemie verfasst worden. In dieser Zeit waren Wohnungslose umso mehr ausgegrenzt. Der Aufruf *#wirbleibenzuhause* wirkte mit Blick auf diese Lebenslage skurril, denn Wohnungslose, denen Schutz gebende, eigene vier Wände fehlen, können nicht „zuhause" bleiben. Viele waren aufgrund ihrer schlechten gesundheitlichen Verfassung besonders durch die Viruserkrankung gefährdet. Die erforderliche (Teil-)Schließung der niedrigschwelligen Einrichtungen (Tagesaufenthalte) unterbrach in mancher Hinsicht die Grundversorgung. Gleichzeitig wurde in dieser Krisenzeit deutlich, dass die Wohnungslosenhilfe in kaum einem Bundesland als „systemrelevant" angesehen wird. Gehört sie nicht zur „kritischen Infrastruktur" als „Organisation bzw. Einrichtung mit wichtiger Bedeutung für das staatliche Gemeinwesen, bei deren Ausfall oder Beeinträchtigung nachhaltig wirkende Versorgungsengpässe erhebliche Störungen der öffentlichen Sicherheit oder andere dramatische Folgen einträten"? (Definition im Gesetz über das Bundesamt für Sicherheit in der Informationstechnik – BSI). Aus Mangel an fachbehördlichen spezifischen Informationen und einer anfänglichen Unterversorgung an Schutzkleidung und Desinfektionsmitteln mussten Einrichtungen und Dienste selber Lösungen finden und aus der Not heraus Einrichtungsteile vorübergehend schließen. Dadurch waren wohnungslose Menschen in dieser Krise noch stärkeren physischen und psychischen Belastungen ausgesetzt als es ohnehin bereits der Fall ist.

Die auf dem Nachrangigkeitsgrundsatz gewährte Hilfe ist so spezifisch, dass nur wenig Fachliteratur existiert, die auf die besonderen Bedarfe dieser Zielgruppe eingeht, vor allem fehlt es bislang an Ansätzen zum methodischen Arbeiten.

Neben meiner 20-jährigen Tätigkeit als Dipl. Sozialarbeiterin/-pädagogin in der Wohnungslosenhilfe befasste ich mich eingehend mit Themen der Beratung und Gesprächsführung, Coaching, Psychotherapie und insbesondere der Logotherapie und Existenzanalyse nach Viktor E. Frankl. Ich erkannte Möglichkeiten inhaltlicher und praktischer Verknüpfungen zur professionellen Beratung und persönlichen Unterstützung wohnungsloser Frauen und Männer. Ich finde es sinnvoll, hilfreiche Ansätze zusammenzuführen und sie auf die Arbeit mit Menschen in besonderen Lebenslagen zu beziehen. Dabei werden vor allem die komplexen Problemlagen dieser Klientel berücksichtigt. Insbesondere in Anlehnung an den Ansatz des Motivational Interviewing nach Miller und Rollnick, der sich v. a. in der Suchthilfe etabliert hat, möchte ich aufzeigen, durch welche Merkmale und Vorgehensweisen Beratungsarbeit aktivierende Wirkung zeigen kann. Mein Anliegen ist es, einige Aspekte zur Persönlichkeitsstärkung wohnungsloser Menschen herauszuarbeiten und als

Anregungen für die fachliche Arbeit brauchbar zu machen. Meines Erachtens sollte Motivational Interviewing, so wie bereits in anderen Feldern der Sozialen Arbeit geschehen, einen festen Platz in der Wohnungslosenhilfe einnehmen. Motivationsarbeit ist hier eine von vielen Handlungsarten, allerdings eine Wesentliche und Zentrale, die Menschen zu Veränderung befähigen kann. Ich setze mich in diesem Buch außerdem mit dem logotherapeutischen Ansatz Viktor Frankls auseinander, bei dem die Werte- und Sinnorientierung des Menschen im Zentrum stehen. Ferner streife ich Grundzüge der Salutogenese nach Aaron Antonovsky, die eine gesundheitsfördernde und gesundheitserhaltende Beratung hervorgebracht hat.

Dieses Praxisbuch hat zum Ziel, den Professionellen der ambulanten und stationären Wohnungslosenhilfe hilfreiche Ideen und brauchbares Handwerkszeug für die Optimierung einer motivierenden und sinnorientierten Gesprächsführung zu geben. Auch Studierende und Anfänger in diesem Arbeitsfeld sind angesprochen. Für sie lege ich im ersten Kapitel die Grundlagen zum Arbeitsfeld dar, wodurch der praktischen Ausrichtung dieses Buches ein theoretisches Fundament vorausgeht. Primär sollen Sozialarbeitende, die täglich vor der herausfordernden Aufgabe stehen, Wohnungslose mit vielschichtigen Problemlagen zu unterstützen, durch dieses Praxisbuch profitieren können. Wenn die Berater gut gerüstet sind und auf ein wirksames Methodenrepertoire zurückgreifen können, so erleichtert das ihren Arbeitsalltag und stärkt die langfristige Freude im Beruf. Die benannten Ansätze basieren auf ethischen Grundannahmen und Sichtweisen zum Menschen, die dem Lesenden angeboten werden. Denn ein geklärtes Menschenbild stellt eine Grundlage für die Anwendung von methodischen Gesprächsführungselementen dar.

Als Quintessenz der auf die Wohnungslosenhilfe bezogenen Ansätze habe ich ein Modell für die Beratungsarbeit entwickelt, die „offene Handreichung“. Sie soll als Gedankenstütze für die mehrschichtigen Aspekte eines gleichermaßen existenzsichernden und motivierend-sinnorientierten Beratungsprozesses für wohnungslose Menschen dienen.

Im dritten Kapitel des Buches stelle ich einige Good-Practise-Beispiele der Wohnungslosenhilfe vor, die mit einer motivierenden und sinnorientierten Beratung konform gehen.

Ergänzend zu dieser Druckausgabe wird das Ergebnis meiner Befragung „Motivation in der Wohnungslosenhilfe“, die ich im November 2019 in Berlin im Rahmen der Bundestagung der Bundesarbeitsgemeinschaft Wohnungslosenhilfe durchgeführt habe als Online-Material zur Verfügung gestellt. Ich habe daraus einige Erkenntnisse gewonnen, die ich in mein Thema eingebunden habe.

Soweit wie möglich verwende ich in diesem Buch genderneutrale Formulierungen. Dort wo dies nicht machbar ist, habe ich mich zugunsten der besseren Lesbarkeit für die Verwendung der männlichen Formen entschieden, um die Leser nicht mit sperrigen Aufzählungen zu strapazieren (z. B. „Sozialarbeiter und Sozialarbeiterin"). Alle Leserinnen mögen mir diese Entscheidung nachsehen und sich ebenso angesprochen fühlen. Außerdem fasse ich die Fachkräfte der Wohnungslosenhilfe als „Sozialarbeitende" zusammen, wohl wissend, dass es unter ihnen auch viele Sozialpädagogen und Pädagogen gibt sowie andere Berufsgruppen in dem Feld vertreten sind (Pflegekräfte, Psychologen u. a.). Ich hoffe auch hier, dass diese Verallgemeinerung als Erleichterung im Lesefluss verstanden werden kann.

Hans Joachim Prescher, Jahrgang 1939 und im Jahr 2020 Bewohner des Laurentiushauses Osnabrück, verbrachte die letzten 35 Jahre seines Lebens auf der Straße oder in Einrichtungen der Wohnungslosenhilfe. Seine Leidenschaft ist das Dichten, eine Tätigkeit, die ihm Freude bereitet und immer wieder nach vorne schauen lässt. Mehrfach hat er seine Gedichte bei Verlagen eingereicht, doch sein Traum, einen eigenen gedruckten Gedichtband in den Händen zu halten, blieb bislang aus. Ich habe Hans gefragt, ob er ein Gedicht zum Thema „Motivation eines Wohnungslosen" für mich schreiben würde. Diesen Wunsch erfüllte er mir.

„Motivation eines Wohnungslosen"
von Hans Joachim Prescher

Motivieren würde mich im Ganzen:
Ich möchte wieder Walzer tanzen.
Und dass in jedem neuen Jahr,
meine Wünsche werden wahr.
Motivieren tut mich beim Träumen,
wenn das Geld wächst an den Bäumen.
Und wenn ich im Morgengrauen,
kann aus einem Fenster schauen.
Wenn ein Hund alleine bellt,
weit entfernt im Roggenfeld,
und wenn ich dann als guter Mann
dem Hund einfach mal helfen kann.
Motivieren tut mich auch,
wenn ich hab' nen satten Bauch.
Und natürlich meine Pflichten
motivieren mich beim Dichten
extra stark und das beim Reimen
vor allem ohne Viruskeime.

Teil I: Professionelle Beratung in der Wohnungslosenhilfe

Die Wohnungslosenhilfe hat sich zu einem komplexen und differenzierten Hilfesystem etabliert, sodass Beratung in diesem Feld nicht einheitlich erfolgt, sondern in unterschiedliche Rahmenbedingungen eingebettet ist. Zudem richtet sie sich an eine ausgesprochen heterogene Zielgruppe, sodass die Beratungsbedarfe vielfältig ausgeprägt sind und individuell betrachtet werden müssen. Damit dies verständlich wird, möchte ich mich zunächst den Definitionen zur Wohnungslosigkeit, ihren Ursachen, Lebenslagen und dem Arbeitsfeld Wohnungslosenhilfe zuwenden.

1. Wohnungslosigkeit

Eine der ersten Überlegungen zu meinem Buch bestand darin, welche Bezeichnung ich meiner „sekundären Zielgruppe“ geben möchte, also den Personen, die durch Sozialarbeitende, Sozialpädagogen oder andere Helfende beraten werden. Es gibt unterschiedliche Bezeichnungen für „unbedachte“ Menschen, die die Wohnungslosenhilfe aufsuchen: Hilfeberechtigte oder Leistungsempfänger, Klienten, Betroffene, Kunden, Nutzer, Besucher, Adressaten, im stationären Setting sind es Bewohner ... So wirklich passend erscheint mir keine dieser Bezeichnungen. Ich habe mich für eine wechselnde Anwendung der gebräuchlichen Bezeichnungen entschieden, meistens nenne ich sie „Klienten“ oder genderneutral Klientel.

Die heterogene Gruppe der wohnungslosen Menschen zeichnet sich durch einige Gemeinsamkeiten aus. Sie befinden sich in einer existentiellen Notlage, die sich in vielen Fällen nicht allein durch eine materielle Bedarfsdeckung so verbessern lässt, als dass eine dauerhafte befriedigende Lebensführung und eine gesellschaftliche Teilhabe möglich wären. Die Problemlagen sind meist so komplex, dass verschiedene Fachdienste für Teilproblemlagen herangezogen werden können: Ärzte, Psychologen, Suchttherapeuten, Arbeitsvermittler, Schuldnerberater, Bewährungshelfer etc. Als Fachdienst fungiert die Wohnungslosenhilfe, die für eine breite Bedarfsabdeckung und Weitervermittlungskompetenz qualifiziert ist.

Sozialarbeitende der Wohnungslosenhilfe haben die Aufgabe, den Menschen in seiner Gesamtsituation wahrzunehmen, zu beraten, nach Möglichkeit in eine Wohnung oder ein Obdach zu vermitteln, zur Bearbeitung sozialer Schwierigkeiten zu motivieren und spezifische Hilfen zu erschließen. Dafür ist es wichtig, die individuellen Ursachen der bestehenden Notlage zu verstehen. Der Auftrag, der vom Klienten an den Sozialarbeitenden gegeben wird, fokussiert meist zuerst die Abdeckung der Grundbedürfnisse und/oder das aktuell schwerwiegendste Problem. Für eine langfristige Stabilisierung der Lebenssituation ist es wichtig, eine holistische Sicht auf den Betroffenen zu gewinnen und den Beratungsprozess dahingehend zu gestalten. Wer ist nun also gemeint, wenn vom „Wohnungslosen“ gesprochen wird, welche Ursachen und Umstände können der Notlage zugrunde liegen und mittels welcher Hilfesettings wird diesen besonderen Lebensverhältnissen begegnet?

1.1 Definitionen

Es gibt eine Vielzahl von Bezeichnungen für „Menschen ohne Wohnung“, jedoch keine allgemeingültigen Definitionen dazu. Über die Jahrzehnte hinweg haben sich die Bezeichnungen im Sprachgebrauch und in der Fachdiskussion verändert und wurden nach und nach kritisch in ihrer Bedeutung hinterfragt. Begriffe wie Vagabunden, Wanderarme, Wanderer oder Landstreicher thematisierten die Mobilität dieser Menschen. Zur Zeit der Weimarer Republik kam der Begriff „asozial" auf, der mit den Wanderern verknüpft wurde. Als solches wurden in der NS-Zeit tausende Wohnungslose in Konzentrationslager verschleppt und umgebracht. Die Bezeichnung „nichtsesshaft" bzw. „Nichtsesshaftigkeit" wurde kurz vor Ausbruch des 2. Weltkrieges geprägt, setzte sich in den 50er und 60er Jahren in Westdeutschland durch und meinte die „ohne festen Wohnsitz Umherziehenden". In der DDR blieb dieser Begriff unbekannt. 1961 wurde diese Zuschreibung im Bundessozialhilfegesetz der BRD aufgenommen und das Ziel festgelegt, dass „Nichtsesshafte sesshaft gemacht werden sollen" (Ayaß, 2013, S. 98). Erst in den 1980er Jahren geriet der Begriff „nichtsesshaft" zunehmend in die Kritik, weil damit die soziale Notlage zum negativen Charaktermerkmal („Mangel an innerer Festigkeit") umgedeutet war. Somit sprach man zunächst in den 1980er Jahren vom „alleinstehenden Wohnungslosen" und seit den 1990er Jahren von der „Person in besonderen Lebensverhältnissen verbunden mit sozialen Schwierigkeiten". Dennoch hält sich die Bezeichnung „Nichtsesshaftigkeit" bis heute in einigen länderspezifischen Ausführungsbestimmungen. Im fachlichen Diskurs verwendete man schließlich die Bezeichnungen „Wohnungslose" und „Obdachlose", die nicht mehr das angenommene Merkmal der Mobilität fokussieren, sondern die Notlage des fehlenden Wohnraums herausstellen (Ayaß, 2013).

Die Kategorisierung von „obdachlos" und „wohnungslos" bildete sich außerdem in der Ausgestaltung der Hilfesysteme ab. Obdachlose fallen in die Zuständigkeit des ordnungsbehördlichen Sektors, während Personen in besonderen Lebensverhältnissen verbunden mit sozialen Schwierigkeiten einen Rechtsanspruch auf die Hilfe nach § 67 SGB XII haben (vgl. Wolf, 2018). Im allgemeinen Sprachgebrauch werden die Begriffe „obdachlos" und „wohnungslos" häufig synonym verwendet, können aber auf der Grundlage der aktuellen Hilfestrukturen wie folgt differenziert werden: Als obdachlos gelten Menschen (alleinlebend, verpaart oder in familiärer Struktur), die ihre Wohnung verloren haben und folglich ohne „Obdach" sind. Der Wohnungsverlust kann durch unterschiedlichste Umstände erfolgt sein und stellt eine Ordnungswidrigkeit dar, die durch Bereitstellung einer Ersatzunterkunft durch die jeweilige Kommune abgewendet werden muss. Rechtlich ist eine unfreiwillige Obdachlosigkeit dadurch gekennzeichnet, dass ein Mensch nicht Tag und Nacht über eine menschenwürdige Unterkunft verfügt, die Schutz vor den Unbilden des Wetters bietet, keinen Raum für die notwendigsten Lebensbedürfnisse lässt und sich selbst nicht unmittelbar aus dieser

Lage befreien kann. Dieser Zustand stellt die extremste Form sozialer Ausgrenzung dar (vgl. Ruder, 2018, S. 11 ff.).

Die Betonung des Merkmals der Unfreiwilligkeit lässt darauf schließen, dass es auch ein Verständnis von freiwilliger Obdachlosigkeit gibt, also einem Zustand, den eine Person selbstverantwortlich und aus freiem Willen heraus getroffen hat. Einen solchen Weg als Lebensentwurf verfolgen eher wenige Menschen, vielmehr handelt es sich hierbei um Personen, die ohne festen Wohnsitz umherziehen oder ortsgebunden umgangssprachlich „Platte machen", sich also eine Nische zur Übernachtung suchen. Dieser Zustand tritt selten durch eine freiwillige Entscheidung ein, sondern am „Ende einer Kette von persönlichen Schicksalsschlägen und Entwicklungen, die von Resignation und teilweise auch Selbstaufgabe gekennzeichnet ist" (Ruder, 2018, S. 16).

Menschen die wohnungslos werden, haben oft auch besondere soziale Schwierigkeiten und können deshalb Hilfen zu Wiedereingliederung gem. §§ 67 ff. SGB XII erhalten. Sie verfügen nicht über ein mietvertraglich abgesichertes Wohnverhältnis und sind somit auch Bewohner von Ersatzunterkünften, von Einrichtungen der Wohnungslosenhilfe oder kommen bei Freunden und Bekannten unter (vgl. Lutz & Simon, 2007, S. 90 f.).

Um die Verwirrung aufzulösen und einen differenzierten Blick auf das Phänomen zu etablieren verwendete der Deutsche Städtetag 1987 erstmals den Begriff des Wohnungsnotfalls. Seit 2005 existiert eine anerkannte Definition dazu, nachdem der Forschungsverbund „Wohnungslosigkeit und Hilfen in Wohnungsnotfällen" eine Aktualisierung vorlegte. Verdeutlicht wird damit, dass eine wohnbezogene Notlage nicht erst bei akuter Wohnungslosigkeit vorliegt.

> „Zu den Wohnungsnotfällen zählen Haushalte und Personen, die
>
> *A* *Aktuell von Wohnungslosigkeit betroffen sind*, darunter
>
> A.1 ohne eigene mietrechtlich abgesicherte Wohnung (oder Wohneigentum) und nicht institutionell untergebracht, darunter
>
> A.1.1 ohne jegliche Unterkunft
>
> A.1.2 in Behelfsunterkünften (wie Baracken, Wohnwagen, Gartenlauben etc.)
>
> A.1.3 vorübergehend bei Freunden, Bekannten und Verwandten untergekommen
>
> A.1.4 vorübergehend auf eigene Kosten in gewerbsmäßiger Behelfsunterkunft lebend (z. B. in Hotels oder Pensionen)
>
> A.2 ohne eigene mietrechtlich abgesicherte Wohnung (oder Wohneigentum), aber institutionell untergebracht, darunter

A.2.1 per Verfügung, (Wieder-)Einweisung oder sonstiger Maßnahmen der Obdachlosenaufsicht untergebracht (ordnungsrechtlich untergebrachte Wohnungsnotfälle)

A.2.2 mit Kostenübernahme nach SGB II oder SGB XII vorübergehend in Behelfs- bzw. Notunterkünften oder sozialen Einrichtungen untergebracht (durch Maßnahmen der Mindestsicherungssysteme untergebrachte Wohnungsnotfälle)

A.2.3 mangels Wohnung in sozialen oder therapeutischen Einrichtungen länger als notwendig untergebracht (Zeitpunkt der Entlassung unbestimmt), bzw. die Entlassung aus einer sozialen oder therapeutischen Einrichtung oder aus dem Strafvollzug steht unmittelbar bevor (innerhalb eines Zeitraums von 4 Wochen) und es ist keine Wohnung verfügbar

B *unmittelbar von Wohnungslosigkeit bedroht sind*, weil

B.1 der Verlust der derzeitigen Wohnung unmittelbar bevorsteht wegen Kündigung des Vermieters/der Vermieterin, einer Räumungsklage (auch mit nicht vollstrecktem Räumungstitel) oder einer Zwangsräumung

B.2 der Verlust der derzeitigen Wohnung aus sonstigen zwingenden Gründen unmittelbar bevorsteht (z. B. aufgrund von eskalierten sozialen Konflikten, Gewalt geprägten Lebensumständen oder wegen Abbruchs des Hauses)

C *in unzumutbaren Wohnverhältnissen leben*, darunter

C.1 in Schlicht- und anderen Substandardwohnungen, in denen Wohnungsnotfälle zur Vermeidung von Obdachlosigkeit mit regulärem Mietvertrag untergebracht wurden

C.2 in außergewöhnlich beengtem Wohnraum

C.3 in Wohnungen mit völlig unzureichender Ausstattung (Fehlen von Bad/Dusche oder WC in der Wohnung)

C.4 in baulich unzumutbaren bzw. gesundheitsgefährdenden Wohnungen

C.5 mit Niedrigeinkommen und überhöhter Mietbelastung

C.6 aufgrund von gesundheitlichen und sozialen Notlagen

C.7 in konfliktbeladenen und Gewalt geprägten Lebensumständen

D *als Zuwanderinnen und Zuwanderer in gesonderten Unterkünften von Wohnungslosigkeit aktuell betroffen sind*, darunter Haushalte und Personen, die

D.1 mit (Spät-)Aussiedlerstatus in speziellen Übergangsunterkünften,

D.2 als Flüchtlinge mit Aufenthaltsstatus von länger als einem Jahr von Wohnungslosigkeit betroffen sind und in speziellen Übergangsunterkünften untergebracht sind

E *ehemals von Wohnungslosigkeit betroffen oder bedroht waren, mit Normalwohnraum versorgt wurden und auf Unterstützung zur Prävention von erneutem Wohnungsverlust angewiesen sind*, darunter

E.1 in spezifischer institutionell geregelter, zeitlich begrenzter Nachbetreuung (Maßnahmen der persönlichen Hilfe in Wohnungen, sogenanntes „Betreutes Wohnen“)

E.2 ohne institutionell geregelte Nachbetreuung, aber mit besonderem – punktuellem, partiellem oder umfassendem – Unterstützungsbedarf zur dauerhaften Wohnungsversorgung (wohnergänzende Unterstützung)."
(Institut Wohnen und Umwelt GmbH, GSF e.V., 2005)

Die Wohnungslosenhilfe wird von fast allen dieser Gruppen aufgesucht. Aus meiner Sicht müsste die Kategorie D um die zugewanderten Unionsbürger erweitert werden, die im Jahr 2018 einen Anteil von 12,1% der erfassten akut Wohnungslosen bildeten (vgl. Neupert & Lotties, 2020, S. 12). Sie sind in den letzten Jahren verstärkt in den niedrigschwelligen Einrichtungen der großen Städte anzutreffen. Die unter D1 und D2 aufgeführten Personengruppen treten dafür weniger in Erscheinung, da sie anderen Hilfesystemen zugeordnet sind.

Eine noch umfassendere Übersicht über die unterschiedlichen Ausprägungen und Lebenslagen von Wohnungslosigkeit erstellte die FEANTSA, die europäische Dachorganisation nationaler Nichtregierungsorganisationen der Wohnungslosenhilfen in der Übersicht „ETHOS – Typology on Homelessness and Housing Exclusion". Diese findet internationale Anerkennung und Berücksichtigung und ist unter diesem Titel im Internet zu finden. „Wohnungslosigkeit (homelessness) wird dabei als Ausgrenzung aus mindestens zwei von drei Grundbestandteilen eines normalen Zuhauses (home) definiert: dem *physischen Bereich* (angemessene, abgeschlossene Wohneinheit mit exklusiver Verfügung durch eine Familie oder Einzelperson), dem *sozialen Bereich* (der Privatsphäre und die Pflege sozialer Beziehungen erlaubt) und dem *rechtlichen Bereich* (legaler Rechtstitel)." (Busch-Geertsema, 2018).

1.2 Ursachen und Lebenslagen von Wohnungslosigkeit

Die Ursachenforschung von Wohnungslosigkeit begann im 19. Jahrhundert und brachte bis heute sehr differente Erklärungsmodelle hervor. Bis in die 1970er Jahre dominierten *individualisierte Erklärungsansätze*, die von monokausalen Ursache-Wirkungs-Prinzipien ausgingen. Um 1900 verfolgten *psychiatrisch-neurologisch orientierte Ansätze* die Idee, dass das Umherziehen der Wohnungslosen einem inneren zwanghaften Drang unterlag (Poriomanie). Ferner unterstellte das *Psychopathie-Konzept* in den 1930er-Jahren „nichtsesshaften" Menschen eine angeborene Abnormität bzw. Psychopathie und schuf damit den Nährboden für die Verfolgung und Vernichtung im Dritten Reich. Die Theorie vom psychopathologischen Phänomen führte somit zu einer Eskalation von völkisch-rassistischen Negativzuschreibungen mit der Folge der Gefangennahme und Tötung Wohnungsloser in Arbeits- und Konzentrationslagern. Trotz dieser Verbindung des Begriffs „Nichtsesshaftigkeit“ zur Ideologie der Nationalsozialisten dauerte es Jahrzehnte, um den Sprachgebrauch zu ändern. Erst 1967 erklärte das Bundesverfassungsgericht die zwangsweise Anstalts- oder Heimunterbringung Wohnungsloser als verfassungswidrig, doch noch bis 1974 galten Betteln und Landstreicherei als Straftaten.

In den 1970er Jahren fokussierte man *psychologische Aspekte* als Ursachen für Wohnungslosigkeit. Anhand einer Forschung wollte man Wohnungslosen eine spezifische Persönlichkeitsstruktur zugrunde legen, durch die sie ein mangelndes Planungsverhalten aufweisen, Fluchttendenzen in Konfliktsituationen zeigen und den Schritt in die Wohnungslosigkeit frei gewählt haben sollten. Die Studie widerlegte sich selbst, sodass Wohnungslosen keine spezifische Persönlichkeitsstruktur zugesprochen werden konnte.

Diese individualisierten Erklärungsansätze sind zum Teil sehr veraltet und ethisch nicht haltbar, außerdem werden strukturelle Faktoren völlig außer Acht gelassen.

In den 1970/80er-Jahren kam es schließlich zum Paradigmenwechsel. Neue, überwiegend soziologisch geprägte, strukturelle Ansätze lösten die alten Theorien ab. Ab Mitte der 70er-Jahre debattierte man über neue Dimensionen von Armut: man nahm kinderreiche Familien, Alleinerziehende, ältere Menschen und Langzeitarbeitslose als Personengruppen mit höherem Armutsrisiko wahr. (Als arm gilt bis heute die Person, deren Einkommen unter 50% des Durchschnittseinkommens liegt.) Daraus etablierte sich mit Blick auf die Ursachen von Wohnungslosigkeit zunächst der *Armutsansatz*, der mehrere wechselwirksame Erklärungsperspektiven beinhaltet. Das Einkommen Wohnungsloser liegt weit unterhalb der Armutsgrenze, was zur Folge hat, dass sie von einem Leben auf einem akzeptablen Existenzminimum ausgegrenzt sind (Einkommensarmutsperspektive). Durch die überwiegende Unterschichtzugehörigkeit fehlt es an sozialen und finanziellen Unterstützungsmöglichkeiten (Unterschichtsperspektive). Unterdurchschnittliche Bildungsvoraussetzungen wohnungsloser Menschen führen zu unterbezahlten, körperlich und seelisch belastenden Arbeitsplätzen. Daraus resultieren häufige Arbeitsplatzwechsel und infolgedessen ein hohes Maß an berufsbedingter Mobilität (Mobilitätsperspektive). Der Kreislauf wechselnder Arbeitsverhältnisse, einhergehend mit finanziellen Problemen, kann schließlich in die Wohnungslosigkeit münden (Theorie des gespaltenen Arbeitsmarktes und Theorie des Wohnungsverlustes nach Arbeitslosigkeit). Dieser Armutsansatz verdeutlicht, dass Wohnungslosigkeit das Resultat eines stetigen Verarmungsprozesses ist, allerdings werden individuelle oder politische Faktoren nicht einbezogen.

Eng an den Armutsansatz angelehnt führt der *Unterversorgungsansatz* noch weitere Gründe für die Entstehung von Wohnungslosigkeit an. Die ergänzenden Erklärungsperspektiven beziehen sich auf den Ausschluss von Hilfeleistungen. Diese können individuell aus Scham, Angst und Unwissenheit gegeben sein, aber auch administrativ gefördert werden.

Darauf bezogen benennt der Unterversorgungsansatz drei Aspekte:

a) das regionale Ungleichgewicht der sozialen Sicherung, die in einer Unterversorgung im ländlichen Raum und damit einhergehend in einer Sogwirkung in den Ballungsgebieten besteht
b) die selektive und teilweise auch undurchsichtige bis rechtswidrige Gewährung von Sozialleistungen
c) und die Zwangsmobilität durch strukturelle Zwänge für Wohnungslose

(vgl. Gillich & Nieslony, 2000).

1985 formulierte die Bundesarbeitsgemeinschaft Nichtsesshaftenhilfe (heute Bundesarbeitsgemeinschaft Wohnungslosenhilfe), dass es sich bei „Nichtsesshaftigkeit" vorrangig um ein Problem von Armut und Unterversorgung handelt und bestimmte Problemlagen besonders ausgeprägt seien. Darunter fallen Arbeitslosigkeit und Gelegenheitsarbeit, Krankheit, Behinderung, psychische Erkrankung und Sucht, Verlust sozialer Beziehungen, Wohnungslosigkeit und Sozialhilfebedürftigkeit. Ein Jahr später wurde der Wohnungsnotfallbegriff eingeführt, der Differenzierungen zur Wohnsituation vornahm (Lutz & Simon, 2007, S. 67 ff.).

Gillich & Nieslony führen weiterhin den *Etikettierungs-/Stigmatisierungsansatz (labeling approach)* an, der die Auswirkungen von gesellschaftlichen Vorurteilen und Stereotypen auf den Personenkreis der Wohnungslosen beschreibt. Die im Stadtbild besonders sichtbaren Wohnungslosen (männlich, verarmt, alkoholisiert, in den Tag hineinlebend) werden als gültiges Bild einer in Wirklichkeit sehr heterogenen Gruppe fürwahr gehalten und durch diese Etikettierungen und Stigmatisierungen wird die Gesamtheit der Wohnungslosen diskriminiert. Auch Unterkünfte und Hilfeeinrichtungen erfahren eine solche Stigmatisierung. Dadurch ist es Wohnungslosen oft erschwert, mit der Anschrift einer entsprechenden Einrichtung (Postadresse oder stationäres Wohnheim) Normalwohnraum zu finden. Sie sind in ihrer Identität und in ihrem Selbstwertgefühl diesen Negativzuschreibungen ausgesetzt, was zu einem weiteren sozialen Rückzug und zu Vereinsamung führen kann. Eine weitere Folge kann sein, dass die Betroffenen die Zuschreibungen annehmen, sich selbst so sehen, wie sie von ihrer Umwelt diskriminierend beschrieben und abgelehnt werden und schließlich auch entsprechend handeln. Dieser Ansatz beschreibt allerdings weniger die Ursachen von Wohnungslosigkeit, sondern liefert eher einen Erklärungsansatz für deren Manifestierung (vgl. Gillich & Nieslony, 2000, S. 131–143; Lutz & Simon, 2007; Niebauer, 2017 b; Wolf, 2018).

Um das Phänomen Wohnungslosigkeit zu erfassen ist die Bereitschaft erforderlich, sich auf ein Verständnis des komplexen Zusammenspiels individueller, struktureller und gesellschaftlicher Gegebenheiten und Einflüsse, die eine Person in das soziale Abseits geführt haben, einzulassen. „Wohnungslosigkeit ist die extremste Form sozialer Ausgrenzung", beschreiben Fachleute der Wohnungsnotfallhilfe diesen Zustand. Wer sich ganz am Rande befindet, hat einen langen Weg vor sich, um sich der gesellschaftlichen Mitte wieder anzunähern.

Nach der Darstellung dieser Ansätze können somit vielfältige Ursachen für die Entstehung von Wohnungslosigkeit herangezogen werden. Meistens führen mehrere Faktoren gleichzeitig über einen längeren Zeitraum zu dieser Lebenslage. Stark vereinfacht lässt sich das Ursachengefüge wie in Abbildung 1 darstellen.

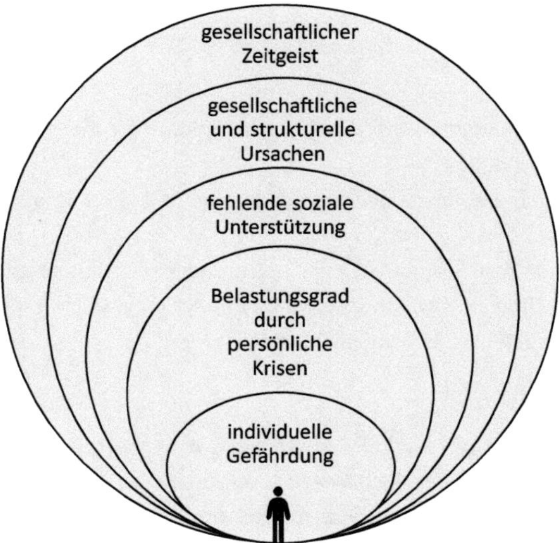

Abbildung 1: Ursachen von Wohnungslosigkeit

Gesellschaftlicher Zeitgeist:

- Werteverlust: Verhaltensnormen, Hilfsbereitschaft
- Leistungsgedanken: Geld, Macht, Karriere
- Zunehmende Individualisierung, Auflösung familiärer Strukturen

Gesellschaftliche und strukturelle Ursachen:
- Mangel an bezahlbarem Wohnraum
- Bedingungen des Arbeitsmarktes
- Verschuldungsfallen
- Gesellschaftliche Akzeptanz von Alkohol
- Stigmatisierung und Etikettierung wohnungsloser Menschen

Fehlende soziale Unterstützung:
- Fehlendes familiäres Umfeld
- Fehlendes berufliches Umfeld durch Langzeitarbeitslosigkeit
- Fehlender stützender Freundeskreis durch sukzessiven Rückzug
- Keine Anbindung an fachspezifische Hilfen

Belastungsgrad durch persönliche Krisen:
- Arbeitsplatzverlust
- Trennung/Scheidung
- Tod eines Angehörigen
- Schwere Erkrankung

Individuelle Gefährdung:
- Geringe Resilienz in Krisen
- Hohe Vulnerabilität, psychische Instabilität für die Anforderungen zur Lebensbewältigung
- Suchtmittelmissbrauch oder -abhängigkeit (Alkohol, Drogen) mit sozialen Folgen
- mangelnde soziale Kompetenzen, insbesondere für Beziehungsgestaltung und Konfliktfähigkeit; deviantes Verhalten mit der Folge einer Inhaftierung
- Unwissenheit über Hilfemöglichkeiten
- Scham, Angst

Der Begriff „Wohnungslosigkeit" lenkt die Aufmerksamkeit zunächst auf das Bestehen *einer* besonderen Lebenslage, nämlich auf die des fehlenden bzw. unzureichenden Wohnraums. Damit wird noch nicht deutlich, dass sich die Problematik nicht nur auf die soziale Exklusion in der Lebenslage „Wohnen" bezieht. Parallel dazu sind weitere Lebenslagen von Not und Defiziten geprägt, die im Einzelnen erfasst und betrachtet werden müssen.

> „Als „Lebenslage“ wird die Gesamtheit der äußeren Bedingungen bezeichnet, durch die das Leben von Personen oder Gruppen beeinflusst wird. Die Lebenslage bildet einerseits den Rahmen von Möglichkeiten, innerhalb dessen eine Person sich entwickeln kann, sie markiert deren Handlungsspielraum. Andererseits können Personen in gewissem Maße auch auf ihre Lebenslagen einwirken und diese gestalten.“ (Engels, Dietrich, 2008, S. 643–646)

Eine andere Definition zur Lebenslage lautet:

> „Spielraum, den einem Menschen (einer Gruppe von Menschen) die äußeren Umstände nachhaltig für die Befriedigung der Interessen bieten, die den Sinn seines Lebens bestimmen.“ (Weisser, Gerhard, 1956, S. 986)

Der Begriff „Lebenslage“ umfasst mehrere Lebensbereiche, die zueinander in Wechselwirkung stehen und eine ganzheitliche Sicht auf den Menschen erfordern. Die Perspektive ist somit multidimensional und lässt keine linearen Ursache-Wirkungs-Schlussfolgerungen zu. Er beschreibt die objektiven Bedingungen, nicht jedoch die tatsächliche Nutzung der Handlungsräume.

Die Lebenslagen wohnungsloser Menschen sind durch verschiedene Ausgrenzungsfaktoren bestimmt. Zunächst entbehren sie der grundlegendsten „Lebensmittel“, wie einer *Wohnung*, die Schutz und Privatsphäre bietet. Schlafplätze werden zwangsläufig an Orten gesucht, die für jedermann zugänglich sind, z. B. in etwas Schutz bietenden Nischen wie Parkhäuser, Abbruchhäuser, Bahnhofshallen oder im Zelt am Stadtrand. Mit ihren sogenannten „Platten“, die sich im sichtbaren öffentlichen Raum befinden, werden Wohnungslose bei Tagesanbruch durch Ordnungsbehörden oder Geschäftsleute vertrieben. Nachts sind sie der Gefahr von gewalttätigen Übergriffen ausgesetzt. Es fehlt der sichere Ort, an dem ein entspannter Schlaf möglich ist und der einen Schonraum zum Auskurieren von Erkrankungen bietet. Dadurch manifestieren sich Krankheiten und werden „verschleppt“, ein längeres Leben auf der Straße führt somit auch zu einer vorzeitigen Alterung. Vor allem jüngere Wohnungslose und Frauen können eher vorübergehend Übernachtungsmöglichkeiten bei Freunden oder Bekannten nutzen. Doch darüber besteht insbesondere für Frauen die Gefahr, in sexuelle Abhängigkeitsverhältnisse zu geraten. Den reduzierten *persönlichen Besitz* tragen Wohnungslose bei sich oder er wird in Schließfächern bzw. bei Bekannten untergestellt. Die *Körper- und Wäschepflege* sowie die Aufnahme warmer Mahlzeiten sind erschwert. Sie unterliegen dem Erfordernis zur Mobilität, da die Versorgungsstellen im Stadtgebiet gezielt aufgesucht werden müssen (vgl. Steckelberg, 2018). Die eigene Nahrungsaufbewahrung und -zubereitung auf der Straße ist kaum unter normalen hygienischen Bedingungen möglich. *Tragfähige soziale Beziehungen* fehlen und können kaum aufgebaut werden, denn auch dazu fehlt die Wohnung als wichtiger Ort zur Kontaktpflege und als zwischenmenschlicher Begegnungsraum. Die soziale Ausgrenzung führt zu einem Selbstwertproblem und zu Motivationsverlust, was verhindert, auf andere Menschen zuzugehen und Beziehungen einzugehen. Eine *Arbeit* zu finden und dieser kontinuierlich nachzukommen, ist aus der Perspektive eines Wohnungslosen kaum möglich. Ausgeruht, gepflegt, mit Tagesproviant ausgestattet bei einer möglicherweise weiterentfernten Arbeitsstätte zu erscheinen, ist fast nicht leistbar. Außerdem ist der *Zugang zu gesellschaftlichen Ressourcen*, zu Bildung und Kultur sowie zu sozialen Sicherungssystemen, v. a. dem Gesundheitswesen wesentlich erschwert. Neben strukturellen Barrieren der Gesundheitsgesetzgebung und des medizinischen Regelsystems bestehen lebenslagenbedingte Zugangsbarrieren, wie z. B. ein mangelndes Gesundheitsbewusstsein, negative Erfahrungen mit dem Regelsystem, Kommunikationsstörungen im Behandlungskontrakt oder Sprachbarrieren. Der Ausschluss von der regulären *Gesundheits- und Krankenversorgung* führt zu einer erhöhten Morbidität und Mortalität im Vergleich zur Durchschnittsbevölkerung (vgl. BAG-W, 2018 a). Folgen dieses stressreichen Lebens auf der Straße sind nicht selten *körperliche, psychische oder Suchterkrankungen*, die zudem die gesellschaftliche Etikettierung und Ausgrenzung nach sich ziehen. All diese besonderen Lebenslagen werden von den meisten Betroffenen als Dauerkrise wahrgenommen, also einer ständigen Abweichung vom Normalzustand. Die soziale Notlage von Personen in besonderen Lebensverhältnissen mit sozialen Schwierigkeiten wird vom Deutschen Verein für öffentliche und private Fürsorge wie folgt beschrieben:

> „Diese Notlage führt zu einem Zustand sozialer Ausgrenzung, der herkömmlich mit „Elend“ bezeichnet werden kann. Es geht also um einen Zustand vor allem der Schutzlosigkeit, der Vereinsamung, des Ausgestoßenseins, des Fremdseins, letztlich um einen Zustand besonderer Not.“ (Deutscher Verein, 2015)

Im Jahr 2018 legte die Alice Salomon Hochschule Berlin in Kooperation mit EBET e.V. unter der Projektleitung von Prof. Dr. Susanne Gerull die 1. systematische Lebenslagenuntersuchung wohnungsloser Menschen vor, die repräsentativ für die akut wohnungslosen erwachsenen Menschen ist, welche in den bundesweiten diakonischen Einrichtungen der Wohnungslosen- und Straffälligenhilfe unterstützt werden. Sie basiert auf dem Lebenslagenansatz wie er oben beschrieben wurde. Man definierte sechs Lebenslagenbereiche (materielle Situation, Erwerbsarbeit, Wohnen, Gesundheit, Sicherheit und Partizipation/Soziale Netzwerke) und untersuchte sie mittels objektivierbarer Fragen und subjektiven Einschätzungen der Betroffenen. Bewertungskategorien wurden in „sehr schlechte/schlechte/mittlere/gute/sehr gute Lebenslage“ gebildet. Ergebnisse dieser Studie waren unter anderem:

- Die existentielle und ontologische Sicherheit beeinflusst die Lebenslage Wohnen am meisten, sodass die Studienergebnisse als „Plädoyer für das Menschenrecht auf Wohnen" verstanden werden können.
- Menschen, die unmittelbar auf der Straße oder in ähnlichen prekären Wohn- und Übernachtungssituationen leben, gelten als vulnerabelste Gruppe, besonders betroffen sind Bürgerinnen und Bürger aus östlichen EU-Staaten.
- Ebenfalls wurden Frauen als vulnerable Gruppe identifiziert, v. a. hinsichtlich ihres subjektiven Belastungsgefühls.
- Jüngere Wohnungslose sind resistenter als mittlere Altersgruppen, da sie eine optimistischere Sicht auf die Zukunft haben.
- Menschen mit einer mittleren Dauer von Wohnungslosigkeit befinden sich in besonders schlechten Lebenssituationen, Langzeitwohnungslose haben ggf. Anpassungsleistungen erbracht, wobei sie die kritischste materielle Situation aufweisen und auch kaum noch über private Beziehungen verfügen.
- Insgesamt ist das subjektive Belastungsgefühl höher als es die objektivierbaren Daten zeigten (vgl. Gerull, 2018 a).

Der Lebenslagenansatz eignet sich als Beschreibungsform für die Wohnungslosenhilfe v. a. deshalb, da sich die Zielgruppe durch eine große Heterogenität auszeichnet: Frauen und Männer jeden Alters, Jugendliche und Senioren, Familien mit Kindern. Es sind Menschen mit unterschiedlichen Nationalitäten, Religionen, Bildungsvoraussetzungen, sozialen Prägungen und sexuellen Orientierungen, die von Wohnungslosigkeit betroffen sind. Somit muss sie als heterogenes Phänomen wahrgenommen werden, um die komplexen Lebenslagen der Betroffenen zu verstehen (vgl. Steckelberg, 2018).

1.3 Sucht und psychische Erkrankungen in Verbindung mit Wohnungslosigkeit

Seit den 90er Jahren ist die Mehrfachproblemlagen-Thematik (= Multiproblemlagen, Mehrfachbeeinträchtigungen) ins Blickfeld der Wohnungslosenhilfe gerückt. In der praktischen Arbeit unverkennbar ist das hohe Auftreten psychischer Störungen und Abhängigkeitserkrankungen bei der Klientel. In einer systematischen Übersichtsarbeit und Metaanalyse untersuchten Wissenschaftler die Prävalenzen psychischer Erkrankungen bei wohnungslosen Menschen in Deutschland anhand des Vergleiches von elf (allerdings recht heterogenen) Studien, die in den Jahren 1995–2013 veröffentlicht wurden. Darunter befand sich auch die neueste und umfangreiche Münchner SEE-

WOLF-Studie. Insgesamt waren 1220 wohnungslose Menschen, davon 131 Frauen, erfasst.

Die Metastudie stellt das deutlich höhere Vorkommen behandlungsbedürftiger psychischer Erkrankungen bei Wohnungslosen im Vergleich zur deutschen Allgemeinbevölkerung heraus. Weiterhin wurden aus den elf Studien gepoolte Lebenszeitprävalenzen mit dem Ergebnis errechnet, dass substanzbezogene Störungen (60,9%), insbesondere die Alkoholabhängigkeit (55,4%), die häufigsten Erkrankungen darstellen. Drogenabhängigkeit lag bei 13,9%, Angststörungen wurden mit 17,6% erhoben, affektive Störungen mit 15,2%. Für kognitive Störungen ergab sich eine gepoolte Prävalenz von 11,7%, für Persönlichkeitsstörungen 29,1%, die Prävalenz psychotischer Diagnosen lag bei 8,3% (vgl. Schreiter et al., 2017).

Diese Lebenslagen stellen die Wohnungslosenhilfe vor besondere Herausforderungen und haben einen großen Einfluss auf die Erreichung des Ziels der gesellschaftlichen Teilhabe.

Bei Eintritt in das Hilfesystem sind die meisten Betroffenen zunächst unbehandelt. Oft besteht eine fehlende Krankheitseinsicht und hinzu kommen schlechte Vorerfahrungen in der Psychiatrie, die Angst vor geschlossener Unterbringung und Ruhigstellung durch Medikamente sowie vor deren Nebenwirkungen. Außerdem scheint das Stigma „wohnungslos“ eher ertragbar zu sein als das Stigma „psychisch krank“.

Die genannten Zahlen zeigen auf, vor welchen Herausforderungen die Mitarbeitenden der Wohnungslosenhilfe stehen. Sie werden von Personen aufgesucht, die oft in einem prekären gesundheitlichen Allgemeinzustand sind. Manche sind durch ihre psychische Erkrankung oder Suchterkrankung wohnungslos geworden. Andere haben durch den in der Obdachlosigkeit ausgesetzten Stress Krankheitssymptome entwickelt oder sind durch einen Szeneanschluss an regelmäßigen Substanzkonsum geraten. In der Wohnungslosenhilfe angekommen, neigen viele Klienten aufgrund der Erkrankungen zu sozialem Rückzug bis hin zu Kontaktverweigerung, verwahrlosen oder vernachlässigen ihre Körperhygiene. Andere Ausprägungen sind Distanzlosigkeit, Belästigungen und aggressives Verhalten sowie Intoxikationen (vgl. Bäuml et al., 2017, S. 253).

Vielerorts ist die Wohnungslosenhilfe noch nicht mit psychiatrisch geschulten Fachkräften ausgestattet, sodass die Sozialarbeitenden mit Fragen konfrontiert werden, für die sie nicht ausgebildet sind. Und dennoch ist die „Nothelfer-Funktion“ der Wohnungslosenhilfe „ein wahrer Segen“ da sie psychisch kranke Wohnungslosen in höchster Not grundversorgen und damit eine kurzfristige Entlastung oder Linderung schaffen (vgl. Bäuml et al., 2017, S. 236). Der damit beschrittene Weg in eine bedarfsgerechte Hilfe, die längerfristig in fachgerechte und koordinierte Maßnahmen münden sollte, ist allerdings schwierig. Folgen dieser Herausforderungen können früher oder später Betreuungsabbrüche sein, von beiden Seiten initiiert.

Die Psychiatrie verfolgt generell keinen niedrigschwelligen Ansatz. Sie hat eine Komm-Struktur und knüpft die Behandlung an bestimmte Voraussetzungen: so müssen eine Behandlungsbereitschaft sowie eine gewisse Krankheitseinsicht bestehen und von den Patienten wird eine regelmäßige Medikamenteneinnahme erwartet. Außerdem haben sie sich an vorgegebene Zeitstrukturen zu halten, z. B. pünktlich zur Aufnahme erscheinen und sowohl eine Überweisung als auch die Krankenversicherungskarte vorzulegen. Nach Abschluss der Behandlung sollen sie die ambulante Weiterbehandlung beim Hausarzt in Anspruch nehmen, regelmäßig Medikamente einnehmen oder als Suchtpatient eine Selbsthilfegruppe besuchen, Therapiebemühungen anstellen oder ähnliches (vgl. BAG-W, 2006)

> „Das soziale Problem der Wohnungs- und Arbeitslosigkeit wird häufig nicht in ausreichendem Maße wahrgenommen und von den PatientInnen daher ein Verhalten erwartet, wie es nur eingebunden in ein festes soziales und familiäres Gefüge möglich wäre." (ebd. S. 3)

Wer erkrankt ist, sollte stets die Möglichkeit erhalten, sich behandeln zu lassen. Wenn die Wohnungslosenhilfe die erste und ggf. einzige Anlaufstelle ist, liegt dort die Chance, Betroffene in das Gesundheitssystem zu führen oder erste Schritte in diese Richtung anzustoßen. Zwangseinweisungen müssen Ausnahmesituationen bleiben, da sie sowohl die Beziehung zum Klienten erheblich belasten als auch als traumatisch erlebt werden können. Vielmehr sollte es durch vertrauensbildende Maßnahmen gelingen, einen stabilen Kontakt herzustellen und die Betroffenen allmählich an die Angebote der Einrichtungen heranzuführen (vgl. Bäuml et al., 2017, S. 237). Hilfreich dafür können psychiatrische Konsile in den niedrigschwelligen Einrichtungen sein sowie eine gute Netzwerkarbeit mit psychiatrischen Institutionen. Vor allem ist erforderlich, psychisch erkrankte Wohnungslose zur Inanspruchnahme psychiatrischer und psychotherapeutischer Hilfen zu motivieren, Suchterkrankten den Weg in suchtspezifische Hilfen zu ermöglichen und bei bestehendem Bedarf eine Vermittlung in die fachspezifische Eingliederungshilfe zu herzustellen. Erfahrungsgemäß braucht dieses Vorhaben Zeit, sodass Bäuml et al. von einem therapeutischen „Time-out" mit Sabbatphase sprechen.

> „Wenn es aber gelingt, diesen Menschen eine vorübergehende Sabbatphase zu ermöglichen, ohne überfordernden therapeutischen Druck und ohne Gefahr, durch fehlendes Obdach und fehlende Ernährung körperlichen Schaden zu neh-

> men, dann kann ein derartiges therapeutisches „Time-out“ dazu führen, dass nach allmählichem Abklingen der psychotischen Symptomatik und der unerträglichen inneren Anspannungszustände vielleicht eine neue Sichtweise auf die eigene Erkrankung entsteht mit nachträglicher Hinwendung zu den vorher verschmähten schulmedizinischen Behandlungsangeboten.“ (ebd. S. 237)

Die Aufnahme in die Angebote der Wohnungslosenhilfe erfordert eine Abgrenzung zur Eingliederungshilfe für Menschen, die durch seelische Beeinträchtigung (psychische Erkrankung oder Suchterkrankung) von einer gesellschaftlichen Teilhabe ausgeschlossen sind. Die Ausrichtungen der Hilfen gem. §§ 67 ff. SGB XII und dem Bundesteilhabegesetz (s. §§ 113–116 SGB IX, ehemals §§ 53 ff. SGB XII) ist dieselbe: Ziel ist die Teilhabe am Leben in der Gemeinschaft, allerdings sind die Zugangsschwellen und die Hilfesettings und Prozesse sehr unterschiedlich. Obwohl die Hilfe nach § 67 SGB XII grundsätzlich nachrangig ist, stellt sie in diesem Fall aber häufig die vorbereitende Hilfe für die Eingliederungshilfe dar. Ohne sie liegen die Chancen zur Überwindung der Zugangsschwellen für wohnungslose Menschen noch niedriger. Schon für die Antragstellung wird eine fachärztliche Diagnose benötigt und erwartet, dass der Klient bereit ist, diese Diagnose zu bestätigen und die aus fachlicher Sicht notwendige Hilfe in Anspruch nehmen möchte. Basisvoraussetzung dafür sind wiederum Leistungsbezug, Krankenversicherungsschutz und Kontakt zu einem Facharzt. Dem schließt sich das umfangreiche Prozedere der Bedarfsfeststellung nach dem Bundesteilhabegesetz durch den Leistungsträger der Eingliederungshilfe an. Schließlich muss eine Einrichtung gesucht werden, die eine neue Umgebung mit anderen, engeren Regeln darstellt. Ohne eine stützende, begleitende und motivierende Bezugsperson ist die Aussicht auf Erfolg, den Zugang in die Eingliederungshilfe zu finden, sehr gering. Ein Lösungsansatz wäre hier ein Paradigmenwechsel der Verwaltungsvorschriften hinsichtlich der Zugangsvoraussetzungen und -wege“, da der „multidimensionale Hilfebedarf wohnungsloser Menschen mit psychischen Beeinträchtigungen (…) die enge Vernetzung sozialer, juristischer und psychiatrisch-therapeutischer Angebote und Interventionen unabdingbar“ macht. (vgl. Ludwig, 2018, S. 59 und S. 90).

Lösungsansätze auf struktureller Ebene hinsichtlich dieser besonderen Problemlagen sind somit vor allem in einer besseren Koordinierung der Hilfen zu finden. Hierauf möchte ich an dieser Stelle nicht eingehen, sondern einen anderen Aspekt im Hinblick auf die weiteren Ausführungen betonen. Mir ist wichtig herauszustellen, dass *Motivational Interviewing* ein Instrument sein kann, diese schwierigen Gespräche erfolgreicher zu gestalten. Vor allem Themen zur psychischen Gesundheit und zum Umgang mit Sucht sind, sofern keine Problemeinsicht vorhanden ist, prädestiniert für Konfrontationen bei der Zielsuche. Ein gerade vorsichtig aufgenommener Gesprächsfaden in diese Richtung kann abrupt beendet werden, wenn man in die Komfortzone des Klienten gerät. Um hier nicht unnötig auf Widerstand zu geraten und die Betreuungsbeziehung zu belasten, kann es sehr hilfreich sein, zu wissen, wie die intrinsische Motivation in einem geleitenden Stil gestärkt werden kann. Die zieloffene Suchtarbeit, die auf Motivational Interviewing fußt, stellt ein weiteres hilfreiches Konzept für die Zielgruppe der suchterkrankten Wohnungslosen dar (s. Teil II und Teil III). Außerdem ermöglicht das pragmatische und für die Wohnungslosenhilfe zugeschnittene Gruppenprogramm *gesund.sein* Betroffenen eine niedrigschwellige Auseinandersetzung mit ihrer seelischen Gesundheit.

2. Wohnungslosenhilfe: Organisationsformen und Aufträge

„Bei dieser Dimension der Wohnungslosenhilfe geht es also um mehr, als um die Hilfe beim Einrichten einer neuen Wohnung. Und dieses Mehr, das die Profession und Kompetenz der Sozialarbeit in der Wohnungslosenhilfe ausmacht, sprengt den Begriff der „Wohnungslosenhilfe", wenn dieser in kategorischen Syllogismen einzig um die nicht vorhandene Wohnung kreist und nicht den kohärenten sozialen, den gesellschaftlichen und individuellen Prozess der Ausgrenzung in die extreme, durch Wohnungslosigkeit geprägte Lebenslage meint und ebenso den Prozess ihrer Überwindung." (Holtmannspötter 2003, S. 89)

Die Strukturen der Wohnungslosenhilfe sind vielseitig und setzen auf unterschiedlichen Ebenen der Hilfebedarfe und Veränderungsmotivation der Klienten an. Deshalb möchte ich an dieser Stelle einen kurzen Überblick über die bestehenden Hilfesettings der Wohnungslosenhilfe in Deutschland geben und knapp darstellen, nach welchen rechtlichen Aufträgen die jeweilige Arbeit erfolgt. Diese lassen sich in zwei Bereiche unterteilen: die Obdachlosenhilfe, die nach dem Polizei- und Ordnungsgesetz Unterbringungen für nichtfreiwillig obdachlose Menschen durchzuführen hat und die Wohnungslosenhilfe, die nach dem Sozialgesetzbuch XII Beratung und Hilfen für Personen in besonderen Lebenslagen anbietet.

2.1 Obdachlosenhilfe und Zentrale Fachstelle Wohnen

In unserer Gesellschaft besteht ein Interesse an sicheren und geordneten Lebensverhältnissen für alle Bürger. In Deutschland ist das Recht auf eine Wohnung allerdings kein einklagbares Grundrecht, auch wenn es als Menschenrecht anerkannt ist (vgl. Geuder, 2015, S. 8). Wenn eine Person unfreiwillig obdachlos geworden ist, so hat sie aber den Rechtsanspruch auf eine unverzügliche Unterbringung durch die kommunale Verwaltungsbehörde (Ordnungsamt). Dies sehen die länderspezifischen Polizei- und Ordnungsbehördengesetze vor, die im Rahmen der Gefahrenabwehr dazu verpflichtet sind, eine Unterkunft zur Verfügung zu stellen. In Eil- und Notfällen ist die Behebung von Obdachlosigkeit Aufgabe des Polizeivollzugsdienstes. Örtlich zuständig ist immer die Behörde, in deren Bezirk sich die betroffene Person gerade aufhält, sodass ein letzter gewöhnlicher Aufenthalt oder eine Meldeadresse in einer anderen Kommune unerheblich sind. Die sachliche Zuständigkeit für die Unterbringung liegt nicht bei der Sozialbehörde, sondern immer bei der Polizeibehörde. Aufgabe der Sozialhilfeträger ist es hingegen, durch unterschiedliche Maßnahmen wie Prävention und Beratung drohender Obdachlosigkeit entgegenzuwirken und Betroffenen auf Dauer Wohnraum zu verschaffen. Eine unfreiwillige Obdachlosigkeit stellt eine Störung der öffentlichen Sicherheit dar, weil dieser Zustand zu einer unmittelbaren Beeinträchtigung der Grundrechte führt. Insbesondere ist davon das Recht auf Leben und auf körperliche Unversehrtheit, das Recht auf Gesundheit, das allgemeine Persönlichkeitsrecht, das Grundrecht auf Ehe, Familie und Mutterschutz und nicht zuletzt das Grundrecht auf die Unantastbarkeit der Menschenwürde eingeschränkt.

Für die Zuweisung einer Notunterkunft muss die obdachlose Person einen Antrag stellen und ist dazu verpflichtet, ihre Situation nachzuweisen bzw. glaubhaft darzulegen, sofern die Tatsache nicht offenkundig ist. Es gilt der Vorrang der Selbsthilfe, v. a. sofern finanzielle Mittel zur Verfügung stehen, die eine andere Unterkunftsform (Hotel/Pension) ermöglichen würden. Außerdem sind ordnungsrechtlich untergebrachte Personen dazu angehalten, sich selbst intensiv darum zu bemühen, die Obdachlosigkeit abzuwenden. Die staatliche Verpflichtung zur Unterbringung besitzt einen Überbrückungscharakter und soll nur eine vorübergehende Lösung einfacher Art darstellen. Daraus folgt, dass obdachlose Menschen ihre Wohnungsansprüche bis zur Grenze der Unzumutbarkeit reduzieren müssen. Der Verwaltungsgerichtshof Kassel hat für den zivilisatorischen Mindeststandard einer menschenwürdigen Unterbringung erklärt, dass „ein hinreichend großer Raum, der genügend Schutz vor Witterungsverhältnissen bietet, wozu im Winter die ausreichende Beheizbarkeit gehört, hygienische Grundanforderungen wie genügende sanitäre Anlagen, also eine Waschmöglichkeit und ein WC, eine einfache Kochstelle und eine notdürftige Möblierung mit mindestens einem Bett und einem Schrank bzw. Kommode sowie elektrische Beleuchtung“ (Ruder & Bätge, 2018, S. 120) erforderlich sind. Selbige Autoren weisen in diesem Kontext darauf hin, dass die Träger der Notunterkünfte ein weites Handlungsermessen haben und entscheiden können, ob sie nur den „unabdingbaren Mindeststandard“ anbieten wollen oder zu einer menschenfreundlichen Ausgestaltung bereit sind.

Die Praxis zeigt, dass das Zusammenleben obdachloser Menschen in Gemeinschaftsunterkünften oft unzumutbare Wohnverhältnisse hervorruft. Alleine schon die Unterbringung im Niedrigstandard beinhaltet eine indirekte Aufforderung, sich um anderen Wohnraum zu bemühen. Soziale Schwierigkeiten und Wohnungsmangel stellen dafür allerdings oft unüberwindbare Hürden dar. Empfohlen wird deshalb eine Kooperation der Ordnungsbehörden mit Anbietern fachlicher Hilfen, die beratend, betreuend und anderweitig unterstützend vor Ort auf eine Verbesserung der Lebensbedingungen einwirken können. Durch eine zugehende Beratung in den Notunterkünften kann motivierend auf eine Veränderung der Lebenssituation sowie einzelner vermittlungshemmender Aspekte hingewirkt werden, u. a. auf der Grundlage des § 11 SGB XII (Beratung und Unterstützung, Aktivierung).

Die Bundesarbeitsgemeinschaft Wohnungslosenhilfe sieht die ordnungsrechtliche Unterbringung als Kern der Notversorgung, die in ein Netz niedrigschwelliger Angebote und Hilfen zur Daseinsvorsorge eingebettet sein sollte. Sie empfiehlt jeder Kommune, ein integriertes Notversorgungskonzept zu erarbeiten, das neben der Notunterkunft Nahrung, Kleidung und gesundheitliche Grundversorgung sicher gewährleistet. Es sollte einen niedrigschwelligen Zugang zum örtlichen Hilfesystem bieten und ausreichende Beratung für die Wohnraumbeschaffung oder weiterführende Hilfen beinhalten. Gefordert werden außerdem spezielle Winternotprogramme, um den Kältetod von Wohnungslosen zu verhindern. Daneben umfasst die Empfehlung, Kooperationen zwischen Kommunen zu freigemeinnützigen Trägern der Wohnungslosenhilfe aufzubauen. Um Wohnungslosigkeit nachhaltig zu beheben, soll ein solches integriertes Notversorgungskonzept flächendeckend Zugang zu Beratungs- und Hilfeangeboten nach §§ 67 ff. SGB XII und anderen sozialen Hilfen eröffnen (vgl. Specht, Thomas et al., 2017).

Angeregt vom Deutschen Städtetag 1987 sind im Laufe der Jahre bis heute ca. 100 „Zentrale Fachstellen“ für Wohnungsnotfälle und Prävention in öffentlichen Trägerschaften entstanden, die zur Vermeidung und zur Abhilfe von Wohnungslosigkeit Beratung, Hilfen und Vermittlung auf den Rechtsgrundlagen des § 36 SGB XII und/oder des § 22 SGB II übernehmen. Eine besondere Bedeutung kommt hier der Beratung hinsichtlich Mietschulden, Kündigungen und Räumungsklagen zu, die ein kooperatives Handeln mit den Leistungsträgern des SGB II (Jobcentern) erfordern. Rechtliche Instrumente, die einen Austritt aus einem Mietverhältnis noch rechtzeitig verhindern können, sollten vollständig ausgeschöpft werden. Bislang sind die „Zentralen Fachstellen“ überwiegend kommunal organisiert. Teilweise kooperieren sie mit freien Trägern der Wohnungslosenhilfe oder aber sie bilden eine gemeinsame Trägerschaft. Selten ist ein freier Hilfeanbieter selbst Träger einer Fachstelle. In letzter Konstellation ist zu berücksichtigen, dass frei-gemeinnützige Träger keine hoheitlichen Aufgaben, die aus dem Polizeirecht resultieren (s. o.), übernehmen können (vgl. BAG-W, 2011).

2.2 Ambulante Wohnungslosenhilfe

Die ambulante Wohnungslosenhilfe entwickelte sich seit den 70er Jahren bis heute zu einem breiten Angebotsspektrum, das auf die unterschiedlichen Bedarfe der Klientel eingeht und sich durch Etablierung neuer Hilfeangebote stetig weiterentwickelt. Kennzeichnend für ambulante Hilfen ist in erster

Linie, dass der Ort der Hilfeerbringung nicht an eine Unterbringung oder einen Wohnplatz gekoppelt ist. Die Kontakte erfolgen (mit Ausnahme von Streetwork und von Hausbesuchen) im Büro des Sozialarbeiters und nicht am Lebensmittelpunkt des Klienten. Dieser Hilfeansatz beruht auf dem Erhalt von Autonomie, auf Freiwilligkeit und Niedrigschwelligkeit und beinhaltet auch, die Menschen zu erreichen, die von bereits in Anspruch genommenen Hilfen enttäuscht sind, Einrichtungen verließen oder verlassen mussten, „da sie sich angeblich nicht in die vorgegebenen Strukturen „eingliedern" wollten" (Lutz & Simon, 2007, S. 108). Mit dem Ziel der weitgehenden Normalisierung der Lebensverhältnisse bieten ambulante Dienste eine elementare Grundversorgung über Tagesaufenthalte (s. u.) und parallel dazu das offene Angebot von sozialer Beratung und Betreuung an. Schon lange gilt der Grundsatz, dass ambulante Hilfen vor stationären Hilfen gewährt werden sollen. Neben finanziellen Auswirkungen wird dieses Paradigma dadurch begründet, dass im ambulanten Bereich mehr Ressourcenaktivierung im Sinne der „Hilfe zur Selbsthilfe" erfolgen kann als in den versorgenden Strukturen der stationären Einrichtungen.

Streetwork

Streetwork bzw. Straßensozialarbeit ist eine aufsuchende Hilfeform in zumeist größeren Städten, die benachteiligte Randgruppen (Obdachlose, Drogenabhängige, Prostituierte etc.) mit psychosozialer oder gesundheitsorientierter Dienstleistung erreichen will. Bezogen auf die Zielgruppe der Obdachlosen ist Streetwork in der Regel an die ambulante Angebotsstruktur der Wohnungslosenhilfe angebunden. Die Ansprache wohnungsloser Menschen erfolgt durch Fachkräfte an ihren Schlafplätzen und im unmittelbaren Szeneumfeld („Geh-Struktur"). In Großstädten sind außerdem Kältebusse oder medizinische Mobile (fahrbare Ambulanzen) eingesetzt, um den Betroffenen einen einfachen Zugang zu Nahrung, Kleidung, Schlafsäcken bzw. ärztlicher und pflegerischer Versorgung zu ermöglichen. Über diese deutlich sichtbare Hilfeform wird auch die Öffentlichkeit auf das Problem der Wohnungslosigkeit von Mitbürgern aufmerksam gemacht (vgl. Lutz & Simon, 2007, S. 118 ff.). Primäre Ziele von Streetwork sind, Überlebenshilfe durch die Sicherstellung der existenziellen Grundversorgung zu gewährleisten und durch eine kontinuierliche Kontaktpflege das Vertrauen in das Hilfesystem (wieder) aufzubauen. Szeneangehörige haben oftmals einen langen sozialen Ausgrenzungsprozess erlebt und negative Erfahrungen mit Hilfeangeboten gesammelt. Beziehungen zu Streetworkern als szenefremde Personen entstehen auch im aufsuchenden Setting nicht automatisch. Kontaktaufbau und Beziehungsarbeit sind somit die zentralen Elemente dieses Hilfeformates. Nicht alle Szenebesucher oder Szeneangehörige sind obdachlos, fühlen sich wegen ähnlicher Lebensthemen jedoch dorthin gezogen. Streetwork kann somit auch präventiv wirksam sein, wenn im Gespräch Probleme offenkundig werden, die auf einen drohenden Wohnungsverlust hindeuten. Das besondere Merkmal von Streetwork ist die Niedrigschwelligkeit. Die Hilfe soll unmittelbar zugänglich und voraussetzungslos angenommen werden können. Die Begegnung in der Lebenswelt der Wohnungslosen setzt als innere Haltung eine grundlegende Akzeptanz des Streetworkers für die aktuelle Situation voraus, die unabhängig von einer Bereitschaft zur Hilfeannahme oder einer Veränderungsmotivation ist.

Tagesaufenthalte

Tagesaufenthalte, auch Tageswohnungen oder Tagesstätten genannt, basieren ebenfalls auf dem Konzept der Niedrigschwelligkeit, wenngleich sie durch einen institutionalisierten Rahmen wie der Komm-Struktur und aufgestellten Hausregeln einen etwas höheren Zugang erfordern als Streetwork. Zielgruppen von Tagesaufenthalten sind Personen, die ohne festen Wohnsitz umherziehen oder als Obdachlose ständig auf der Straße leben bzw. in Notunterkünften untergebracht sind, wo sie tagsüber ihre natürlichen Bedarfe nicht (ausreichend) decken können. In der Regel nutzen Besucher von Tagesaufenthalten das weitere bestehende Hilfesystem nicht oder nur selektiv. Tagesaufenthalte sollen wohnungslosen Menschen jene Dinge des alltäglichen Lebens ermöglichen, die Nichtwohnungslose in ihrem Zuhause tun: warme Mahlzeiten einnehmen, duschen, Wäsche waschen, ausruhen, Freizeit gestalten, Post empfangen, Zugang zu öffentlichen Medien nutzen und Kontaktmöglichkeiten mit anderen Menschen haben. Ein Ziel ist eine angemessene Lebensgestaltung trotz (noch) bestehender Wohnungslosigkeit. Dieser Ort bietet der Klientel an, soziale Ausgrenzung und Isolation zu überwinden und zwischenmenschliche Beziehungen aufzubauen. Partizipative Angebote (z. B. Freizeitaktivitäten, Gruppenprogramme, Projekte wie z. B. Mitarbeit an und Verkauf von Straßenzeitungen) können hier verortet sein und die gesellschaftliche Teilhabe fördern. Darüber hinaus findet auch in Tagesaufenthalten eine professionelle Beziehungsarbeit statt, die eine Vermittlung ins Hilfesystem anbietet. Vorzugsweise in Großstädten existieren daneben auch frauenspezifische Angebote und Einrichtungen, wie Frauencafés oder Wärmestuben (vgl. Lutz & Simon, 2007, S. 164). Ähnliche Angebote bestehen in Klöstern und Bahnhofsmissionen, dort allerdings überwiegend im caritativen Fürsorgeauftrag, teilweise ohne Beratung durch professionelle Sozialarbeit.

Übernachtungsstellen

Neben städtischen Notunterkünften gibt es relativ flächendeckend in Deutschland Übernachtungsstellen für volljährige Wohnungslose. Diese (geschlechtergetrennten) Gemeinschaftsunterkünfte liegen in kommunaler

Zuständigkeit und werden teilweise von freien Trägern der Wohlfahrtspflege oder von ehrenamtlichen Helfern in Kirchengemeinden betrieben. Sie können auch als sogenannte Aufnahmehäuser an die stationären Einrichtungen in deren Versorgungsstruktur angebunden sein. Zielgruppen sind hier die ortsungebundenen Wohnungslosen und die von akuter Obdachlosigkeit betroffenen Menschen. Vielfach ist ein Beratungsangebot angekoppelt; teilweise besteht ein Zugang zur Zielgruppe durch die Auszahlung von Tagessätzen. In diesem Setting ist sowohl eine informative Beratung gefragt (Beratung als Ausgleich von Kenntnisdefiziten) als auch eine motivierende Ansprache zur Veränderung der Lebenssituation möglich.

Fachberatungsstellen

Ambulante Fachberatungsstellen nehmen eine zentrale Rolle im Feld der Hilfeerbringung nach §§ 67 ff. SGB XII ein. Ca. 75,6% der Klienten werden darüber erreicht (vgl. Specht et al., 2017, S. 47). Selbige Autoren beschreiben drei Hilfepakete als typische Aufgabenstruktur der Fachberatungsstellen:

Kernleistungen

Sicherstellung der Grundversorgung in allen Lebenslagen:

Klienten werden zu einer selbstverantwortlichen Lebensgestaltung und Alltagsbewältigung befähigt. Es erfolgt Beratung bezogen auf die Mängellagen Wohnung, soziale Teilhabe, Schulden, Gesundheit und Suchterkrankung und eine Motivation, wieder am Erwerbsleben teilzuhaben. Die Förderung sozialer Kompetenzen soll zum Erhalt der Erwerbsfähigkeit führen. Die Leistungsberechtigten erhalten Hilfe bei der Sicherung des Lebensunterhaltes durch Wahrung von Leistungsansprüchen und bei der Einhaltung von Mitwirkungspflichten, um existenzgefährdende Sanktionen zu vermeiden. Sie werden dabei unterstützt, weiterführende Hilfen außerhalb des SGB II in Anspruch zu nehmen. Der Bedarf der Hilfedauer lässt sich mit dem Grad der sozialen Exklusion in Beziehung setzen.

Clearingleistungen

Feststellung des Hilfebedarfes und der passenden Organisationsform:

Über die Erstkontakte in der Beratungsstelle können Klienten über bestehende Hilfestrukturen informiert und für die Inanspruchnahme einer passgenauen Organisationsform (ambulant, teilstationär, stationär) motiviert werden. Öffentliche Träger möchten zunehmend mehr Einfluss auf die Bedarfsfestlegung nehmen und als Auftraggeber für die Leistungserbringer fungieren. Um den Hilfezugang nicht zu erschweren, sollte aus fachlicher Sicht sich keine Umkehrung der Clearingstruktur etablieren, sondern maximal eine gemeinsam abgestimmte Bedarfsklärung erfolgen.

Vermittlungsleistungen und Übergangsmanagement

Ambulante Hilfen unterstützen Klienten, innerhalb der Wohnungslosenhilfe weitergehende Hilfen (z. B. stationär) in Anspruch zu nehmen, wenn sich zeigt, dass der Hilfebedarf nicht ambulant gedeckt werden kann. Auch die Überleitungen in die Leistungsbereiche der SGB II und III sowie die Annahme von Eingliederungshilfen können Ziele der Beratung sein. Werden im laufenden ambulanten Hilfeprozess fachspezifische Hilfen (z. B. Schuldnerberatung, Suchtkrankenhilfe, Psychiatrie, Krankenhaus) in die Wege geleitet, soll in jedem Fall ein Übergangsmanagement durch die Wohnungslosenhilfe sichergestellt werden, weil eine einfache Vermittlung oder ein Verweis an andere Stellen „aufgrund der extremen Armut und sozialen Ausgrenzung der Klientel oft zum Scheitern verurteilt ist" (Specht et al., 2017, S. 48). Vor allem dieser Bereich setzt eine weitreichende regionale und überregionale Vernetzungsarbeit und Kooperationen mit anderen Hilfefeldern voraus. Ambulante Dienste waren und sind im Zuge der zunehmenden Wohnungslosigkeit an der Ausarbeitung präventiver Angebote in Kooperation mit Kommunen beteiligt. Sie fokussieren u. a. auch die Schaffung spezifischer Hilfen für Personengruppen, die nicht vorrangig über die §§ 67–69 SGB XII Hilfen beziehen, wie ältere und teils pflegebedürftige Wohnungslose sowie die Sparte der 18- bis 20-jährigen Wohnungslosen, für die Angebote der Jugendhilfe nicht mehr in Betracht kommen.

Ambulant betreutes Wohnen

Übergangswohnungen

Freigemeinnützige Träger der Wohnungslosenhilfe verfügen oft über ein Kontingent an Übergangswohnungen, das der Klientel entweder als (möblierte) Singlewohnung oder als Platz in einer Wohngemeinschaft zur Verfügung gestellt wird. Dieses Konzept existiert vor allem im ländlichen Raum, hat sich allerdings durch die urbane Wohnungsknappheit und den Wettbewerbsdruck auch im städtischen Bereich ausgebreitet. Für sogenannte Trägerwohnungen ist es üblich, dass der freie Träger als Hauptmieter an den Klienten durch Nutzungsverträge untervermietet. Diese Handhabung des „zweiten Wohnungsmarktes" kann durchaus kritisch betrachtet werden, da es häufig mit eingeschränktem respektive fehlendem Mieterschutz, mit Betreuungsauflagen und zeitlicher Begrenzung des Aufenthaltes einhergeht. Klienten wird somit keine dauerhafte Lösung angeboten, sondern das Wohnungsproblem bleibt existent (vgl. Busch-Geertsema, 2017). Maßgebliche Vermittlungshemmnisse, wie z. B. die Löschung der SCHUFA-Einträge, können bis zum Ende der Hilfe nicht immer abgebaut werden, sodass es für den Klienten nach wie vor schwer realisierbar ist, einen eigenen Mietvertrag auf dem freien Wohnungsmarkt zu erhalten. Eine „wandernde Einrichtung" entsteht dann, wenn das Hauptmietverhältnis nach Hilfebeendigung an den Klienten übergeht und der freie Träger neuen Wohnraum akquiriert.

Krankenwohnungen

Eine spezielle Form von Übergangswohnung stellt das noch nicht weit verbreitete Konzept der Krankenwohnung für Wohnungslose dar, die ihre akute oder chronische Erkrankung auskurieren wollen. Sie ermöglichen außerdem eine häusliche Pflege, z. B. nach Entlassung aus einem Krankenhaus (vgl. BAG-W, 2018a). Die Dauer des Aufenthaltes richtet sich nach dem Genesungsfortschritt. Eine parallele Beratung und persönliche Betreuung gem. § 67 SGB XII kann mit der Unterkunft einhergehen. Projekte dieser Art wurden bereits in Berlin, Hannover und im Landkreis Osnabrück entwickelt, um in Verbindung mit schnell organisierter sozialer, medizinischer und pflegerischer Dienstleistung ein Überleben bzw. die Gesundung zu ermöglichen.

Ambulante Hilfe in Wohnungen

Im Zuge der Ambulantisierung der Hilfen bei Wohnungslosigkeit (Vorrang ambulanter vor stationärer Hilfe nach § 9 Abs. 2 SGB XII) wurde der Hilfeansatz „Ambulante Hilfen in Wohnungen" seit den 1980er Jahren flächendeckend programmatisch und praktisch in der Sozialarbeit institutionalisiert. Der Grundsatz „Wohnen als Menschenrecht" soll durch einen sofortigen Zugang zu Wohnraum umgesetzt werden. Das Wahlrecht der Hilfesuchenden hinsichtlich Alternativangebote der stationären Hilfe oder Übergangswohnungen wird mitberücksichtigt. Eine Betreuung (spezifischer Rechtsanspruch nach §§ 67 ff. SGB XII) soll nach Bedarf gewährt werden und nicht an die Wohnung geknüpft sein. In Abgrenzung zum Konzept der Trägerwohnungen zieht sich die Sozialarbeit aus der Wohnung zurück, wenn der Hilfebedarf nachgelassen hat, anstatt dass der Klient die Wohnung wieder verlassen muss. In einigen Regionen Deutschlands wird ambulante Hilfe von örtlichen Trägern geleistet, die jedoch eher auf die Unterstützung in Notunterkünften abzielt und weniger Bemühungen für die Akquirierung von Normalwohnraum anstrebt (vgl. Specht, 2018, S. 4). Die Umsetzung der „Ambulanten Hilfe in Wohnungen" hängt von der Verfügbarkeit der Wohnungen, also von der Wohnungspolitik und der aktuellen Wohnungsmarktlage ab. Ohne freien Wohnraum kann auch nicht vermittelt werden und die Realität zeigt, dass der Anteil verfügbarer Wohnungen in den letzten Jahren immer mehr abgenommen hat.

„Housing First"

Das in den 1990er Jahren aus den USA (New York) stammende „Housing-First"-Paradigma wurde vom Europäischen Dachverband der Wohnungslosenhilfe FEANTSA in Europa rezipiert und hat in Deutschland eine Diskussion zum Vergleich mit dem „Ambulant Betreuten Wohnen" entfacht. Es handelt ebenfalls nach dem Grundprinzip „Wohnen ist ein Menschenrecht" und fokussiert v. a. Wohnungslose mit vielfältigen und komplexen Problemlagen (z. B. Menschen mit Doppeldiagnosen). Dieser ganz ähnliche Hilfeansatz sieht einen sofortigen und voraussetzungslosen Zugang zu dauerhaftem Individualwohnraum vor und misst vor allem der Freiwilligkeit und den Präferenzen bei der Wohnungswahl und deren Einrichtung einen hohen Stellenwert bei. Als nicht ganz neu und dennoch innovativ wird auch die konsequent verfügbare personenbezogene Hilfe bewertet, die auf einer individuellen Zielsetzung bei der Art, dem Inhalt und dem Tempo der wohnbegleitenden Hilfen beruht. Fundierte wissenschaftliche Untersuchungen dieses vom US-Amerikaner Sam Tsemberis initiierten Programms zeigten sehr gute Langzeit-Erfolgsquoten im Wohnungserhalt der Klientel, nicht nur in den USA, sondern auch in verschiedenen europäischen Ländern, wie z. B. Finnland. Damit schlussfolgerte der Begründer, dass ein solches differenziertes Hilfeprinzip dauerhaft Wohnungslosigkeit beheben kann und das „Wohnunfähigkeits-Paradigma" auch bei den am stärksten ausgegrenzten Wohnungslosen keine Rechtfertigung besitzt. (vgl. Busch-Geertsema, 2019). Die Konzentration richtet sich beim „Housing First" auf die bedingungslose Versorgung mit Normalwohnraum in Verbindung mit bedarfsgerechten, flexiblen und pro-aktiven wohnbegleitenden Hilfen. Die sozialpolitische Herausforderung der Wohnungslosenhilfe liegt damit in der Beschaffung und der Akquise von Mietwohnungen. Somit ist folgende Frage aktueller denn je: *„Housing First is nice, but where is the housing?"* (Busch-Geertsema, 2017, S. 78)

Tiny Homes

Ein weiterer Ansatz aus den USA, der in Deutschland aufgenommen wurde, ist der Tiny Home oder Tiny House Trend, der einer Wohnungsnot mittels Mini-Unterkünften begegnet. Diese (teils nur bedingt) mobilen Wohneinheiten haben Ähnlichkeit mit Camping-Wohnwagen, sind räumlich aber weiterentwickelt und der Optik normaler Wohnhäuser angepasst. Ursprünglich ist dieses Wohnkonzept mit einer minimalistischen und nachhaltigen Lebensphilosophie verbunden. In Deutschland wurde diese Idee aufgegriffen, um eine „generelle und akzeptierte Lösung für die Schieflage auf dem Wohnungsmarkt darstellen" zu können (Neupert, 2018, S. 16). Die Etablierung der „Wohnboxen" stößt hierzulande allerdings auf planungs-, pacht- und baurechtliche Hürden und bietet für die Bewohnenden/Besitzenden keine Rechtssicherheiten. Sollten diese zum Zwecke der Tiny Homes angestrebt werden, könnte sich hier ein Substandard des Wohnens etablieren, da es sich um sehr beengte Wohnverhältnisse handelt, in denen ein Zusammenleben zu Enge, fehlender Privatsphäre, zwischenmenschlichen Konflikten, Krankheiten und mangelnden Möglichkeiten zur sozialen Kontaktpflege führt. Die Anschaffungskosten sind von wohnungslosen Menschen kaum tragbar, ganz zu schweigen vom fehlenden Grundstück für das Mini-Eigenheim. Einige freie Träger haben das Konzept aufgegriffen und Tiny Homes als Übergangslösung zur Unterbringung für Wohnungslose geschaffen und aufgestellt. Fehlender Wohnraum kann und sollte dadurch jedoch nicht dauerhaft ausgeglichen werden (vgl. BAG-W, 2019 b).

Hausbesuche

Ein traditioneller Ansatz in der Sozialen Arbeit stellt der Hausbesuch dar. Dieser kann als beruflich motivierter Besuch eines Sozialarbeitenden in der Wohnung eines Adressaten, unabhängig vom Anlass oder Ziel bezeichnet werden. Hausbesuche sind oft ein fester Konzeptbestandteil des ambulanten Hilfeangebotes im Rahmen von Betreutem Einzelwohnen nach §§ 67 ff. SGB XII (Verpflichtung im Betreuungsvertrag). Ein Dilemma entsteht, wenn sich aufgrund eines Kontaktabbruchs seitens des Klienten der Sozialarbeitende mithilfe eines Ersatzschlüssels Zutritt zur Wohnung verschafft und somit den distanzgebietenden Schutzraum einer Wohnung verletzt. Rein rechtlich darf kein Sozialdienst gegen den Willen der Besuchten eine Wohnung betreten (Art. 13 GG: „Die Wohnung ist unverletzlich"). Neben dem Hilfeangebot kann es hier leicht zu einer Kontrollfunktion kommen, die vom Empfänger nicht mehr als Hilfe verstanden wird. Auch die Rollenumkehrung stellt in diesem Setting eine Herausforderung dar. Der Klient wird zum Gastgeber, der Sozialarbeitende zum Gast. Beide Aspekte können entweder verunsichern oder aber selbstwertstärkend zu einer Begegnung auf Augenhöhe führen. Wichtig ist Klarheit und Transparenz gegenüber dem Besuchten über den Auftrag und die damit verbundenen Aufgaben des Sozialdienstes. Ein Hausbesuch ist somit ein Setting in der Wohnungslosenhilfe, der viel Feingefühl und Reflexion erfordert (vgl. Gerull, 2013).

2.3 Stationäre Wohnungslosenhilfe

Stationäre Einrichtungen der Wohnungslosenhilfe entstanden aus der Tradition der Herbergen zur Heimat für Wanderarbeiter und Obdachlose, die ab Mitte des 19. Jahrhunderts durch Clemens Theodor Perthes gegründet wurden sowie aus Arbeiterkolonien, die Ende des 19./Anfang des 20. Jahrhunderts zur Zeit der Industrialisierung durch die Wirtschaftskrise von Pastor Friedrich von Bodelschwingh initiiert wurden. Das stationäre Angebot wurde mit der Einführung der Durchführungsverordnung zum § 72 Bundessozialhilfegesetz ab 1976 schließlich sozialhilferechtlich abgesichert, blieb in der Ausgestaltung allerdings sehr vage. Mit dem Einzug der ambulanten Hilfen gerieten die stationären Hilfen zunehmend in die Kritik. Die Komplettversorgung führe zur Förderung von Unselbstständigkeit oder gar zu Hospitalismus anstatt zu einer gesellschaftlichen Wiedereingliederung, lautete der nicht unberechtigte Vorwurf. Das Hilfesystem war zu einer Reform herausgefordert und richtete zunehmend den Blick auf die individuelle Bedarfslage wohnungsloser Menschen. Auch die Neufassung der Durchführungsverordnung 2001 sah nunmehr vor, stationäre Hilfe explizit am Einzelfall zu begründen, um dem Grundsatz „ambulant vor stationär" gerecht zu werden. Im Fokus steht dabei die besondere Notlage und soziale Ausgrenzung im Sinne der §§ 67 ff. SGB XII. Die Hilfe kann für Personen in Mehrfachproblemlagen (oder auch komplexen Problemlagen) in Verbindung mit einer besonderen Notlage dann gewährt werden, wenn andere, vorrangige Hilfen nicht angemessen zu sein scheinen oder nicht zeitnah erschlossen werden können. Durch eine ständige Anpassung an die Bedarfslagen wohnungsloser Menschen befinden sich stationäre Einrichtungen im stetigen Wandel, um ihre Legitimation als modernen Bestandteil im Hilfesystem zu bestätigen und zu erhalten (vgl. Lutz & Simon, 2007). Sie öffnen sich z. B. durch partizipatorische Ausrichtungen im Sozialraum nach außen und verlassen damit den Charakter eines in sich geschlossenen Systems.

Stationäre Einrichtungen der Wohnungslosenhilfe lassen sich durch folgende Merkmale definieren, sie:

- „halten ein Gebäude oder einen Gebäudekomplex vor,
- in welchem für die Bedarfssituation wohnungsloser Menschen, wie sie in § 67 SGB XII definiert ist,
- professionelles Personal *intensive regelmäßige, i. d. R. jederzeit abrufbare* Beratung und Unterstützung leistet
- und zwar *in einer Gemeinschaft* von förmlich aufgenommenen, wechselnden Nutzern und Nutzerinnen,
- die ihr Leben i. d. R. vorübergehend innerhalb des verantwortlich vom Träger der Einrichtung *gestalteten und strukturierten* Rahmens führen"

(BAG-W, 2019 a, S. 3).

Diese Definition zeigt auf, dass es sich um eine organisatorische und inhaltliche Kopplung von Serviceleistung und Beratungsangebot handelt. Nach einer Aufnahme in die stationäre Einrichtung ist der Kontakt zum Sozialarbeiter Pflicht, was zu einem höherschwelligen Charakter führt. Durch die unmittelbare räumliche Nähe der Sozialarbeit zum Klienten kann jedoch auch eine intensivere Betreuung bereitgestellt werden (Lutz & Simon, 2017).

Stationäre Hilfen sind für Personen in besonderen Lebenslagen dann geeignet, wenn sie aufgrund extremer persönlicher Risiken zunächst eine eher unmittelbare Betreuung und einen Schutzraum benötigen. Der Wohnheimaufenthalt an sich kann schon eine Form von Normalisierung der Lebensverhältnisse bedeuten und Sicherheit, Ruhe, Zuflucht und eine soziale Nische darstellen. Die Problemlagen der Klienten, die stationäre Hilfen erhalten, sind oft tief und vielschichtig und bedürfen länger dauernde Maßnahmen zu ihrer Überwindung.

Die BAG-W beschreibt in ihrem Positionspapier „Grundsätzliche Positionsbestimmung stationärer Hilfen im Wohnungsnotfall“ sehr klar die gewünschten Wirkungseffekte („Abwenden, Beseitigen, Mildern, Verschlimmerung verhüten“) bezogen auf die besonderen Lebensverhältnisse und die damit verbundenen sozialen Schwierigkeiten, quasi als Prototyp einer Einrichtung:

Versorgungsdimension	Wirkungseffekte
Versorgung mit menschenwürdigem Ersatzwohnraum	Angebot der Versorgung nicht nur mit „Dach über dem Kopf“, sondern mit menschenwürdigem und bedarfsgerechtem Ersatzwohnraum, möglichst in Einbettzimmern (Privatsphäre) schafft psychische und soziale Stabilisierung, Basis für Wohnungssuche und Wohnungserhalt
Tägliche Bereitschaft versorgenden Hilfepersonals	Zeitnahe und damit effektive und schnelle Versorgung bei psychosozialen Krisen: dadurch Steigerung des Sicherheitsgefühls und des Vertrauens in die Hilfe bei Klientel
Versorgung mit Gemeinschaftschancen	Überwindung langjähriger sozialer Isolation und Neuaufbau der sozialen Kontaktfähigkeit durch das Leben in sozialen Gruppen
Versorgung mit Teilhabechancen	Aufbau tragfähiger sozialer Beziehungen und Netzwerke durch längerfristige Kontakte zu Mitklienten; dadurch Stärkung der wechselseitigen Unterstützungsfähigkeit über den Aufenthalt der stationären Einrichtung hinaus
Physiologische Grundversorgung	Ersatzweise Versorgung oder Teilversorgung und schrittweises Hinarbeiten auf eine Wiedergewinnung und Weiterentwicklung der Fähigkeiten zur Selbstversorgung
Integrierte Versorgung mit Spezialhilfen	Befristetes, aber täglich mögliches multiprofessionelles Versorgungsangebot kann kurze Wege (gesundheitliche Versorgung, Arbeitsförderung etc.) und ggf. Niederschwelligkeit garantieren

Abbildung 2: Positionspapier „Grundsätzliche Positionsbestimmung stationärer Hilfen im Wohnungsnotfall“ (vgl. BAG-W, 2019 a, S. 4)

Die Gesamteffekte stellen die spezifische Qualität dieses organisatorischen Settings „stationäre Hilfe“ dar und liegen sowohl in der schnellen Stabilisierung der gesamten Lebenslage als auch in der starken Entlastung der Klienten vom (über-)fordernden Handlungsdruck der täglichen Existenzsicherung, verbunden mit einem hohen Sicherheitsgefühl.

Differenzierungen innerhalb der stationären Hilfe beinhalten einerseits die Übergangsorientierung versus Langzeithilfen, v. a. für ältere Wohnungslose, die das Verselbständigungsziel nicht mehr erreichen können. Darüber hinaus sind Einrichtungen oder Einrichtungsnischen entwickelt worden, die eine Kombination der Hilfen nach §§ 67 ff. SGB XII und den Eingliederungshilfen nach dem Bundesteilhabegesetz (§§ 113 ff. SGB IX, ehemals § 53 SGB XII) mit entsprechenden Leistungsbausteinen vorsehen. Wohnheime sind teils geschlechtergetrennt, teils gemischtgeschlechtlich ausgelegt. Letzteres Konzept sollte zwingend Schutzräume für weibliche Klienten vorsehen, weil sie zu einem hohen Anteil negative Erfahrungen und Zwangssituationen mit Männern erlebt haben.

Auch für stationäre Maßnahmen ist vor Beginn oder innerhalb einer Clearingphase ein Hilfeplan zu erstellen, der unter Reflexion der angestrebten Hilfeziele fortgeschrieben werden muss. Die Finanzierung stationärer Hilfen erfolgt durch örtliche oder überörtliche Sozialhilfeträger anhand von Pflegesatzvereinbarungen oder Leistungspauschalen.

2.4 Systemstrukturen und Zugangsschwellen

Jedes Hilfesetting in der Landschaft der Wohnungslosenhilfe hat seine Berechtigung. Als komplexes Gesamtsystem beinhaltet es Angebote für unterschiedlichste Bedarfe. Im Zuge gesellschaftlicher Veränderungen wandeln sich Bedarfe mit der Folge, dass Hilfestrukturen weiterentwickelt werden. Die BAG-W sieht die Zukunft der Hilfen in einer neuen Struktur, da die klassischen Organisationsformen ambulant, teilstationär und stationär die Bedarfe hinsichtlich der Ziele, Dauer und Intensitäten ihrer Ansicht nach nicht prägnant genug abbilden. Die Hilfen sollten vielmehr den persönlichen Bedarfen der Klientel folgen anstatt der Organisationsstruktur. Eine Annäherung an diese Herangehensweise erfolgt bereits in einigen Bundesländern durch die Beschreibung von Leistungstypen für Leistungsvereinbarungen zwischen den Leistungserbringern und -trägern (vgl. Specht et al., 2017, S. 45).

Inmitten der dargestellten Angebotspalette der Wohnungslosenhilfe finden sich bundesweit weitere Mischformen hinsichtlich des Wohnens/der Unterbringung und Betreuung und außerdem verschiedene frauenspezifische Hilfen. Dieses differenzierte System beinhaltet in der Regel eine gute Vernetzung, die allerdings vielfach einem Stufensystem folgt. Das Prinzip des „Höherwohnens“ mit dem Ziel des Ausbaus von „Wohnfähigkeit“ steht dem Menschenrecht auf Wohnen als Grundsatz kontrastreich gegenüber und kann als Förderung der Stigmatisierung Wohnungsloser betrachtet werden. Bei einem anfänglich intensiven Hilfebedarf wird z. B. die stationäre Hilfe vorgesehen, in der „Wohnfähigkeit erlangt“ werden soll, um dann ggf. in Übergangswohnungen wechseln zu können, bevor es zum Bezug einer „Finalwohnung“ kommt. Bleiben Fortschritte aus, ist ggf. eine Notunterkunft erneut die Alternative zur eigenen Wohnung. Gerade die unteren Stufen schränken die persönliche Wahlfreiheit und die Privatsphäre stark ein. Es scheint, als müssten sich die Klienten die eigene Wohnung erst verdienen, indem sie aktiv an der Hilfe mitwirken, angepasstes Verhalten zeigen oder Abstinenz leben. Dieses Vorgehen führt jedoch zu wiederholtem Umzugszwang und dem ständigen Warten auf eine Bleibeperspektive. Die Alternative dazu beinhaltet das Vorgehen nach „Housing first“ (vgl. Busch-Geertsema, 2019). Zu wünschen ist, dass die Vielseitigkeit der Hilfeangebote so genutzt wird, dass das Wunsch- und Wahlrechtrecht der Antragstellenden gem. § 9 SGB XII stets mitberücksichtigt wird und somit ein hohes Maß an Freiwilligkeit schafft.

Eine weitere kritische Betrachtung des Hilfesystems bezieht sich auf das Modell der Zugangsschwellen. Am Beispiel der Berliner Wohnungslosen- und Eingliederungshilfe zeigt Ludwig auf, dass nur die Wohnungslosen-Tagesstätten, Suppenküchen, Notübernachtungen und Beratungsstellen eine niedrige Zugangsschwelle haben, da keine Mitwirkung erforderlich ist. Die Unterbringung in Wohnheimen nach dem Ordnungsrecht (in Berlin ASOG – Allgemeines Sicherheits- und Ordnungsgesetz) beinhaltet eine mittlere Zugangsschwelle. Personen, die hier eine Unterbringung in Anspruch nehmen möchten, müssen ihre Leistungsansprüche beim Jobcenter verwirklichen (Ludwig, 2018). Eine vergleichsweise höhere Zugangsschwelle haben die Hilfen in besonderen Lebenslagen nach §§ 67 ff. SGB XII sowohl in ambulanter als auch stationärer Form, denn hier ist eine Mitwirkung im Rahmen einer Hilfeplanung unter Einbeziehung des Leistungsträgers nötig; gleichzeitig sind im stationären Bereich Mitwirkungspflichten nach SGB II (oder auch SGB XII, SGB III etc.) für die Leistungsbezüge erforderlich, die ihrerseits Mitwirkung erfordern. Allerdings ermöglicht das sogenannte Clearing den Einstieg in die Hilfen. Diese zeitlich begrenzte Anfangsphase ist zunächst zieloffen zu gestalten. Voraussetzungen sind allein das Vorhandensein besonderer Lebensverhältnisse und sozialer Schwierigkeiten. Oftmals sind genau diese Schwierigkeiten ursächlich dafür, dass die Hilfen nur schwer angenommen werden können. Somit ist das Clearing, also die erste Zeit, in der eine Hilfe bereits gewährt wird, integraler Bestandteil des Hilfeprozesses. In ihrem Positionspapier zur „Zugangssteuerung im Spannungsfeld von Leistungserbringern, Leistungsträgern und Leistungsberechtigten“ hebt die BAG-W hervor, dass der Clearingprozess ressourcenorientiert und unter einer konsequenten Beteiligung der Leistungsempfänger gestaltet werden soll. Sie hat sich an den Interessen und am Willen der Menschen zu orientieren und das Wunsch- und Wahlrecht zu berücksichtigen (vgl. BAG-W, 2020, S. 2).

Die höchste Zugangsschwelle ist schließlich für die Eingliederungshilfe (ambulant und stationär) vorhanden, denn für diese benötigt ein Interessent neben sozialhilferechtlichen Bezügen, einem umfangreichen Antragsverfahren mit Hilfeplanung auch ein fachärztliches Gutachten zur Feststellung einer (seelischen) Behinderung (Ludwig, 2018, S. 19). Teilweise wird als Zugangsvoraussetzung für die Eingliederungshilfe sogar verlangt, dass vorab andere medizinische Hilfen, wie z. B. Langzeittherapien, ausgeschöpft sein müssen, was wiederum hochschwellige Motivations- und Durchhalteansprüche erfordert.

Je höher die Zugangsschwelle der Hilfen, desto mehr Kontrollfunktionen etablieren sich in der Betreuungsarbeit des jeweiligen Systems. Diese können sich also auf Mitwirkungen in der Hilfeplanung nach §§ 67 ff. SGB XII oder Mitwirkungen nach SGB II u. a. beziehen. Sie können aber auch einrichtungsbezogene Strukturen regulieren, wie z. B. Durchsetzung eines Alkoholverbotes oder gar Aspekte der Haushaltsführung im Blick haben. Dies belegen die Ergebnisse der Befragung „Motivation in der Wohnungslosenhilfe" (s. Online-Material), nach der 75,8% der Sozialarbeiter bejahten, dass zu ihren Aufgaben auch gewisse kontrollierende Tätigkeiten gehören. Für den Bereich der stationären Hilfe bestätigten an dieser Stelle 91% der Sozialarbeiter die Frage positiv.

In Bezug auf das Leitthema dieses Buches möchte ich in den folgenden Kapiteln auch der Frage nachgehen, wie eine motivierende und sinnorientierte persönliche Beratung und Betreuung in den Hilfesystemen nach §§ 67 ff. SGB XII gelingen kann, wenn gleichzeitig an erwachsene Klienten Anforderungen gestellt werden, mit denen sie außerhalb des Hilfesystems nicht konfrontiert sind. Je niedriger die Zugangsschwelle ist, umso unmittelbarer wird der Ansatz Motivational Interviewing umsetzbar sein. Je mehr Mitwirkung aber gefordert wird, die sich auf den Erhalt der Wohnsituation auswirkt, umso klarer und transparenter muss zwischen Freiwilligkeit und der Akzeptanz von Rahmenbedingungen differenziert werden.

2.5 Im Auftragskarussell

Was wollen wohnungslose Menschen, wenn Sie sich für die Inanspruchnahme fachlicher Hilfen entscheiden? Zu Beginn besteht oft ein dringlicher Auftrag, der aus der akut wahrgenommenen Notsituation der eingetretenen Wohnungslosigkeit hervorgeht. Das Grundbedürfnis nach physiologischer Grundversorgung und nach einer sicheren Umgebung ist nicht befriedigt und löst

Ängste aus. Die Erwartung an die Beratung ist, eine schnelle Besserung der existentiellen Not herbeizuführen. Die ersten Aufträge sind somit in der Regel, eine Unterkunft zu erhalten und eine gesicherte Lebensgrundlage herzustellen. Angesprochen sind die sozialarbeiterischen Handlungsarten Beraten, Beschaffen, evtl. auch Verhandeln und Interessenvertretung zur Sicherung der Akutsituation. Die Beratung hat an dieser Stelle die Chance, nicht nur ein Wissensgefälle hinsichtlich der möglichen Sozialleistungen auszugleichen, sondern die Gesamtsituation der Hilfe suchenden Person zu erfassen und erste motivierende Fragen zur Änderung der Lebensverhältnisse zu stellen.

Wenn der Beziehungsaufbau gelingt und ein Agreement für eine kontinuierliche Beratung und persönliche Unterstützung getroffen werden kann, ist der Auftrag an den Leistungserbringer, den darüber hinaus gehenden Hilfebedarf zu ermitteln, die Ursachen der besonderen sozialen Schwierigkeiten festzustellen, bewusst zu machen und mit dem Klienten daran zu arbeiten. Aber dieser Auftrag wird nicht immer von den Betroffenen selbst erteilt. Das erklärt sich allein dadurch, dass bestimmte Problemlagen eine bewusste selbstreflexive Wahrnehmung erfordern, die möglicherweise gerade nicht stattfindet. Dann ist es ist wohl eher der gesellschaftliche und rechtliche Auftrag, bzw. der des Leistungsträgers oder es ist das Selbstverständnis des Leistungserbringers bzw. Sozialarbeiters, einen Erkenntnisprozess zur Verhaltensänderung herbeizuführen.

Nach der ersten Verbesserung der Lebensverhältnisse tritt bei einigen Klienten eine – vielleicht durch Überforderung hervorgerufene – Lethargie ein, bei anderen wiederum ein durch realitätsferne Selbsteinschätzung aktives jedoch planloses Agieren. Somit kommt es darauf an,

> „gegen alle Widerstände, mit den Hilfesuchenden den Einstieg in die Beratung zu finden und ihre Bereitschaft zur Mitwirkung zu gewinnen: sich auf einen längerfristigen Prozess – eine Art Abenteuer von Versuch und Irrtum – mit ungewissem Ausgang einzulassen“ (Breitling, Knodel & Zimmer, 2018, S. 92)

Die Wohnungslosenhilfe unterliegt – wie andere soziale Arbeitsfelder auch – einem doppelten Mandat, in dem der Staat Ziele und Zwecke festlegt, mit der Folge, dass nicht immer ausschließlich parteilich für den Kunden agiert werden kann. Dennoch besitzen Fachkräfte ein hohes Maß an Autonomie zur Hilfeausgestaltung, die sie für ihre fachliche Arbeit nutzen können (vgl. von Spiegel, 2018). Wohnungslose, die durch aufsuchende Arbeit oder im niedrigschwelligen Bereich von Sozialarbeitern angesprochen werden, geben teilweise einen Nicht-Auftrag: „Ich möchte keine Hilfe, ich will weiterleben wie bisher“. Dabei handelt es sich meistens um Betroffene, die schon seit vielen Jahren auf der Straße leben und/oder ohne festen Wohnsitz umherreisen. Sie haben schon Versuche der Wohnungssuche oder des „Festmachens" hinter sich und sind aus irgendwelchen Gründen wieder auf die Straße zurückgekehrt. Oft fehlt eine Zukunftsorientierung und erst eine schlechter werdende Gesundheit lässt zuweilen den Wunsch aufkommen, sich niederzulassen und sich zu erholen oder gar zu versuchen, an einem Ort langfristig wohnhaft zu werden.

Eine fachlich professionelle Haltung lautet „Keine Beratung ohne Auftrag". Doch erfahrene Praktiker dieses Arbeitsfeldes wissen, dass es eine vertrauensvolle Beziehung, Zeit und Geduld braucht, um Aufträge beim Klienten zu wecken. Es geht um die Aufdeckung von Ambivalenzen in den unterschiedlichen Lebenslagen und -themen, mit dem Ziel der Veränderung – dem Kernthema von Motivational Interviewing, das nach der intrinsischen Motivation für positive Selbstentwicklungsaspekte sucht. Und es geht schließlich um eine ausreichende Unterstützung bei der Umsetzung neuer Pläne in der Lebenswelt des Klienten. Als Leistungserbringer sitzen wir gelegentlich zwischen den Stühlen einer klientenzentrierten Lebensweltorientierung einerseits und der rechtlichen Beauftragung zur gesellschaftlichen (Wieder-)Teilhabe am Leben in der Gemeinschaft andererseits, sofern sich diese Ziele nicht im Konsens befinden. Der Gesetzgeber sieht vor, dass sich durch die Hilfegewährung das Leben der betroffenen Person wieder normalisieren soll und benennt dazu in § 68 SGB XII die Maßnahmen „Beratung und persönliche Betreuung für die Leistungsberechtigten und ihre Angehörigen, Hilfen zur Ausbildung, Erlangung und Sicherung eines Arbeitsplatzes sowie Maßnahmen bei der Erhaltung und Beschaffung einer Wohnung".

Lutz und Simon stellen die berechtigte Frage, ob die Zielsetzung „das konturlose Ideal einer bürgerlich-selbstständigen Existenz, eine „Re-Sozialisierung" im Sinne allgemein üblicher Vorstellungen des normalen Lebens" meint. Alternativ dazu kann das Ziel auch ein „offener Normalisierungsprozess, der im Rahmen individueller, institutioneller und struktureller Möglichkeiten eine möglichst weitgehende Selbstständigkeit, eine möglichst umfassende Partizipation an der sozialen und kulturellen Realität und eine gesicherte Existenz herstellt" sein (Lutz & Simon, 2007, S. 103 f.). Normalisierung sollte somit nicht Wiederanpassung bedeuten, sondern dem Individuum die Möglichkeit eines gelingenden Alltags entsprechend des eigenen Lebensentwurfes ermöglichen. Voraussetzung dafür ist Respekt vor der Freiheit und Würde des Einzelnen, welcher auf der Basis der eigenen Stärken und Kompetenzen seine Hilfeziele entwickelt.

Der Auftraggeber der Leistungsgewährung ist der „aktivierende Sozialstaat", der durch die öffentlichen Träger zunehmend mehr Einfluss auf die Bedarfsfeststellung und Hilfegestaltung im Einzelfall nimmt. Er soll bei Bedarf die Hilfemaßnahme aktiv begleiten und steuernd tätig werden, damit die angestrebten Hilfeziele erreicht werden. Erfahrungsgemäß werden in Hilfeplangesprächen unter Beteiligung des Leistungsträgers teilweise Ziele formuliert, zu denen der Klient letztlich extrinsisch motiviert ist, da er sonst befürchtet, dass ihm die Hilfe versagt wird. Die Erfolgserwartung führt zu Zugeständnissen, weil Ängste vor einer Verschlimmerung der existentiellen Notlage mitschwingen. Teilweise steigt auch der zeitliche Druck auf die Hilfemaßnahmen. Obwohl die Hilfegewährung zunächst von unbestimmter Dauer möglich ist (wenige Wochen bis einige Jahre), unterliegen die Leistungserbringer einem Begründungszwang durch regelmäßige Dokumentationen und Hilfeplanfortschreibungen. Je länger die Maßnahme dauert, umso höher wird oft der Druck der Leistungsträger, Erfolge vorweisen zu müssen (vgl. Lutz & Simon, 2007). So bestätigt auch Wolf:

> „Gleichzeitig ist mit der Ökonomisierung der Gesellschaft auch in diesem Hilfefeld der Druck gestiegen, Erfolge vorweisen zu müssen. In der Diskussion um die Finanzierung von Hilfen und Hilfeformen hat deshalb neben den schon immer bestehenden Interessen der Träger eine (oft kurzfristige) Renditeerwartung Einzug gehalten, die in vielen Fällen einen wirklichen Erfolg im Sinne einer dauerhaften sozialen Teilhabe verhindert. Für die Sozialarbeit bleibt es aber unverzichtbar, die persönliche Hilfe als zentrales Element der Wohnungslosenhilfe zu begreifen.“ (Wolf, 2018, S. 1860)

Wichtig ist aus meiner Sicht, den Grundsatz von Wirtschaftlichkeit und Sparsamkeit im Umgang mit öffentlichen Geldern nicht in Druckausübung münden zu lassen. Wirksam und nachhaltig ist eine Hilfe, wenn sie den Leistungsempfängern zur Entwicklung einer intrinsischen Motivation verhilft und entsprechende Schritte anschließt. Das setzt in erster Linie eine hohe fachliche Qualifikation der Sozialarbeit voraus, die mit Kenntnissen zur Evokation einer Veränderungsmotivation einhergeht (vgl. hierzu das Kapitel Motivational Interviewing). Wohnungslosenhilfe ist nach meiner Erfahrung die Kunst der kleinen Schritte. Sie bringt dann die besten Ergebnisse hervor, wenn sie sich vollständig an den persönlichen Zielen der Adressaten orientiert. Gründliche Dokumentation und Evaluation können und müssen diesen Weg zugunsten von Qualitätssicherung und Qualitätsentwicklung unterstützen und Transparenz für den Leistungsträger schaffen. Essentiell ist jedoch die „bottom-up“-Richtung der jeweiligen Zieldefinition, anstatt eines „top-down“-Vorgehens: Leistungsträger sollten der Sozialarbeit den Freiraum lassen, eine fachgerechte Zielentwicklung mit ihren Klienten vornehmen zu können, statt an dieser Stelle steuernd einzugreifen.

2.6 Mitwirkungsfähigkeit fördern – Der Job des Leistungserbringers

Aus dem alleinigen Tatbestand des Wohnungsnotfalls resultiert nicht automatisch die gesetzlich verankerte Hilfe zur Überwindung besonderer Lebensverhältnisse gem. §§ 67–69 SGB XII. Um Unterstützung durch Sozialarbeit im ambulanten oder (teil-)stationären Setting erhalten zu können, müssen darüber hinaus besondere soziale Schwierigkeiten vorliegen, für die eine fachliche Hilfestellung notwendig ist. Aus dem Gesetzestext gehen drei konkrete Voraussetzungen hervor, die es rechtfertigen, eine entsprechende Hilfemaßnahme einzuleiten:

> „Personen, bei denen besondere Lebensverhältnisse (1) mit sozialen Schwierigkeiten verbunden (2) sind, sind Leistungen zur Überwindung dieser Schwierigkeiten zu erbringen, wenn sie aus eigener Kraft hierzu nicht fähig (3) sind. (...)" § 67 SGB XII (1)

Der Deutsche Verein für öffentliche und private Fürsorge e.V. gibt konkrete Empfehlungen zur Ausgestaltung der Mitwirkung in der Hilfe nach §§ 67 ff. SGB XII, auf die ich im Folgenden Bezug nehme.

Die Hilfen sollen so erbracht werden, dass die Leistungsberechtigten ihre besonderen sozialen Schwierigkeiten selbstständig bewältigen können und ihr Leben nach eigenen Bedürfnissen, Wünschen und Fähigkeiten organisieren und selbstverantwortlich gestalten können. Die unterschiedlichen Problemlagen erfordern unterschiedliche Mitwirkungsziele. Zu beachten ist, dass möglicherweise die „eigene Kraft" für die Mitwirkung nicht immer vorhanden ist oder vom Leistungserbringer zu hoch eingeschätzt wird. Die dritte Anspruchsvoraussetzung im § 67 SGB XII „aus eigener Kraft nicht fähig" kann auch als Hemmnis der Mitwirkung verstanden werden. Die Motivation zur Mitwirkung kann außerdem durch strukturelle Probleme (z. B. die angespannte Lage auf dem freien Wohnungsmarkt) oder auch durch andere Ziele seitens der Leistungserbringer und/oder -träger nicht den persönlichen Zielen der Klienten entsprechen. Die Hilfe nach § 67 SGB XII ist bewusst sanktionsfrei konzipiert, auch wenn gemäß der Durchführungsverordnung zum genannten Paragrafen eine Mitwirkungspflicht seitens der Leistungsempfänger besteht:

> „Dabei ist auch zu berücksichtigen, dass Hilfesuchende verpflichtet sind, nach eigenen Kräften an der Überwindung der besonderen sozialen Schwierigkeiten mitzuwirken" (§ 2 Abs. 1 Satz 3 DVO).

Diese Mitwirkungsfähigkeit ist aber keine Voraussetzung zur Hilfeerbringung, denn der Gesetzgeber geht davon aus, dass die Fähigkeiten zur Mitwirkung erst einmal entwickelt werden müssen. Diese Aufgabe liegt bei den Leistungserbringern und soll innerhalb der gebotenen Beratung und Unterstützung im Sinne der Hilfe zur Selbsthilfe, aber nicht durch erzieherische Maßnahmen erfolgen. Eine Hilfebeendigung oder -verweigerung kann deshalb keine Reaktion auf eine fehlende Mitwirkung sein. Mitwirkungskompetenzen sind so individuell, dass es keine objektive Referenz dazu geben kann. Sie müssen stets anhand der individuellen Situation des Klienten erfasst werden. Als Motivation kann bereits gewertet werden, wenn der Leistungsempfänger seine aktuelle Lebenssituation als belastend wahrnimmt und dieses zum Ausdruck bringt. Die Förderung dieser Kompetenzen kann ein langwieriger und dynamischer Prozess sein, denn die Problemlagen sind oft komplex und multifaktoriell. Die Mitwirkungsfähigkeit kann deshalb auch bei der zeitgleichen Arbeit an verschiedenen Zielen unterschiedlich stark ausgeprägt sein. Realistische Zielfestlegungen können sich bereits auf die im Gesetzestext definierten Handlungen „abwenden, beseitigen, mildern oder Verschlimmerung verhüten“ beziehen. Außerdem müssen strukturelle Rahmenbedingungen, z. B. knappe Ressourcen auf dem Wohnungsmarkt oder die Erreichbarkeit von Hilfeangeboten (räumliche Entfernungen, lange Wartezeiten für psychotherapeutische Maßnahmen) für die Mitwirkungsfähigkeit berücksichtigt werden.

Der Deutsche Verein sieht daher eine ganzheitliche, lebensweltorientierte Haltung des professionellen Hilfesystems als erforderlich an. Dabei geht es darum, die subjektiven Sichtweisen des Klienten zu fokussieren und „aus dieser Perspektive Ressourcen, Fähigkeiten, Möglichkeiten, Wünsche und Bedürfnisse anzuknüpfen“ (Deutscher Verein für öffentliche und private Fürsorge, 2019, S. 14). Leistungserbringer haben auf eine geringe Beteiligung des Klienten zu reagieren und sollen seine Motivation durch niedrigschwellige Maßnahmen fördern. Eine kontinuierliche und konstruktive Beziehungsarbeit sowie eine Begegnung auf Augenhöhe können die Mitwirkung erhöhen. Im Gegensatz dazu sind Drohungen als Mittel zur Förderung der Mitwirkungsbereitschaft ausgeschlossen. Ziele dürfen nicht paternalistisch aufoktroyiert werden, im Sinne von „dies wird das Beste für Sie sein.“ Die Hilfe und die Erwartungen an Mitwirkung müssen sich an der individuellen Lebenswelt und den Fähigkeiten der Klienten orientieren. Diese Empfehlungen des Deutschen Vereins gehen mit den Ansätzen einer klientenzentrierten Beratungshaltung und den Grundgedanken von Motivational Interviewing absolut konform. Die Veränderungsabsicht soll intrinsisch gefördert werden, ohne dass eine Lenkung in eine bestimmte Richtung („Ich weiß was gut für Sie ist“) erfolgt. Deutlich wird, wie wichtig ein professionelles Beratungsverständnis und eine feinfühlige bewusste Vorgehensweise in der Beratung wohnungsloser Menschen sind. Eine weitere Herausforderung für Sozialarbeitende ist das doppelte Mandat, das auf eine eventuelle Widersprüchlichkeit zwischen der Zielvertretung der Klienten und dem staatlichen Kontrollauftrag eine konstruktive Reaktion erfordert. (Deutscher Verein für öffentliche und private Fürsorge e.V., 2019).

Als Praktikerin ist mir sehr bewusst, dass hier ein Idealzustand beschrieben ist. Natürlich können Hilfemaßnahmen auch an einer fehlenden Mitwirkung oder Verweigerungshaltung des Klienten scheitern. Wenn ein Streetworker über einen längeren Zeitraum versucht hat, Kontakt zu einem Obdachlosen herzustellen und dieser selbstbestimmt klarmacht, dass er keinen Kontakt wünscht, so gebietet es der Respekt, diese Grenze zu akzeptieren. Wenn eine ambulante Hilfe nach mehreren Monaten weder ein Arbeitsbündnis aufgebaut hat noch ein Auftrag entwickelt werden kann, so ist keine Hilfeplanung in diesem Rahmen möglich. Oder wenn die Bewohnerin einer stationären Einrichtung über lange Zeit ihren Einkommenseinsatz verweigert, keinen Kontakt zur Sozialarbeiterin zulässt und für regelmäßige Konflikte innerhalb der Wohngruppe verantwortlich ist, muss das Team sicherlich über Möglichkeiten und Grenzen der weiteren Hilfegewährung entscheiden. Ich halte die Empfehlungen des Deutschen Vereins zur Entwicklung der Mitwirkungsfähigkeit aber dennoch für sinnvoll, weil die Leistungserbringer dazu angehalten sind, zunächst alle Möglichkeiten des professionellen Handelns der Sozialarbeit auszuschöpfen. Dafür sind sowohl gute methodische Kenntnisse als auch eine reflektierte Teamarbeit und/oder Supervision unverzichtbar.

3. Konzeptionelle und methodische Basics in der Beratung der Wohnungslosenhilfe

In diesem Kapitel stelle ich in kurzer Form methodische und konzeptionelle Ansätze vor, die in der Wohnungslosenhilfe Anwendung finden. Die Bedeutung des gesetzlichen Auftrages zur „Beratung und persönlichen Betreuung" wird erläutert, die Ansätze Niedrigschwelligkeit, Empowerment und Partizipation beschreiben die Haltung und Umsetzung des Beratungs- und Betreuungsauftrages. Case-Management wird als Methode der Sozialarbeit dort eingesetzt, wo es die Fallsteuerung betrifft und kann auf das Arbeitsfeld der Wohnungslosenhilfe übertragen werden. Zuletzt finden zwei Ansätze der Gesprächsführung Erwähnung, die sich aus therapeutischen Bezügen heraus in der sozialen Arbeit etabliert haben.

3.1 Beratung und persönliche Betreuung

Dieses Praxisbuch fokussiert eine spezielle Ausrichtung von Beratung, sodass es mir zunächst sinnvoll erscheint zu umreißen, was mit Beratung gemeint ist und was für eine professionelle Beratung wichtig ist.

Beratung im Berufsfeld der Sozialen Arbeit ist subjektbezogen und ganzheitlich. Sie stützt sich auf wissenschaftlich fundierte Methoden und zielt darauf ab, gemeinsam mit dem Ratsuchenden Entscheidungen und Wege zur Lösung von Problemen, Konflikten und Krisen zu erarbeiten, damit diese ihr Leben zufriedenstellend und erfüllt leben können. Sie geht über Informationsweitergabe, Ratschläge oder Handlungsanweisungen hinaus und bezieht Ressourcen, Potentiale und persönliche Kompetenzen des Klienten ein. Die Ausrichtung ist, dem Klienten Hilfe zur Selbsthilfe im eigenen Umfeld zu leisten, um eine Unabhängigkeit von fachlichen Hilfen wiederherzustellen. Der Beratungsprozess erfolgt auf der Basis einer transparenten Vertrauensbeziehung, die im – meist institutionellen – Kontext berufsethisch und rechtlich gesichert ist und definierten Qualifikations- und Qualitätsstandards folgt (vgl. Straumann, 2001, S. 61 f. und 103 ff.).

Vor allem strukturierte Hilfeverläufe, wie sie in der ambulanten Fachberatung und der stationären Hilfe anzutreffen sind, folgen den logischen Phasen Anfangs- und Aufbauphase (Beziehungsaufbau und Arbeitsbündnis), Umsetzungs- und Arbeitsphase (Hilfeplanumsetzung) und schließlich der Ablösungs- und Auswertungsphase. In jeder dieser Phasen ist ein komplexes Kompetenzrepertoire des fallführenden Sozialarbeiters gefragt. Bezogen auf einen laufenden Hilfeprozess bedarf es 1. *Analyse- und Planungskompetenzen* für ein genaues Fallverständnis. Einschränkungen und Ressourcen sollten genau ermittelt werden, um im Sinne der Hilfe zur Selbsthilfe ein passendes Maß an Interventionen anzuwenden. Es braucht 2. *Interaktions- und Kommunikationskompetenzen*, für die die Kenntnisse der Gesprächsführung besonders von Bedeutung sind. Daneben unterstützt Wissen in der Anwendung von Kommunikationsmodellen (bspw. Umgang mit den „Vier Seiten einer Nachricht" nach Friedemann Schulz von Thun) gelingende Interventionen, wie Beziehungsgestaltung oder Bewusstseinsschärfung für Ambivalenzen und Selbstverantwortung (s. Motivational Interviewing). Einen 3. Bereich stellen *Reflexions- und Evaluationskompetenzen* dar, die es ermöglichen, dass Verhalten aus verschiedenen Perspektiven betrachtet wird und geplante Handlungsschritte optimiert und angepasst werden.

Daneben sind drei bereichsbezogene Kompetenzmuster erforderlich, die den Einflüssen der beteiligten Systeme und Rahmenbedingungen unterliegen:

Der Sozialarbeiter braucht dazu 1. *Fallkompetenz*, um auf Probleme und Ressourcen der Klienten und ihres sozialen und institutionellen Umfeldes zu reagieren. Er benötigt 2. *Systemkompetenz*, um fachgerecht mit Organisationen z. B. des Gesundheits-, Rechts- oder Sozialsystem kooperieren zu können. Zuletzt ist 3. eine *Selbstkompetenz* der Fachkraft erforderlich, mit der sie ihre eigenen Qualifikationen, Einstellungen, Haltungen und Motivation reflektiert und steuert (vgl. Handlungskompetenzmodell nach Heiner, 2018).

Soziale Arbeit in der Wohnungslosenhilfe ist nicht auf Beratung reduziert, sondern der gesetzliche Auftrag bezieht den Aspekt der persönlichen Betreuung ein. So heißt es in § 68 SGB XII (1):

> „Die Leistungen umfassen alle Maßnahmen, die notwendig sind, um die Schwierigkeiten abzuwenden, zu beseitigen, zu mildern oder ihre Verschlimmerung zu verhüten, insbesondere Beratung und persönliche Betreuung für die Leistungsberechtigten und ihre Angehörigen, Hilfen zur Ausbildung, Erlangung und Sicherung eines Arbeitsplatzes sowie Maßnahmen bei der Erhaltung und Beschaffung einer Wohnung. [...]"

Somit erfordert die Sozialarbeit in der Wohnungslosenhilfe den Einsatz unterschiedlicher Handlungsarten und macht die Tätigkeit zu einer vielfältigen, verantwortungsvollen und anspruchsvollen Arbeit (vgl. Lüssi, 2001, S. 209 f.). Neben der *Beratung*, die teilweise auf Informationsvermittlung und überwiegend auf Perspektivenerweiterung und Selbstreflexion ausgerichtet ist, nimmt der Sozialarbeitende auch *Verhandlungen* mit Dritten für den Klienten auf, z. B. in Hilfeplangesprächen mit Leistungsträgern, mit ehemaligen oder künftigen Vermietern oder mit Gläubigern im Zuge von Schuldenregulierungen und wird damit zum aktiven Vermittler. Damit einhergehend nimmt er eine *Interessensvertretung* für den Klienten wahr, z. B. bei der Durchsetzung von SGB-II-Leistungen oder der Wiederherstellung des Krankenversicherungsschutzes. Unabhängig von der Einzelfallarbeit findet stellvertretendes Engagement für eine stigmatisierungsvermindernde Aufklärung in Form von Öffentlichkeitsarbeit statt, die von vielen Sozialarbeitenden in der Wohnungslosenhilfe geleistet wird.

In konkreten selbst- oder fremdgefährdenden Situationen müssen *Interventionen* erfolgen, auch wenn sie gegen den Willen des Klienten gerichtet und mit dem Risiko starker Dissonanz oder sogar dem Bruch der Betreuungsbeziehung verbunden sind. Diese Handlungsart ist wohl die schwierigste und sollte immer in Zusammenarbeit mit Teamkollegen und weiteren Fachpersonen stattfinden, um zu einer umfassenden Problemeinschätzung zu gelangen. Aber auch regelverletzendes Verhalten ohne eine naheliegende Selbst- oder Fremdgefährdung hat in Einrichtungen wie Wohnheimen, Übernachtungsstellen, Tagesaufenthalten etc. Konsequenzen zur Folge, die Sozialarbeitende umsetzen müssen. Hier ist das Handeln durch protektive Interventionsmaßnahmen geleitet, um den institutionellen Schutzraum sicherzustellen. Weiterhin sind Sozialarbeitende für die *Beschaffung* von materiellen und immateriellen Gütern (Geldleistungen, Grundausstattung, Wohnung, Job, Dienstleistungen etc.) zuständig, sofern die persönliche Fähigkeit des Klienten, dieses selbst in die Hand zu nehmen, nicht aktiviert werden kann. Mit der Beschaffungshilfe (meist über „gebende Dritte", wie Sozialbehörden, Dienstleistungsinstitutionen oder Firmen) werden soziale Defizite kompensiert, als sofortige Notbeschaffung, Überbrückungshilfen oder permanente Leistungen. Außerdem spielt die einfache Anwesenheit des Sozialarbeitenden für den Klienten oft eine große Rolle. Dort, wo es an sozialen Ressourcen mangelt, nimmt die Fachkraft temporär eine begleitende und unterstützende Aufgabe wahr. So können, wenn nötig, Aufgaben helfend übernommen werden, was zur Stärkung der persönlichen Beziehung führt und die Lebensbewältigung erleichtern kann. Diese Form der *Betreuung*, das Da-Sein in Krisen, zu besonderen Anlässen, an Feiertagen, die Begleitung zu schwierigen Terminen, die Gestaltung von Freizeit oder praktische Hilfestellung sollte als gleichberechtigte Handlungsart angesehen werden, weil sie den Hilfeverlauf unterstützen kann (vgl. ebd. S. 392 ff.).

3.2 Niedrigschwelligkeit

Ein Teil der Zielgruppe lässt sich über niedrigschwellige Angebote erreichen. Junge Wohnungslose haben oft negative Erfahrungen mit der Jugendhilfe verinnerlicht oder sind durch Konflikte im Elternhaus so geprägt, dass sie sich nicht auf erwachsene Beratende einlassen können, auf die sie unbewusst Elternanteile projizieren. Personen, die lange Zeit inhaftiert waren und dort mit Sozialdiensten in Berührung gekommen sind, verbinden damit den Zwangscharakter, das Ausgeliefert sein, schriftliche Antragstellungen für ein Beratungsgespräch oder gar Vermischungen mit Vollzugsaufträgen. Psychisch Erkrankte können Vorbehalte gegenüber Hilfestellen haben, da sie die Erfahrung von Zwangsbehandlungen gemacht haben. Langzeitwohnungslose Menschen, die schon verschiedentliche Wohnungslosenhilfen in Anspruch nahmen, können durch Hilfeabbrüche das Vertrauen in die Wirksamkeit der Maßnahmen verloren haben und meiden dadurch das Angebot. Diese Menschen haben zwar Bedarfe, sind aber nicht bereit, Anstrengungen für die Erlangung von Hilfen zu unternehmen, denen sie nicht vertrauen. Das Ziel niedrigschwelliger Hilfe ist es, Klienten zu erreichen, neues Vertrauen aufzubauen und sie weitere Hilfen erschließen zu lassen.

Niedrigschwelligkeit bedeutet, so wenige Hürden bzw. Schwellen wie möglich für die Inanspruchnahme von Hilfeangeboten aufzubauen. Die Angebote sind so zu gestalten, dass die Hilfeannahme freiwillig, unkompliziert, unbürokratisch, zwanglos, voraussetzungslos und erwartungsfrei ist. Sie ist örtlich leicht zugänglich und unterliegt möglichst wenigen Regeln. Der Fokus liegt auf der Befriedigung von grundlegenden Bedürfnissen, sodass Leistungsangebote (Mahlzeiten, Kaffee, Waschmöglichkeiten etc.) für die Zielgruppe kostenfrei oder erschwinglich sind. Wenn sich eine unverbindliche Beratung ergibt, sollen die Adressaten selbst bestimmen, wie die Hilfe ausgestaltet wird. Die Haltung der Professionellen ist akzeptierend, annehmend und zugewandt (vgl. Lutz & Simon, 2007, S. 108).

Im Wohnungslosenhilfesystem sind Streetwork und Tagesaufenthalte die am meisten niedrigschwelligen Angebote. Durch zwanglose Kontakte und Beratungen zu Professionellen bestehen in diesen Settings viele Möglichkeiten, offene und voraussetzungsfreie Beziehungsarbeit zu leisten.

3.3 Hilfe zur Selbsthilfe – Empowerment

Der Charakter der Sozialarbeit, insbesondere der Wohnungslosenhilfe, war lange Zeit fürsorglich-pädagogisch geprägt, sodass die (damals meist weibliche) Sozialarbeitende eine gebende und für andere handelnde Person war. Begründer der modernen Sozialarbeit (z. B. Jane Addams, Alice Salomon, Ilse Arlt) entwickelten eine neue, reflektierte Art des Helfens, die mit der Idee der Aktivierung von Selbsthilfekräften des Adressaten einherging. Die aktive Teilnahme an Maßnahmen in der sozialen Einzelfallhilfe (Case-Work) wurde zum Grundsatz für eine erfolgreiche Selbstbefreiung aus Belastungssituationen (vgl. Gumpinger, 2016). Dieses Grundprinzip hat dauerhaft Bestand und gehört heute mit dem Arbeitsansatz. „Empowerment“ zur „konzeptionellen, normativen Orientierung“ in der Sozialarbeit.

> „Der Begriff „Empowerment“ bedeutet Selbstbefähigung und Selbstbemächtigung, Stärkung von Eigenmacht, Autonomie und Selbstverfügung. Empowerment beschreibt mutmachende Prozesse der Selbstbemächtigung, in denen Menschen in Situationen des Mangels, der Benachteiligung oder der gesellschaftlichen Ausgrenzung beginnen, ihre Angelegenheiten selbst in die Hand zu nehmen, in denen sie sich ihrer Fähigkeiten bewusst werden, eigene Kräfte entwickeln und ihre individuellen und kollektiven Ressourcen zu einer selbstbestimmten Lebensführung nutzen lernen. Empowerment – auf eine kurze Formel gebracht – zielt auf die (Wieder-)Herstellung von Selbstbestimmung über die Umstände des eigenen Alltags.“ (Herriger, 1997, S. 20)

Magistretti ergänzt die Perspektive um folgenden Aspekt:

> „Es ist auch ein demokratisches Konzept, das Machtstrukturen, den Prozess der professionellen Aktivitäten und einen Machtverzicht auf Seiten der Fachpersonen in Betracht zieht.“ (Magistretti, 2019, S. 84 f.)

Nicht der Leistungserbringer bzw. Leistungsträger entscheidet, was gut für den Adressaten ist, sondern dieser wird befragt: „Was willst Du für Dich erreichen? Und wie kann ich Dich dabei unterstützen?“ Eine zeitgemäße Wohnungslosenhilfe setzt an den Stärken und Kompetenzen ihrer Klienten an, um sie in ihrer Lebensbewältigung, und zwar in ihrer aktuellen Lebenslage zu stärken, auch wenn diese von persönlichen und sozialen Schwächen gekennzeichnet ist. Das Ziel ist eine Selbstermächtigung des Leistungsberechtigten, er soll befähigt/bemächtigt werden, wie es der englische Begriff „to empower“ wörtlich meint.

Empowerment richtet den Blick auf die Selbsthilfepotentiale zur Überwindung sozialer Schwierigkeiten anstatt auf persistierende Defizite und ist damit auch die Grundlage für eine erfolgreiche Partizipation, der Teilhabe an der Selbstorganisation im unmittelbaren Umfeld sowie auf weiteren gesellschaftlichen Ebenen. Somit ist es die Aufgabe der Sozialarbeit, Betroffene zu ermutigen, ihre eigenen Bewältigungsmechanismen zu entwickeln und dies als eine positive Aufgabe zu sehen. Damit fühlen sie sich weniger ausgeliefert und können im Bewusstsein ihrer Kompetenzen Selbstvertrauen gewinnen. Sozialarbeitende müssen dabei unterstützen, passende Handlungsmöglichkeiten zu erarbeiten. Folgender Leitfaden kann für eine Hilfe zur Selbsthilfe orientierend sein:

1. Das Problem bzw. Bedürfnis erkennen
2. Den Klienten ermutigen, sich der Herausforderung der Problembewältigung zu stellen
3. Gefühle und Ambivalenzen erkunden, Teilprobleme analysieren
4. Optionen bzw. Wahlmöglichkeiten und ihre jeweiligen Konsequenzen aufzeigen
5. Vorhandene Kompetenzen, Fähigkeiten sowie Bewältigungsstrategien erkennen und ermutigen, diese einzusetzen
6. Wissens-/Kenntnisdefizite ausgleichen
7. Ziele und Problemlösungsschritte erarbeiten und Aufgaben festlegen
8. Externe Ressourcen klären und aktivieren
9. Handlungen planen, durchführen und im Anschluss reflektieren

(in Anlehnung an Hiebinger, 2016, S. 57 f.)

Die Durchführungsverordnungen zu den §§ 67 ff. SGB XII beinhalten als Rechtsvorschriften genau diese Vorgehensweisen und Prinzipien:

§ 2 Art und Umfang der Maßnahmen

(1) Art und Umfang der Maßnahmen richten sich nach dem Ziel, die Hilfesuchenden *zur Selbsthilfe zu befähigen*, die Teilnahme am Leben in der Gemeinschaft zu ermöglichen und die Führung eines menschenwürdigen Lebens zu sichern. Durch *Unterstützung der Hilfesuchenden zur selbstständigen Bewältigung* ihrer besonderen sozialen Schwierigkeiten sollen sie *in die Lage versetzt* werden, ihr Leben entsprechend ihren Bedürfnissen, Wünschen und Fähigkeiten zu organisieren und *selbstverantwortlich* zu gestalten. Dabei ist auch zu berücksichtigen, dass Hilfesuchende verpflichtet sind, *nach eigenen Kräften* an der Überwindung der besonderen sozialen Schwierigkeiten *mitzuwirken.* (…)

(2) Maßnahmen sind die Dienst-, Geld- und Sachleistungen, die notwendig sind, um die besonderen sozialen Schwierigkeiten nachhaltig abzuwenden, zu beseitigen, zu mildern oder ihre Verschlimmerung zu verhüten. Vorrangig sind als *Hilfe zur Selbsthilfe* Dienstleistungen der Beratung und persönlichen Unterstützung für die Hilfesuchenden und für ihre Angehörigen, bei der Erhaltung und Beschaffung einer Wohnung, bei der Vermittlung in Ausbildung, bei der Erlangung und Sicherung eines Arbeitsplatzes sowie bei Aufbau und Aufrechterhaltung sozialer Beziehungen und der Gestaltung des Alltags. (…)

§ 3 Beratung und persönliche Unterstützung

(1) Zur Beratung und persönlichen Unterstützung gehört es vor allem, den *Hilfebedarf zu ermitteln*, die Ursachen der besonderen Lebensumstände sowie der sozialen Schwierigkeiten *festzustellen, sie bewusst zu machen*, über die zur Überwindung der besonderen Lebensverhältnisse und sozialen Schwierigkeiten in Betracht kommenden Maßnahmen und geeigneten Hilfeangebote und -organisationen *zu*

> *unterrichten*, diese soweit erforderlich *zu vermitteln* und ihre Inanspruchnahme und Wirksamkeit *zu fördern*.
> (2) Beratung und persönliche Unterstützung müssen darauf ausgerichtet sein, die *Bereitschaft und Fähigkeit zu erhalten und zu entwickeln*, bei der Überwindung der besonderen sozialen Schwierigkeiten *nach Kräften mitzuwirken* und so weit wie möglich unabhängig von Sozialhilfe zu leben. (…)

Wohnungslosenhilfe bedeutet also nicht nur, besondere Lebensverhältnisse durch Beschaffung der fehlenden Ressourcen zu beseitigen, sondern die Betroffenen zu einem Prozess der Erkenntnis und Verhaltensänderung zu bemächtigen. Genau dies ist nach der ersten Leidensminderung eine große Herausforderung, die nur in einem längerfristigen Prozess gelingen kann. Ein sachlicher Diskurs auf der rein rationalen Ebene führt an dieser Stelle selten weiter, denn die Selbsteinschätzung weicht oftmals von der Fremdeinschätzung ab. Deshalb „bleibt nur, den Klienten zunächst einmal auf seinem Weg zu begleiten, ihn Dinge ausprobieren zu lassen, vorsichtig Impulse zu setzen und dabei sehr genau darauf zu achten, wobei der Klient mitgeht und wobei nicht“ (Breitling, Knodel & Zimmer, 2018, S. 92).

Fallbeispiel:

Johannes, 23 Jahre alt, wird nach zweijähriger Wohnungslosigkeit in die stationäre Hilfe aufgenommen. Er nimmt das „Dach über dem Kopf“ gerne an, beharrt darüber hinaus jedoch darauf, seine Dinge allein regeln zu wollen. Schon die SGB-II-Antragstellung dauert Wochen, da er Termine versäumt und die fehlenden Unterlagen entgegen seiner Beteuerung nicht beschafft. Er lässt schließlich ein punktuelles Eingreifen seiner Sozialarbeiterin zu, da ihm das Bekleidungsgeld ansonsten nicht ausgezahlt werden kann. Weitere persönliche Kontakte vermeidet er; auch kurzfristigen Verabredungen, denen er zunächst zustimmt, bleibt er fern. Erzwungene Kontakte über die persönliche Geldauszahlung mit seiner Sozialarbeiterin führen zu heftigen Konflikten und werden wieder ausgesetzt. Die Sozialarbeiterin versucht stetig, den Kontakt zu halten und geht mehrfach pro Woche wertschätzend auf ihn zu, oft um nur einen kurzen Smalltalk zu halten. Wochen später gibt er teilweise Einblick in erhaltene gerichtliche Post, denn ihm wird Jugendarrest angedroht. Es gelingt, die Strafe in gemeinnützige Arbeit umzuwandeln – der Druck ist ihm vorerst genommen und Johannes behauptet, alles Weitere könne er selbstständig mit der Gerichtshilfe klären. Weitere Wochen vergehen, bis klar wird, dass er nicht tätig geworden war, denn wieder wird ihm Jugendarrest angekündigt. Dies nimmt Johannes zum Anlass, die Sozialarbeiterin um Rat zu fragen. Er lässt sich auf einen Rückblick zum bisherigen Hilfeprozess ein und kann erkennen, dass durch das Ignorieren gerichtlich angedrohter Konsequenzen weitere Probleme auf ihn zukommen. Er bittet seine Sozialarbeiterin, ihn zu einer weiteren Gerichtsverhandlung zu begleiten und lässt damit zu, dass sie ein umfassenderes Bild seiner Situation erhält. Im Anschluss daran können beide miteinander vereinbaren, welche Hilfestellung Johannes für die Ableistung seiner gemeinnützigen Arbeit braucht. Dieses war ein langwieriger Prozess, in dem die Sozialarbeiterin oft Druck verspürt hat, schneller Erfolge in der Maßnahme vorweisen zu müssen. Abwartend zu bleiben, ohne untätig zu sein, war hier die richtige Vorgehensweise. Es war zunächst nötig, Widerstände abzubauen und Vertrauen aufzubauen, bevor Johannes die Bereitschaft zeigte, über seine Verdrängungsmechanismen zu sprechen und sie Schritt für Schritt zu verändern. Wesentlich war, dass Johannes Zeit hatte, seine eigenen Entscheidungen zu treffen und so selbstständig wie möglich zu handeln.

Empowerment bezieht sich nicht nur auf die Entfaltung der individuellen Selbsthilfekräfte des Betroffenen zur Stabilisierung seiner persönlichen Lebenssituation. *„Empowerment als Selbstermächtigung bedeutet aber insbesondere eine kollektive Einmischung in soziale Prozesse durch politisches Handeln"* (Thomas, 2010, S. 51). Aufgabe von Sozialarbeit ist es deshalb, Klienten Prozesse zu ermöglichen, *„in denen auch gesellschaftliche Außenseiter und die Nicht-Privilegierten ihre Meinung artikulieren und politisch handeln können"* (ebd. S. 51). Notwendig ist der Aufbau sozialintegrativer und sinnstiftender Lebensräume und Aufgaben innerhalb eines solidarischen Gemeinwesens, in denen Betroffene ihren Fähigkeiten entsprechend Platz finden. Dies erfordert das Engagement der Sozialarbeit, als Wegbereiter und Vermittler in örtlichen, regionalen sowie überregionalen Strukturen für ein Beteiligung Wohnungsloser einzustehen.

3.4 Partizipation

Mit dem Menschen arbeiten, anstatt für ihn. Augenhöhe schaffen durch Partizipation.

Mitgestaltung und Mitentscheidung sind für Menschen in unterschiedlichsten Kontexten motivierende und sinnstiftende Faktoren, ob im Familienrat, in der Schule, studentischen Gremien, Mitarbeitervertretung bzw. Gewerkschaften, Vereinen, Bürgerarbeit oder in anderen demokratischen Systemen. Nichts zu sagen zu haben und die Dinge über sich ergehen lassen zu müssen entmündigt hingegen und macht die eigene untergeordnete Position in Machtstrukturen bewusst. Trotz des freiwilligen Charakters des Hilfeangebotes der Wohnungslosenhilfe muss man sich vergegenwärtigen, dass sich die Nutzenden in Machtstrukturen begeben, insbesondere dann, wenn die Gewährung einer Unterkunft mit der Hilfe einhergeht. Sie sind nicht gleichmächtig bzw. gleichberechtigt gegenüber den Mitarbeitenden und sie entscheiden sich mit Hilfeeintritt für eine Ein- bzw. Unterordnung in ein organisationsbezogenes Regelwerk. In diesem sind Hausordnungen und Abläufe meistens durch die Professionellen erstellt worden.

Die Umsetzung und Einhaltung werden durch sie kontrolliert und bei Verweigerungshaltungen bzw. Verstößen können Konsequenzen erfolgen, wie z. B. die Erteilung von Sanktionen. Professionellen obliegt die Definitionsmacht bzw. Deutungshoheit über die Qualität der angebotenen Hilfe und sogar über die Problemzuschreibungen und Einordnungen der Bedarfe in Leistungstypen. Die Entscheidung für ein hohes Maß von partizipatorischen Elementen erfordert auch an dieser Stelle eine Begegnung auf Augenhöhe und Einbeziehung von sowie Reaktion auf die Bewertungskriterien der Nutzenden. Partizipation ist ein motivierendes Element in der Hilfeausgestaltung, denn sie zielt auf die Förderung der intrinsischen Motivation und auf Belebung der individuellen Ressourcen der Klienten ab.

Seit Jahrzehnten etablieren sich zwar partizipative Ansätze, Projekte und Angebote in der Wohnungslosenhilfe in unterschiedlichster Form, doch gibt es „Luft nach oben", wie es Gerull in einem gleichnamigen Aufsatz zur Partizipation in der Wohnungslosenhilfe formuliert. Ein übergreifendes Handlungskonzept fehlt noch, genauso wie eine eigenständige Partizipationstheorie innerhalb der Sozialen Arbeit (vgl. Gerull, 2019). Außerdem besteht in diesem Arbeitsfeld vielerorts noch ein traditionelles, von einer paternalistischen und fürsorglichen Haltung geprägtes Hilfeverständnis, das eine Zusammenarbeit auf Augenhöhe untergräbt und zum Teil sogar zur Manipulation Betroffener führen kann.

Partizipation hat sich im Laufe der Jahre allerdings zu einem „durchgängigen Arbeits- bzw. Organisationsprinzip" in der Sozialen Arbeit entwickelt und muss auch in der Wohnungslosenhilfe auf den verschiedenen Ebenen verankert werden (vgl. BAG W 2015). Deshalb hat es sich zu einem Schwerpunktthema der gegenwärtigen Fachdiskussion etabliert. Es sind dafür sowohl strukturelle Voraussetzungen zu schaffen als auch bestehende Vorbehalte gegenüber der stärkeren Beteiligung wohnungsloser Menschen abzubauen. Diese Herausforderung richtet sich an Leitende und Sozialarbeitende im Hilfefeld sowie an (sozial-)politisch Verantwortliche, die die Möglichkeiten besitzen, Partizipation zu initiieren und zu begleiten. Partizipation beginnt mit der Haltung einer wertschätzenden Anerkennung der Expertise der Betroffenen für ihre Lebenswelt und Erfahrungen und mit der Entscheidung der Hilfeanbieter, Macht an die Nutzenden des Systems abzugeben. Sie wird konkret, in dem sie (je nach Kontext) auf verschiedenen Ebenen entwickelt, durchgesetzt und schließlich auf der Handlungsebene umgesetzt wird. Anlässlich der ersten empirischen Studie zur Partizipation in der Wohnungslosenhilfe definiert Gerull (2018) Partizipation als *Entscheidungsteilhabe*. Sie benennt vier unterschiedliche Ebenen, auf denen Partizipation in der Wohnungslosenhilfe umgesetzt werden kann: auf Ebene der individuellen Fallgestaltung, der Leistungserbringung, der kommunalen Sozialplanung und der Gesetzgebung. Auf jeder dieser Ebenen können Professionelle die Rahmenbedingungen dafür schaffen, dass sich Betroffene mit ihren Fähigkeiten einbringen können.

Abbildung 3: Ebenen von Partizipation (vgl. Gerull, 2019, S. 234, in Anlehnung an Schnurr/Oechler/Rosenbauer)

Partizipation als Entscheidungsteilhabe ist gesetzlich nur in einem Aspekt als Soll-Vorschrift festgehalten, nämlich bei der Ermittlung und Feststellung des Hilfebedarfes sowie bei der Erstellung und Fortschreibung eines Gesamtplans:

> „Bei der Ermittlung und Feststellung des Hilfebedarfs sowie bei der Erstellung und Fortschreibung eines Gesamtplans sollen die Hilfesuchenden unter Berücksichtigung der vorhandenen Kräfte und Fähigkeiten beteiligt werden" (§ 3 Abs. 1 Satz 1 DVO zu §§ 69 ff. SGB XII).

Auf dieser Ebene der individuellen Fallgestaltung sind insbesondere die persönlichen Ressourcen und Fähigkeiten einzubeziehen, die den Betroffenen in die Selbsthilfe führen (s. obiges Kapitel zum Thema Empowerment). Sie sollen in Entscheidungsprozesse bei der Bewilligung sozialer Leistungen miteinbezogen werden und sie mitgestalten. Ein Beispiel dafür ist das Housing-First-Konzept, das eine weitgehende Selbstbestimmung der Nutzer für die Wahl und Einrichtung des Wohnraumes vorsieht. Aber auch die Ausgestaltung der formellen Hilfeplanung kann partizipatorisch erfolgen, indem regelmäßige Hilfeplangespräche oder auch Hilfeplankonferenzen unter Beteiligung des Leistungsträgers stattfinden und schriftliche Anträge gemeinsam mit Klienten formuliert werden. Zur Erhöhung der Teilhabe kann die Ziel- und Maßnahmenformulierung in einer nutzerorientierten Sprache erfolgen. Die Empfehlung des Deutschen Vereins für öffentliche und private Fürsorge schlägt für die nächste Stufe der Leistungserbringung konkrete partizipative Schritte vor:

> „Zur Steigerung der Motivation des Leistungsberechtigten im Sinne der Hilfe zur Selbsthilfe sollten die Leistungserbringer die Leistungsberechtigten in die Ausgestaltung des Hilfeprozesses partizipativ einbeziehen. Dazu bieten sich unterschiedliche Partizipationsinstrumente an: auf individueller Ebene und bei mehr als einem Leistungsträger z. B. durch die kooperative Erstellung eines Gesamtplans, auf der institutionellen Ebene beispielsweise durch die gemeinsame Erstellung von Hausordnungen. Trägerseitig können unter anderem Formen des Beschwerdemanagements eingeführt werden. Im Sinne eines politischen Partizipationsinstruments können z. B. Strukturen der Selbsthilfe im Sozialraum gefördert und Berufungen in politische Gremien bedacht werden." (Deutscher Verein, 2015, S. 12)

Partizipationsinstrumente sind auf dieser Ebene u. a. Nutzerbefragungen, Beschwerdebriefkästen für Wünsche und Anregungen, Hausversammlungen, Heimbeiräte, Teilnahmen an Dienstbesprechungen, gemeinsame Erarbeitung von Hausordnungen und Freizeitplanungen sowie die Übernahme von Aufgaben und Jobs in der Hilfeeinrichtung. Maßgeblich ist letztlich der den Klienten eingeräumte Grad der Einflussmöglichkeiten bei der Gestaltung von Hilfearrangements. Auf Ebene der kommunalen Sozialplanung und Gesetzgebung können Professionelle Partizipation ermöglichen, indem sie Angebotsnutzende an lokalen, regionalen und überregionalen politischen Prozessen und Netzwerken versuchen zu beteiligen, z. B. an Demonstrationen, öffentlichen Stadtratssitzungen, regionale Arbeitsgemeinschaften, Gremienarbeit, Fachtagungen etc. Darüber hinaus haben Einrichtungen der Wohnungslosenhilfe die Möglichkeit, Räume für Selbsthilfe und Selbstorganisation zu schaffen, sodass Betroffene ihre eigenen Interessen vertreten und selbst zu politischen Akteuren werden können. Der Einsatz des Verfahrens „Community Organizing", welches „Phasen intensiven Zuhörens, der gemeinsamen Recherche und der gemeinsamen Problemlösung" umfasst, kann Professionelle und Betroffene auf einen gemeinsamen Weg bringen. (vgl. Szynka, 2014). Die Aufgaben von Professionellen liegen dabei vorrangig im Bereich von Moderation und Konfliktmanagement. Darüber hinaus brauchen Betroffeneninitiativen das Know-How und die Ressourcen der Sozialarbeit für die Schaffung angemessener Rahmenbedingungen für Räume, Finanzierungen und Reisekosten (vgl. Gerull, 2018, S. 86). Selbstorganisationen sind die seit 1991 bestehende Bundesbetroffeneninitiative (BBI), die LAG Wohnungsloser Menschen in Baden-Württemberg (seit 1999), das Armutsnetzwerk e.V. (seit 2011), die Selbstvertretung Wohnungsloser (seit 2016; diese wird in Teil III dieses Buches näher vorgestellt) sowie auf internationaler Ebene das Netzwerk HOPE (Homeless people in Europe).

Neben den Ebenen, auf denen Partizipation möglich ist, veranschaulicht das Leiter-Modell „Stufen von Partizipation“ die *Graduierung von Teilhabe* (vgl. „Ladder of citizen participation“, Arnstein, 1969). Eine echte Entscheidungsteilhabe erfolgt nach dieser Leiter dann, wenn Möglichkeiten zur Mitbestimmung, zur teilweisen Entscheidungskompetenz und zur Entscheidungsmacht gegeben sind. Während Information, Anhörung und Einbeziehung der Vorstufe von Partizipation zuzuordnen sind, stellen Anweisungen oder Instrumentalisierungen keine partizipativen Handlungen dar. Das Modell kann als Reflexionsinstrument für die Praxis verwendet werden und hilft, echte Beteiligung von Scheinpartizipation zu unterscheiden. Jede Stufe, mit Ausnahme der Instrumentalisierung, kann bezogen auf das Hilfesetting, den zur Verfügung stehenden Ressourcen und den vorhandenen Erfahrungen zur Teilhabe angemessen sein. Tendenziell sollte das Ziel sein, die Möglichkeiten von Partizipation graduell auszubauen (vgl. Gerull, 2018, S. 25).

Letztlich zeigt die Relevanz der Themen den Grad der Partizipation, über die von Betroffenen mitbestimmt und (mit-)entschieden werden kann. So zeigt Gerull in ihrem Werk zur Partizipationsstudie bereits in dessen Titel „Spaghetti oder Reis?“ (2018) auf, dass beispielsweise eine übertragene Entscheidungsmacht (Stufe 8) zur Gestaltung des Mittagessens der Klientel nur eine sehr geringe Selbstwirksamkeitschance überlässt. Gerull weist auf die Gefahr einer „Schein-Partizipation“ hin, sofern die *relevanten* Entscheidungen ohne Einbeziehung der Klienten getroffen werden. Eine weitere Gefahr besteht in der Instrumentalisierung Betroffener durch Professionelle, wenn sie sich in partizipative Prozesse einmischen und sie steuern, beispielsweise durch die Lenkung von Wahlen zum Heimbeirat.

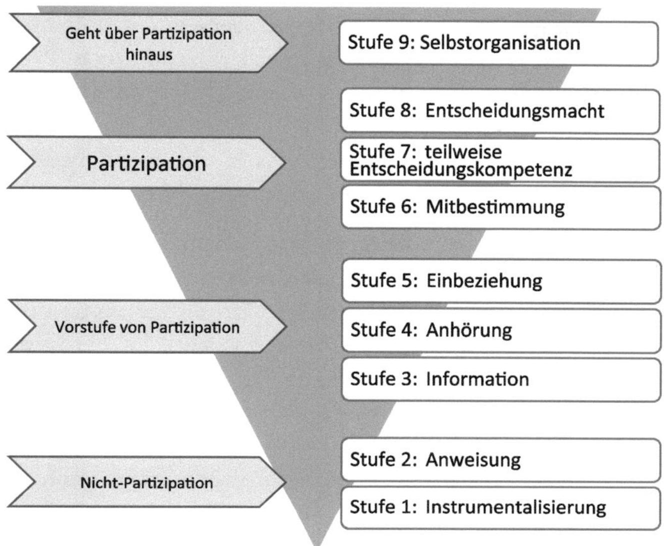

Abbildung 4: Stufenmodell von Partizipation (vgl. Gerull, 2019, S. 235 in Anlehnung an Block/von Unger/Wright bzw. Arnstein, (1969): „Ladder of Participation")

Auf institutioneller Ebene müssen passende Rahmenbedingungen für Partizipation geschaffen werden. Betroffene sollen einen gleichberechtigten Zugang zu Informationen und Kommunikation erhalten sowie an Tagungen teilnehmen können, was die Bereitstellung materieller Ressourcen zur Folge hat. Verbandliche Mittel, Projektgelder, Spenden und andere Förderungen müssen dafür akquiriert werden, was zur Aufgabe der Professionellen gehört. Betroffene sind regelmäßig in Gremien und Sitzungen einzubeziehen, um Meinungen und Interessen äußern zu können und um Entscheidungen mitzugestalten. Empfohlen wird die Festschreibung von Partizipation und Selbstorganisation im Leitbild des Hilfeanbieters sowie in Leistungsbeschreibungen zwischen Hilfeanbietern und Leistungsträgern. Um der Situation wohnungsloser Frauen in einem von Männern dominierten Hilfesystem Rechnung zu tragen, sind diese in partizipativen Prozessen besonders zu berücksichtigen (vgl. BAG-W, 2015, S. 6).

Die Förderung und Unterstützung von Partizipation erfordert Engagement, personelle und materielle Ressourcen sowie methodisches Wissen und Können. Partizipation muss somit gewollt sein und im Engagement dafür zeigt sich die Haltung der Verantwortlichen. Eine Entscheidungsteilhabe zuzulassen und zu ermöglichen geht mit der Bereitschaft einher, Macht abzugeben und den Klienten akzeptierend und antipaternalistisch zu begegnen. Hindernisse von Partizipation liegen überwiegend in einem Mangel an fehlenden zeitlichen, personellen und räumlichen Ressourcen, aber auch an Vorbehalten gegenüber der Machtteilung bzw. Machtabgabe und den daraus resultierenden Dynamiken. Schwierigkeiten in der Umsetzung von Partizipation werden von Sozialarbeitenden auch durch das Setting der Hilfe begründet. Dort wo eine hohe Fluktuation gegeben ist, können sich nur schwerlich verbindliche Gruppen bilden. Auch die partizipatorische Arbeit mit Personen in Mehrfachproblemlagen kann eine Herausforderung darstellen.

Für die Umsetzung von Partizipation gilt das Prinzip der Freiwilligkeit. Partizipation kann nicht erzwungen oder verordnet werden, denn nicht alle Nutzenden der Hilfeangebote wollen teilhaben. Ein Grund dafür kann in der Angst vor Stigmatisierung liegen, wenn das öffentliche Engagement eine „Zugehörigkeit" zum Personenkreis erkennbar macht. Die Erfahrung, dass Betroffene wenig Interesse an Teilhabemöglichkeiten zeigen, kann das Engagement für die Implementierung partizipatorischer Instrumente auf Seiten der Sozialarbeit bremsen. Eine Mobilisierung Betroffener kann nur über Aneignungsprozesse gelingen, indem sie „ein Ziel als ihr eigenes ansehen bzw. hierzu umfunktionieren" (Gerull, 2018, S. 96), indem das, was sie tun, für sie selbst Sinn ergibt. Sie müssen außerdem erfahren, dass eine Wirkung von ihrem Engagement ausgeht, dass ihre Meinungen gehört werden und Effekte auf eine Verbesserung der Lebenssituation haben. Als Schlussfolgerung der Partizipationsstudie hält Gerull Folgendes fest: „1. Partizipation ist ein Recht der Nutzer_innen, keine Pflicht, 2. Partizipation ist eine Pflicht der Wohnungslosenhilfe, keine Kür" (ebd. S. 142), sie ist ein Auftrag Sozialer Arbeit.

3.5 Case-Management

Die Planung der Einzelfallhilfe erfolgt häufig in Anlehnung an das Handlungskonzept des *Case Management*. Die Deutsche Gesellschaft für Care und Case Management definiert wie folgt:

> „Case Management ist eine Verfahrensweise in Humandiensten und ihrer Organisation zu dem Zweck, bedarfsentsprechend im Einzelfall eine nötige Unterstützung, Behandlung, Begleitung, Förderung und Versorgung von Menschen angemessen zu bewerkstelligen. Der Handlungsansatz ist zugleich ein Programm, nach dem Leistungsprozesse in einem System der Versorgung und in einzelnen Bereichen des Sozial- und Gesundheitswesens effektiv und effizient gesteuert werden können." (Monzer, 2018, S. 1).

Gängige Synonyme sind z. B. Unterstützungsmanagement, Hilfeplanverfahren/Hilfeplanung oder Fallmanagement. Es eignet sich besonders dann, wenn schwierige und komplexe Problemlagen vorliegen, die umfassende und nicht unmittelbare Lösungen erforderlich machen, welche eigenständig nicht angesteuert werden können. Biografische Aspekte, der aktuelle Lebensweltbezug, Ressourcenorientierung und Problemverständnis stehen im Fokus von Intaking (Clearingphase) und Assessment. Die kombinierten sozialen Dienste und Hilfeleistungen setzen in der Lebenswelt des Klienten an und sollen Multi-Problemlagen effektiv bearbeiten (Monzer, 2018; Lutz & Simon, 2007). Abbildung 5 zeigt vereinfacht den idealtypischen Ablauf von Case-Management.

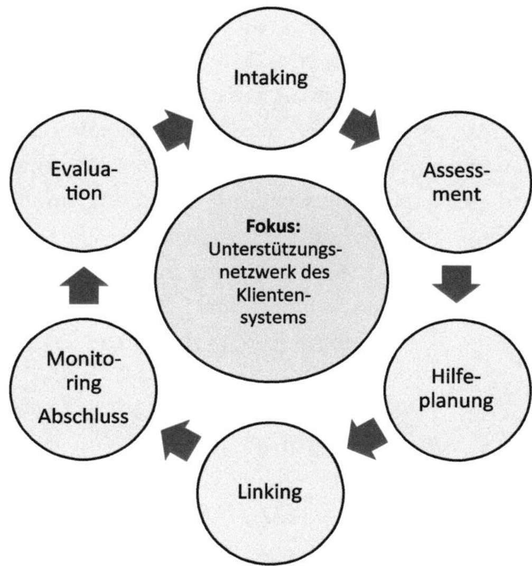

Abbildung 5: Case-Management (vgl. Monzer, 2018, S. 227)

In der ersten Phase „Intaking" (Fallklärung) beginnen Beziehungsaufnahme und Beziehungsgestaltung. Das Grundprinzip ist, dass der Klient den Hilfeprozess so weit wie möglich selbst steuern und verantworten soll, was bereits zu Beginn deutlich gemacht werden muss. Durch diese Form der Partizipation kann die Motivation zur Mitarbeit aufgebaut und gefördert werden. Zu Bedenken ist, nicht jeder Klient sucht als „Kunde" die Hilfe. In Anlehnung an die Klassifizierung der systemischen Kurzzeittherapie beschreibt Monzer die weniger veränderungsmotivierten Klienten-Profile „Besucher" und „Klagende" und fügt das Profil des „Hoffnungslosen" hinzu, der in der Wohnungslosenhilfe oft anzutreffen ist. Die Haltung und der Umgang mit hoffnungslosen und durch viele Rückschläge entmutigten Klienten sollte eine zwanglose und offene Gesprächsführung sein, die zunächst ohne Einschränkungen auf Wünsche und Vorstellungen eingeht und schließlich die Selbstwirksamkeit durch kurzfristige und umsetzbare Zielvereinbarungen fördert (vgl. Monzer, 2018, S. 119).

Im nächsten Schritt erfolgt das Assessment (Falleinschätzung), worin komplexe Sachverhalte, Bedarfe und insbesondere die vorhandenen Ressourcen zur Vorbereitung auf eine gelingende Hilfeplanung (Serviceplanung) erfasst werden. Hier werden den Leistungserbringern schließlich passgenaue Aufgaben übertragen. Es wird festgehalten, *wer* bis *wann* für *was* verantwortlich sein soll. Im Prozessschritt Linking wird der Klient dabei unterstützt, die im Serviceplan festgehaltenen Hilfeangebote zu erreichen. Vermittlung, Verhandlung und Vernetzung sind die komplexen Aufgaben des Sozialarbeitenden in dieser Phase, die mit einer kontinuierlichen Förderung des Selbstmanagements des Klienten einhergehen. Auch hier führt eine konsequent motivierende Haltung des Begleiters zum Erleben von Selbstwirksamkeit und Partizipation des Klienten. Monitoring steht für den Schritt, die organisierten Angebote, Unterstützungen und vereinbarten Aktivitäten zu beobachten, zu prüfen und zu bewerten und gegebenenfalls anzupassen, um den Hilfeerfolg abzusichern. An dieser Stelle ist es wichtig, feinfühlig mit Unzufriedenheit, Krisen oder Konflikte umzugehen und zugunsten des Klienten anwaltlich und sorgend zu agieren. Die Evaluation betrachtet schließlich den gesamten Case Management-Ablauf und schlussfolgert daraus sinnvolle Verfahrensschritte für zukünftige, vergleichbare Fälle (vgl. Monzer, 2018).

3.6 Basics der Gesprächsführung

Im Studium der Sozialen Arbeit werden Grundlagen der Gesprächsführung vermittelt, die später in der praktischen Arbeit zum Einsatz kommen. Die klientenzentrierte Gesprächsführung und die systemische Beratung gehören zu den Basics beratender Sozialarbeit und werden deshalb an dieser Stelle vorgestellt, bzw. für den ein oder anderen Lesenden aufgefrischt.

Klientenzentrierte Gesprächsführung nach Carl Rogers

Ein Grundpfeiler sozialer Beratung ist die klientenzentrierte Gesprächsführung nach Carl Rogers auf der Basis der humanistischen Psychologie (Rogers, 1951). Der Grundgedanke des Humanismus lautet: „Der Mensch ist von Natur aus gut und er strebt nach stetiger Selbstentfaltung.“ Rogers nannte dieses Streben *Selbstaktualisierungstendenz*. Er meint damit, dass der Mensch durch vielfältige Wahrnehmungen und Erfahrungen zu einem Selbstkonzept gelangt, welches sich je nach Art der Erfahrungen stabil oder instabil aufbaut. Negative Lebenserfahrungen können zu Selbstbildverzerrungen führen, die innerhalb der positiven Beratungsbeziehung ausgeglichen werden sollen, um eine positive Selbstentfaltung zu ermöglichen. Dieses wie auch immer geprägte Selbstbild strebt nach stetiger Selbstaktualisierung, nach Freiheit, Autonomie, Weiterentwicklung und Sinnhaftigkeit, schlussendlich nach psychosozialer Gesundheit.

Im therapeutischen oder sozialen Hilfesystem ist es die Aufgabe des Beratenden (Therapeuten, Sozialarbeitenden ...), dem Klienten zu einer gelingenden Selbstaktualisierung zu verhelfen. Dieser Prozess wird mit einer höchstmöglichen Einfühlung in den inneren Bezugsrahmen des Klienten unterstützt. Um der einzigartigen Wahrnehmung des Subjekts Rechnung zu tragen, kann dies nie vollkommen gelingen. Die beratende Person kann dennoch eine exakte Empathie entwickeln, mit der es ihr gelingt, ihr Gegenüber durch reflektierendes Zuhören einfühlend zu verstehen. Die dafür erforderliche Haltung drückt sich in den drei Kernvariablen Empathie, unbedingte Wertschätzung/Akzeptanz und Kongruenz aus. Die Umsetzung von Empathie gelingt durch die Verbalisierung emotionaler Erlebnisinhalte (VEE), in dem der Berater dem Klienten mit eigenen Worten ein ständiges Feedback gibt und damit spiegelt, wie er die Gefühls- und Erlebnisinhalte des Klienten verstanden hat. Dies geschieht interpretations- und wertungsfrei und beinhaltet weder Ratschläge noch Empfehlungen (vgl. Kritz, 2001).

Rogers Schüler Thomas Gordon beschrieb zur praktischen Umsetzung das „Aktive Zuhören" als Reaktionsmöglichkeiten des Beraters auf Aussagen, die den Klienten beim Nachdenken und Erkunden unterstützen. Neben dem nonverbalen Zuhören, das sich in einer ungeteilten Aufmerksamkeit, stabilem Blickkontakt, einer offenen Körperhaltung und einem passenden räumlichen Arrangement (Sitzpositionen im 90 Grad-Winkel) ausdrückt, kann der Berater in non-direktiven, reflexiven Äußerungen eine Grundlage des Vertrauens und der inhaltlichen Exploration schaffen. Die Reflexionsangebote können sich von einfachen Paraphrasierungen bis hin zu vertieften Verbalisierungen emotionaler Erlebnisinhalte (VEE) erstrecken. Während Paraphrasen signalisieren, dass der Berater genau zugehört hat, beinhalten vertiefte Reflexionen eine Vermutung über nicht gesagte Gedanken oder Gefühle. Der Gedanke des Klienten wird quasi fortgeführt und ihm wird erleichtert, sein Erleben in Worte zu fassen.

Fallbeispiel: *Klientenzentrierte Gesprächsführung*

Herr Bachmann, 38 Jahre alt, lebt seit fast einem Jahr auf der Straße. Noch vor zwei Jahren hatte er als Auslieferungsfahrer einen festen Job, verlor dann wegen Alkohol am Steuer seinen Führerschein und infolgedessen auch seinen Arbeitsvertrag. Fast zeitgleich ging seine Ehe in die Brüche und seine Frau zog aus der gemeinsamen Wohnung aus. Eine zu große, teure Wohnung und eine Sperrzeit des Leistungsbezuges bei der Agentur für Arbeit wegen Eigenverschulden des Jobverlustes führten ihn sehr bald in die Schuldenfalle. Nach drei rückständigen Monatsmieten erfolgte die Kündigung und Herr Bachmann fand sich auf der

Straße wieder. Die Überforderung mit den vielen gleichzeitigen Problemen führte zu einem erhöhten Alkoholkonsum und zu weiteren Schwierigkeiten. Ein paar Versuche hatte er unternommen, um eine Wohnung zu finden, doch die Sammelbesichtigungen hatten ihn sehr schnell entmutigt. Nun „macht er Platte" in einer Wanderhütte am Stadtrand und hält sich mit Pfandflaschen sammeln über Wasser.

Berater: Hallo Herr Bachmann, wie geht es Ihnen heute? *(offene Frage)*

Herr Bachmann: Naja, es ging mir schon mal besser.

Berater: Was genau meinen Sie damit? *(offene Frage)*

Herr Bachmann: Es hat heute beim Jobcenter mal wieder nicht geklappt. Bei meinem Antrag fehlt immer noch eine Bescheinigung und man hat mich weggeschickt.

Berater: Sie waren beim Jobcenter und man hat den Antrag nicht angenommen, weil noch ein Nachweis fehlt. *(Paraphrasieren)*

Herr Bachmann: Genau, wegen so einer Kleinigkeit.

Berater: Sie sind frustriert, weil Sie mit Ihrem Antrag nicht weiterkommen und Sie fühlen sich dadurch irgendwie ausgeliefert, vielleicht sogar ohnmächtig. *(Verbalisieren emotionaler Erlebnisinhalte)*

Herr Bachmann: Stimmt. Die wollen mich echt schikanieren. Ich renne dort gegen Wände. Die sorgen schon dafür, dass man kein Geld bekommt.

Berater: Ich verstehe, dass Sie den Eindruck haben, man wolle Ihnen das Geld verwehren und es Ihnen unnötig schwer machen. Sie denken, dass die Mitarbeiter Macht ausüben und wissen im Moment noch nicht, wie Sie Ihre Ansprüche durchsetzen können. Ist es das, was in Ihnen vorgeht? *(VEE)*

Herr Bachmann: Genauso fühle ich mich. Ausgeliefert. Und das nimmt mir alle Motivation, einfach alles „zu befolgen".

Der Klient bestätigt die Paraphrasen und Verbalisierungen und zeigt damit, dass der Berater ihn richtig verstanden hat, vielmehr *fühlt* er sich richtig verstanden und wird dadurch ermutigt, seine Gedanken weiter auszuführen. Da Motivational Interviewing die Gestaltung der Reflexionen aufgreift und vertieft, ist im entsprechenden Kapitel mehr darüber zu lesen.

Um zu verdeutlichen, was aktives Zuhören *nicht* ist, benennt Thomas Gordon zwölf Kommunikationssperren (vgl. Gordon, 1970 zit. In Miller & Rollnick, 2015, S. 70):

1. Befehlen, anordnen, kommandieren
   Berater: „Dann bringen Sie doch einfach den Nachweis zum Jobcenter!"
2. Warnen, ermahnen, drohen
   Berater: „Wenn Sie den Nachweis nicht einreichen, wird Ihr Antrag sicher bald abgelehnt."
3. Beraten, Vorschläge machen, Lösungen anbieten
   Berater: „Dann organisieren wir jetzt gleich den Nachweis und schicken den heute noch per Post ab."
4. Belehren, durch Logik begründen
   Berater: „Nun, wenn der Nachweis eine Voraussetzung ist, sollte Ihnen klar sein, dass der Antrag ohne den nicht bearbeitet werden kann."
5. Moralisieren, predigen, beschwören
   Berater: „Sie wissen aber eigentlich auch aus Erfahrung, dass Ihr Antrag ohne die nötigen Unterlagen nun einmal nicht bearbeitet wird."
6. (Ver-)Urteilen, kritisieren, widersprechen, Vorwürfe machen, beschuldigen
   Berater: „Aber letztendlich ist es Ihr Verschulden, dass die Leistungen immer noch nicht bewilligt wurden. Die Mitarbeiter vom Jobcenter können dafür nichts."
7. Loben, zustimmen, schmeicheln
   Berater: „Ich finde, Sie haben schon eine Menge geschafft. Sie machen das wirklich toll. Diesen einen Nachweis werden Sie auch noch organisieren können."
8. Beschämen, beschimpfen, lächerlich machen
   Berater: „Ich finde, nach so vielen Aufforderungen hätten Sie das durchaus erledigen können."
9. Interpretieren, analysieren, diagnostizieren
   Berater: „Sie haben scheinbar schon eine Jobcenter-Phobie entwickelt."
10. Beruhigen, Sympathie äußern, trösten, aufrichten
   Berater: „Regen Sie sich nicht so auf, Sie sind doch ein Mann mit Biss. Nächste Woche wird es klappen."
11. Nachforschen, fragen, verhören
   Berater: „Was genau haben Sie denn unternommen, um Ihren Mitwirkungspflichten wirklich Genüge zu tun?"
12. Ausweichen, ablenken, aufziehen, aufheitern, Thema wechseln
   Berater: „Ach ja, das leidige Thema macht immer wieder schlechte Laune. Wie war denn eigentlich das Treffen mit Ihrem Sohn?"

Mit solchen Äußerungen geht der Berater eher ichbezogen vor als klientenzentriert. Er verlässt die Augenhöhe der Beratungsbeziehung und verhindert, dass der Klient selbst Lösungen entwickelt. Wahrscheinlicher ist, dass sich der Ratsuchende unwohl und nicht gut verstanden fühlt.

Systemische Beratung

Eine andere Grundlage der Gesprächsführung ist die systemische Beratung, die auf systemisch-konstruktivistisches Denken beruht. Historisch entspringt sie als theoriegeleitete Erfahrungswissenschaft verschiedenen familientherapeutischen Modellen (z. B. nach Minuchin, Stierlin, Satir, Haley, Palazzoli), die insgesamt eine Vielzahl von Interventionen entwickelten. Theoretische Grundlagen sind die Systemwissenschaft und Kybernetik sowie Informations- und Kommunikationstheorien.

Systeme sind Konstrukte, die aus Beziehungen, Kommunikationen und Handlungen bestehen, die die Menschen des jeweiligen Systems erzeugen. Systemisch zu denken bedeutet, zirkulär zu denken, das heißt zu erkennen, dass alles wechselseitigen Einfluss aufeinander hat.

Konstruktivistische Leitgedanken für die Beratung sind beispielsweise:

- Die Wirklichkeit ist nicht wirklich – alles Erlebte ist subjektiv und entsteht im Auge des Betrachters.
- Niemand kann objektiv beobachten, denn Beobachter (z. B. Berater) sind Teil ihrer Beobachtung
- Alles Handeln macht Sinn für den Handelnden
- Menschen „sind“ nicht, sondern sie „verhalten“ sich – entsprechend dem System, dem sie gerade angehören, das durch Beschreibungen, Erklärungen und Bewertungen entsteht
- Probleme sind individuell wahrgenommene Konstrukte

(vgl. Raddatz, 2009, S. 78 ff.)

Zirkuläres Fragen:

Anders als in der klientenzentrierten Gesprächsführung fragen wir nicht mehr nur nach den inneren Prozessen des Klienten, sondern vielmehr danach, wie sich die als Problem beschriebenen Verhaltensweisen und Situationen auf Beziehungen zu anderen Systemmitgliedern auswirken. Eine zirkuläre Frage lädt dazu ein, aus der Perspektive der anderen Person zu antworten. In Anlehnung an das vorherige Gesprächsbeispiel mit Herrn Bachmann erfolgt nun ein Perspektivenwechsel und ein Angebot an den Klienten, sich in eine andere Person einzufühlen.

> *Berater:* Herr Bachmann, angenommen ich könnte jetzt den Mitarbeiter des Jobcenters fragen, ob er sie schikanieren möchte oder ob er einen Vorteil davon hat, wenn Ihr Antrag immer noch nicht bearbeitet wird. Was würde er mir sagen?
> *Herr Bachmann:* So würde er das garantiert nicht zugeben. Vielleicht kann er mich einfach nicht leiden.

Berater: Und wenn ich ihn fragen würde, ob es sein kann, dass er Sie nicht leiden kann und ob das der einzige Grund ist, dass der Antrag noch nicht bearbeitet wurde?
Herr Bachmann: Vielleicht würde er zugeben, dass er mich nicht mag. Naja, und dass halt noch die Bescheinigung fehlt …
Berater: Ganz gleich, ob er Sie mag oder nicht: Was liegt in Ihrer Macht, damit der Antrag bearbeitet wird?
Herr Bachmann: Ich müsste mich um die Bescheinigung kümmern …

Die Anwendung von zirkulären Fragen unter mehreren Beteiligten kann zur Klärung von Vermutungen und Ansichten übereinander beitragen sowie zum Erkennen wechselseitiger Wirkungen. Dadurch werden neue Informationen hervorgeholt und bisher Ungesagtes tritt zutage. Dieses Vorgehen eignet sich v. a. in der Paar- oder Familienberatung.

Skalierungsfrage
Berater: Auf einer Skala von 1 bis 10, bei der 1 sehr niedrig und 10 sehr hoch bedeutet: Wie hoch ist Ihre Energie, die Sie bislang für die Beschaffung der fehlenden Bescheinigung eingeholt haben?
Herr Bachmann: Wenn ich ehrlich bin, das war noch nicht so viel. Ich würde mal 2 sagen.

Absicht des Problems
Berater: Wofür kann es gut sein, dass Sie bisher noch nicht so viel Energie darauf verwendet haben?
Herr Bachmann: Nun, es geht um mein Scheidungsurteil. Das in den Händen zu halten tut weh. Darauf komme ich gerade nicht gut klar.

Auswirkungen des Problems
Berater: Und welche Auswirkungen hat es, wenn Sie an Ihre Scheidung denken?
Herr Bachmann: Dadurch bin ich ans Trinken geraten. Und wenn die Erinnerungen hochkommen, verliere ich die Kontrolle über meine Gefühle und dann über das Trinken.

Reframing – das Problem in einen anderen Rahmen setzen
Berater: Es hat somit auch einen guten Grund, weshalb Sie das Scheidungsurteil noch nicht gesucht haben. Sie wissen sich also auch vor schmerzhaften Gefühlen und vor zu viel Alkoholkonsum zu schützen.
Herr Bachmann: Das stimmt, so habe ich das noch nicht gesehen.

Frage nach neuen Perspektiven
Berater: Wie könnten Sie das Problem mit der Leistungsbeantragung noch sehen?
Herr Bachmann: Eigentlich hat das eine mit dem anderen ja gar nichts zu tun. Das Jobcenter will das Scheidungsurteil, um den Unterhalt zu prüfen. Die andere Sache ist, dass ich meiner Frau nachtrauere.

Zielfrage
Berater: Was wollen Sie denn genau erreichen?
Herr Bachmann: Ich will wieder regelmäßiges Geld erhalten. Und auch irgendwie die Trennung verarbeiten.

Lösungsorientierte Frage:
Berater: Wer müsste sich wie verhalten, damit Sie diese Ziele erreichen?
Herr Bachmann: Ich muss die Bescheinigung einreichen, das ist mir schon klar. Der Mitarbeiter des Jobcenters müsste den Antrag dann aber auch endlich bearbeiten. Außerdem sollte meine Ex-Frau aufhören, mir Nachrichten zu schicken. Ich müsste ihr das vielleicht mal sagen.

Ressourcenorientierte Frage
Berater: Wer oder was kann Ihnen dabei behilflich sein?
Herr Bachmann: Sie können mich morgen meinetwegen anrufen und fragen, ob ich das Scheidungsurteil rausgesucht habe. Meine Ex-Frau könnte mir helfen, indem sie mich endlich ernst nimmt und in Ruhe lässt.

Wunderfrage nach Steve de Shazer
Berater: Angenommen, es würde über Nacht während Sie schlafen ein Wunder geschehen und Ihr Problem wäre gelöst. Wie würden Sie das merken?
Herr Bachmann: Ich habe Geld, weil mit dem Jobcenter alles geklärt ist. Ich habe keine SMS von meiner Ex-Frau auf meinem Handy und kann mich auf das konzentrieren, was heute wichtig ist.
(vgl. de Shazer & Dolan, 2007, S. 70 ff.)

Das systemische Repertoire birgt noch zahlreiche weitere Fragemöglichkeiten. Von der Grundstruktur sind sie wenig problemorientiert oder ursachenforschend, sondern positiv zukunftsorientiert und selbstermächtigend, was motivierend wirkt.

Dies ist nur ein kleiner Auszug über Möglichkeiten zur Gesprächsführung, auch viele der Interventionen, die zum Thema Motivational Interviewing erläutert werden, werden den Praktikern bekannt sein, weil sie sie bereits bewusst oder unbewusst eklektisch in ihre Beratung einfließen lassen.

Teil II:
Motivierende und sinnorientierte Beratung wohnungsloser Menschen

4. Wann wirkt Beratung?

Die Tübinger Logotherapeutin Boglarka Hadinger erzählte die Metapher „Der Klimt-Blick“, die Geschichte der Baronin Sonja Knips, die vom berühmten Maler Gustav Klimt porträtiert wurde. Ausgangspunkt ist ein Foto der Adeligen im Jahr 1898. Darauf ist eine 24-jährige Frau mit leerem Blick und einer Körperhaltung ohne rechte Spannung zu sehen. Die Schwerkraft ihres Gemüts ist sowohl in den Gesichtszügen als auch in der gesamten Haltung erkennbar. Sie ist eine behäbige und keine besonders „spannende“ Frau. Sonja Knips ist in dieser Zeit mit einem wohlhabenden Mann unglücklich verheiratet, sehr oft krank und depressiv. Da die gesundheitliche Lage von Sonja besorgniserregend ist, beauftragt ihr Ehemann den berühmten Maler des Jugendstils, Gustav Klimt, von der jungen Frau ein Bildnis für die Ahnengalerie der Familie zu erstellen. Zeitgleich mit dem Fototermin beginnt Klimt, sein Ölbild zu malen. Viele Monate, bis hin zu einem Jahr braucht der Maler, bis er ein Bild fertigstellt.

In dieser Zeit trifft er sich oft mit seinen Modellen. Er will das Besondere an ihrem Wesen erfassen. Genau das will er sichtbar machen. Das Ölbild entsteht im selben Jahr, in dem die Fotografie „Sonja Knips mit Hund“ entstand. Sonja saß fast ein Jahr lang Modell. Der Maler wählte ganz bewusst ein Tüllkleid für sein Modell, ebenso die leichten Feenfarben des Kleides und die Farben des Hintergrundes. Sonjas Charakter will er durch die Stimmung, durch die Farben, ihre Körperhaltung und durch ihren Blick zum Ausdruck bringen. Das Portrait zeigt ein aufmerksames, kluges Gesicht einer jungen Frau, die gerade im Begriff ist, aufzustehen. Ihre Haltung ist aufrecht. Leichtigkeit, Aufmerksamkeit, fast Schwerelosigkeit zeichnet sie aus. Es herrscht eine helle Atmosphäre und eine interessante Spannung. Das Bild Gustav Klimts hängt nach der Fertigstellung an zentraler Stelle des Wohnzimmers der Familie Knips. Sonja geht Tag für Tag an dem Ölbild vorbei. Jahre lang sieht sie sich so, wie der Maler sie sah.

Eine weitere Fotografie von Sonja Knips entstand zehn Jahre später, im Jahr 1908. Sie ist nun 34 Jahre alt. Auf diesem Foto ist eine Frau zu sehen, die der Sonja auf dem Ölbild viel mehr ähnelt als der Sonja auf der Fotografie von 1898. Sie sieht jünger aus als vor zehn Jahren. Ihre Körperhaltung ist aufrecht und ihr Gesicht erscheint aufmerksam und klug. Man sieht eine schöne, ausdruckstarke junge Frau. Nicht nur ihr Ausdruck– auch ihr Leben hat sich verändert. Sie ist nicht mehr kränklich und depressiv. Mittlerweile gehört sie zu jenen Frauen, die Wiens interessanteste Jour-Fix-Gespräche leiten. In der Zeit der Wiener Sezession setzt sie sich für die Verwirklichung der Idee ein, dass Kunst allen Menschen zugänglich gemacht werden soll. Sonja Knips ist zu dieser Zeit eine charakterstarke, in sich ruhende Persönlichkeit geworden und hat ihren Lebensinhalt gefunden. Und man kann sich fragen, welche Rolle dabei der Klimt-Blick gespielt hat. (nach Dr. Boglarka Hadinger, Institut für Logotherapie und Existenzanalyse, Tübingen)

Hadinger zeigt mit dieser Geschichte zwei Phänomene auf, die vor allem für die Begleitung von anderen Menschen, aber auch für die Selbstbeziehung bedeutsam sind. Es handelt sich erstens um das Phänomen, dass manche Menschen die Gabe haben, einen anderen Menschen im Blick auf dessen positive Wesenszüge, im Blick auf das, was in ihm an Möglichkeiten steckt, zu durchschauen. In der Folge handelt es sich zweitens um das Phänomen, dass wir die Tendenz haben, dem Bild, das ein (wichtiger) anderer Mensch von uns hat, mit der Zeit immer ähnlicher zu werden. Hier zeigt sich die im folgenden Abschnitt erläuterte unbedingte Wertschätzung nach Rogers. Erich Fromm nannte es einfach Respekt – die „Fähigkeit, einen Menschen so zu sehen, wie er ist und seine einmalige Individualität zu erkennen. Respekt bedeutet das Streben, dass der andere wachsen und sich entfalten kann." (Miller & Rollnick, 2015, S. 33)

Als Sozialarbeitende, die wir eine Zeit lang manchmal sogar engste Bezugspersonen für unsere wohnungslosen Klienten sind, tragen wir maßgeblich dazu bei, sie versteckte und verschüttete Ressourcen entdecken zu lassen. Unser Blick auf die positiven Wesenszüge gerichtet und deren Spiegelung kann den Selbstwert unseres Gegenübers stärken und Entwicklungsschritte fördern.

4.1 Allgemeine Wirkfaktoren von Beratung

Das Beratungsformat „Soziale Beratung" fußt wie auch andere Formate (z. B. Supervision, Coaching, Counseling, Mentoring) auf theoretischen Erkenntnissen und Ausprägungen verschiedener Psychotherapieschulen. Deshalb richte ich meinen Blick zunächst auf Untersuchungen und Feststellungen über therapeutische Wirkfaktoren.

Im Jahr 1936 vermutete der Psychotherapieforscher Paul Rosenzweig, dass allgemeine – also von der jeweiligen Theorierichtung unabhängige – Wirkfaktoren in der Person des Therapeuten liegen, sofern dieser mit Hoffnung und Inspiration in den therapeutischen Prozess geht (vgl. Migge, 2013, S. 55).

Carl Rogers, Begründer der klienten- bzw. personenzentrierten Gesprächstherapie, forschte ebenfalls über die Wirksamkeit im Bereich der Psychotherapie. Auch ihn interessierte vor allem, welche klienten- und welche therapeutenbezogenen Aspekte letztlich zur Wirksamkeit einer Therapie beitragen. Rogers definierte 1957 schlussfolgernd aus seinen Untersuchungen sechs Wirkfaktoren für den Erfolg einer Therapie (ebd. S. 57 f.):

1. Die Begegnung zweier Menschen (Klient und Hilfestellung anbietende Person/Therapeut) in Form eines psychologischen Kontraktes, der gegenseitiges Gewahrwerden ermöglicht
2. Der Klient befindet sich in einem Zustand der Inkongruenz und kann zunächst nicht zum Ausdruck bringen, welche intrapersonellen Unstimmigkeiten ihn bewegen
3. Der Therapeut ist hingegen mit sich so im Reinen, dass er kongruent wahrnehmen und äußern kann, was er im psychologischen Kontrakt erlebt (Kongruenz)
4. Der Therapeut akzeptiert den Klienten bedingungsfrei und ist dazu in der Lage, sich dessen positiven, nach Selbstaktualisierung strebenden Wesenskern zuzuwenden (unbedingte Wertschätzung)
5. Der Therapeut fühlt sich in die Lebenswelt des Klienten bestmöglich ein (Empathie) und verhilft ihm somit, sich eigener Empfindungen gewahr zu werden und diese in das Selbstbild integrieren zu können
6. Der Klient ist bereit und fähig, mit dem Therapeuten und seinen Angeboten in Resonanz zu gehen

Leslie Samuel Greenberg, ebenfalls Psychotherapieforscher, fand heraus, dass mehr noch als Rogers Wirkfaktoren die „wahrgenommene Aufgabenrelevanz“ für die gemeinsame Arbeit von Klienten und Therapeuten wirksam ist. Die gemeinsame Aufgabe, deren Inhalt der Klient und deren Rahmung und Prozess der Berater bestimmt, fördert somit die Wirkung.

Auch Grawe et al. stellten im deutschsprachigen Raum durch Untersuchungen zahlreicher Psychotherapiestudien fest, dass es allgemeine Wirkfaktoren gibt, die in allen Therapieschulen den Erfolg der Behandlung wesentlich beeinflussen und die der Therapeut deshalb stets bestmöglich realisieren soll. Nach Grawe ist ein allgemeiner Wirkfaktor ein Prozess des Zusammenspiels von Therapeuten und Klient. Der Therapeut aktiviert durch sein Verhalten den Wirkfaktor und bringt damit Prozesse beim Klienten in Gang, und zwar ganz unabhängig seiner Therapieschule. Spezifische Wirkfaktoren sind hingegen Teil des Technikrepertoires des Therapeuten, je nachdem welcher psychotherapeutischen Schule bzw. welchem Therapieverfahren er angehört (vgl. Migge, 2013).

Die fünf Wirkfaktoren nach Grawe sind

- *Problembewältigung*
  Der Therapeut analysiert die aktuelle Problemsituation seines Patienten, schätzt ein, wo ein Hilfebedarf liegt und hilft dann aktiv bei der Bewältigung seiner Probleme. Der Patient soll anhand dessen erleben, dass Situationen, die für ihn bislang nicht oder kaum zu bewältigen waren, doch gemeistert werden können. Für die Zukunft steigt damit seine Selbstwirksamkeitserwartung und damit einhergehend sein Selbstwertgefühl.

- *Motivationale Klärung*
  Der Therapeut hilft dem Patienten, sich seiner Werte, Motive und Ziele gewahr zu werden. Es geht um die Klärung der Bedeutungen von Situationen, die Einfluss auf das Erleben und Verhalten des Patienten haben. Sind diese sichtbar gemacht, können sie verändert werden, was in der Folge eine Wandlung von Emotionen und Verhalten nach sich zieht.

- *Beziehung*
  Ein Ziel der therapeutischen Beziehungsarbeit ist die Verdeutlichung der wesentlichen Beziehungsschemata des Patienten. Der Therapeut aktiviert problematische Beziehungsschemata und unterstützt den Patienten in deren positiver Weiterentwicklung. Innerhalb dieser Beziehungsarbeit können negative Gefühle ausgehalten werden, Problembewältigungserfahrungen gemacht und die Selbstbeziehung verbessert werden.

- *Ressourcenaktivierung*
  Die Zusammenarbeit soll so ausgerichtet sein, dass der Patient seine vorhandenen Ressourcen, seine Stärken und Fähigkeiten erleben kann und positive Erfahrungen hinsichtlich bedeutungsvoller Bedürfnisse macht. Sein Selbstwertgefühl und Wohlbefinden werden gestärkt, der Patient entwickelt eine zuversichtliche Erwartung an seine Selbstwirksamkeit und kann zukünftig weitere reale Erfolge evozieren. Die Ressourcenaktivierung ist ein wichtiger Aspekt bei der Hilfe zur Selbsthilfe. Der Patient wird dabei unterstützt, sich immer wieder neue Möglichkeiten zur Erfüllung seiner Grundbedürfnisse zu schaffen.

- *Problemaktualisierung*
  In der Therapie sollen implizite Bedeutungsmuster (verdeckte Schemata), die Leidensdruck in verschiedenen Lebenssituationen hervorrufen, verändert werden. Dafür müssen sie zunächst innerhalb des geschützten therapeutischen Rahmens neu erlebt und aktiviert werden; der Patient muss sich negativen Gefühlen stellen. In diesem Zuge ist es relevant, dass der

Therapeut progressiv auf eine zukunftsbezogene Veränderung hinarbeitet.

All diese Wirkfaktoren stehen in einem engen Zusammenhang. Gemeinsam angewandt können sie eine korrektive emotionale Erfahrung und wichtige neue Lernprozesse beim Patienten im Therapieprozess erreichen (vgl. Valeska Dörrich, 2017, S. 13 ff.).

Die Frage ist nun, ob sich die Ergebnisse zur Wirksamkeitsuntersuchung von Psychotherapie auf (psycho-)soziale Beratung übertragen lassen. Die beiden Beratungsformate weisen Unterschiede und Gemeinsamkeiten auf. Während sich Psychotherapie kurativ auf die Heilung und Linderung seelischer Störungen ausrichtet und dabei in erster Linie personenzentriert vorgeht, zielt (psycho-)soziale Beratung auf situative Zusammenhänge und akute Überforderungen und Krisen. Zudem setzt sie stärker in interaktionell geprägten Zusammenhängen von Individuum und Umwelt an. Gemeinsam haben Psychotherapie und Beratung, dass es sich um geplante und strukturierte Interaktionsprozesse handelt, in denen Berater/Therapeut und Klient/Patient mittels Kommunikation auf ein vereinbartes Ziel hinarbeiten. In beiden Hilfeformen geht es um die Leidensminderung des Hilfesuchenden, um Persönlichkeitsentwicklung und Erlernen von Bewältigungsstrategien unter Einbeziehung seiner Ressourcen. Die Arbeitsbeziehung soll in beiden Formen von Vertrauen und von einer akzeptierenden, empathischen und kongruenten Grundhaltung geprägt sein. Die Unterschiede und Schnittmengen sind hier nicht vollständig dargestellt. Valeska zeigt anhand dreier Feststellungen, dass sich therapeutische Wirkfaktoren auf Beratung übertragen lassen:

1. In beiden Formaten gibt es ein sehr ähnlich geartetes Behandlungs-/Beratungsgeschehen.
2. Berater sind theoretisch dazu in der Lage, Prozesse anzuregen, die auf die Wirkfaktoren abzielen.
3. Aufgrund der Ähnlichkeiten der Interaktionen und Zielsetzungen beider Formate kann davon ausgegangen werden, dass sich die Wirkfaktoren auch in der Beratung erfolgreich zeigen und dort Mehrwerte bieten. Diese liegen u. a. in der Erhöhung der Bewusstheit des Beraters über Wirkungsmöglichkeiten in der Beratung, in einer vertieften Reflexion und Verständnis über Widerstände bei Klienten und auch in der Möglichkeit einer Metakommunikation über das Beratungsvorgehen oder über die Bedürfnisse der Klienten

(vgl. ebd. S. 85 f.).

4.2 Grundbedürfnisse und Motivation

Motivierte Menschen sind erfolgreich in den Dingen, die ihnen wichtig sind und die sie für erstrebenswert halten. Wir sind motiviert, wenn uns etwas interessiert, positiv reizt und Lust verschafft. Das Wort Motivation stammt von dem lateinischen Verb „movere", was so viel bedeutet wie „bewegen, antreiben". Ein Motiv ist ein Beweggrund, der zu einer bestimmten Handlungsabsicht führt. Motivation ist keine Charaktereigenschaft, die gleichbleibend bei einem Menschen zu finden ist. Sie ist ein Zustand, der Schwankungen unterliegt und durch verschiedene Faktoren beeinflusst wird (vgl. Niermeyer & Seyffert, 2011).

Wenn wir uns in Bewegung setzen, um etwas zu tun oder etwas zu verändern, dann fordert dies Energie. Diese Kraft bringen wir nur dann auf, wenn es für uns Sinn macht. Und Sinn erfahren wir dann, wenn sich etwas wertvoll anfühlt. Es gibt somit ein Wertegefühl, das uns intrinsisch oder extrinsisch motiviert.

Grundsätzlich besitzt jeder Mensch eine allgemeine Motivation, um etwas zu gestalten, zu erreichen oder zu bewirken. Allein zur Sicherung des Überlebens sind wir dazu motiviert, bestimmte Grundbedürfnisse zu befriedigen. Menschliches Verhalten zielt auch auf die Erfüllung weiterer Grundbedürfnisse ab. Die Erfüllung emotionaler Grundbedürfnisse von der Geburt bis zum Erwachsenalter führt dazu, dass Menschen eine ausgeprägte Resilienz entwickeln können. Sie fühlen sich selbstbewusst und selbstwirksam, können inneren und äußeren Stress und Konflikte managen und dabei gesund bleiben (vgl. Migge, 2013, S. 118).

Der Humanist Abraham Harold Maslow (1908–1970) untersuchte die innere Struktur des Menschen und entwickelte daraus die „positive Theorie der Motivation". Demnach sind gesunde menschliche Wesen von einer Anzahl von Grundbedürfnissen motiviert, die genetisch oder instinktiv veranlagt sind. Er unterscheidet dabei Grundbedürfnisse (=Mangelbedürfnisse) von Wachstumsbedürfnissen (=Metabedürfnisse, Seinswerte). Alle Grundbedürfnisse lassen sich als Schritte auf dem Weg zur Selbstverwirklichung betrachten. Stark vereinfacht kann man annehmen, dass soweit das jeweils basale Bedürfnis erfüllt ist, ein neues Bedürfnisensemble entsteht.

Das in Abbildung 6 gezeigte Schaubild der Bedürfnispyramide nach Frank Goble verdeutlicht Maslows Erkenntnisse (vgl. Schilling, 2000, S. 121).

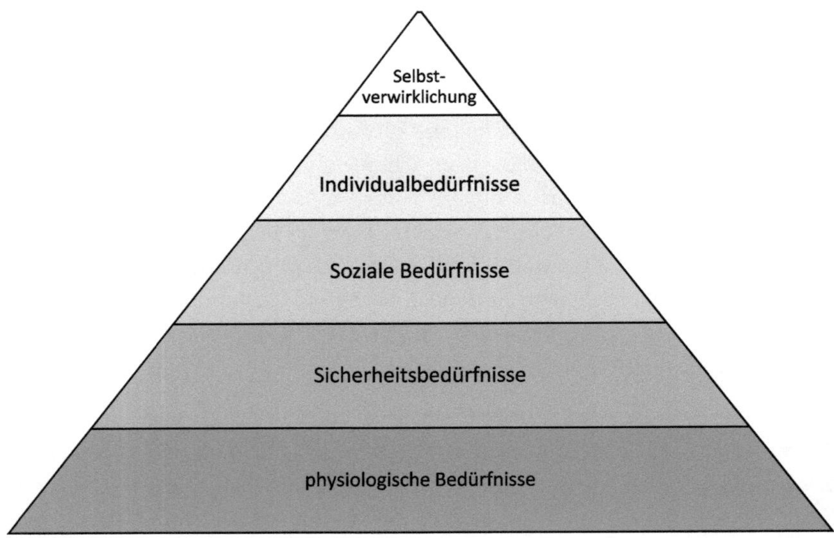

Abbildung 6: Bedürfnispyramide nach A. Maslow

Grundbedürfnisse:

- *Physiologische Bedürfnisse:* Luft, Wasser, Nahrung, Unterkunft, Schlaf, Sexualität
- *Sicherheitsbedürfnisse*: Sicherheit, Stabilität, Geborgenheit, Schutz, Angstfreiheit, Bedürfnis nach Struktur, Ordnung, Gesetz, Grenzen
- *Soziale Bedürfnisse:* Zugehörigkeit, Zuneigung, Liebe
- *Individualbedürfnisse*: Achtung, Selbstachtung, Verlangen nach Selbstvertrauen, Kompetenz, Leistung, Autonomie, Status, Ruf, Wertschätzung

Wachstumsbedürfnisse:

- *Selbstverwirklichung*: z. B. Bedeutsamkeit, Selbstgenügsamkeit, Anstrengungslosigkeit, Verspieltheit, Ordnung, Gerechtigkeit, Lebendigkeit, Güte, Wahrheit etc.

(vgl. Schilling, 2000, S. 120).

Das menschliche Streben nach der Erfüllung dieser Werte-Bedürfnisse kann als das Verlangen bezeichnet werden, zur besten Version seiner selbst zu werden.

Sowohl in der Kindheit als auch im Erwachsenenleben müssen die drei unteren Bedürfnisbereiche erfüllt sein, um genügend Kraft und Energie in einem Menschen entfalten zu können, um persönliche Ziele zu entwickeln und nach Selbstverwirklichung zu streben (vgl. Migge, 2013). Betrachten wir die Bedürfnispyramide bezogen auf die Lebenswelt wohnungsloser Menschen, so ist festzustellen, dass die physiologischen, die Sicherheitsbedürfnisse und meist auch die sozialen Bedürfnisse nicht bzw. nicht konstant erfüllt sind und sich die Motivation somit vorrangig auf die Erfüllung dieser Bedürfnisse richten wird. Wie gesagt, Maslow ging bei seinen Untersuchungen vom „gesunden" Menschen aus, was zur Folge hatte, dass er sich mit der Zuschreibung „gesund" befasste.

> „Im Grunde lehne ich absichtlich unsere gegenwärtige so leichtgemachte Unterscheidung zwischen Krankheit und Gesundheit ab. Bedeutet Krankheit, dass man Symptome aufweist? Ich behaupte jetzt, dass Krankheit darin bestehen kann, dass man wider Erwarten keine Symptome hat. Bedeutet Gesundheit, frei von Symptomen zu sein? Ich leugne es." (Maslow, 1968 zit. in Schilling, 2000, S. 122 f.)

Seine Erkenntnis spiegelt sich in den salutogenen Grundgedanken von Aaron Antonovsky wieder. Die Grenzen zwischen Gesundheit und Krankheit sind nicht eindeutig und eine Person ist nie vollständig gesund bzw. krank. Und dennoch: wohnungslose Menschen sind zu einem hohen Anteil in ihrer Gesundheit eingeschränkt. Das hat zur Folge, dass auch das kraftvolle Streben nach der Erfüllung der basalen Bedürfnisse begrenzt ist, sodass externe Hilfen notwendig werden. Unter diesem Blickwinkel sollten Ziele nie zu hochgesteckt, sondern jeweils so formuliert und vereinbart werden, dass sie aus einer stabilen Ausgangsposition erarbeitet werden, in der die wesentlichen Grundbedürfnisse erfüllt sind.

Ein anderes Konzept, das ausschließlich emotionale Grundbedürfnisse erwachsener Menschen beschreibt, liefert Klaus Grawe.

Abbildung 7: Emotionale Grundbedürfnisse nach Grawe

Jeder Mensch hat das Bedürfnis nach *Bindung* zu anderen Menschen, durch die er liebevolle Zuwendung, Vertrauen, Verlässlichkeit, Wärme und Halt erfährt. Das Bedürfnis nach *Kontrolle und Orientierung* beschreibt zum einen die Notwendigkeit das Außen (die Vernetzung und die Regeln in der Welt) zu verstehen und vorhersehen zu können, aber auch selbst darauf Einfluss nehmen zu können. Zum anderen ist es nötig, Emotionen und Verhaltensäußerungen anderer Personen verstehen und zu einem gewissen Maße vorhersehen zu können. Kontrolle und Orientierung müssen ebenfalls im eigenen inneren Erleben verstehbar, vorhersehbar und modulierbar sein sowie konsistent und kohärent erlebt werden können. Der dritte Bereich beschreibt das Bedürfnis nach einer positiven Stellung im sozialen Gefüge, die mit *Selbstwerterhöhung, Selbstwertstärkung und Selbstwertschutz* einhergeht. Schließlich existiert das Bedürfnis nach *Lust oder Unlustvermeidung*, was bedeutet, dass innerhalb kontrollierbarer Grenzen lustvolle Erlebnisse umgesetzt werden (Sexualität, Essen, Spiel, Bewegung etc.) oder – sofern sie mit Unlust oder Schmerz verbunden sind – vermieden werden können. Diese vier Grundbedürfnisse stehen in einem Wechselspiel zueinander und unterstützen oder hemmen sich (vgl. Migge, 2013).

Führen wir uns erneut die Situation wohnungsloser Menschen vor Augen. Auch anhand dieser Bedürfniskategorien wird deutlich, dass sie durch ihre besonderen Lebenslagen die emotionalen Grundbedürfnisse nur äußerst schwierig befriedigen können oder aber, dass die Lebenslagen bereits den Mangel dieser Bedürfnisse beinhalten. Meistens fehlen tragfähige soziale Bindungen, manchmal schon von Kindheit an oder sie sind im Laufe der Zeit verloren gegangen. Den Regeln der Welt (des Staates, der Kommune, der Institution) ist ein Wohnungsloser eher ausgeliefert als dass er sie mitgestalten kann. Eine positive Stellung im sozialen Gefüge ist nicht gegeben, allenfalls in subkulturellen Zusammenhängen (z. B. Szene), die ihrerseits sozial ausgegrenzt und gesellschaftlich gemieden sind. Da die Lebenslage „wohnungslos“ mit einer öffentlichen Schutzlosigkeit einhergeht, kann auch das Verlangen nach Lust oder Unlustvermeidung nur sehr eingeschränkt umgesetzt werden. Somit wird nachvollziehbar, dass es der Zielgruppe aus guten Gründen oft schwerfällt, kraftvoll und motiviert an Veränderungssituationen heranzugehen und wir die herausfordernden Auswirkungen ihrer Lebenslagen zu keinem Zeitpunkt übersehen und unterschätzen dürfen. Die bestehenden Mangellagen wirken sich auf physische und psychische Kräfte massiv aus, auch wenn dies auf den ersten Blick nicht immer erkennbar ist. Sie müssen oftmals zunächst durch existentielle Hilfen, nämlich durch die Schaffung von sicheren Rahmenbedingungen abgemildert werden.

Sofern es keine ausgeprägte Mangelsituation einer Bedürfnislage mehr gibt, kann sich eine spezifische Motivation entwickeln, die sich auf ganz konkrete Zielsetzungen und Situationen bezieht. Auch diese unterliegt bestimmten Bedingungen, damit sie ihre Kraft entwickeln kann. Ein Mensch benötigt dafür ein gesundes Energie-Level, um über die nötige physische und psychische Antriebsstärke zu verfügen. Außerdem braucht es Zuversicht in die eigene Kraft, die in die Erfahrung von Selbstwirksamkeit mündet. Eine realistische Sicht zur Selbstwirksamkeit pendelt sich zwischen Fatalismus und Machbarkeitswahn unter der Berücksichtigung eigener Fähigkeiten und Ressourcen ein.

Weiterhin spielen Emotionen für den Aufbau und Erhalt von Motivation eine bedeutende Rolle, weil sie handlungsleitend sind. Der Drang, etwas verändern zu wollen, ist nicht in erster Linie kognitiv, sondern emotional geführt. Emotionen sind schneller und stärker als Gedanken, sie sind größtenteils unbewusst und sprachlich oft schwer auszudrücken. Das macht es erforderlich, dass wir mit unseren Klienten über Emotionen und Gefühle sprechen. Für manchen ist das ungewohnt und es kommt vor, dass die Frage nach dem Gefühl mit Gedanken oder Überlegungen beantwortet wird. Vielleicht sprechen alternative Begriffe, wie Instinkt, Körpergefühl, Bauchgefühl, Intuition oder Stimmung den Klienten eher an, dieser Frage nachzugehen (vgl. Migge, 2013).

Wenn wir unsere Klienten motivieren wollen, ist es wichtig, emotionale Zustände anzusprechen und gewahr werden zu lassen. Wir sollten tiefgehend mit ihnen ins Gespräch gehen und existentielle Themen anschneiden, anstatt unverfängliche Themen zu fokussieren oder uns hinter Bürokratie zu verstecken. Als Bezugspersonen sollten wir bereit dazu sein, in Beziehung zu gehen und emotionale Bedürfnisse aus der professionellen Rolle heraus zu erfüllen. „Die Kunst besteht demnach darin, eine Beziehung so zu gestalten, dass die Nähe die entsprechende Qualität bekommt, um für den Klienten Perspektiven zu eröffnen, die er ohne diese Beziehung nicht hätte." (Geuder, 2015, S. 8) In eine professionelle Beziehung zu gehen zieht die bewusste Gestaltung von Nähe und Distanz nach sich. Ein Klient gibt in einer guten Arbeitsbeziehung viel mehr als üblich von sich preis und durch ein zu hohes Maß an zugelassener Nähe können emotionale Abhängigkeiten entstehen. Somit ist es wichtig, dass Professionelle die Beziehungen gut reflektieren und auch im Team, in Supervisionen und sogar bewusst formuliert gegenüber dem Klienten ihre Spannungen und Irritationen offenlegen (vgl. ebd. S. 21 f.).

Die Begründer von Motivational Interviewing, Miller und Rollnick, sehen drei wichtige Komponenten, die für den Aufbau von Motivation von Bedeutung sind. Sofern es um die Entscheidung für eine Veränderung geht, muss eine Person zunächst eine Diskrepanz zwischen dem erlebten Ist-Zustand und einem gewünschten Soll-Zustand erleben. In der Regel fühlt sie zunächst eine Unstimmigkeit, Unzufriedenheit oder auch Angst und Sorge in ihrem aktuellen Zustand. Wird dieses Gefühl kognitiv reflektiert, kann daraus entstehen, dass die Situation als Problem bewertet wird. Daraus kann eine *Absichtsbildung* resultieren, eine Dringlichkeit, den Ist-Zustand in Richtung Soll-Zustand zu bewegen. Je bedeutsamer der Soll-Zustand wahrgenommen wird und je größer die Distanz aus der Ist-Situation dazu empfunden wird, umso stärker ist die Absichtsbildung. Als zweites braucht die Person die *Fähigkeit*, den Soll-Zustand zu erreichen. Sie muss zuversichtlich sein, über genügend Ressourcen zu verfügen, um sich fähig zu fühlen. Sofern sie an dieser Stelle pessimistisch ist und das Zutrauen in die eigenen Kräfte fehlt, wird sie wahrscheinlich nicht genügend Motivation für eine Veränderung entwickeln können. Drittens braucht es die *Bereitschaft*, der Veränderung jetzt die erforderliche Priorität einzuräumen. Die Willensentscheidung, das „Jetzt" einzuleiten, ist letztlich der Startschuss für den neuen Weg.

Andere Menschen motivieren zu können geht oft mit einer fairen und glaubwürdigen Beziehung einher. Angehörige sozialer Berufe gehen diese Beziehungen zu Ratsuchenden ein und mögen oft aus philantropen Motiven handeln, manchmal auch aus religiösen, wie z. B. dem Beweggrund der Nächstenliebe. Die inneren Motive können unreflektiert allerdings zu einem stark lenkenden, richtungsweisenden Gesprächsstil führen, den Miller & Rollnick den Korrektur-Reflex nennen (vgl. Miller & Rollnick, 2015, S. 20). Auch wenn eine gute Absicht dahinterstehen mag, kann es kontraproduktiv sein, Menschen auf den „richtigen Weg" bringen zu wollen. Dadurch wird eine Reaktanz beim Klienten hervorgerufen, der seinem Berater wahrscheinlich mit einer gegenläufigen Argumentation begegnen wird. Man kann also in Fallen tappen, auch wenn man es gut meint.

Motivation kann allerdings auch bewusst manipulativ geschehen, indem eigene Interessen gleichzeitig oder gar vorrangig mitbedient werden oder eine Person durch externe Lockmittel (z. B. Geld) zu Dingen verleitet wird, die nicht ihren eigenen Werten entspricht. Desgleichen können moralische Druckmittel eine Person dazu bewegen, Ziele zu verfolgen, die sie sich nicht selbst gesetzt hat. Erfolgsdruck, zeitliche und finanzielle Grenzen spielen auch in der Sozialarbeit eine Rolle, weshalb eine gute Selbstklärung mit jeder Hilfemaßnahme einhergehen muss.

Miller und Rollnick formulierten vier ethische Leitlinien, anhand derer Therapeuten und Berater sich, ihre Zielsetzungen und ihren Einsatz von Gesprächstechniken reflektieren können. Sinngemäß lauten diese:

1. Wenn Sie spüren, dass es Unstimmigkeiten in der Arbeitsbeziehung gibt oder Sie ethische Bedenken wahrnehmen, überprüfen Sie, welche Intention Ihr Klient und welche Sie selbst verfolgen.
2. Wenn Sie und Ihr Klient unterschiedliche Ziele verfolgen, obwohl Sie meinen, dass Ihr Ziel dem Wohl des Klienten am meisten dient, sprechen Sie Ihre Gedanken und Besorgnisse an und planen neu.
3. Wenn Sie einen persönlichen Vorteil durch ein bestimmtes Endergebnis des Hilfeprozesses haben sollten, insbesondere wenn Ihr persönlicher Vorteil

nicht mit dem höchsten Wohl des Klienten einhergeht, nutzen Sie nicht die Methoden des Motivational Interviewing.

4. Seien Sie ebenso vorsichtig mit dem Einsatz von Motivational Interviewing, wenn Sie die Möglichkeit haben, Zwangsmaßnahmen gegen Ihren Klienten einzuleiten. Sollten Sie durch Zwangsmaßnahmen auch noch einen persönlichen Vorteil haben, ist der Einsatz von Motivational Interviewing unzulässig (vgl. Miller & Rollnick, 2009, S. 226 ff.).

4.3 Ambivalenz

Um genügend Antrieb für zielgerichtete Handlungen zu haben, braucht es also Motivation, psychische und physische Kräfte. Für diese Kräfte sind positive Reize, Dringlichkeit, Zuversicht, Sinnhaftigkeit, Ressourcen und Bereitschaft zum Starten und Durchhalten erforderlich. Besonders wichtig wird all dies, wenn es um die Entscheidung für ein neues, verändertes Handeln geht. Eine Veränderung ist ein anders ausgerichtetes Handeln in einer bestimmten Situation. Stellen wir uns einen Richtungswechsel vor, beim Laufen, Radfahren oder Autofahren, so erfordert dieser zunächst eine Entscheidung, dann ein Abbremsen, ein Umlenken und schließlich ein Anfahren/eine Beschleunigung für den neuen Kurs. Eine Veränderung erfordert einen erheblichen Energieaufwand. Ob es nun um einfache Handlungsabläufe, z. B. morgendliches Aufstehen, pünktliches Erscheinen am Arbeitsplatz, regelmäßiges Üben eines Instrumentes geht oder aber um lebensverändernde Entscheidungen, wie z. B. den Umzug in eine andere Stadt, die Einführung einer gesundheitsbewussten Ernährung, einen Heiratsantrag, der Nikotinabstinenz: jeder Mensch kennt das Abwägen, ob sich die Mühe und der Kraftaufwand lohnen. Sich zwiespältig und zerrissen zu fühlen ist ein normales menschliches Erleben. Es ist das Gefühl von *Ambivalenz*, dem Schwanken zwischen zwei Möglichkeiten, von denen beide (lt. ambo) gelten (lat. valere). Dieses Gefühl kann als ein innerer Konflikt erlebt werden.

Am Beispiel von Herrn Schmidt verdeutliche ich verschiedene Konstellationen von Ambivalenz-Konflikten (vgl. Miller & Rollnick, 2015, S. 188):

Annäherungs-Annäherungs-Konflikt
Herr Schmidt hat nach einer achtmonatigen stationären Wohnungslosenhilfe eine eigene Wohnung gefunden und für den Einzug eine einmalige Beihilfe beim Jobcenter beantragt. Dort wird ihm angeboten, entweder 1000,-€ zu erhalten und damit seinen Bedarf vollständig zu decken oder eine Auflistung des Bedarfes einzureichen und mittels eines Gutscheins im Sozialen Kaufhaus einkaufen zu können. Der Wert des Einkaufes könnte 1000,-€ dann deutlich übersteigen.

Herr Schmidt fragt sich, welche der zwei attraktiven Alternativen er wählen soll. Er befindet sich diesbezüglich in einer komfortablen Situation, da er keinen Nachteil befürchten muss, sondern mit jeder Wahl mehr gewonnen hat als zuvor.

Vermeidungs-Vermeidungs-Konflikt
Herr Schmidt steht unter gerichtlichen Auflagen und muss einmal monatlich Abstinenznachweise erbringen. Seinen Alkoholkonsum hat er nie als ein Problem gesehen und sieht die Auflage als eine starke Beeinträchtigung in seine Lebensführung. Um negative Folgen zu vermeiden, bemüht er sich, trocken zu bleiben.

Hier ist Herr Schmidt dazu herausgefordert, zwischen zwei Übeln zu wählen, die beide negative Gefühle und Auswirkungen für ihn nach sich ziehen. Keinen Alkohol zu trinken empfindet er als überflüssig und beeinträchtigend. Gleichzeitig will er auch keine negativen Folgen der Justiz spüren.

Annäherungs-Vermeidungs-Konflikt:
Monate später steht er erneut vor Gericht, weil wieder eine Straftat unter Alkoholeinfluss erfolgt ist. Herr Schmidt hat mittlerweile erkannt, dass er nicht mehr die volle Kontrolle über seinen Alkoholkonsum besitzt und fühlt sich damit nicht gut. An manchen Tagen möchte er aufhören zu trinken, an anderen wiederum will er den Rausch, um den Druck des Alltags ertragen zu können.

Diese Konfliktsituation führt oft zum Verharren in der Ambivalenz und erzeugt hohen Stress. Herr Schmidt ist zugleich angezogen und abgestoßen vom gleichen Sachverhalt. Dieser Ambivalenz-Konflikt ist typisch für abhängiges Verhalten.

Doppelter Annäherungs-Vermeidungs-Konflikt
Herr Schmidt bezieht Leistungen nach dem SGB II und muss sich um eine Arbeitsaufnahme bemühen. Sein Fallmanager schlägt ihm vor, den Einstieg in das Arbeitsleben durch eine Arbeitsgelegenheit, einem sogenannten 1-Euro-Job in einem Arbeitsprojekt zu versuchen. Alternativ wäre eine Arbeitsaufnahme bei einer Zeitarbeitsfirma denkbar. Herr Schmidt weiß nicht, welchen Weg er einschlagen soll. Bei einer Zeitarbeitsfirma würde er mehr Geld verdienen, doch seine Erfahrungen haben gezeigt, dass er der hohen Flexibilität nie über einen längeren Zeitraum gewachsen war. Die Vorstellung, für einen Euro arbeiten zu gehen, kränkt ihn in seinem Selbstwert. Allerdings hat er von einigen Bekannten gehört, dass ihnen die Arbeit im Projekt gut gefällt und man nicht gleich die Kündigung erhält, wenn man ab und zu nicht erscheint …

Herr Schmidt kann zwischen zwei Alternativen entscheiden. Jede der Alternativen beinhaltet allerdings Vor- und Nachteile, sodass er in seiner Entscheidungsfindung blockiert ist.

Veränderungen sind nicht einfach getan, weshalb Menschen ihnen mit gemischten Gefühlen gegenüberstehen. In Lebenssituationen, in denen sich die Ambivalenz über einen längeren Zeitraum nicht auflösen lässt, kann ein hoher Leidensdruck entstehen. Dabei wird ein ungelöstes ambivalentes Verhalten von Klienten leicht als fehlende Motivation fehlgedeutet. Eine andere Perspektive ist, ambivalente Gefühle als normal und natürlich zu betrachten, Argumente für die Pole Pro und Contra zu benennen, zu reflektieren und Schritt für Schritt aufzulösen. Ambivalenzen bewusst zu machen und zu klären sind somit erforderliche Schritte zum Aufbau von Veränderungsmotivation und deshalb auch ein zentrales Thema im Motivational Interviewing. Der berufliche, ethische und menschliche Auftrag in der Sozialarbeit kann sehr eindeutig in Richtung einer bestimmten Veränderungsarbeit weisen. Es kann allerdings auch Beratungssituationen geben, in denen es angemessener ist, Neutralität zu wahren und keine Impulse in Richtung einer Veränderung zu setzen. Die Hilfe zielt dann darauf ab, dem Klienten sein Dilemma besser verstehen zu helfen, Ordnung in seine Gedanken und Empfindungen zu bringen, um dann seine eigene, frei gewählte Entscheidung zu treffen. Eine methodische Möglichkeit bietet die Entscheidungsmatrix (siehe Abb. 8), hier beim doppelten Annäherungs-Vermeidungs-Konflikt (vgl. Miller & Rollnick, 2009, S. 45).

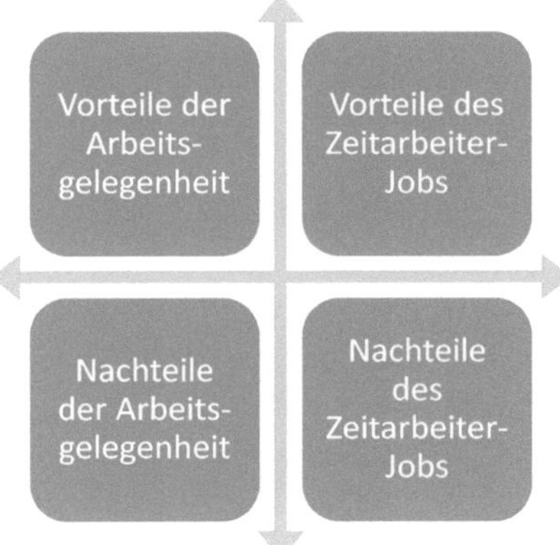

Abbildung 8: Entscheidungsmatrix

Bei zweiseitigen Ambivalenz-Konflikten bietet sich die Entscheidungswaage (siehe Abb. 9) als einfachere Visualisierungshilfe an:

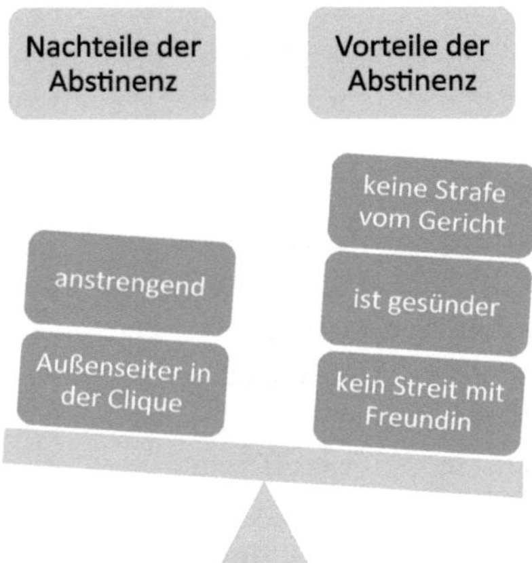

Abbildung 9: Entscheidungswaage (nach Miller & Rollnick, 2009, S. 34)

Als Berater erfragt man gründlich, was für und was gegen die verfügbaren Alternativen spricht, ohne sich auf eine Seite zu schlagen. Die genannten Aspekte sollen durch offene Fragen näher ausgeführt werden und werden vertiefend reflektiert. Die Entscheidung, welcher Weg aus der Ambivalenz herausführen kann, kann der Klient ohne Beeinflussung treffen. An dieser Stelle ist es aber oft hilfreich, wenn der Berater den Grund für seine neutrale Haltung kurz erläutert (vgl. Miller & Rollnick, 2015, S. 278 ff.).

4.4 Veränderungsbereitschaft

Der Entschluss ist gefasst und von nun an geht es steil bergauf? Das ist eher selten der Fall. Veränderung ist kein lineares Geschehen und das innere Gefühl, motiviert zu sein, ist nicht statisch gleichbleibend. Das in Abbildung 10 gezeigte transtheoretische Modell der intentionalen Verhaltensveränderung (Stadien der Veränderung) nach Prochaska und DiClemente beschreibt anschaulich die einzelnen Stufen dieses Geschehens. Untersucht wurde das Modell bezogen auf unterschiedliche Süchte und bietet damit auch eine Struktur für Behandlungsinterventionen.

Abbildung 10: Stadien der Veränderung (States of change) (nach Prochaska und DiClemente in Anlehnung an GK Quest Akademie, 2014)

Im *1. Stadium (Absichtslosigkeit)* besteht für ein bestimmtes Verhalten (z. B. Suchtmittelkonsum, ungesunde Ernährung, fehlende Bewegung) kein Problembewusstsein, es wird nicht über die Notwendigkeit einer Veränderung nachgedacht. Prochaska und DiClemente nennen diesen Zustand Präkontemplation, also eine „Vor-Besinnung". Bei der Absichtsbildung im *Stadium 2* wird das Verhalten als Problem wahrgenommen und darüber reflektiert (Kontemplation). Fragen wie „Konsumiere ich wirklich zu viel? Könnte das meiner Gesundheit schaden? Sollte ich daran etwas ändern?" beschäftigen die Person. Sie wägt ab und überlegt, was dafür und was dagegenspricht. In *Stadium 3 (Vorbereitung)* geht es um die Entscheidungsfindung für oder gegen eine Veränderung und letztlich um die Zielklärung. „Was soll sein, wohin will ich mich entwickeln" sind hierbei die Leitgedanken. Fällt die Wahl für eine Veränderung aus, werden im *Stadium 4 (Handlung)* aktive Schritte unternommen und neue Kompetenzen erworben. Das *Stadium 5 (Aufrechterhaltung)* beinhaltet eine zunehmende Integration des neuen Verhaltens in den Alltag. Entweder stabilisiert sich das neue Verhalten dauerhaft oder aber es kommt zu einem *Rückfall (Stadium 6)*, der erneutes Problemverhalten beinhaltet und oftmals mit Gefühlen von Frust, Scham oder Hoffnungslosigkeit einhergeht. Wichtig ist, zu verstehen, dass ein Rückfall als ein normaler Bestandteil auf dem Weg zu einer dauerhaften Verhaltensänderung betrachtet werden kann, auch wenn dieser oft schmerzhaft ist und Probleme mit sich bringt. Bezogen auf das Thema Alkoholabstinenz belegen Studien, dass die meisten Rückfälle drei bis sechs Monate nach abgeschlossener Behandlung erfolgen (vgl. GK Quest Akademie, 2014; Kruse, Körkel, Schmalz, 2001, S. 294 f.).

Vor allem die Stadien 1–3 beinhalten den Aufbau von Motivation, der insbesondere durch (Beratungs-)Gesprächssituationen zu fördern ist. In den höheren Stufen erfolgen eher Training und Begleitung. Zur Förderung der Veränderungsbereitschaft sollten in jeder Phase passgenaue Interventionen zur Unterstützung des Klienten eingesetzt werden. Das setzt voraus, dass zunächst erfasst wird, wo sich der Klient, bezogen auf das aktuelle Thema, hinsichtlich seiner Motivation befindet. „Den Klienten dort abholen, wo er grade steht“ ist eine bekannte pädagogische Aussage, die für eine gute Motivationsarbeit unbedingt zutrifft. Die Zeichnung der Erfolgsleiter in Abbildung 11 verdeutlicht gut die einzelnen Motivationsstufen.

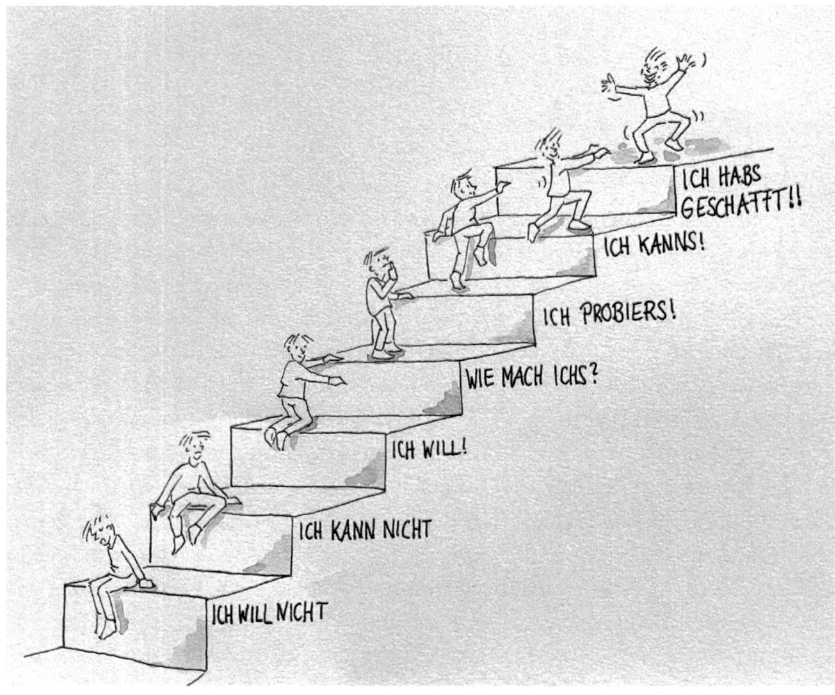

Abbildung 11: Erfolgsleiter (illustriert von Almuth Rusteberg)

So wäre es ungünstig, mit einer Substanz abhängigen Person Pläne für die Abstinenz zu schmieden, wenn sie innerlich über sich denkt, dieses Ziel nicht erreichen zu können und sich somit bildlich auf der 2. Treppenstufe befindet. Der Vorschlag, eine Suchttherapie zu beantragen wird nicht den Antrieb des Klienten wecken. Sinnvoll ist das erst dann, wenn der Klient Dringlichkeit,

Bereitschaft und Zuversicht in die eigenen Kräfte aufgebaut hat und mindestens auf der 4. Stufe („Wie mach ich das?“) angekommen ist. Gleichermaßen unangebracht wäre es, nach Ambivalenzen zu suchen, wenn dieser Klient bereits so motiviert ist, dass er sagen kann „Ich probier's“. Es muss somit zunächst eine Klärung der Motivation erfolgen, bevor Interventionen eingesetzt werden. Methoden sollen in flexibler Weise so eingesetzt werden, dass sie der Motivation des Klienten entsprechen (Miller & Rollnick, 2015), was bezogen auf das transtheoretische Phasen-Modell, wie in Abbildung 12 gezeigt, geschehen kann.

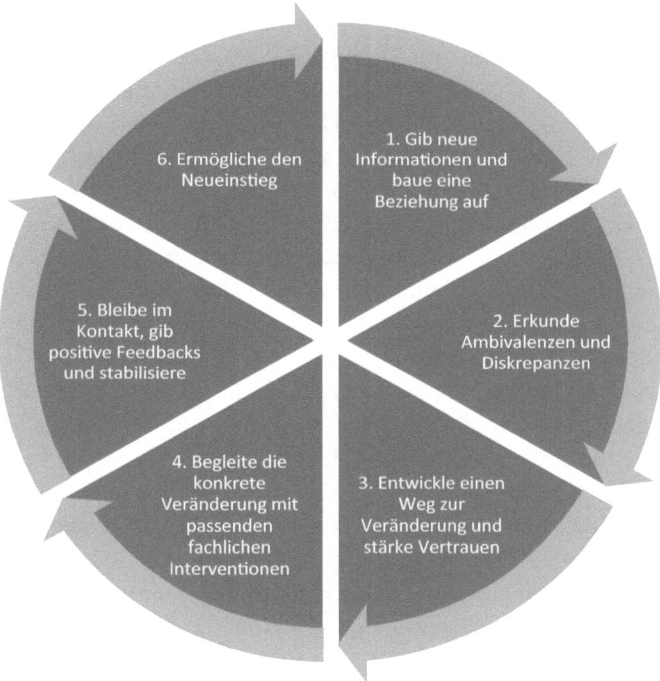

Abbildung 12: Interventionen im transtheoretischen Modell

Das im nächsten Kapitel vorgestellte Gesprächsführungskonzept Motivational Interviewing unterstützt mit seinen Interventionen vor allem die Phasen der Absichtslosigkeit, Absichtsbildung und Vorbereitung.

5. Motivational Interviewing – Was fördert Motivation?

William R. Miller (New Mexico) und Stephen Rollnick (Wales), beide Psychologen und heute emeritierte Professoren, lehrten und forschten zunächst unabhängig voneinander mit dem Schwerpunkt Behandlung von Alkoholabhängigkeit. Miller veröffentlichte 1983 erste Ideen unter der Bezeichnung Motivational Interviewing in der Fachzeitschrift „Behavioural Psychotherapy". Rollnick nutzte die Erkenntnisse dieser Veröffentlichung für die Ausbildung zur Suchttherapie in Großbritannien, die sich dort bereits zunehmender Beliebtheit erfreute. Die beiden Professoren begegneten sich erstmals 1989 an der Universität in Sydney und nahmen dort den gemeinsamen Weg für die Weiterentwicklung von Motivational Interviewing auf. 1991 erschien das erste Buch zum Thema, das 1999 ins Deutsche übersetzt wurde. Seit Anfang der 90er Jahre bilden Miller und Rollnick Trainer aus und gründeten ein internationales Netzwerk (MINT: Motivational Interviewing of Trainers), welches die weltweite Verbreitung vorantreibt. Die Weiterentwicklung von Motivational Interviewing erfolgte durch Kooperationen und Austausch der Anwender, durch eine Vielzahl von Studien und durch eine Ausweitung der Anwendungsbereiche, was Miller und Rollnick 2013 dazu veranlasste, in der dritten Auflage ihres Standardwerkes „Motivational Interviewing: helping people change" die neuen Erkenntnisse genau zu beschreiben. Die Übersetzer fanden in dieser Ausgabe für einige zentrale Begriffe keine deutschen Entsprechungen, sodass englische Bezeichnungen (z. B. Change Talk, Sustain Talk, einige Akronyme) geblieben sind. Der Titel des Buches wird mit „Motivierende Gesprächsführung" übersetzt, wie schon zuvor in anderen Werken und Veröffentlichungen. Ob es die Intention des Originalnamens auf den Punkt trifft, darüber kann kontrovers diskutiert werden. Motivational Interviewing bringt die angestrebte Augenhöhe in der Beratung zum Ausdruck, die mit einem Sofa-Gespräch zur gemeinsamen Betrachtung eines Fotoalbums verglichen wird: Berater und Klient betrachten gemeinsam das Album (=die Lebenssituation) des Klienten, wobei der Berater interessierte und wertfreie Fragen stellt.

Ich beschreibe in diesem Buch die Grundzüge von Motivational Interviewing und orientiere mich dabei überwiegend an der deutschen Übersetzung von 2015 zum Standardwerk von 2013, weil dieses zum jetzigen Zeitpunkt die neuesten Entwicklungen enthält. In einigen Aspekten lehne ich mich an die Ausrichtung der Heidelberger GK Quest Akademie als Weiterbildungsanbieter mit dem Schwerpunkt Motivational Interviewing in Deutschland an. Durch konkrete Gesprächsbeispiele aus der Wohnungslosenhilfe zeige ich auf, wie der Ansatz in diesem Arbeitsfeld Verwendung finden kann.

Zur Beschreibung von Motivational Interviewing (im Folgenden der Einfachheit halber mit „MI“ abgekürzt) haben sich drei Definitionen mit unterschiedlichen Schwerpunkten durchgesetzt. Allgemein definiert ist MI *„ein kooperativer Gesprächsstil, der darauf gerichtet ist, die Eigenmotivation einer Person und ihre Selbstverpflichtung zur Veränderung zu stärken.“* Eine Beschreibung, die mehr den psychotherapeutischen Ansatz im Blick hat, lautet: MI ist *„ein personenzentrierter Beratungsstil, der an dem häufigen Problem der Ambivalenz gegenüber einer anstehenden Veränderung ansetzt.“* Eine eher technische Definition, die an die Funktionsweise von MI ausgerichtet ist, beschreibt den Ansatz wie folgt: *„Ein kooperativer, zielorientierter Kommunikationsstil, bei dem die Aufmerksamkeit in besonderem Maße auf das Sprechen über Veränderung gerichtet ist. Er ist darauf ausgelegt, die Motivation und Selbstverpflichtung einer Person zur Erreichung eines bestimmten Ziels zu stärken, indem in einer von Akzeptanz und Mitgefühl geprägten Atmosphäre die eigenen Gründe der Person, aus denen eine Veränderung gut für sie wäre, herausgearbeitet und erkundet werden.“ (Miller & Rollnick, 2015, S. 473)*

MI ist also eine aufmerksame und einfühlsame Art, auf Menschen einzugehen, mit denen man über eine mögliche Veränderungsabsicht sprechen möchte. Leitthema im MI ist der Aspekt der Ambivalenz und des Aufdeckens von Diskrepanzen zwischen den ambivalenten Polen. Die oft bestehende Zwiespältigkeit hinsichtlich zu treffenden Verhaltensentscheidungen wird als eine normale menschliche Reaktion betrachtet, ernst genommen und thematisiert. Ohne zu manipulieren wird dem Klienten dazu verholfen, selber gute Gründe für eine ihm förderliche Verhaltensänderung zu benennen. MI ist keine „Technik“, auch wenn sie Techniken von Gesprächsführung beinhaltet. Vielmehr ist sie ein komplexer Kommunikationsstil, der sich zielgerichtet (und deswegen auch direktiv) und sprachlich gewandt mit den persönlichen Veränderungsmotiven des Klienten befasst.

In der Psychotherapie ist MI immer ein Add on-Verfahren und ergänzt andere Behandlungsmethoden speziell für die Aufgabe, eine vorhandene Ambivalenz in Richtung einer Veränderung aufzulösen. Es ist für Menschen von ganz unterschiedlichen beruflichen Ausbildungen erlernbar und einsetzbar.

Motivational Interviewing besteht aus unterschiedlichen Elementen, die auf den folgenden Seiten erklärt werden. Um den Überblick über den Aufbau nicht zu verlieren, bietet Abbildung 13 eine Hilfestellung.

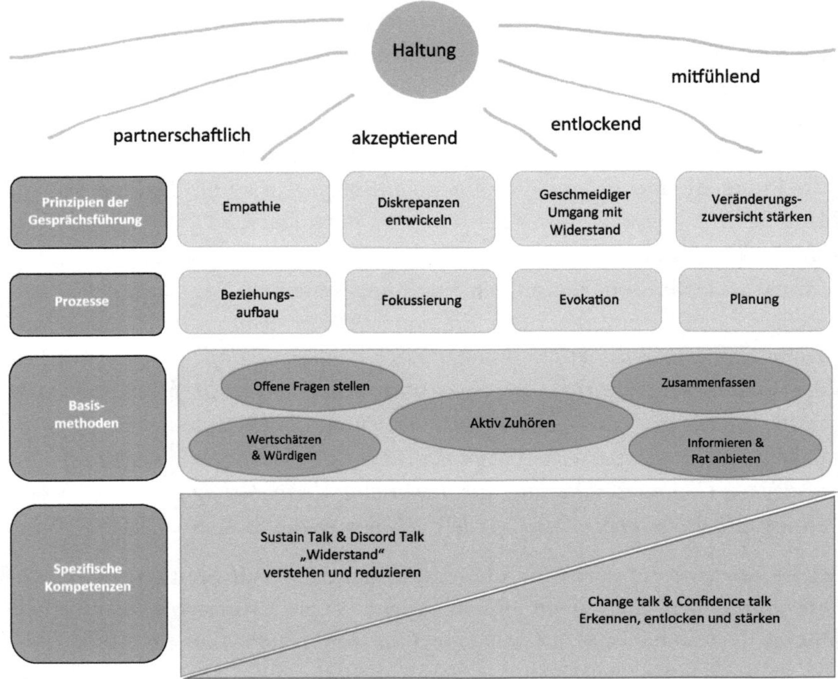

Abbildung 13: Motivational Interviewing in der Übersicht, in Anlehnung an GK Quest, (Quelle: www.motivational-interview.de)

5.1 Spirit – Die Grundhaltung von MI

Im MI gehen methodische Aspekte und die Grundhaltung des Beraters eng miteinander einher. Miller und Rollnik nennen diese mentale und emotionale Grundhaltung „*Spirit*", man kann somit auch von einer Geisteshaltung sprechen. Sie ist für diesen Ansatz unverzichtbar, weil sie als Fundament dafür Sorge trägt, dass Klienten nicht dahingehend manipuliert oder überlistet werden, etwas zu tun, was sie eigentlich gar nicht selbst wollen. Mit der Grundhaltung des MI ist solches Handeln nicht vereinbar. Stattdessen prägen vier Schlüsselelemente den MI-Spirit, die sich sowohl im Erleben als auch im Verhalten des Beraters ausdrücken sollen.

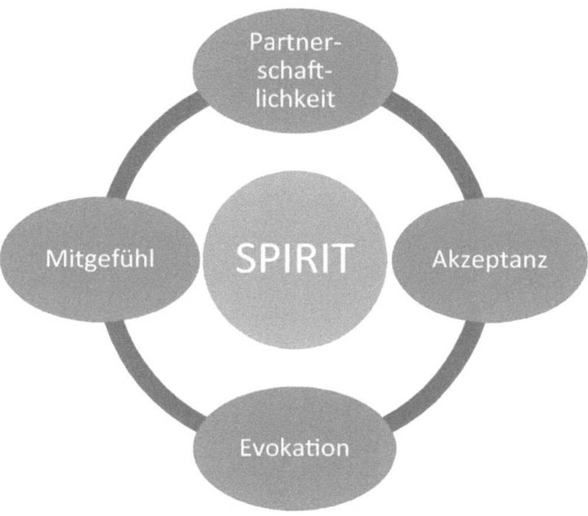

Abbildung 14: Grundhaltung von MI

Partnerschaftlichkeit

MI wird verstanden als eine respektvolle, aktive Zusammenarbeit auf Augenhöhe, in welcher der Klient stets als Experte für sein Erleben, seine Erfahrungen und seine persönliche Lebenssituation betrachtet wird. Der Berater nimmt hingegen die Expertenrolle für die Entwicklung von Selbstreflexion und Lösungswegen ein und vor allem für das Hervorrufen und Sichtbarmachen von Motivation. Der englische Begriff Motivational Interviewing drückt dies klar aus. Stellen wir uns vor, wir betrachten gemeinsam mit einem anderen Menschen sein Fotoalbum. Dabei stellen wir interessierte Fragen und lassen den Besitzer des Albums Geschichten zu seinen Fotos erzählen. Es ergibt sich, dass er den größeren Redeanteil erhält und durch unsere Fragen zum Nachdenken und Erzählen angeregt wird. Die Autoren von MI verwenden gerne eine andere Metapher: MI ist vergleichbar mit einem Paartanz. Es ist wie ein Dahingleiten auf dem Parkett. Eine Person ist zwar die Führende, doch führt sie geschickt und sie tritt dem Tanzpartner nicht auf die Zehen. Es findet kein Kräftemessen wie bei einem Ringkampf statt, sondern ein gemeinsamer harmonischer Bewegungsablauf. Man verzichtet auf harte Konfrontationen mit dem Gegner, stattdessen spürt man die Impulse des Partners.

Der partnerschaftliche, kooperative Charakter von MI beinhaltet auch, dass sich der Berater über eigene Erwartungen und Aufträge im Klaren ist und mit diesen kongruent, also echt und ehrlich umgeht. Umso wichtiger wird dies, wenn im Kontext der Beratung nicht nur das Ziel des Klienten im Raum steht, sondern auch andere Personen oder Instanzen an der Zielsetzung mitwirken (Miller & Rollnick, 2015, S. 30 ff.).

Akzeptanz

Die Haltung der Akzeptanz meint eine *bedingungsfreie positive Wertschätzung* jedes Menschen und die *Würdigung* seines Potentials sowie seiner Anstrengungen und Bemühungen. Damit ist nicht gemeint, dass jedes Verhalten oder Handeln der anderen Person für gut erachtet werden soll. Das humanistische Menschenbild beruht darauf, dass der Mensch von Grund auf wertvoll und in seiner Würde unantastbar ist, unabhängig von seinem Verhalten, das seinerseits ethisch und moralisch bewertet werden kann. Akzeptanz meint außerdem, ein aufrichtiges Interesse an der Innenperspektive des Klienten zu haben und diese bestmöglich verstehen und nachfühlen zu können. Diese Form der *Empathie* verzichtet darauf, eigene Erlebnisse mitanzufügen oder eigene Sichtweisen einzubringen. Ein vierter, wesentlicher Aspekt der Akzeptanz ist die Unterstützung der *Autonomie*. Der Klient besitzt zum einen das Recht, eigene und selbstverantwortliche Entscheidungen zu treffen und zum anderen auch die Fähigkeit dazu. Der Berater fokussiert deshalb die Förderung einer eigenen Entscheidungsfindung, anstatt Vorgaben oder Handlungsanweisungen zu erteilen. Solche aktivieren nämlich leicht die psychologische Reaktanz, das natürliche Bedürfnis sich zu behaupten und den eigenen Entscheidungsraum zurückzugewinnen. Wenn der Berater aber die Autonomie seines Gegenübers fortwährend anerkennt, wird eine Veränderung leichter möglich (ebd. S. 32 ff.).

Evokation

Evozieren bedeutet, etwas hervorzulocken, hervorzurufen und vor dem geistigen Auge entstehen zu lassen. Der Begriff Evokation drückt in MI aus, dass etwas bereits Vorhandenes herausgearbeitet wird – es geht nicht darum, Fehlendes hinzuzufügen. Klienten erhalten keine Ratschläge, um vermeintliche Wissensdefizite auszugleichen und es erfolgt keine Indoktrination fremder Lehre. Stattdessen geht der Berater davon aus, dass Ressourcen, Lösungsansätze und Motivation zur Veränderung bereits im Klienten selbst vorhanden sind, genauso wie die persönlichen Argumente, die für oder gegen eine Veränderung sprechen (Ambivalenz). Evokation erfolgt in dem Wissen, dass eine intrinsische Motivation die beste Voraussetzung für Veränderung ist (ebd. S. 36 ff.).

Mitgefühl

Das vierte Element der MI-Grundhaltung ist das Mitgefühl. Genauso wenig wie beim Aspekt der Empathie geht es hier um das Mitleiden, also um eine persönliche emotionale Beteiligung des Professionellen, die für den Prozess nicht zielführend ist. Es geht vielmehr um die innere Bereitschaft, den Beziehungskontakt so zu gestalten, dass er stets auf das Wohl des Klienten ausgerichtet ist und in dem seine Bedürfnisse Priorität haben. Der Berater fördert dieses aktiv, ohne selber einen Vorteil daraus zu ziehen. Miller und Rollnick formulieren es wie folgt: „In einer mitfühlenden Haltung zu arbeiten bedeutet […], dass wir das Herz am rechten Fleck haben und das Vertrauen, das wir im anderen erwecken, auch tatsächlich verdienen“ (Miller & Rollnick, 2015, S. 36).

Klienten der Wohnungslosenhilfe haben keine oder nur wenige tragfähige soziale Kontakte und fühlen sich oftmals von anderen Menschen enttäuscht. Ein ehrliches Mitgefühl der professionellen Helfer für ihre Sichtweise ist unverzichtbar für eine vertrauensvolle Zusammenarbeit. Der ehemalige Obdachlose Klaus aus Berlin erklärt im Januar 2018 in der ARD-Sendung „Maischberger“, dass er lange Zeit gebraucht habe, um zu erkennen, dass es Menschen gibt, die einem wirklich helfen wollen.

> „Das muss man alles erst wieder lernen, dass es Menschen gibt, die Hilfe anbieten und es auch ernst mit einem meinen. Man verliert auf der Straße das Vertrauen in die Menschen und denkt, sie wollen einem gar nicht helfen, sondern wollen einen nur ausnutzen. Das muss man erst wieder lernen.“

Miller und Rollnick benennen drei Kommunikationsstile der Gesprächsführung. Der *lenkende* Stil ist eher autoritär und direktiv ausgerichtet. Der Berater gibt quasi vor, welches Thema im Vordergrund stehen soll und zu bearbeiten ist, ggf. bedingt durch seinen institutionellen Beratungsauftrag. Der *folgende* Stil ist hingegen eher non-direktiv und die Beziehungsarbeit stützend, dieser greift allein die vom Klienten eingebrachten Schwerpunktthemen auf. In der Mitte bewegt sich der im MI empfohlene *geleitende* Ansatz, mit dem der Berater eine kooperative Suche nach in den Blick zu nehmenden Beratungsthemen fördert. Hierbei werden die drei Ausgangspunkte der Fokussierung, die Agenda des Klienten, das institutionelle Setting und die Beraterexpertise in Einklang gebracht und bei Bedarf können Tendenzen zum lenkenden oder folgenden Stil ausschlagen (ebd. S. 115 ff.). Zielführend ist an dieser Stelle, die Wertvorstellungen des Klienten zu explorieren und herauszufinden, wo Diskrepanzen zum aktuellen Verhalten erkennbar werden.

Weil es theoretisch und praktisch machbar ist, Menschen in ihren Wahlmöglichkeiten zu beeinflussen und zu manipulieren, betont MI die Berücksichtigung ethischer Wertvorstellungen. So darf dem Klienten nicht wissentlich geschadet werden, was auch das Schaden durch Untätigkeit einbezieht. Mit dem Streben, grundsätzlich dem Wohl des Klienten zu dienen, sollen alle Interventionen der Beratung auf Hilfe ausgerichtet sein. Das Recht auf autonome Entscheidungen muss solange gewahrt sein wie die Selbstbestimmung des Klienten unbeeinträchtigt vorhanden ist. (ebd. S. 150 f.).

Reflexion

1. Führen Sie sich eine Klientin oder einen Klienten vor Augen, mit der bzw. mit dem Sie aktuell zusammenarbeiten. Den passenden Reflexionsbogen finden Sie in Abbildung 15. Versuchen Sie, Ihre Zusammenarbeit von außen zu betrachten und schätzen anhand der Werte auf der Skala 1–9 ein, wie Ihre Haltung nach den Kriterien des MI für Ihren Klientin/Ihren Klienten ausgeprägt ist.

Partnerschaftlichkeit								
Wir arbeiten gegeneinander			Wir arbeiten aktiv partnerschaftlich zusammen			In unserer Zusammenarbeit ist Stillstand eingetreten		
1	2	3	4	5	6	7	8	9
Autonomie								
Ich versuche, die Entscheidungen meines Klienten so zu lenken, dass er das Beste wählt.			Ich respektiere, dass mein Klient die Freiheit hat, selbst für sich zu entscheiden, in welche Richtung er sich verändern will.			Ich wirke gleichgültig gegenüber den Wünschen und Entscheidungen meines Klienten.		
1	2	3	4	5	6	7	8	9
Evokation								
Ich benenne die Gründe, die für eine Veränderung sprechen.			Ich entlocke meinem Klienten, eigene Gedanken über Pros und Contras für eine Veränderung auszusprechen.			Ich lasse das Gespräch in die Richtung fließen, in die es mein Klient steuert.		
1	2	3	4	5	6	7	8	9
Mitgefühl								
Mit Wissen und Vernunft liegt auf der Hand, was zum Wohl führt und dies sollte angesprochen werden.			Die Bedürfnisse meines Klienten haben Priorität und sein Wohl ist mir wichtig.			Mein Klient ist selbst seines Glückes Schmied und ich werde mich nicht einmischen.		
1	2	3	4	5	6	7	8	9

Abbildung 15: Reflexionsbogen (angelehnt an Rosengren, 2015, S. 48 ff.)

Wenn Sie sich jeweils im mittleren Bereich einschätzen, arbeiten Sie in der Haltung von Motivational Interviewing. Diese folgt einem geleitenden Stil (*guiding*), der aktiv das notwendige Maß an Unterstützung anbietet. Er enthält sowohl Elemente des Lenkens als auch des Folgens. Die niedrigen Werte in der linken Spalte beschreiben einen leitenden Stil (*leading*), in dem der Beratende die Führung übernimmt. Dieser Beratungsstil beinhaltet einen höheren Informationsanteil. Aufsteigend wird ein zunehmend folgender Stil (*following*) beschrieben, wie er in der non-direktiven

Gesprächsführung angewendet wird. Hier stehen das Zuhören und das Nachvollziehen der Erlebniswelt des Klienten im Mittelpunkt, ohne dass direktive Anteile eingebracht werden.

2. Denken Sie an den nächsten bevorstehenden Kontakt zu Ihrer Klientin/Ihrem Klienten: Was genau können Sie tun, um Haltungsaspekte um den Wert 5 zum Ausdruck zu bringen?

3. Versuchen Sie sich in Ihre Klientin/Ihren Klienten bestmöglich einzufühlen, wenn Sie im nächsten Kontakt die MI-Haltung zum Ausdruck bringen.

   Was fühlt Ihre Klientin/Ihr Klient womöglich?

   ____

   Was denkt Ihre Klientin/Ihr Klient womöglich?

   ____

5.2 Prinzipien der Gesprächsführung

Auf der Handlungsebene drückt sich die Grundhaltung des MI in vier Prinzipien der Gesprächsführung aus, die einen Zwischenschritt der geistigen Grundhaltung und der konkreten Anwendung darstellen. Diese sind Empathie, die Entwicklung von Diskrepanzen, der geschmeidige Umgang mit Widerstand und die Stärkung der Veränderungszuversicht.

Durch einen empathischen Gesprächsstil sollen mit dem Klienten Diskrepanzen aufgedeckt werden, sodass er erkennt, wo er momentan steht und wo gerne künftig stehen möchte. Dieses aktive Vorgehen kann als direktives Element bezeichnet werden und bildet damit einen entscheidenden Unterschied zur non-direktiven, klientenzentrierten Gesprächsführung Rogers'. Die Empathie ist im Aktiven Zuhören konzeptualisiert und wird dadurch methodisch umgesetzt. Aktives Zuhören meint den „kunstfertigen Gebrauch reflektierenden Zuhörens" und die akzeptierende Haltung gegenüber dem Klienten (vgl. Rosengren, 2015, S. 26).

Das direktive Vorgehen kann sich darin ausdrücken, dass der Berater Empfehlungen für eine Veränderung ausspricht, die hilfreich und anregend sein können. Allerdings sollte er nicht die Veränderungswünsche des Klienten korrigieren wollen und Argumente suchen, mit denen er den Klienten eines Besseren belehrt. Dadurch können leicht Dissonanzen in der Beziehung entstehen, die als Signal zur Änderung der Vorgehensweise verstanden werden sollten. Diese Dissonanzen können als Widerstand auf Klientenseite empfunden werden, wobei sich Miller und Rollnick klar dagegen aussprechen, das Phänomen des Widerstands beim Klienten zu verorten und ihm damit die Verantwortung für die Dissonanz zuzuweisen. (vgl. Miller & Rollnick, 2015, S. 232). Widerstand stellt sich in MI als zwischenmenschlichen Phänomen dar, das sich aus dem Kommunikationsstil ergibt. Die Aufgabe, die sich dem Berater stellt, ist geschmeidig mit Widerstand umzugehen und die Beziehung wieder arbeitsfähig werden zu lassen. Besonders bedeutsam ist, dass der Klient in seiner Veränderungszuversicht gestärkt und damit einhergehend in seiner Selbstwirksamkeit unterstützt wird. Der wichtigste Prädikator für Veränderung ist, dass der Klient an die Veränderung und an seine eigenen Fähigkeiten zur Umsetzung glaubt. Außerdem ist entscheidend, dass der Berater Hoffnung und Zuversicht schenkt und damit deutlich macht, dass eine Veränderung möglich ist.

5.3 Prozessschritte von MI

Der Ablauf von Motivational Interviewing wird in vier Prozessschritten verdeutlicht, wobei bedacht werden muss, dass Veränderungsabsichten und Entscheidungsfindungen selten linear verlaufen. So dient die Übersicht in Abbildung 16 eher einer Grundorientierung. In der praktischen Beratung ist jeder Anwender zu einer flexiblen Bewegung innerhalb der Prozessschritte herausgefordert, die manchmal zirkulieren oder auch parallel ablaufen kann.

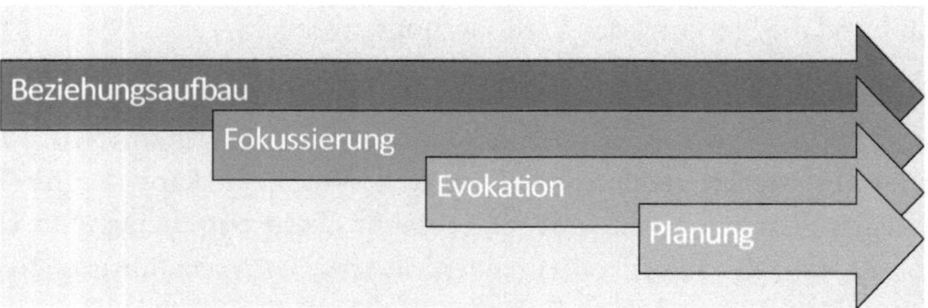

Abbildung 16: Prozessschritte (vgl. Miller & Rollnick, 2015, S. 44)

Zu Beginn steht der Aufbau einer tragfähigen Arbeitsbeziehung, die die Grundlage für die weitere Zusammenarbeit ist. Die inneren Werte und Einstellungen des Beraters beeinflussen die Atmosphäre des Erstkontaktes, in dem der Klient über eine Einmaligkeit oder Fortsetzung der Beratung entscheiden wird. Durch die Anwendung der kommunikativen Basismethoden (OARS, s. u.) kann der Beziehungsaufbau gesteuert werden. Diese Vorgehensweise ist personenzentriert, weil es zunächst um Zuhören und Verstehen geht.

Die weiteren drei Prozessschritte sind eindeutig direktiv, da sie eine intentionale Bewegung in Richtung eines oder mehrerer spezifischer Ziele anstreben (vgl. Miller & Rollnick, 2015, S. 54). In der Phase der Fokussierung wird mindestens ein Veränderungsthema einvernehmlich herausgearbeitet und weiterentwickelt. Dabei kann es um Verhaltensänderungen, um Entscheidungen oder um innere Einstellungen zu Themen, Situationen oder Sachverhalten gehen. Die Evokation bildet den spezifischen Kern von MI. Hier geht es um das Hervorrufen der Selbstmotivation zur Veränderung. Zentral ist, dass der Klient die Aspekte, die für eine Veränderung sprechen, selbst benennt. Dies hat sich als wesentlich wirksamer erwiesen als das Vorsagen oder Vorschlagen guter Gründe. Die erforderliche Beraterkompetenz ist die Evokation und Weiterentwicklung von Change Talk. Erst wenn der Klient selbst überzeugt ist, in welche Richtung er strebt, beginnt die Planungsphase. Sie beinhaltet das Entwickeln einer Selbstverpflichtung zur Veränderung und die Ausarbeitung eines konkreten Handlungsplans.

Einfach und übersichtlich ausgedrückt folgen die vier Prozessschritte diesen Leitfragen:

- *Beziehungsaufbau fragt: „Sollen wir die Reise gemeinsam unternehmen?"*
- *Fokussierung fragt: „Wohin"?*
- *Evokation fragt nach dem „Ob" und „Warum" und*
- *Planung fragt nach dem „Wie" und „Wann"."*

(ebd. S. 318)

In den nächsten Abschnitten werden die einzelnen Prozessschritte näher beschrieben und anhand von Beispielen aus der Wohnungslosenhilfe verdeutlicht.

5.4 Prozessschritt Beziehungsaufbau

Wer sich für den Beruf der Sozialen Arbeit entschieden hat, besitzt mit hoher Wahrscheinlichkeit eine Affinität für den Aufbau zwischenmenschlicher Beziehungen. Klienten mit sozialen Schwierigkeiten, die sich insbesondere auf den Bereich der sozialen Kompetenz beziehen können, sind angewiesen auf charakterstarke, freundliche und offene Sozialarbeitende, die offensiv und zugleich unaufdringlich auf sie zugehen können, eine Bewusstheit für nonverbale Kommunikation haben und einen sensiblen Umgang mit Sprache beherrschen. Bereits der Erstkontakt zählt und sollte aufmerksam gestaltet werden, denn der Ratsuchende macht davon abhängig, ob er Vertrauen aufbauen kann und die Beratung fortsetzen möchte. Ein Small-Talk kann den Einstieg erleichtern, aber wenn sich das Gespräch im Small-Talk verliert und keine Zielrichtung findet, wird es nicht als hilfreich wahrgenommen. Weiteren Einfluss nehmen äußere Faktoren, wie institutionelle Aufträge und Rahmenbedingungen, die räumliche Situation und die zur Verfügung stehende Zeit sowie innere Faktoren, die emotionale Verfassung des Beraters bzw. die des Klienten. Wechselseitige Wahrnehmungen und Empfindungen wirken sich auf den Beziehungsaufbau aus. Oftmals braucht es auch mehr Zeit als den Erstkontakt, um einen Rapport, den „guten Draht", herzustellen. Es ist die Aufgabe des Beraters, diesen aktiv und empathisch zu gestalten. Das schnelle Einschwingen auf das passende sprachliche Level hilft genauso wie das Erfassen des vordergründigen und möglicherweise nicht direkt ausgesprochenen Anliegens. Dieses präzise und empathische Erfassen verzichtet auf eine vorschnelle verbalisierte Diagnostik der Problemlage, welche sich eher durch einen Frage-Antwort-Ablauf ergibt. In eine solche Diagnose-Falle kann ein Berater geraten, wenn er davon ausgeht, schon zu Beginn möglichst viele Informationen erheben zu müssen, um schnell Rat geben zu können. Dies suggeriert dem Ratsuchenden außerdem, der Berater könne ihm durch seine Expertise eine passende Lösung präsentieren, doch „die Expertenrolle funktioniert nicht, wenn es um Lebensveränderungen geht" (Miller & Rollnick, 2015, S. 63). Ebenso ungünstig erweist sich, zu vorschnell eine Richtung zu fokussieren, die möglicherweise gar nicht dem Anliegen des Klienten entspricht. Eine gewisse Anspannung oder Aufgeregtheit kann gerade bei Anfängern dazu führen, ein Thema in den Mittelpunkt zu stellen, dass sie selbst als vorrangig betrachten, anstatt dem Ratsuchenden in Ruhe zuzuhören und ihn selbst den Fokus finden zu lassen. Der Berater drängt womöglich darauf, dem Problem einen Namen zu geben und gerät damit in die Versuchung einer diagnostischen Etikettierung verbunden mit dem Wunsch, dass der Klient dem zustimmt, z. B. „Sie haben eine Depression" oder „Sie haben ein Alkoholproblem". Solche Etikettierungen vermitteln das Gefühl, in eine Schublade gesteckt zu werden. Die Wahrscheinlichkeit, damit Dissonanzen zu erzeugen ist hoch. Somit ist es immer wichtig, bewusst und behutsam mit Sprache umzugehen. Weiterhin kann das vergangenheitsbezogene Thema Schuld, vom Klienten geäußert in Selbstvorwürfen oder Fremdvorwürfen, leicht das Gespräch dominieren. Beziehungsaufbau bedeutet an dieser Stelle, dem Klienten Raum zu geben, Gesprächsbereitschaft zu entwickeln und ihn selbst entscheiden zu lassen, welches Thema er ansprechen möchte, welche Worte er dafür findet und wie er es bewertet. Eine Motivierende Gesprächsführung richtet sich allerdings eher auf zukunfts- und zielorientierte Aspekte aus, anstatt vergangenheitsbezogene Themen zu vertiefen.

Wichtig ist auch, den eigenen Redeanteil zu kontrollieren und dem Gegenüber mehr als 50% der Redezeit einzuräumen. Das bringt zum Ausdruck, dass das Gespräch von Gegenseitigkeit geprägt ist und verhindert, dass der Klient in eine passive und untergeordnete Rolle gerät. In diesem wechselseitigen Prozess entsteht ein zwischenmenschliches Fundament, das zu einem tragfähigen Arbeitsbündnis führt. Miller und Rollnick definieren Beziehungsaufbau als „den Prozess, der zur Herstellung einer von gegenseitigem Vertrauen und Respekt bestimmten unterstützenden Beziehung führt" (Miller & Rollnick, 2015, S. 60). Als Berater können Sie den Beziehungsaufbau durch folgende Aspekte fördern:

- Erfassen Sie genau, welche Wünsche und Anliegen die ratsuchende Person hat
- Ordnen Sie ein, wie wichtig diese Aspekte für den Ratsuchenden sind
- Sorgen Sie dafür, dass der Ratsuchende den Erstkontakt positiv erlebt, in dem Sie ihn wertschätzen, willkommen heißen und auch auf Kleinigkeiten anerkennend eingehen
- Klären Sie die Erwartungen und äußern klar, welche Hilfe zu erwarten ist
- Vermitteln Sie Hoffnung und machen dem Ratsuchenden Mut, dass positive Veränderungen geschehen können

(ebd. S. 67)

Fallbeispiel: *Erstkontakt in einer ambulanten Beratungsstelle der Wohnungslosenhilfe*

B: Guten Tag, kommen Sie doch herein.

K: Hallo, ich wollte fragen, ob ich hier eine Postadresse bekommen kann.

B: Ja, Sie sind hier richtig. Mögen Sie sich setzen? Mein Name ist Eva Lehner. Wie ist Ihr Name? *(offene Begrüßung und willkommen heißen)*

K: Kurt Bachmann.

B: Herr Bachmann, schön dass Sie da sind. Sie sind durch den Regen nass geworden. Wollen Sie Ihre Jacke ausziehen? *(Würdigung, Aufmerksam sein)*

K: Nein, lieber nicht.

B: Kein Problem, vielleicht einen Kaffee? *(Wertschätzung zeigen)*

K: Ja, gerne.

B: Sie möchten eine Postadresse einrichten. Das ist möglich, sofern Sie keinen Wohnsitz haben. Wie stellt sich Ihre aktuelle Lebenssituation dar? *(offene Frage)*

K: Ich habe vor einiger Zeit meine Wohnung verloren, wollte jetzt Leistungen beantragen, aber man sagt mir, ich brauche eine Adresse.

B: Ja, das ist richtig. Ich kann sie Ihnen gerne unter dieser Anschrift einrichten. Sie haben also keine Wohnung mehr. Wir beraten hier Menschen in Wohnungsnot. Und Sie haben noch keinen Leistungsbezug. Das eine hängt mit dem anderen oft eng zusammen. Wie sehen Sie das? *(Das Anliegen wird gehört und beantwortet. Transparenz über Hilfemöglichkeiten, offene Frage)*

K: Ich weiß eigentlich gar nicht wo ich anfangen soll …

Ein solcher Erstkontakt im ambulanten Setting der Wohnungslosenhilfe findet in der Regel im Basisangebot statt. Hilfesuchende kommen in die Beratungsstelle und werden zunächst unverbindlich beraten. Wenn sich ein Hilfebedarf nach § 67 SGB XII herausstellt wird bei weiteren Kontakten im gegenseitigen Einvernehmen ein Hilfeantrag gestellt. Für die stationäre Hilfe wird bei einer Aufnahmeanfrage unverzüglich ein umfassendes Assessment nötig, um die Bedarfslagen, Zusammenhänge und eine Einschätzung zur stationären Hilfebedürftigkeit zu erfassen. Je nach Länderregelung erfolgt die Zugangssteuerung entweder direkt durch die aufnehmende Einrichtung oder durch den Leistungsträger. Beide Settings erfordern eine enorme Offenheit seitens des Hilfesuchenden gegenüber ihm fremden Fachleuten. Wichtig ist deshalb, das Assessment auf die nötigen Informationen zu beschränken und nicht zu erwarten, dass immer sofort alle Problemlagen offengelegt werden. Auch wenn die Tendenz besteht, durch geschlossene Informationsfragen einen Überblick über die Situation zu erhalten, kann dieses Vorgehen als ein unangenehmes Ausfragen empfunden werden, was den Hilfesuchenden in eine passive Rolle drängt. Ein mit den OARS-Basismethoden geführtes Assessment klärt vielleicht nicht immer sogleich alle Problemlagen ab, ist aber bereits ein hilfreicher Einstieg für Veränderungsarbeit. Zu berücksichtigen ist dabei sicher auch, dass erfahrene Sozialarbeitende in der Regel schneller einen Überblick über die Personenkreiszugehörigkeit gewinnen.

5.5 Basismethoden OARS, Informieren und Rat anbieten

Ganz praktisch unterstützen die nun folgenden Basismethoden den Beziehungsaufbau im professionellen Setting.

In Anlehnung an die klientenzentrierte Gesprächsführung nach Carl Rogers dienen die Basismethoden offene Fragen, Würdigungen/Bestätigungen, Reflexionen (Aktives Zuhören) und Zusammenfassungen zunächst dem Beziehungsaufbau und später auch dem Schärfen von Ambivalenzen sowie der Entwicklung von Veränderungs- und Zuversichtsäußerungen.

Das Akronym OARS stellt eine Merkhilfe dar: „to oar“ heißt zu Deutsch „rudern“ – eine passende Metapher für den partnerschaftlichen Vorgang in

MI: Berater und Klient sitzen gemeinsam in einem Boot und bewegen sich rudernd in dieselbe Richtung fort (vgl. Miller & Rollnick, 2015, S. 85 ff.).

*O*pen questions	=	offene Fragen
*A*ffirming	=	würdigen und bestätigen
*R*eflecting	=	reflektieren
*S*ummarizing	=	zusammenfassen

Offene Fragen

Man könnte annehmen, dass es erforderlich ist, für eine kompetente Beratung möglichst viele und genaue Informationen über die Situation und das Problem vom Klienten einzuholen. Gerade Anfängern passiert es oft, dass sie zu diesem Zweck „geschlossene Fragen" stellen, die der Klient dann kurz und knapp mit ja, nein oder anderen kurzen Angaben beantwortet. *„Wie lange sind Sie schon wohnungslos?" „Haben Sie eine Räumungsklage gehabt?" „Haben Sie in den letzten Monaten Tagessätze bezogen?* Das hindert aber sowohl den Beziehungsaufbau als auch den Gesprächsfluss und führt gerade bei wortkargen oder angespannten Klienten dazu, dass das Gespräch nicht ins Rollen kommt. Solche Fragen sollten deshalb nur sehr sparsam und nur dort, wo es notwendig und hilfreich ist gestellt werden. Manche geschlossenen Fragen können, gut formuliert und platziert, auch hilfreich und anregend sein. *„Wollen Sie mit mir überlegen, wie sich ein weiterer Wohnungsverlust in der Zukunft vermeiden ließe?"* Hier könnte die Antwort wahrscheinlich „Ja" lauten, diese Frage regt aber auch schon zum Weiterdenken an. Zieldienlich können geschlossene Fragen dann sein, wenn man dem Gespräch eine klare Struktur geben möchte oder wenn man einen frei flottierenden Redner begrenzen möchte.

Fragestellungen, die dem Antwortenden die Wahl zwischen zwei oder mehreren Möglichkeiten (Multiple Choice) geben, können offen beginnen, aber geschlossen und somit begrenzend fortgesetzt werden: *„Was meinen Sie, lag die Kündigung eher an dem ständigen Streit mit den Nachbarn oder weil die Haushaltsführung vom Vermieter bemängelt wurde?"*

Eine Motivierende Gesprächsführung empfiehlt, deutlich mehr offene als geschlossene Fragen zu stellen. Dem Klienten wird dadurch ein wesentlich größerer Antwortraum gegeben und impliziert ein grundlegendes Vertrauen darin, dass er eigene Formulierungen für seine Situation findet. Durch diese Art der Fragestellung, die gezielt keine „ja-", „nein-" oder anderen Ein-Wort-Antworten zulässt, wird der Gesprächspartner zum Reden, zum Austausch und Reflektieren eingeladen. Die Energie bleibt bei dem Antwortenden, der durch die offene Ansprache auch bislang ungesehene Aspekte entdecken und andere Perspektiven und Lösungsansätze entwickeln kann.

Die offene Art, Fragen zu stellen, ist bereits ein Teil des reflektierenden Zuhörens. Vielfach ergeben sich daraus sogar ausreichende Informationen zur Situation. Vor allem die Gesprächseröffnung sollte offen erfolgen: „Was führt Sie hierher?“, „Worüber möchten Sie sprechen?“, „Wie kann ich Ihnen vielleicht weiterhelfen?“. Im weiteren Gesprächsverlauf wären offene Fragen folgende: *„Wie kam es zum Eintritt der Wohnungslosigkeit?“, „Wie haben Sie die Zeit danach verbracht?“, „Wie haben Sie Ihren Lebensunterhalt bestritten?“. „Erzählen Sie mir, wie es zu dem Wohnungsverlust kam.“* Hier merkt man, dass eine offene Frage einer freundlichen Aufforderung gleichkommt, die zugleich andeutet, dass Raum für eine selbstbestimmte Schilderung der erlebten Situation gegeben ist. Die Frageform signalisiert das Interesse des Zuhörers und zeigt Offenheit für das, was der Ratsuchende mitteilen möchte und ihm wichtig ist.

Würdigen, Wertschätzen und Bestätigen

Würdigen geschieht in einfacher Form beispielsweise durch anerkennende Worte im Rahmen des Kontakt- und Beziehungsaufbaus. *„Schön, dass Sie den Weg in die Beratung gefunden haben“, „Ich freue mich, dass wir uns hier wiedersehen“* oder *„Prima, dass es pünktlich geklappt hat und wir heute etwas Zeit haben“*. Der Klient erfährt Wertschätzung und der Berater zeigt, dass er sich gern auf die Begegnung einlässt. Im weiteren Verlauf des Gesprächs drückt das empathische Zuhören, das genaue Verstehen wollen, Würdigung aus. Dadurch wird möglich, gute Wesenszüge, Stärken, Fähigkeiten und Fortschritte zu erkennen und schließlich treffsicher sowie authentisch zu benennen. Erfährt der Ratsuchende, dass es nicht nur um Probleme und Defizite, sondern auch um seine Ressourcen geht, kann er sich viel leichter mitteilen. *„Sie zeigen, dass Sie nicht so schnell aufgeben, sondern das Problem wirklich lösen wollen“, „Sie beweisen Ausdauer und auch Mut, dass Sie die Termine im Jobcenter wahrnehmen, obwohl sie Ihnen Bauchschmerzen bereiten“, „Sie können sich gut ausdrücken und bleiben ruhig, obwohl Sie innerlich wütend sind“*. Die Reaktion darauf wird wahrscheinlich eine Bestätigung sein: *„Ja, so habe ich das noch nicht gesehen …“* oder *„So schnell gebe ich nicht auf und ich weiß ja auch, dass ich sonst nicht weiterkomme.“*

Würdigen meint nicht zu loben, denn damit wird eher eine Bewertung eingebracht, deren Ausgangspunkt beim Berater liegt („*Ich* finde das ganz hervorragend …“). Eine gute Würdigung beginnt somit eher mit dem Wort „Du“ oder „Sie“.

Eine andere Möglichkeit ist, Fragen zu stellen, auf die der Klient so antwortet, dass er sein Potential selbst formulieren kann. Dadurch wird eine Selbstwürdigung/Selbstbestätigung initiiert. *„Sagen Sie, woher nehmen Sie die Kraft, sich immer wieder aufzuraffen und die unangenehmen Termine beim Jobcenter wahrzunehmen?“, „Wenn Sie mal drei Monate zurückblicken, was haben Sie seitdem für sich erreicht?“*

Würdigende und wertschätzende Äußerungen sollten nicht sparsam verwendet werden, sondern kontinuierlich einfließen. In einer defizitorientierten Kultur, in der das Sprichwort „Nichts gesagt ist Lob genug“ allgemein bekannt ist, darf man in der motivierenden Beratung verschwenderisch damit sein, die kleinen Fortschritte und Veränderungen zu sehen, sie anzuerkennen und deutlich zu benennen. Gerade in der Beratung von Menschen, die durch ihre existentiellen Nöte und die erlebte soziale Ausgrenzung oft das Gefühl haben, gescheitert zu sein und ihr Selbstwertgefühl eingebüßt zu haben, ist dieses Element im Gesprächsprozess eine sehr stärkende Intervention, die den Klienten in seinem Wert und in seiner Würde bestätigt.

Reflexionen – Aktives Zuhören

Das aktive Zuhören im Sinne von reflektierendem Zuhören stellt in der motivierenden Gesprächsführung eine zentrale Kernkompetenz dar.

Dies kann in unterschiedlicher Tiefe geschehen. *Einfache Reflexionen* sind Paraphrasierungen bzw. Reformulierungen, mit denen das Gesagte in gleichen oder ähnlichen Worten wiedergeben wird. Damit kann eine besondere Zuwendung ausgedrückt werden, ein Signal der ungeteilten Aufmerksamkeit, unterstrichen durch nonverbale Körpersprache wie Blickkontakt und einer offenen Körperhaltung. Eine vertiefte Form des aktiven Zuhörens stellen *komplexe Reflexionen* dar, mit denen der Berater den Klienten „aus dem Herzen spricht“. Damit stellt er ihm ein besseres Verstehen seines inneren Erlebens zur Verfügung und regt eine weitere Selbsterforschung an. Es werden Gefühle erfasst, die der Klient mit dem Gesagten verbindet, die er selbst jedoch noch nicht klar genug präzisieren kann. Auch Ambivalenzen und innere Motive für Veränderungsthemen können durch komplexe Reflexionen bewusst gemacht werden. So einfach es vom Prinzip her erscheinen mag, nur ein konzentriertes empathisches Mitschwingen, genaues Zuhören und eine exakte sprachliche Übersetzung können komplexe Reflexionen hervorbringen. Der Berater begibt sich damit immer auf unbekanntes Terrain und muss somit auf das Feedback des Klienten hören sowie unmittelbar darauf reagieren. Aktives Zuhören wird nicht, wie zum Teil in anderen Anwendungen der klientenzentrierten Gesprächsführung nach Rogers, mit einer Vergewisserung zum richtigen Verständnis wie „Habe ich Sie richtig verstanden, dass

…?“ oder „Ich höre heraus, Sie wollen …?“ formuliert, sondern ausschließlich in reflektierenden Aussagen, mit denen sich der Berater in den spiegelnden Dienst seines Gegenübers stellt (vgl. Gehring & Straub, 2018). Aktives Zuhören dient somit nicht in erster Linie dazu, dass der Berater seinen Klienten versteht, sondern dazu, dass der Klient sich selbst besser versteht. In der motivierenden Gesprächsführung wird durch komplexe Reflexionen der Fokus auf die positiven Aspekte (Veränderungsabsicht, Ausdruck von Zuversicht und Ressourcen) direktiv gelenkt, was einen wichtigen Unterschied zur non-direktiven Vorgehensweise nach Rogers darstellt.

Fallbeispiel: *Komplexe Reflexionen*

Die Sozialarbeiterin Frau Lehner (B) spricht mit Herrn Bachmann (K):

K: Ich weiß eigentlich gar nicht, wo ich anfangen soll … Ich hatte eine Weile meine Post nicht geöffnet. Das hat früher meine Frau gemacht, aber sie verstarb letztes Jahr. Und plötzlich stand der Gerichtsvollzieher vor der Tür und sagte, ich müsse jetzt ausziehen. Damit begann das ganz Chaos und plötzlich fand ich mich auf der Straße wieder.

B: Die Ereignisse haben Sie fast überrollt. Zuerst der Tod Ihrer Frau, die eine große Lücke hinterlässt. Sie konnten sich nicht auf einmal um alles kümmern, was vorher die Aufgaben Ihrer Frau waren. Und damit ist Ihnen die wichtige Post des Vermieters und des Amtsgerichtes entgangen. Die Räumungsklage wurde dann so plötzlich umgesetzt, dass Sie gar nicht mehr handeln konnten.

K: Richtig, ich hatte keinen Überblick mehr, kam gar nicht mehr so schnell mit und hatte dann keine Zeit, meinen Hausstand zusammenzupacken und irgendwo einzulagern.

B: Sie wurden quasi überrumpelt und um alles gebracht, was Sie hatten. Das hat Sie in dem Moment gar keinen klaren Gedanken fassen lassen. Sie wurden nahezu vertrieben.

K: Und man hat mir nicht mal mehr einen Tag gegeben, sondern mich einfach rausgeworfen. Als hätte ich keine Rechte mehr auf irgendetwas. Jetzt stehe ich hier mit gar nichts.

B: Während Sie jetzt darüber sprechen merken Sie, wie schmerzhaft diese Vorkommnisse waren und wie sie nachwirken. Und das erschwert natürlich auch, alle Kräfte zu mobilisieren und nach vorne zu schauen. Es ist viel passiert und es braucht Zeit, vielleicht auch etwas Unterstützung, bis Sie Ihre Lebenssituation wieder normalisieren können. Dennoch nehmen Sie Ihr Leben gerade wieder in die Hand und gehen die ersten Schritte. Leistungen beantragen, eine Postadresse einrichten.

K: Da haben Sie recht ... Alleine ist es sehr beschwerlich. Ich habe auch recht viel getrunken in letzter Zeit, einfach um mich abzulenken. Aber gut tut mir das nicht ...

In diesem Fallbeispiel dienen die komplexen Reflexionen dem Beziehungsaufbau. Die Beraterin Frau Lehner nimmt die Perspektive des Herrn Bachmann ein und zeigt ihm, dass sie seine schwierige Lage erfasst und Verständnis hat. Dadurch motiviert sie ihn, sich anzuvertrauen und über das Hilfeangebot nachzudenken.

In der späteren Phase der Evokation werden komplexe Reflexionen gezielt verwendet, um Veränderungsprozesse in Bewegung zu setzen.

Übung

Versuchen Sie es selbst! Reagieren Sie auf folgende Aussagen mit vertieften Reflexionen:

K: Plötzlich stand der Gerichtsvollzieher vor der Tür und sagte, ich hätte noch eine halbe Stunde, um meine Sachen aus der Wohnung zu holen. Er hat sich dann einfach umgedreht und draußen gewartet und mich mit meinen Fragen stehen lassen. Ich hätte noch so viel mehr mitnehmen wollen, aber ich wusste nicht, wohin mit allem. Und schließlich nahm er mir die Schlüssel ab und es war als machte er ein Kapitel meines Lebens einfach zu.

B: ______________________________

____

K: Ich glaube, es hat ein paar Tage gedauert, bis ich wirklich verstanden habe, dass ich obdachlos bin und da auch nicht so leicht wieder rauskomme. Ich hatte das Gefühl, jeder starrt mich an und verachtet mich, wie ich da mit meinem Gepäck auf der Parkbank sitze. Keiner hat mich angesprochen, aber ich glaube, dass ich auch niemandem etwas gesagt hätte.

B: ______________________________

____

K: Der Alkohol hat mir geholfen, nicht immer an meine Frau zu denken. Und außerdem konnte ich in der Gesellschaft der Jungs im Stadtpark auch mal wieder lachen. Es wird halt viel gequatscht, nicht immer geht es um Probleme.

B: ______________________________

____

Zusammenfassungen

Durch Reflexionen werden verschiedene Aspekte zu Tage gebracht, die der Berater zu gegebenen Zeitpunkten bündeln kann. Er bietet dem Klienten in zusammengefassten Worten seine Perspektive zu den bisherigen Gesprächsinhalten zur Reflexion an. Außerdem signalisiert er damit, dass er aufmerksam zugehört und sich vieles gemerkt hat. Zusammenfassungen ermöglichen einen Überblick über das bisherige Gespräch und einen neuen Ausgangspunkt zur Fortsetzung der Exploration. Natürlich können nicht alle Inhalte aufgenommen werden, sodass eine Auswahl der nennenswerten Aspekte erfolgen muss. Zusammenfassungen können je nach inhaltlicher Schwerpunktsetzung verschiedene Funktionen haben. Ein *sammelndes Resümee* ist eher kurz und wird im Verlauf des Gespräches angeboten. Es fördert die weiteren Ausführungen des Klienten, anstatt sie zu unterbrechen und schließt deshalb mit einer offenen Frage ab. Würdigungen und Bestätigungen können zur Ermutigung eingebunden werden.

Fallbeispiel:

„Sie haben bemerkt, dass Ihnen der Alkoholkonsum Schwierigkeiten im Alltag bereitet. Das war nicht immer so, doch in letzter Zeit fällt es Ihnen zunehmend schwer, Termine pünktlich wahrzunehmen. Außerdem fühlen Sie sich körperlich beeinträchtigt, da Sie oft Kopfschmerzen und teilweise Magenprobleme haben. Das macht Ihnen Sorgen und Sie denken darüber nach, ob sie Ihren Konsum verändern können. Sie wissen auch, dass es schwer ist, nicht zu konsumieren, wenn Sie den Tag mit Ihren Freunden verbringen. Als Außenseiter möchten Sie auch nicht dastehen. Trotzdem denken Sie ernsthaft über den Zusammenhang zwischen dem Trinken und Ihrer Gesundheit nach und darüber, wie Sie Ihre Angelegenheiten im Griff behalten können. Sie zeigen, dass es Ihnen nicht egal ist, wie es um Sie steht. Habe ich etwas Wichtiges vergessen?“ *(Spiegelung)*

In einem *verbindenden Resümee* werden Inhalte aus vorangegangenen Gesprächen mit neuen Äußerungen des Klienten verknüpft. Damit wird er zum Nachdenken über die Beziehung zwischen zwei oder mehr besprochenen Themen ermutigt. Diskrepanzen und Ambivalenzen können hier verstärkt aufgegriffen werden.

Fallbeispiel:

„Sie sind hin und hergerissen. Das Alleinsein macht Ihnen zu schaffen und Sie sind froh, dass Sie seit einigen Monaten Kontakte in der Wohnungslosenszene gefunden haben. Dort treffen Sie auf Menschen, die in der gleichen Situation stecken und die Sie verstehen. Außerdem haben Sie auch Spaß miteinander, die Geselligkeit lenkt ab. Andererseits möchten Sie auch auf sich selbst achtgeben und Ihre Gesundheit nicht gefährden. Sie merken, dass der Alkohol Ihren Körper belastet und dass es Ihnen zunehmend schwerfällt, nein zu sagen. Sie haben eigentlich Ideen für Ihre Zukunft, fühlen jedoch, dass der Alkohol wie eine Bremse wirkt, neue Wege beschreiten zu können. Sie möchten gleichzeitig etwas ändern und doch nicht gleich auf alles verzichten." *(Ambivalenz)*

Als drittes kann ein *überleitendes Resümee* einen Wechsel von einem Thema auf ein anderes ankündigen oder auch ein Gespräch abschließen.

Fallbeispiel:

„Nun haben wir uns lange über Ihre Gesundheit und die Gedanken, die Sie sich dazu machen, gesprochen. Ich möchte die wichtigsten Aspekte noch einmal festhalten, damit wir in unserem nächsten Treffen daran anknüpfen können (...) Habe ich etwas Wichtiges vergessen? *(Abschließen)*
Wenn das für Sie vorerst so stehen bleiben kann, lassen Sie uns noch über das Telefonat mit der Krankenkasse sprechen ..." *(Überleiten)*

Übung

Im Grunde sind diese OARS-Basismethoden überschaubar und gut umsetzbar. In der jeweiligen Situation aber, in der Fingerspitzengefühl und Geschick erforderlich sind, können einem dann doch mal die Worte fehlen. Wie fast alle Fertigkeiten im Leben, sind auch die OARS-Kompetenzen reine Übungssache. Deshalb sind Sie eingeladen, die folgenden Übungen zu absolvieren.

Wir wenden uns dafür dem eingangs geschilderten Fallbeispiel der Frau Bergmann zu.

Fallbeispiel:

Frau Bergmann (24 Jahre alt) ist vor drei Jahren aus dem Elternhaus verwiesen worden, nachdem sie weder einen Schul- noch einen Berufsabschluss erreicht hatte. Mit Cannabis war sie bereits mit sechzehn Jahren in Berührung gekommen, etwas später dann auch mit Partydrogen. Im Alter von 8–10 Jahren war sie sexuell missbraucht worden, ihr alkoholabhängiger Vater hatte davon gewusst, war aber nicht eingeschritten. Frau Bergmann leidet unter einer Borderline-Persönlichkeitsstörung und kommt in keiner Partnerschaft, keiner Freundschaft und keinem helfenden Kontext über längere Zeit zurecht. So kommt sie mal hier, mal dort unter, begibt sich damit aber auch immer wieder in Abhängigkeiten von Männern. Frau Bergmann hat erneut ihren SGB-II-Leistungsbezug verloren, da sie versäumt hatte, einen Weiterbewilligungsantrag zu stellen. Sie war über drei Monate nicht mehr dazu gekommen, ihre Post bei der ambulanten Wohnungslosenhilfe abzuholen. Ganz ohne Kostgeld lässt ihr Kumpel sie nicht mehr bei sich wohnen, sodass sie erneut vor der Frage nach einem Schlafplatz für die nächsten Nächte steht.

1. Formulieren Sie fünf geschlossene und dann fünf offene Fragen im Erstkontakt mit Frau Bergmann. Wann sind diese Fragen sinnvoll?
2. Paraphrasieren Sie folgende Aussagen von Frau Bergmann:
   a. Der ganze Stapel Post hier geht mir schon wieder auf die Nerven. Jeder Brief, den ich aufmache, verschafft mir eh nur ein neues Problem.
   b. Ich habe keine Ahnung, wo ich übernachten kann. Jeder Kerl will immer nur Kohle oder das Eine. Und das ist Ausbeutung.
   c. Auf meine Eltern habe ich überhaupt keine Lust. Ja, vielleicht könnte ich dort eine Nacht schlafen, aber nach spätestens fünf Minuten streiten wir. Besser ist, wir treffen uns nie wieder.
3. Formulieren Sie für dieselben Aussagen von Frau Bergmann komplexe Reflexionen. Versuchen Sie dabei, die Gefühlslage Ihrer Klientin zu erfassen und ihre Gedanken fortzuführen. Schreiben Sie diese Sätze auf.
4. Fassen Sie nun das fiktive Gespräch in einem sammelnden Resümee zusammen.

Informieren und Rat anbieten

Um den Charakter der Partnerschaftlichkeit kontinuierlich umzusetzen, empfiehlt MI auch für den Aspekt des Informierens und Rat Anbietens ein bestimmtes Vorgehen, das die Expertise des Beraters in den Hintergrund stellt. Es soll vermieden werden, ein Wissens- und Machtgefälle in die Beziehung einzubringen und damit zu übermitteln, man gebe klare Handlungsempfehlungen, die zu erfüllen sind. Informationen zu geben kann in jedem Prozessschritt wichtig und erforderlich sein, v. a. dann, wenn dem Klienten nötiges Wissen fehlt. Genauso wichtig ist es allerdings, sein bereits bestehendes Wissen miteinzubeziehen und darauf aufzubauen. MI verfolgt daher die Verfahrensweise E-P-E: Elicit-Provide-Elicit, was bedeutet: nachfragen – Informationen anbieten – nachfragen. Dieser wechselseitige Informationsfluss zollt dem Wissen des Klienten Respekt, sieht ihn als Experten in eigener Sache und geht sehr konkret auf seine Informationsbedürfnisse ein (vgl. Miller & Rollnick, 2015, S. 159 ff.).

Fallbeispiel: *Elicit-Provide-Elicit*

B: Sie sprechen davon, dass Ihnen der Alkoholkonsum gesundheitliche Probleme bereitet. Vielleicht darf ich Ihnen ein paar Details dazu erklären? Doch vorab, was wissen Sie bereits über die Auswirkungen von Alkohol auf den Körper? *(Das erste Nachfragen beginnt damit, um Erlaubnis für die Informationsweitergabe zu bitten, zu klären, welches Wissen vorhanden ist und wo Wissenslücken bestehen.)*

K: Naja, ich merke, dass er meinen Magen reizt. Dadurch esse ich nicht besonders regelmäßig. Und ich weiß, dass jeder Vollrausch dem Gehirn Schaden zufügt.

B: Das ist richtig. Möchten Sie noch mehr darüber erfahren? Vielleicht ist Ihnen etwas besonders wichtig zu wissen? *(Es wird erfragt, ob weiterer Informationsbedarf besteht und was die Person am dringendsten wissen möchte.)*

K: Ein Kumpel hat gesagt, dass seine Leber durch den Alkohol kaputt ist. Was genau könnte er damit gemeint haben?

B: Die Leber entgiftet den Körper u. a. von Alkohol. Wenn zu viel getrunken wird, ist sie damit irgendwann überfordert und Leberzellen gehen kaputt oder verändern sich. Man kann davon eine Fettleber bekommen oder auch eine chronische Entzündung, die zu einer Leberzirrhose, einer Vernarbung der Leber, führt. Man hat keine Schmerzen dabei, somit kann sich diese Schädigung fast unauffällig entwickeln. *(Der Berater geht auf die Frage des Klienten ein und gibt in einer verständlichen Sprache eine überschaubare Informationsmenge.)*

K: Das klingt ziemlich übel. Und auch tückisch, wenn das Organ überhaupt nicht dabei schmerzt.

B: Das stimmt, Leberschäden sind wirklich gefährlich. Aber die gute Nachricht ist, dass sich die Leber gut erholen kann, wenn man mit dem Trinken aufhört. Zumindest sofern eine Leberzirrhose noch nicht so weit fortgeschritten ist. *(Die Äußerung wird reflektiert und die Information wird erweitert.)*

K: So wie beim Rauchen, die Lunge kann sich ja auch ganz gut erholen, wenn es noch nicht zu spät ist.

B: Ja genau. Der menschliche Körper kann sich von vielem gut regenerieren, wenn man nicht zu lange wartet. Was möchten Sie noch darüber wissen? *(Die erneute Reflexion und eine offene Frage ermöglichen die Fortsetzung des Gespräches. Der Klient kann weiterhin über die Art der Information entscheiden.)*

K: Wie kann ich in Erfahrung bringen, wie es um meine Leber steht?

Ein Ratschlag ist eine besondere Form einer Information, weil der Berater etwas empfiehlt, was er selbst für den Klienten als richtig erachtet. Weil eine solche Empfehlung eine Aufforderung zum aktiven Handeln oder Unterlassen darstellt, kann eine Dissonanz in der Beziehung ausgelöst werden. Ausgangsbasis sollte deshalb sein, dass der Klient schon Vertrauen darin gewonnen hat, dass ein Ratschlag aus einer positiv helfenden Haltung gegeben wird. Dennoch gilt, Ratschläge sehr sparsam anzuwenden. Für die Umsetzung empfiehlt sich das gleiche Muster wie für die Informationsgabe. Zunächst wird eine Erlaubnis eingeholt, bevor dem Klienten zu etwas angeraten wird.

Informationen und Ratschläge müssen gewollt sein und wenn sie nicht ausdrücklich erfragt werden, sollte sich der Berater vorab vergewissern, ob der Klient sie hören möchte. Die Chance, dass ein Rat positiv aufgenommen wird erhöht sich, wenn die persönliche Entscheidungsfreiheit zur Annahme oder Ablehnung betont wird oder eine Auswahl an Möglichkeiten angeboten wird. Reflexionen helfen auch hier, die Gedanken des Klienten zur gegebenen Empfehlung aufzugreifen und zu vertiefen.

5.6 Prozessschritt Fokussierung

Der Prozessschritt der Fokussierung des MI beinhaltet die Suche und Festlegung einer Zielrichtung der Zusammenarbeit. Ein Fokus kann durch die institutionelle Rahmung quasi vorgegeben sein, wenn der offizielle Auftrag an ein Thema geknüpft ist, wie z. B. Ernährungsberatung, Suchtberatung mit dem Schwerpunkt Spielsucht oder Schwangerschaftskonfliktberatung. Wenn der Klient mit einem klaren Anliegen die Beratung aufsucht, kann möglicherweise zeitnah zum Prozessschritt der Evokation übergegangen werden. Oftmals ist die Klärung des Anliegens jedoch die größte Herausforderung in der Beratung. Eine präzise Unterscheidung zwischen Wunsch und Wille des Adressaten kann verhindern, in eine vorzeitige Fokusfalle zu tappen, in der man an etwas arbeitet, was nicht das eigentliche Anliegen darstellt. Möglich ist auch, dass eine Person mit mehreren Problemlagen eine Beratung aufsucht und für einen ersten Fokus verschiedene Optionen in Betracht kommen, die es zu erfassen, zu sortieren und zu priorisieren gilt. Weiterhin kommt vor, dass ein Fokus zu Beginn der Beratung noch überhaupt nicht erkennbar ist und die mitgeteilten Anliegen sehr diffus und ziellos erschienen. In dieser Konstellation ist eine Orientierung vom Allgemeinen zum Besonderen wichtig, die schließlich eine Zielrichtung hervorbringt (vgl. Miller & Rollnick, 2015, S. 124 ff.). Ausgangspunkt für die Fokussierung ist immer der Klient; die Beratungssparte bzw. der Kontext (ggf. auch Zwangskontext) sowie die Fachexpertise des Beraters können den Fokus zudem beeinflussen.

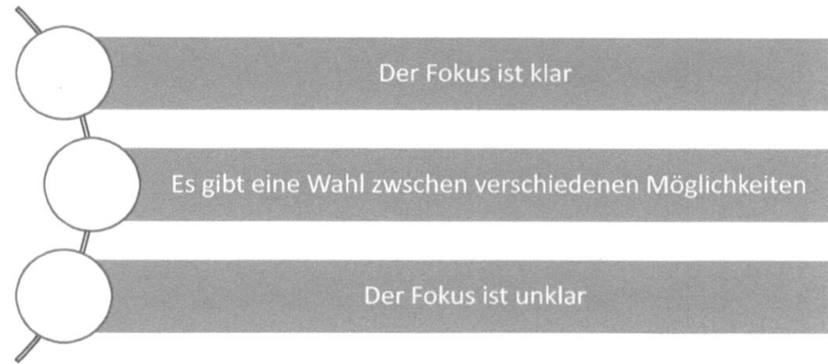

Abbildung 17: Drei Fokusse

In der Wohnungslosenhilfe liegt der Blick naheliegend auf dem Wohnungsproblem, gleichzeitig bestehen fast bei allen Hilfesuchenden weitere komplexe Problemlagen, die zu benennen und zu priorisieren sind. Manchmal können diese leicht erfasst und auch vom Klienten benannt werden, zuweilen liegen die Selbst- und Fremdwahrnehmungen von zu fokussierenden Themen auch weit auseinander. Mal erscheint das eine, dann das andere Thema dem Klienten am wichtigsten und der Berater braucht Gelassenheit sowie die Fähigkeit, eine Zeit lang Ungewissheit über das Ziel der Zusammenarbeit auszuhalten.

In länger dauernden Hilfen nach § 67 SGB XII kann zunächst ein folgender Stil zum Beziehungsaufbau hilfreich sein. Dieser ist non-direktiv unterstützend und greift allein die vom Klienten eingebrachten Schwerpunktthemen auf. Der geleitende Stil verhilft dazu, die Hilfe in Richtung Veränderung zu führen. Der Berater fördert eine kooperative Suche nach in den Blick zu nehmenden Beratungsthemen. Hierbei werden die drei Ausgangspunkte der Fokussierung, die Agenda des Klienten, das institutionelle Setting und die Beraterexpertise in Einklang gebracht und bei Bedarf können Tendenzen zum folgenden oder lenkenden Stil ausschlagen (ebd. S. 115 ff.). Ein lenkender Stil ruft eher Dissonanz hervor und kann den Klienten in eine Ecke drängen. Nur selten löst er Probleme auf, z. B. wenn der Schutz bzw. das Wohl des Leistungsempfängers im Vordergrund steht (z. B. Mitwirkungspflichten im Rahmen des SGB II unterstützen, ärztliche oder gerichtliche Termine wahrnehmen, Hygienemaßnahmen umsetzen).

Auch die Hilfeform beeinflusst den Stil in gewisser Weise. Während in Streetwork und Tagesaufenthalt der folgende Stil kennzeichnend für Niedrigschwelligkeit ist, sind in hilfeplanbezogenen Angeboten, v. a. im zeitlich befristeten stationären Bereich, geleitende und teils lenkende Sequenzen auftragsfördernd. Je hochschwelliger die Hilfeform ausgelegt ist, umso mehr wird der Fokus auch vom Leistungsträger mitbestimmt. Grundsätzlich ergeben sich natürlich aus dem gesetzlichen Auftrag bereits Fokusse, die für die Hilfegestaltung zu berücksichtigen sind.

Ein methodisches Hilfsmittel zur Fokussierung bietet das *Agenda Mapping (siehe Abb. 18)*, sofern mehrere mögliche Gesprächsthemen offenkundig werden, die eine Sortierung erforderlich machen. Es handelt sich dabei um einen Wechsel auf die Metaebene, mit dem der Klient dazu eingeladen wird, anhand einer Visualisierung seine Themen zu sammeln, sich einen Überblick zu verschaffen und dann eine Priorisierung vorzunehmen. Sie bietet außerdem die Gelegenheit für den Berater, Themen ergänzend anzubieten, die er für relevant hält. Dies kann auf einem Blatt Papier, einem Flipchart oder mit Metaplankarten umgesetzt werden und gleicht einem Blick auf eine Landkarte, um sich zu orientieren, welche „Orte" man in welcher Reihenfolge anschauen möchte (ebd. S. 132).

Abbildung 18: Agenda Mapping

Die Entscheidungen des Klienten für seine Themen werden durch offene Fragen, Reflexionen und Würdigungen hervorgerufen und strukturiert, ohne bereits einen einzelnen Aspekt zu vertiefen oder sich darauf festzulegen. Der Berater gibt dem Brainstorming Zeit und ermutigt sein Gegenüber auch zur Äußerung ganz neuer Ideen, die bisher noch nicht benannt wurden. Die Noch-nicht-Festlegung wird sprachlich durch hypothetische Äußerungen zum Ausdruck gebracht, z. B. durch „Sie könnten", „es wäre möglich", „vielleicht". Der nächste Schritt gleicht einem Heranzoomen auf einer digitalen Karte, man nähert sich den einzelnen Themen für einen Moment und lotet aus, worauf der Fokus gelegt werden *könnte*. An dieser Stelle kann der Berater auch seine Einschätzung zur Priorisierung teilen oder eine Empfehlung aussprechen, um eine gemeinsame Richtung auszuhandeln, die schließlich das

Arbeitsbündnis festigt. Dieser Arbeitsschritt schließt mit einem sammelnden Resümee durch den Berater ab.

Fallbeispiel: *Gespräch zum Agenda Mapping*

B: „Aus meiner Sicht würde es Sinn machen, wenn Sie das Thema Alkohol schon jetzt beachten, da die Kontaktaufnahme zu ihrer Ex-Freundin konfliktfreier sein könnte, wenn Sie ihr nichtalkoholisiert begegnen. Aber das müssen Sie entscheiden." *(Empfehlung, Betonung der Wahlfreiheit)*

K: „Das wäre schon günstig, das stimmt. Allerdings will ich zeitnah meine Sachen aus der Wohnung holen. Naja, ich werde darüber nachdenken." *(nimmt Anregung des Beraters auf und behält sich die eigene Entscheidung vor)*

B: „Das klingt gut. Sie haben heute schon viele wichtige Themen aufgeschrieben und manchmal braucht es etwas Zeit, um die passende Reihenfolge festzulegen. Und selbst dann läuft nicht immer alles nach Plan. Für Sie ist wichtig, dass Sie wieder Geld zum Leben haben und eine Bleibe finden. Sie möchten einen entspannten Kontakt zu Ihrer Ex-Freundin herstellen und dafür spielt auch eine Rolle, ob Sie ihr alkoholisiert oder nüchtern begegnen." *(Würdigung, Zusammenfassung)*

Meiner Erfahrung nach kommt es in der Wohnungslosenhilfe in den ersten Gesprächen oft zu der Situation, in der eine solche Themenliste nicht sogleich erstellt werden kann, weil die ratsuchende Person diffuse Anliegen äußert, ohne irgendeine Veränderungsrichtung erkennen zu lassen. In diesem Fall ist es wichtig, zunächst sehr aufmerksam zuzuhören, um Verständnis über das Gesamtbild zu gewinnen. Daraufhin sollte ein Orientierungsprozess vom Allgemeinen zum Besonderen erfolgen, in dem gemeinsam überlegt wird, wie einzelne Teile des Gesamtbildes zusammenhängen, um dann eine mögliche Richtung festzulegen (ebd. S. 141 ff.).

Fallbeispiel: *Orientierung zur Fokusbildung*

B: „Herr Bachmann, Sie haben nun einige Themen angesprochen, die Ihnen zurzeit das Leben schwer machen. Der Tod Ihrer Frau war scheinbar ein Auslöser für viele Probleme. Über diesen Verlust sind Sie noch nicht hinweg. Sie sind damit konfrontiert, Aufgaben zu übernehmen, die Ihnen schwerfallen und haben die Tendenz entwickelt, auf Briefe nicht zu reagieren. Das hat schließlich zum Wohnungsverlust geführt und Sie wissen zurzeit nicht, wo Sie unterkommen können bzw. wie Sie wieder an eine Wohnung gelangen können. Um nicht ganz allein zu sein, haben Sie sich der Szene angeschlossen und. Sie merken, dass Sie dadurch noch mehr Alkohol trinken und das macht Ihnen ernsthafte gesundheitliche Sorgen." *(Zusammenfassung der genannten Themen)*

K: „Ja, das ist schon ziemlich viel auf einmal. Wie soll man dabei den Anfang finden!? Ich habe gerade das Gefühl, dass ich aus dem Schlamassel nicht mehr rauskomme."

B: „Sie wissen im Moment noch nicht, wo Sie beginnen können. Ich denke, dass wir das hier in Ruhe überlegen und entscheiden können, welcher Schritt nach dem anderen folgt." *(Vermitteln von Hoffnung, Verdeutlichung, dass eine Fokussierung erfolgen kann)*

K: „Wenn ich nicht irgendwo unterkommen kann, dann halte ich das nicht mehr lange durch. Ich rutsche immer weiter ab und trinke eigentlich nur noch."

B: „Eine gesicherte Unterkunft ist für Sie wichtig, weil Sie den Zustand auf der Straße nur mit Alkohol ertragen können." *(Themen werden in Beziehung gesetzt)*

K: „Stimmt, ich muss damit irgendwie aufhören und mich wieder in den Griff bekommen. Aber dann kommt die Trauer wieder hoch, das halte ich genauso wenig aus."

B: „Sie denken, es ist wichtig aufzuhören Alkohol zu trinken und wollen sich wieder stabilisieren. Sie merken, dass die Aufarbeitung des Verlustes damit einhergeht." *(Aufgreifen von Change Talk (s. Kap. 5.8), Benennung des damit einhergehenden Themas)*

K: „Ich glaube zwar nicht, dass ich das jemals überwinde, aber sie hätte sicherlich nicht gewollt, dass es so weit kommt."

B: „Dabei denken Sie auch daran, dass Ihre Frau sich wünschen würde, dass es Ihnen wieder besser geht. Der Gedanke ermutigt Sie, für sich nach einem richtigen Weg zu suchen." *(Aufgreifen eines sinnhaften, motivationalen Aspekts)*

K: „Sie war immer die Vernünftigere und jetzt muss ich das wohl selbst sein."

B: „Es geht somit auch darum, wieder Verantwortung für sich selbst zu übernehmen und kluge Entscheidungen zu treffen. Darin hätte Ihre Frau Sie jetzt auch unterstützt." *(Benennung eines weiteren Themas)*

K: „Nun brauche ich von jemand anderen Hilfe."

B: „Sie sind bereit, Unterstützung anzunehmen. Das ist ganz sicher eine gute Entscheidung in Ihrer Lage. Was denken Sie könnte ich für Sie tun?" *(Würdigung, erste Fokussierung soll vom Klienten geäußert werden. Auftrag wird erfragt)*

K: „Ich möchte, dass Sie mir helfen, eine Unterkunft zu bekommen. Und ich denke, dass ich einen Arzt brauche. Wenn ich dann wieder mehr Kraft habe, werde ich mich mit diesem Stapel Post beschäftigen."

B: „Wir kümmern uns zuerst um eine feste Bleibe und darum, dass Sie Kontakt zu einem Arzt erhalten. Sie erhoffen sich Unterstützung dabei, Ihren Alkoholkonsum zu reduzieren und sich gesundheitlich zu erholen. Wichtig ist, dass Sie über den Tod Ihrer Frau sprechen können. Sie wissen, dass es ihr Wunsch gewesen wäre, Selbstverantwortung zu übernehmen und das motiviert Sie, hierin wieder stark zu werden. Ein Aspekt ist dabei auch, sich um die formellen Belange zu kümmern, die dieser Stapel Post wahrscheinlich beinhaltet. Weiterhin haben Sie erkannt, dass es hilfreich wäre, Ihr Umfeld zu ändern, um auf Kurs zu bleiben. Sind das die Themen, denen wir uns in nächster Zeit gemeinsam zuwenden wollen?" *(sammelndes Resümee mit Fokussierung und Annäherung an eine Reihenfolge)*

Übung

Eine „Trockenübung" zum Thema Fokussierung ist schwer vorstellbar, da dieser Gesprächsabschnitt stark von der Interaktion abhängt. Sie sind deshalb dazu eingeladen, sich eine Partnerin oder einen Partner für ein Rollenspiel zu suchen, die bzw. der sich am Fallbeispiel von Frau Bergmann (s. S. 115) orientiert. Nehmen Sie die Rolle des Beraters ein, nutzen Sie die OARS Basismethoden und führen einen Orientierungsprozess zur Fokusbildung durch. Setzen Sie dann die Visualisierungsmethode Agenda Mapping ein.

Reflektieren Sie im Anschluss mit Ihrem Gesprächspartner, wie sie/er das Gespräch empfunden hat. Nutzen Sie das konkrete Feedback für Ihre Weiterentwicklung der Gesprächsführung.

5.7 Prozessschritt Evokation – Die Kunst der Motivation

Während die Vorgehensweisen zum Beziehungsaufbau und zur Fokussierung auch aus anderen Ansätzen und Schulen bekannt sind, ist der Prozessschritt der Evokation ein spezifischer Ansatz von Motivational Interviewing. Die wesentlichen Aspekte sind:

a) Das Wissen um bzw. der akzeptierende Umgang mit Ambivalenz als natürlicher intrapersoneller Vorgang
b) Die Aufmerksamkeitslenkung auf sprachliche Signale, um Veränderungsgedanken zu erkennen und in einer Weise darauf zu reagieren, dass eine Bewegung *hin zur* Veränderung entsteht

Das natürliche Auftreten von Ambivalenz und ihrer möglichen Konfliktkonstellationen wurde bereits beschrieben. Am Fallbeispiel des Herrn Bachmann (eingeführt ab S. 71, dann S. 107, 112 ff.) möchte ich dies noch einmal veranschaulichen. Nehmen wir an, das Thema Alkohol ist als Anliegen benannt worden. Einerseits sieht Herr Bachmann u. a. gesundheitsbedingt die Notwendigkeit, etwas zu verändern, andererseits würde es ihm auch sehr schwerfallen, in seiner jetzigen Situation auf die für ihn angenehmen Wirkungen des Alkoholkonsums zu verzichten. Seine verschiedenen Argumente sind verstehbar. Frau Lehner könnte ihn nun aktiv zu motivieren versuchen, indem sie ihm sagt, dass sie eine zeitnahe Alkoholabstinenz mit gleichzeitiger Szenedistanzierung ausgesprochen wichtig findet und mit diesem lenkenden Argumentieren den Korrektur-Reflex bedienen. Die natürliche Reaktion wäre, dass Herr Bachmann ihr äußerlich vielleicht zustimmt, doch innerlich auf Distanz geht oder aber Gegenargumente findet und in den sogenannten Sustain Talk (s. u.) übergeht. Frau Lehner könnte andernfalls wertschätzen, dass sich Herr Bachmann bereits in verschiedene Richtungen Gedanken macht und über eine mögliche Veränderung nachdenkt, was bedeutet, dass er die Phase der Präkontemplation (vgl. Abb. 10) bereits überschritten hat. Er ahnt oder hat bereits ein Bewusstsein für die Argumente, die für oder gegen eine Entscheidung stehen. Im MI werden diese nun aufgegriffen und vertieft.

Frau Lehner hat Herrn Bachmann sehr genau zugehört und verstanden, dass es Diskrepanzen zwischen seinen Zielen bzw. Wertvorstellungen und seinem aktuellen Verhalten gibt. Sie wird ihn damit nicht konfrontieren, sondern ihm eine sichere und unterstützende Gesprächsatmosphäre bieten. Herr Bachmann hat ihr Hinweise dazu gegeben, was er sich für seinen Selbsterhalt wünscht, und dies ist auch aus der Distanz betrachtet ein vernünftiger Weg. Somit weiß sie, in welche Richtung sich eine Veränderung bewegen kann. Frau Lehner wird deshalb die Äußerungen aufgreifen, die eine Veränderung andeuten und Herrn Bachmann dadurch motivieren.

5.8 Spezifische Kompetenzen

Sprache schafft Wirklichkeit und Menschen können durch ihre eigenen Worte Probleme konstruieren oder Lösungen erschaffen. Motivational Interviewing zielt darauf ab, die Veränderungsmotivation des Klienten zu fördern und wählt dafür das Medium der Sprache im Dialog. Die spezifischen Kompetenzen von MI befähigen den Berater, Äußerungen des Klienten zu erkennen, die eine Veränderung in Betracht ziehen, sie aufzugreifen und zu fördern. Dieses ist der Change Talk in MI, der dazu führt, dass sich der Klient „in die Veränderung hineinredet“. Eine Veränderung wird erst dann wahrscheinlich und realistisch, wenn ein Mensch das nötige Zutrauen in die eigenen Fähigkeiten besitzt und zuversichtlich darin ist, dass er Erfolg haben könnte. Diese Äußerungen heißen Confidence-Talk und sollen ebenfalls erkannt und evoziert werden. Schlussendlich kann jedes Gespräch über Veränderung Widerstand hervorrufen und die Beratungsbeziehung irritieren.

Der Umgang mit dem sogenannten Sustain-Talk und Discord-Talk zählt somit ebenfalls zu den spezifischen Kompetenzen des MI.

Change Talk erkennen, evozieren und weiterentwickeln

Die Veränderungssprache „Change Talk" meint „jede vom Klienten selbst kommende sprachliche Äußerung, die ein Argument für Veränderung ist" (Miller & Rollnick, 2015, S. 189). Es ist wichtig, solche Äußerungen als Change Talk zu erkennen, um sie aufzugreifen und weiterzuentwickeln.

Man differenziert zwischen dem vorbereitenden Change Talk und dem mobilisierenden Change Talk, um Hinweise zur Ausprägung der bestehenden Motivation zu erfassen.

Der *vorbereitende Change Talk* kann einen Wunsch beinhalten oder Fähigkeiten zum Ausdruck bringen, Gründe oder Notwendigkeiten benennen. Das Akronym *DARN* verweist auf die Elemente vorbereitenden Change Talks:

D = **D**esire/Wunsch („Ich möchte nicht mehr auf der Straße leben")
A = **A**bility/Fähigkeit („Ich schaffe es morgen, zur Notschlafstelle zu gehen")
R = **R**eason/Grund („Die Nächte werden zu kalt, ich fange an zu kränkeln")
N = **N**eed/Notwendigkeit („Der bevorstehende Winter macht mir Angst")

Neben dem vorbereitenden Change Talk zeigt der *mobilisierende Change Talk* bereits eine Bewegung in Richtung einer Veränderung auf. Selbstverpflichtende Äußerungen, aktivierende Sprache oder bereits unternommene Schritte weisen darauf hin, dass sich die Ambivalenz zugunsten einer Veränderung auflöst. DARN *ACT* beinhaltet weitere Bestandteile des Change Talk:

A = **A**ctivation/Aktion planen („Ich möchte bei der Notschlafstelle anrufen, um nach einem Platz zu fragen")
C = **C**ommitment/Selbstverpflichtung („Ich werde mich nicht abwimmeln lassen")
T = **T**aking steps/unternommene Schritte („Ich habe mir schon die Telefonnummer notiert und mich erkundigt, ab wann dort jemand erreichbar ist)

Aufmerksames Zuhören ermöglicht das Erkennen von DARN ACT Elementen. Gleichzeitig kann Change Talk evoziert, also hervorgelockt werden. Dies geschieht mit offenen Fragen zur positiven Seite der Ambivalenz. Die DARN ACT-Blickrichtungen helfen, eine Veränderungssprache hervorzulocken:

Offene, evokative Frage nach Wünschen (D = Desire)

B: *„Was für eine Veränderung würden Sie sich bezogen auf den Alkoholkonsum wünschen?"*
„Was erhoffen Sie sich durch meine Unterstützung?"

Offene, evokative Frage nach Fähigkeiten und Zuversicht (A = Ability)

B: *„Was macht Sie zuversichtlich, dass Sie die Alkoholmenge reduzieren können?"*
„Weshalb ist es für Sie machbar, künftig nicht mehr als vier Flaschen Bier pro Tag zu trinken?"

Offene, evokative Frage nach Gründen und Motiven (R = Reasons)

B: *„Wofür würde es sich lohnen, weniger zu trinken?"*
„Welche guten Gründe gibt es dafür, den Arzttermin wahrzunehmen?"

Offene, evokative Frage nach Notwendigkeit und Dringlichkeit (N = Need)

B: *„Weshalb sollten Sie den Arztbesuch zeitnah erledigen?"*
„Was macht es für Sie dringend, Ihren Alkoholkonsum zu reduzieren?"

Weil der Grad von Zuversicht und Dringlichkeit ein wichtiger Indikator für die bestehende Motivation ist, kann zu diesen Punkten sehr gut mit *Skalierungsfragen zur Wichtigkeit* gearbeitet werden.

Fallbeispiel: *W-Skalierungsfragen*

B: „Auf einer Skala von 0 bis 10, wie hoch würden Sie aktuell Ihre *Zuversicht* einstufen, dass es Ihnen gelingt, den Bierkonsum auf vier Flaschen am Tag zu reduzieren?"

K: „Ich würde mich da so bei 6 einschätzen."

B: „Wie kommt es, dass Ihre Zuversicht bei 6 liegt und nicht bei 0 oder 1?" *(Der Vergleich wird immer auf einen niedrigeren Wert bezogen)*

K: „Ich bin fest entschlossen, es zu versuchen. Außerdem weiß ich, dass ich bei mehr Alkohol schnell wieder Magenprobleme bekomme."

B: „Sie wollen es wirklich und wissen auch, dass bei einer größeren Menge von Alkohol die Schmerzen zurückkehren, worunter Sie sehr leiden (Reflexion). Und als wie *dringend* würden Sie Ihr Vorhaben bewerten, nehmen wir wieder die Skala als Messlatte?"

K: „Da kann ich klar sagen, so wie ich mich jetzt fühle liegt der Wert bei 8."

B: „Was müsste geschehen, damit aus der 8 eine 10 wird?"

K: „Dringender fühlt es sich an, wenn es mir körperlich noch schlechter geht, z. B. wenn ich starke Kopf- und Magenschmerzen habe. Das ist auch häufig der Fall. Nötiger wäre es auch, wenn ich merke, dass die Beschwerden über den Tag hinweg nicht mehr abklingen."

An diesem Fallbeispiel ist zu erkennen, dass die zweite Beraterfrage Change Talk evoziert, da der Klient dazu aufgefordert wird, zu benennen was ihn zuversichtlich macht bzw. was die Dringlichkeit hervorhebt.

Wertvorstellungen und Ziele erkunden

Während in der Phase der Fokussierung Werte exploriert werden, um Prioritäten auszubilden, dient das Gespräch über Wertvorstellungen und Ziele im Evokationsprozess dazu, Diskrepanzen zwischen dem aktuellen Zustand oder Verhalten und den eigentlichen Werten des Klienten zu verdeutlichen. Das Erleben solcher Diskrepanzen kann eine starke Veränderungsmotivation hervorbringen. Fragen wie „*Was ist Ihnen für Ihre Zukunft wirklich wichtig? Auf was kommt es im Leben an? Was haben Sie sich immer schon gewünscht?* oder „*Wie möchten Sie anderen Menschen in Erinnerung bleiben?*" bringen bei einem guten Beziehungsfundament oft Tiefe und Offenheit ins Gespräch.

Extreme erfragen

Die Fragen nach Extremen richten sich auf schlimmste respektive beste Zustände bei Beibehaltung des Status Quo oder aber bei erfolgreicher Veränderung. Beide Richtungen können zum Change Talk führen.

B: *„Nur mal angenommen, Sie würden nichts an Ihrem Alkoholkonsum ändern. Wie könnte dann Ihr Leben in fünf Jahren aussehen?"*

oder

B: *„Stellen Sie sich vor, Sie können Ihre geplante Tagesmenge von vier Flaschen über drei Monate halten. Was wäre dann anders als jetzt?"*

Fragen in die Vergangenheit und Zukunft

Um Stärken und Ressourcen zu erfragen lohnt sich oft ein Blick in die Vergangenheit, bevor das Problem in der aktuellen Ausprägung existent war.

B: *„Beschreiben Sie mal Ihren Gesundheitszustand, bevor der Alkohol zum Alltag dazugehörte. Was genau war anders? Wie haben Sie sich gefühlt?"*

Ähnlich wie bei der Frage nach den Extremen kann ein realistischer Blick in die Zukunft geworfen werden:

> B: *„Mal angenommen, einige Rahmenbedingungen wären wieder im Lot, wie z. B. eine vernünftige Unterkunft. Wie genau soll dann, sagen wir in einem halben Jahr, Ihr Umgang mit Alkohol aussehen?"*
> (vgl. Miller & Rollnick, 2015, S. 203 ff.)

Es sind viele Parallelen zu systemischen Fragestellungen erkennbar. Das Spezifische von Motivational Interviewing ist, dass es unabhängig von der Fragerichtung die Veränderungssprache aufgreift und so weiterentwickelt, dass für den Klienten immer mehr die positiven Gründe einer Veränderung zum Vorschein treten und seine Motivation gestärkt wird. Die Aussagen, die für die Erhaltung des Status Quo sprechen (Sustain Talk) verringern sich dann mit der Zeit. Allerdings ist dafür maßgeblich, wie der Berater den geäußerten Change Talk aufgreift und darauf reagiert. Methodisch greift MI an dieser Stelle auf die einzelnen OARS Basismethoden zurück, allerdings mit dem Unterschied, dass diese nun zielgerichteter eingesetzt werden als es beim Beziehungsaufbau der Fall ist. Geäußerter Change Talk – ob vom Klienten selbst kommend oder durch Fragen evoziert – wird vom Berater mit Interesse und respektvoller Neugier weiterverfolgt. Er stellt *offene Fragen* zum genaueren Verständnis, welche weitere Change Talk-Aussagen hervorlocken. Außerdem reagiert er *würdigend* und wertschätzend über die Ideen zur Veränderung und bestärkt dadurch sein Gegenüber, auf Kurs zu bleiben. Vor allem aber sollen Change Talk-Aussagen in einfacher oder vertiefter Form *reflektiert* werden, um das Gespräch über Veränderung am Laufen zu halten. Da es immer noch um die Entwicklung von Change Talk geht, kommen wahrscheinlich auch Argumente für die andere Seite der Ambivalenz zur Sprache. Dieser auftretende Sustain Talk sollte nicht verunsichern, sondern als natürlich betrachtet werden. Allerdings erhält der Change Talk in den Resonanzen des Beraters die größere Aufmerksamkeit.

Fallbeispiel: *Auf Change Talk reagieren*

K: „Ich habe wirklich das Gefühl, bald nicht mehr zu können. Diese ständigen Magenschmerzen machen mir Angst." *(Notwendigkeit)*

B: „Sie wünschen sich, gesund zu werden und wieder zu Kräften zu kommen. Was denken Sie über die Magenschmerzen?" *(Reflexion Change Talk, offene Frage)*

K: „Ich weiß ja, dass die vom unregelmäßigen Essen kommen und wahrscheinlich auch vom Alkohol. Ich habe Angst vor einem Magengeschwür. Aber wie soll ich das zurzeit auf der Straße auch in den Griff bekommen?" *(Notwendigkeit)*

B: „Ihre Situation macht es Ihnen schwer, gesund zu leben und Abstand vom Alkohol zu bekommen. Und gleichzeitig können Sie die Auslöser für Ihre Beschwerden ganz gut benennen. Sie wissen, dass ernsthafte Erkrankungen daraus entstehen können." *(Notwendigkeit wird aufgegriffen)*

K: „Ja, das ist wohl naheliegend. Ich möchte mich gesundheitlich wieder fitter fühlen und habe darüber nachgedacht, ob ich meinen Bierkonsum auf vier Flaschen pro Tag reduzieren kann." *(Wunsch, Aktion planen)*

B: „Das klingt doch nach einer ehrgeizigen Idee. Super, dass Sie sich schon so konkrete Gedanken dazu gemacht haben." *(Würdigung)*

K: „Andererseits wird es auch schwer, nein zu sagen, wenn mir jemand ein Bier anbietet." *(Ambivalenz wird deutlich)*

B: „Sie ahnen, was Ihnen einen Strich durch die Rechnung machen könnte und Sie wissen, dass es wahrscheinlich einen starken Willen und Selbstbewusstsein braucht. Sie wissen, dass Sie es in der Hand haben: Wie würden Sie sich gerne körperlich fühlen? *(Reflexion, offene Frage nach Wunsch)*

K: „Ich möchte morgens so fit aufwachen, dass ich Lust habe, zu frühstücken. Dann will ich mir mit klarem Kopf Dinge für den Tag vornehmen, damit ich weiterkomme. Ich möchte es schaffen, zu Fuß die Wege durch die Stadt zu gehen, weil es mir zurzeit an Fahrtgeld fehlt." *(benennt Wunsch und Grund)*

B: „Sie haben klar vor Augen, auf welche Bereiche sich ein reduzierter Alkoholkonsum positiv auswirken könnte und wie sich Ihr Tagesablauf dadurch verändern könnte. Sie drücken damit aus, was Sie wirklich gern erreichen wollen, sie möchten Ihre Angelegenheiten kraftvoll klären. Gibt es noch etwas, wofür sich eine Reduzierung des Alkohols lohnen wird?" *(Würdigung, Change Talk, offene Frage)*

Der letzten OARS-Methode (Summarizing) kommt nun eine besondere Bedeutung zu. Miller und Rollnick verwenden dafür die Metapher eines Blumenstraußes. Die einzelnen Change Talk-Äußerungen werden am Ende vom Berater wie einzelne Blumen gesammelt und als Strauß überreicht. Das bedeutet, dass an dieser Stelle kein alle Seiten reflektierendes Resümee entsteht, sondern eines, in dem das Augenmerk auf eine Sammlung der Change Talk-Aussagen gerichtet ist. Mit dieser Vorgehensweise wird bewusst die Veränderung fokussiert und der Klient hört in verdichteter Form die eigens gemachten Aussagen, die er auf sich wirken lassen kann (vgl. ebd. S. 228 f.).

Fallbeispiel: *Sammelndes „Change Talk"-Resümee*

B: „Herr Bachmann, Sie machen deutlich, wie wichtig es Ihnen ist, sich gesundheitlich besser zu fühlen. Ihre Magenprobleme machen Ihnen große Sorge und Sie führen diese klar auf den Alkoholkonsum zurück. Deshalb fangen Sie schon an zu überlegen, was Sie ändern können. Sie wollen Ihren Konsum auf vier Flaschen pro Tag reduzieren. Das wird dazu führen, dass Sie morgens aus dem Bett kommen und Appetit haben. Sie haben vor Augen, um welche Dinge Sie sich dann mit klarem Kopf kümmern wollen und trauen sich die Fußwege zu. Gibt es sonst noch etwas, weshalb es wichtig ist, den ersten Schritt in Richtung Konsumreduktion zu gehen?"

Die abschließende offene Frage regt zu weiterem Change Talk an, der so lange gesammelt wird, bis ein eindeutiger mobilisierender Change Talk zu hören ist, der den Einstieg in die Planungsphase einläutet. Dann gilt es, den Confidence Talk zu fördern. Ganz so gradlinig verläuft allerdings selten das Gespräch über Veränderung. Die andere Seite der Ambivalenz kommt durch den sogenannten Sustain Talk zu Ausdruck, der das Zielverhalten bzw. die Verhaltensänderung in Frage stellt oder entkräftet. Beim Klienten regt sich Widerstand gegen die Gewichtung auf Change Talk. Das ist ein Signal, nicht weiter voranzuschreiten, sondern die noch bestehende Ambivalenz genauer zu betrachten. Eine andere Form von Widerstand drückt sich in Dissonanzen in der Beziehung zwischen dem Klienten und dem Berater aus, die sich sprachlich im Discord Talk äußern. Diese Äußerungen verweisen auf die Wiederaufnahme des Prozessschritts Beziehungsaufbau.

Sustain Talk erkennen und beantworten

Im anfänglichen Diskurs über Veränderung werden auch Gründe für die andere Seite der Medaille zur Sprache kommen, mit denen der Klient für eine Aufrechterhaltung des Status Quo plädiert. Diese Äußerungen werden in Motivational Interviewing „Sustain Talk" genannt und bringen die Ambivalenz gegenüber einer Veränderung zum Ausdruck (vgl. Miller & Rollnick, 2015, S. 233 ff.). Somit beinhalten sie die negative Absicht zu einem zuvor bestimmten Veränderungsziel, das sprachliche Muster ist oft gegenläufig zum Change Talk:

D: „Ich will zurzeit weiter trinken, sonst ertrage ich meine Situation einfach nicht." *(Desire/Wunsch)*

A: „Ich glaube nicht, dass ich den Konsum einstellen oder reduzieren kann." *(Ability/Fähigkeit)*

R: „Ich möchte kein Außenseiter sein, wenn ich mich mit den Jungs treffe." *(Reason/Gründe)*

N: „Vielleicht hängen meine Magenprobleme auch gar nicht mit dem Alkohol zusammen." *(Need/Notwendigkeit)*

A: „Ich werde auch nicht zu einem Arzt gehen." *(Activating/Aktivierung)*
C: „Ich werde in dieser jetzigen Lage sicherlich nicht den Alkohol Beiseite lassen." *(Commitment/Selbstverpflichtung)*
T: „Ich habe den Termin wieder abgesagt." *(Taking steps/Unternommene Schritte benennen)*

Die in Abbildung 19 gezeigte Vier-Felder-Matrix gibt ebenfalls eine Übersicht über Möglichkeiten zur Erfassung und Einordnung von Sustain Talk.

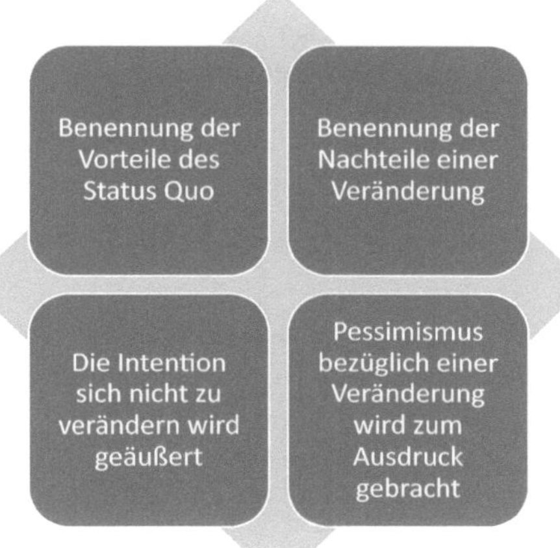

Abbildung 19: Sustain Talk

Alle Seiten der Ambivalenz, die diese Matrix hervorbringt, werden wertschätzend betrachtet. Als Beratende sollten wir uns immer um Verständnis bemühen, weshalb die Intention besteht, dass sich der Klient nicht verändern möchte. Die subjektive Sichtweise des Klienten, seine guten Gründe, das aktuelle Verhalten beizubehalten, sollte nachvollzogen werden können. Wichtig ist hierbei, dass der Berater eine wertschätzende Haltung beibehält und nicht negativ emotional auf Sustain Talk reagiert. Außerdem sollte Sustain Talk nicht bewusst evoziert werden, weil es das Gespräch von der Veränderung weglenkt.

Sustain Talk beantworten

Wie kann man nun entkräftend auf Sustain Talk reagieren, und zwar möglichst so, dass der Klient von sich aus wieder die andere Seite der Ambivalenz betrachten wird? Miller & Rollnick geben gute Tipps für Reflexionsformen und andere Reaktionsmöglichkeiten:

Direkte Reflexion
... eine einfache oder komplexe Reflexion, die an sich schon Change Talk hervorrufen kann

K: „Ich sehe es nicht so, dass mich die Leute in der Szene von meinem Plan abbringen könnten. Sie können das auch nicht wirklich beurteilen."

B: „Sie sind sich sicher, dass Sie Ihren Plan umsetzen können, ganz gleich in welcher Umgebung. Außerdem denken Sie nicht, dass ich das ganz genau einschätzen kann, da ich weder Ihre Freunde noch Ihren Ehrgeiz wirklich kenne."

Erweiternde Reflexion
... eine Reflexion, die den Sustain Talk leicht überspitzt und damit Change Talk evoziert

K: „Ich kann gut auf mich aufpassen. Ich bin kein Mitläufer."

B: „Sie denken nicht, dass das Zusammensein mit anderen Sie in irgendeiner Weise beeinflussen wird."

Zweiseitige Reflexion
... ein Widerspiegeln der Ambivalenz, die sowohl den Change Talk als auch den Sustain Talk aufgreift und beide Aspekte möglichst mit einem „und" statt „aber" verbindet

K: „Ich verstehe schon, Sie wollen, dass ich mich überhaupt nicht mehr irgendwo aufhalte, wo Alkohol getrunken wird. Aber das werde ich nicht tun."

B: „Sie wissen um den Einfluss, den ein Szenetreffpunkt auf Ihren Alkoholkonsum haben kann und gleichzeitig möchten Sie nicht alle Kontakte einstellen, die Ihnen in letzter Zeit wichtig geworden sind."

Betonung der Autonomie
... die persönliche Wahlfreiheit wird herausgestellt und es wird ernsthaft benannt, dass der Klient die Verantwortung für sich selbst trägt

K: „Ich verstehe schon, Sie wollen, dass ich mich überhaupt nicht mehr irgendwo aufhalte, wo Alkohol getrunken wird. Aber das werde ich nicht tun."

B: „Niemand kann für Sie entscheiden, mit wem Sie Ihre Zeit verbringen. Es ist allein Ihre Entscheidung."

Reframing
… eine neue, positive Sichtweise wird vorgeschlagen

K: „Es hat mich auch gestört, dass der Arzt, bei dem ich gestern war, mir direkt sagte, dass ich komplett auf Alkohol verzichten soll. Als wäre das so einfach. Der meinte sofort zu wissen, was das Beste für mich ist, ohne überhaupt meine Lebenssituation zu kennen."

B: „Diese Aufforderung hat Sie verärgert. Und gleichzeitig macht es den Anschein, dass der Arzt Ihnen einen Rat geben wollte, der für Ihre Gesundheit möglicherweise sehr wichtig ist – ohne Wenn und Aber. Es war vielleicht aus seiner Sicht der vernünftigste Tipp."

Zustimmung mit einer Wendung
… das Gesagte wird reflektiert und gleichzeitig wird eine Einladung zum Perspektivwechsel ausgesprochen

K: „Ich verstehe jetzt nicht, weshalb wir dauernd darüber reden, wie und mit wem ich meine Zeit verbringe. Ich habe doch schon gesagt, dass ich meinen Alkoholkonsum unter Kontrolle bringen möchte."

B: „Sie haben recht. Sie wollen kontrolliert trinken und gleichzeitig Ihre Freunde nicht verlieren. Höchstwahrscheinlich gibt es dabei überhaupt keinen Zusammenhang?"

Sich auf die Seite des Klienten stellen
… mit einer Zustimmung stellt man sich auf die Seite des Klienten, ohne eine neue Sichtweise vorzuschlagen. Möglicherweise entwickelt er diese dann selbst

B: „Sie wollen Ihren Alkoholkonsum eingrenzen und die Hälfte des Tages wie gewohnt mit Ihren Freunden verbringen. Vielleicht ist das der einfachste Weg für Sie, Ihre Gesundheit zu stabilisieren."

Discord Talk – Dissonanzen in der Arbeitsbeziehung

Die Entwickler von MI haben das frühere Konzept vom auftretenden Widerstand in der Change Talk-Evokation in Frage gestellt und kamen zur Erkenntnis, dass die Zuschreibung des Begriffs „Widerstand" den Klienten in gewisser Weise pathologisiert (vgl. Miller & Rollnick, 2015, S. 232). Vielmehr zielen die auftretenden Disharmonien (Discord) auf Unstimmigkeiten oder Spannungen in der Arbeitsbeziehung ab, die dem Berater das Signal geben, dass *er* etwas verändern sollte. Widerstand ist somit auch ein Ausdruck in der Interaktionsgestaltung und nicht in der Persönlichkeit des Gegenübers zu verorten. Diese Sichtweise führt den Berater zurück in die Handlungsfähigkeit. Erkennbar sind Dissonanzen, wenn der Klient zu argumentieren beginnt und die Genauigkeit, Expertise oder Integrität des Beraters angreift. Züge von Abwertung oder Feindseligkeit können diese Argumentation begleiten. Auch das ins Wort fallen und Unterbrechen signalisiert, dass der Klient den Gesprächsfaden nicht weiterführen möchte. Eine andere Form ist das Ignorieren des Beraters und dessen was er sagt. Der Klient antwortet nicht oder ist abgelenkt, z. B. durch Blick auf sein Smartphone. Weitere Ausdrucksformen von Widerstand sind das Negieren oder Bagatellisieren von Problemen, eine Verweigerung der Kooperation, Aussprechen von Schuldzuweisungen, ausschließlich Verwendung pessimistischer Äußerungen, auftretende Aggressionen sowie die Verweigerung von Selbstverantwortung (vgl. Miller & Rollnick, 2009, S. 73 f.). „Discord Talk" bezieht sich auf die „interpersonellen Reibungen" zwischen Fachkraft und Klient (vgl. Gehring & Straub, 2018).

Eine konsequente Anwendung der MI-Haltung wird wenig Konfrontationen hervorrufen, dennoch kann es in jedem Prozessschritt zu Dissonanzen kommen. Dies ist immer ein Hinweis darauf, dass der Berater seine Vorgehensweise verändern sollte. Achten Sie darauf, nicht für eine Veränderung zu argumentieren. Wenn Störungen in der Zusammenarbeit erkennbar werden, ist es wichtig, zum Prozessschritt des Beziehungsaufbaus zurückzukehren und das Arbeitsbündnis wieder tragfähig zu gestalten. Dies kann durch aktives Zuhören und vertiefte Reflexionen geschehen. Auf viele Negativreaktionen können die gleichen Kommunikationsmethoden angewendet werden, die für den Sustain Talk vorgestellt wurden. Manchmal ist es auch nötig, eine Entschuldigung auszusprechen, wenn der Berater merkt, dass er zu schnell vorgeprescht ist, etwas falsch verstanden hat oder sich in einer Weise unangebracht geäußert hat. Die Möglichkeiten sind vielseitig, hilfreich wird immer sein, die partnerschaftliche, akzeptierende und Autonomie wahrende Haltung von MI zum Ausdruck zu bringen.

Übung

1. Am Beispiel von Frau Bergmann haben Sie bereits die OARS-Basismethoden geübt. Stellen Sie sich vor, sie haben mit Frau Bergmann das Veränderungsziel „Unterkunftssituation" fokussiert. Ihre Klientin äußert sich nun in einem etwas längeren Monolog dazu:

„Ich finde es einfach total anstrengend, mir alle paar Nächte etwas Neues zum Schlafen zu suchen. Dafür fehlt mir allmählich die Kraft. Ich glaube auch, dass bald alle Möglichkeiten ausgeschöpft sind. Allerdings kann ich es mir auch nicht vorstellen, in so eine Einrichtung zu gehen. Ich habe keine Lust auf die Leute dort und ich weiß, dass man sich mit allen möglichen Regeln arrangieren muss. Ich bin auch nicht besonders gut darin. Ich hätte da zwar ein Zimmer für mich alleine, aber man muss da ja auch mitarbeiten. Ich glaube, das ist mir zurzeit zu anstrengend. Man wird zwar auch unterstützt, die helfen einem, wieder Geld vom Amt zu bekommen. Aber ich habe Angst, dass ich zu viel Druck ausgesetzt bin. Die checken dann auch, was ich so konsumiere und auf Gras will ich nicht verzichten. Ok, Druck habe ich im Moment auch. Bei dem schlechten Wetter will ich nicht riskieren, auf der Straße zu liegen. Das ist als Frau auch echt gefährlich, man wird schnell angequatscht."

Markieren Sie in unterschiedlicher Art zunächst den geäußerten Change Talk und dann den Sustain Talk. Überlegen Sie sich zu den Change Talk-Aussagen vertiefende reflexive Äußerungen. Reagieren Sie auf die Sustain Talk-Aussagen so, dass diese entkräftet werden.
Formulieren Sie ein auf Change Talk ausgerichtetes sammelndes Resümee (auch wenn hier keine Beraterreaktionen eingefügt wurden)

2. Wenn Sie mit der Methode der kollegialen Fallberatung vertraut sind, möchte ich Ihnen nach dieser Einzelübung eine Teamübung anbieten. Sie ist durchaus anspruchsvoll, da sie zwei parallele Übungsfokusse hat. Neben dem Blick auf den methodischen Einsatz von MI dient sie der Reflexion ihrer Interaktion mit ihrem Klienten.
Angenommen, Sie erleben in Ihrer Arbeit, dass Sie mit einem Klienten an Grenzen stoßen oder sich im Kreise drehen. Sofern auch Ihre Kolleginnen und Kollegen Motivational Interviewing kennengelernt haben, nutzen Sie die kollegiale Fallberatung ihres Teams, um Ihre Fallarbeit unter den neu erlernten Methoden zu reflektieren. Dafür sollte eine Kollegin oder ein Kollege die Moderation übernehmen. Eine weitere Person macht Notizen zum Verlauf. Stellen Sie als fallgebende Person Ihre bisherige Arbeit mit der Klientin oder dem Klienten vor und beschreiben genau, an welchem Punkt sich ein Nichtvorankommen eingestellt hat. Der Moderator bittet zwei andere Kollegen, in die Rolle der Klientin oder des Klienten zu schlüpfen und sich in ihre/seine Perspektive einzufühlen. Ein anderer Kollege übernimmt die Rolle des Stellvertreters für Sie als Fallgebenden. Nun darf ein Gespräch zwischen den Stellvertreter-Klienten und Ihrem Stellvertreter entstehen. Die Klientin/der Klient schildert seine Gedanken zur Situation mit seinem Sozialarbeiter und macht deutlich, wo er selbst Widerstand empfindet und zu Discord Talk bzw. Sustain Talk neigt. Der Stellvertreter reagiert in MI-Weise darauf. Beobachten Sie, wie sich der Dialog entwickelt. Reflektieren Sie den Rollentausch im Anschluss mit Ihrem Team und leiten weitere Schritte für den Hilfeprozess ab.

Confidence Talk – Stärkung der Zuversicht

Um zu einer Veränderung bereit zu sein, braucht es Zuversicht in die eigenen Fähigkeiten, durch die ein solcher Schritt überhaupt vollzogen werden kann. Ein Problem als dringlich anzuerkennen, ohne dass eine Idee dazu besteht wie es behoben werden kann, verbessert die Lage keinesfalls, sondern löst eher Angst, Verzweiflung und vielleicht eine erneute Verdrängung aus. Aus diesen guten Gründen nimmt Motivational Interviewing auch die Evokation von Hoffnung und Selbstvertrauen als Schlüsselkomponenten der Veränderungsmotivation in den Blick.

Eine Einschränkung des Selbstvertrauens ist oft an dem Wörtchen „aber" erkennbar. In der Übung des vorangegangenen Kapitels lesen wir einige Aussagen, die das niedrige Selbstvertrauen von Frau Bergmann, bezogen auf die Veränderung ihrer Unterkunftssituation, markieren.

> „Ich finde es einfach total anstrengend, mir alle paar Nächte etwas Neues zum Schlafen zu suchen. Dafür fehlt mir allmählich die Kraft *(körperliche Energie fehlt)*. Ich glaube auch, dass bald alle Möglichkeiten ausgeschöpft sind *(soziale Ressourcen sind erschöpft)*. Allerdings kann ich es mir auch nicht vorstellen, in so eine Einrichtung zu gehen. Ich habe keine Lust auf die Leute dort und ich weiß, dass man sich mit allen möglichen Regeln arrangieren muss. Ich bin auch nicht besonders gut darin *(Zuversicht in eigene Anpassungsfähigkeit fehlt)*. Ich hätte da zwar ein Zimmer für mich alleine, aber man muss da ja auch mitarbeiten. Ich glaube, das ist mir zurzeit zu anstrengend *(Energie zur Auseinandersetzung mit eigenen Themen fehlt)*. Man wird zwar auch unterstützt, die helfen einem, wieder Geld vom Amt zu bekommen. Aber ich habe Angst, dass ich zu viel Druck ausgesetzt bin *(Angst vor Überforderung)*.

Frau Bergmann macht zwar deutlich, dass sie ihre Situation höchst problematisch sieht und eine Veränderung dringend nötig wäre, fühlt sich aber aus unterschiedlichen Gründen nicht dazu in der Lage, diese Veränderung herbeizuführen. In der Beraterfunktion ist es wichtig, Hoffnung zu haben und diese quasi als Vorschussleistung in den Veränderungsprozess zu geben. Floskeln wie „Das wird schon wieder", „Wo ein Wille, da ein Weg", „Du schaffst das schon" helfen dabei allerdings wenig. Vielmehr geht es um die Entwicklung einer realen Zuversicht, die vorhandene oder verschüttete Ressourcen reaktiviert oder neue Fähigkeiten hervorbringt. Dies unterstützt die Klientin, sich von der eigenen Selbstwirksamkeit zu überzeugen, damit sie sich für eine Veränderung entscheiden kann. (Die Geschichte vom „Klimt-Blick" S. 78 verdeutlicht die Bedeutung der Beraterhaltung für diesen Aspekt sehr gut.) Wie kann also eine Steigerung der Zuversicht erreicht werden?

MI nennt die Konzentration auf die reflexive Ressourcenstärkung „Confidence Talk“ (Miller & Rollnick, 2015, S. 252). Dieser stellt eine Sonderform von Change Talk dar. Mit offenen Fragen zu den vorhandenen Fähigkeiten, die dann reflektiert, gewürdigt und als Resümee komprimiert gespiegelt werden (OARS) wird die Klientin dazu eingeladen, Selbstwirksamkeitsüberzeugungen auszusprechen. Auch hier gilt: das was sie selbst über sich sagt, hat die stärkste Wirkung.

Im Zuge des Confidence Talk können weitere Elemente eingesetzt werden, um über Stärken zu sprechen und damit Zuversicht aufzubauen. Hier eignet sich wieder die *Skala-Frage* zur Gewinnung einer Einschätzung der Zuversicht und zum Erkunden von bestehenden Fähigkeiten.

B: „Wenn Sie sich eine Skala vorstellen, die bei 0 beginnt und bei 10 endet, wie hoch ist aktuell Ihre Zuversicht, dass Sie in dem Wohnheim klarkommen könnten?“

K: „Ich schätze, sie liegt bei 6.“

B: „Wie kommt es, dass sie bei 6 liegt und nicht bei 2?“

K: „Nun, wir haben ja gerade schon überlegt, dass ich ein paar Punkte genau abfragen und auch klarstellen kann. Und dass ich mich vielleicht doch besser im Zusammenleben mit anderen arrangieren kann als ich dachte.“

Ziel ist, dass der Klient über seine Möglichkeiten und Fähigkeiten spricht, mit denen er sein Problem überwinden kann. Dazu können verschiedene Techniken eingesetzt werden. In einem *offenen Brainstorming* werden beispielsweise bewertungsfrei Ideen für eine Veränderung generiert und notiert. Der Klient legt im Anschluss daran fest, welche möglicherweise umsetzbar sind. Dabei können auch mögliche Probleme und Hindernisse und dazu passende Lösungswege erörtert werden. Wichtig ist immer, auf die *Stärken und Fähigkeiten* einzugehen und diese herauszuarbeiten. Sofern der Klient demoralisiert ist und auf seine Schwächen beharrt, können diese *„reframed“*, in einen neuen Rahmen gesetzt und positiv ausgedrückt werden. Manchmal gibt auch eine *Rückschau* auf eine frühere erfolgreiche Problembewältigung Aufschluss über vorhandene Fähigkeiten. Unterstützend sind stets die Vertiefungen des Beraters durch Anwendung der OARS-Basismethoden. Sicher kann es sein, dass dem Ratsuchenden einfach Wissen und Informationen für bestimmte Problemlösungen fehlen. In der MI-eigenen Vorgehensweise zum Anbieten von *Informationen und Ratschlägen* können und sollen diese erteilt werden. Nicht alles ist zu erfragen, manchmal braucht es das Fachwissen Sozialer Arbeit sowie Kenntnisse über das regionale Hilfenetz und andere Infrastrukturen.

Fallbeispiel: *Confidence Talk*

B: „Frau Bergmann, Sie machen deutlich wie wichtig es ist, eine dauerhafte Unterkunft zu finden, in der Sie wieder in einem eigenen Zimmer geschützt wohnen und sich endlich etwas ausruhen können. Was wären denn mögliche erste Schritte, wenn Sie Ihre Unterkunftssituation verändern wollen?" *(offenes Brainstorming)*

K: „Am einfachsten wäre es vielleicht doch, mal in dem Wohnheim zu fragen, von dem Sie mir erzählt haben. Oder zu kucken, wie es dort aussieht und wie sie drauf sind. Aber ich habe echt Sorge, dass mir das da schnell zu anstrengend wird." *(äußert eine Idee, bringt aber mangelnde Zuversicht zum Ausdruck)*

B: „Sie könnten sich vorstellen, erst einmal nachzufragen und sich zu erkundigen, ob eine Aufnahme in Frage käme. Mit Ihrer Sorge zeigen Sie auch, dass Sie gut auf sich achten wollen. Sie können Informationen einholen und sich einen ersten Eindruck verschaffen. Was könnten Sie tun, um Ihre Sorge vor Überforderung zu mindern?" *(Resümee, Reframing, Handlungsspielraum wird aufgezeigt, um geringe Zuversicht zu verändern)*

K: „Ich müsste schon genau wissen, was die da von mir erwarten."

B: „Das ist eine prima Idee, dass Sie die Bedingungen der Zusammenarbeit vorab für sich klären wollen. Sie wollen für sich in Erfahrung bringen, ob Sie sich den Anforderungen aussetzen wollen. Wie genau werden Sie das tun?" *(Würdigung, Reflexion, Art der offenen Frage macht deutlich, dass B davon ausgeht, dass K dazu imstande ist, die Klärung vorzunehmen)*

K: „Ich will wissen, an was ich mich halten muss und ob die mir Druck machen." *(äußert klare Vorstellung)*

B: „Um entscheiden zu können, ob Sie dort wohnen wollen ist es für Sie wichtig, genau zu erfragen, wie die Bedingungen sind, die Räumlichkeiten zu sehen und einen ersten Eindruck von den Menschen gewinnen. Das klingt nach einer sehr umfassenden Klärung. Angenommen, Sie könnten diese Bedingungen akzeptieren, was gibt Ihnen weiterhin Zuversicht, dass sie ein gemeinschaftliches Wohnen mit anderen wohnungslosen Frauen hinbekommen könnten?" *(Zusammenfassung, Bestätigung, offene Frage nach Ressourcen)*

K: „Wie gesagt, ich denke ich bin nicht besonders gut darin, mich anzupassen." *(äußert geringe Zuversicht)*

B: „Wie haben Sie das die ganzen Monate bei Ihren so unterschiedlichen Bekannten geschafft? Inwieweit mussten Sie sich dort anpassen?" *(Frage nach früheren Erfolgen)*

K: „Ja, da haben Sie Recht, da musste ich mich auch anpassen. Das ging schon irgendwie. Ich habe mich zwar innerlich oft aufgeregt, aber der

Schlafplatz war mir wichtiger. Ich bin spazieren gegangen, wenn es mir zu viel wurde. Bei Stress muss ich mich bewegen und mir Luft verschaffen. Danach konnte ich es dann wieder besser mit den Leuten aushalten. Ist meine persönliche Strategie, schon seit meiner Jugend." *(Confidence Talk setzt ein)*

B: „Sie wissen, was Ihnen guttut, wenn Sie sich gestresst fühlen und andere Menschen Ihnen auf die Nerven gehen. Sind dazu in der Lage, ihren Ärger über die Gewohnheiten anderer zu managen. Das ist im Zusammenleben mit anderen Menschen eine gute Fähigkeit. Sie können sich zugunsten Ihres Bedürfnisses einen Schlafplatz zu haben zurückhalten." *(Aufgreifen des Confidence Talk, Benennung der Ressourcen)*

K: „Könnte sein, dass mir das in so einer Frauengruppe doch gelingt. Den anderen geht es vielleicht ähnlich." *(Äußerung von Zuversicht)*

B: „Alle arrangieren sich wohl irgendwie mit der Situation. Somit werden Sie auch auf Verständnis stoßen, wenn Sie genervt sind. Und da Sie wissen, wie Sie solche Situationen managen können, haben Sie eine Tür offen. Ihre Befürchtung, dass die Sozialarbeiter Sie dort überfordern – welche Möglichkeiten sehen Sie, dass es dazu nicht kommt?" *(Reflexion, Stärkung des Vertrauens in eigene Möglichkeiten)*

K: „Ich werde halt klar abstecken, wobei ich Hilfe möchte und wo man mich in Ruhe lassen muss." *(Benennung der Fähigkeit)*

B: „Sie sind in der Lage, klar zu sagen, wo Ihre Grenzen sind." *(Reflexion der Fähigkeit)*

K: „Das ist wahr, das kann ich gut. Manchmal rutscht es mir etwas ruppig raus, aber oft kann ich das später nochmal klarstellen, wie ich das gemeint habe." *(Confidence Talk)*

B: „Sie sind imstande, Ihre Bedürfnisse zu äußern und falls Sie sich mal im Ton vergreifen, später auch ein klärendes Gespräch zu führen. Das sind gute Kompetenzen, die Sie dort nutzen können." *(Zusammenfassung, Würdigung)*

Übung

Ressourcen entdecken und vertiefen

Die in Abbildung 20 gezeigt Liste kann als Grundlage für eine Stärkensuche verwendet und erweitert werden.

Suchen Sie sich eine/n Gesprächspartner*in und schauen mit ihr/ihm diese Liste von 100 positiver Eigenschaften an. Laden Sie Ihr Gegenüber dazu ein, fünf wesentliche Stärken zu unterstreichen. Gehen Sie dann in eine Exploration dieser Eigenschaften mithilfe von offenen Fragen und reflektierendem Zuhören (vgl. Miller & Rollnick, 2015, S. 255 f.). Diese Übung dient dazu,

Eigenschaften zu explorieren, die die Zuversicht in die Selbstwirksamkeit stärken und somit für eine Veränderung hilfreich sind.

Tipp: Anhand von konkreten Alltagsbeispielen werden die Stärken besonders deutlich.

abenteuerlustig	ernsthaft	kreativ	sorgfältig
aktiv	fantasievoll	kühn	spirituell
akzeptierend	findig	lebendig	stabil
anpassungsfähig	fix	lebensbejahend	stark
aufgeschlossen	flexibel	liebevoll	tapfer
aufmerksam	furchtlos	locker	treu
aufrichtig	geduldig	Macher	umsichtig
ausdauernd	gescheit	mutig	unbeugsam
begeisterungsfähig	geschickt	nachdenklich	verantwortungsvoll
besonders	gesund, körperlich	nachsichtig	vernünftig
beständig	gesund, seelisch	nicht kleinzukriegen	verständnisvoll
dankbar	gewinnendes Wesen	nicht zu bremsen	vertrauensvoll
direkt	gründlich	offen	visionär
durchsetzungsfähig	gut geerdet	offenherzig	voller Elan
dynamisch	gut organisiert	optimistisch	vorsichtig
effektiv	guten Willens	ordentlich	wach
ehrfürchtig	hartnäckig	patent	warmherzig
ehrgeizig	heiter	positiv eingestellt	würdig
eifrig	hingebungsvoll	reif	zäh
einfallsreich	hoffnungsvoll	sachkundig	zufrieden
energiegeladen	intelligent	scharfsichtig	zukunftsgerichtet
engagiert	interessiert	schlau	zuverlässig
entscheidungsstark	klug	selbstsicher	zuversichtlich
entschlossen	kompetent	sensibel	
erfahren	konzentriert	solide	

Abbildung 20: „Merkmale von Veränderungs-Champions“ (nach William Miller)

5.9 Prozessschritt Planung

Wann genau ist es nun an der Zeit, auf Worte Taten folgen zu lassen? Die ersten drei Prozessschritte (Beziehungsaufbau, Fokussierung und Evokation) können mehr oder weniger Zeit in Anspruch nehmen. Dafür gibt es keine Norm, denn die Ausgangssituation beim Klienten kann sehr unterschiedlich gelagert, der bisherige Arbeitsprozess zirkulierend oder progressiv gewesen sein. Für den Übergang in die Planungsphase verwenden Miller und Rollnick ein anschauliches Beispiel. Während die ersten drei Phasen wie ein mühevoller und kraftzehrender Aufstieg auf einen Berggipfel sind, kann sich die Planung wie ein lockerer Abstieg gestalten. Dennoch gibt es wichtige Aspekte zu beachten. Zunächst einmal ist der Gipfel genau auszumachen. Was gibt Aufschluss darüber, dass der Höhepunkt, das ausreichende Maß an Motivation, erreicht ist, sodass eine Veränderung konkret geplant werden kann? Wichtig ist, dass der Berater ein gutes Gespür für die Anzeichen zum Übergang in die Planungsphase entwickelt. So ist zum einen eine Verlagerung des *Verhältnisses von Change Talk und Sustain Talk* ein wichtiger Hinweis. Wenn die Häufigkeit und Intensität von vorbereitendem und mobilisierendem Change Talk zunimmt während gleichzeitig der Sustain Talk nachlässt, bereitet sich der Klient mental immer mehr auf eine Veränderung vor. *Selbstverpflichtende Äußerungen (Commitment)* oder *aktivierende Aussagen* wie z. B. *„Ich möchte das nun ausprobieren“, „Ich werde das ab morgen tun“, „Ich bin bereit es zu versuchen“, „Ich will es mir nun selbst beweisen, dass ich es kann“* sind starke Hinweise für eine gereifte Veränderungsabsicht. Wichtig ist, dass auch etwas schwächere Aussagen gewürdigt und nicht in Frage gestellt werden, da ansonsten der Sustain Talk reaktiviert wird. Ein Satz wie *„Ich werde darüber nachdenken“* kann vom Berater auf unterschiedliche Arten beantwortet werden: *„Wir haben nun sehr viel darüber gesprochen und eigentlich haben Sie genügend gute Gründe gefunden, um nicht nur darüber nachzudenken, sondern auch ins Tun zu kommen“* oder: *„Ich bin mir sicher, dass Sie sich Gedanken machen und freue mich, dass Sie das Thema mittlerweile so ernst nehmen. Ich bin gespannt, zu welchem Schluss Sie kommen werden.“*

Auch wenn man denkt, in der Planungsphase angekommen zu sein, kann es sich kontraproduktiv auswirken, nun zu schnell vorgehen zu wollen und dem Klienten vorauszueilen. Die aufgebaute Motivation verhält sich keineswegs statisch. Wichtig ist, für Motivationsschwankungen sensibel zu sein und als Berater flexibel in einen vorangegangenen Prozessschritt zurückzugehen, sofern das erforderlich ist.

Zum anderen deutet auf eine fortgeschrittene Veränderungsabsicht hin, wenn der Klient von ersten unternommenen Versuchen berichtet oder wenn er sich eine *in der Zukunft liegende Situation* konkret ausmalt. Oftmals werden auch *Fragen zu Wegen in die Veränderung* gestellt, die der Berater dann wieder nach den MI-Prinzipien für „Informieren und Rat geben“ (Elicit-Provide-Elicit) beantworten kann.

Bevor die Planungsphase eingeleitet wird, bietet MI in einem bewussten Zwischenschritt ein Instrument an, mit dem der Berater abwägt, ob die Zeit für die Planung reif ist: die *Rekapitulation* mit der *Schlüsselfrage*. Eine Rekapitulation bedeutet eine Sammlung und Zusammenfassung des gesamten erarbeiteten Change Talks. Damit werden dem Klienten seine selbst geäußerten Gründe und Absichten nochmals vor Augen geführt. Eine Voraussetzung dafür ist, dass sich der Berater diese Aspekte im Laufe des Gesprächs bzw. einer Mehrzahl von Gesprächen gemerkt hat. Dies erfordert in der Regel, dass er Mitschriften und Nachbereitungen von Beratungssitzungen anfertigt, die sich nicht nur auf den allgemeinen Inhalt beziehen, sondern dezidiert den Change Talk festhalten.

Dieses Resümee wird mit einer offen formulierten Schlüsselfrage beendet, die auf das weitere Handeln abzielt: *„Was meinen Sie, wie kann es jetzt konkret weitergehen?"*, *„Was könnten Sie sich nun vorstellen zu tun?"*, *„In welche Richtung könnte nun Ihre Entscheidung ausfallen?"*.

Wichtig ist, den Klienten mit der Schlüsselfrage nicht zu bedrängen und zu überfordern, sondern deutlich zu machen, dass er selbst die Entscheidung für sich bewusst zu treffen hat. Wenn diese klar für eine Veränderungsabsicht ausfällt, kann in die konkrete Planung eingestiegen werden.

Fallbeispiel: *Rekapitulation und Schlüsselfrage*

B: „Frau Bergmann, habe ich das richtig verstanden, dass Sie so wie es jetzt ist nicht weiterleben wollen? Ihre Unterkunftssituation ist für Sie völlig unbefriedigend und Tag für Tag von Stress begleitet. Sie merken, dass Sie nicht auf Dauer bei unterschiedlichen Männern unterkommen können und haben große Sorge davor, auf der Straße schlafen zu müssen. Sie haben vom Angebot einer stationären Einrichtung erfahren und haben diesbezüglich noch einige Bedenken. Gleichzeitig haben Sie bereits Ideen entwickelt, wie Sie Ihre Fragen und Grenzen klären können. Sie sind im Grunde zuversichtlich, dass Sie eine Zeitlang gemeinsam mit anderen Frauen in einer Wohngruppe leben könnten. Sie wissen, dass Sie ein eigenes Zimmer hätten, in dem Sie zur Ruhe kommen könnten. Dies könnte ein Ausweg aus der Wohnungslosigkeit sein. Wie könnte, Ihrer Meinung nach, der nächste Schritt aussehen?

Übung

1. Sie haben erfahren, wie wichtig es ist, die Change Talk Äußerungen des Klienten zu erkennen und sie sich für die späteren Resümees, insbesondere für die Rekapitulation zu merken. Das ist eine anspruchsvolle Aufgabe. Idee: Erstellen Sie sich eine Dokumentationsvorlage mithilfe des Akronyms DARN ACT für die Erfassung und Notierung von Change Talk, die Sie für jede Gesprächsnachbereitung griffbereit auf dem Schreibtisch haben.
2. Formulieren Sie als Reaktion auf folgendes Beispiel ein überleitendes Resümee, das mit einer Schlüsselfrage abschließt:
   (Zielverhalten Aufbau einer Tagesstruktur)
   K: *„Ich weiß ja, dass es mir nicht guttut, den ganzen Tag auf meinem Zimmer zu sein. Ich schaue stundenlang fernsehen und fühle mich nur müde. Wieder etwas zu tun, was Spaß macht ist gut, aber es sollte auch Geld einbringen. Für nichts zu arbeiten, macht wenig Sinn. Allerdings vereinsame ich hier allmählich und merke, dass ich unbedingt wieder arbeiten muss, sonst verliere ich den Anschluss. Ein Kumpel von mir geht jetzt dreimal die Woche zum Grünflächenamt und hat mich gefragt, ob ich nicht mitkommen möchte. Ein paar Euro kommen dabei rum. Im Freien zu arbeiten habe ich eigentlich schon immer gut gefunden."*
   B: ____
   ____
   ____
   ____
   ____

Die Selbstverpflichtung stärken

Auch zu diesem Zeitpunkt des Arbeitsbündnisses ist MI ein kooperativer Prozess, in dem die Kreativität, situative Expertise und Verantwortung des Klienten evoziert und gestärkt werden. Es werden die gleichen Basiskompetenzen (OARS, informieren und Rat anbieten) wie in den vorangegangenen Phasen eingesetzt, die dem Klienten helfen, seinen eigenen Veränderungsplan reflexiv und mit vollem Zugriff auf seine Ressourcen zu entwickeln. Wesentlich ist, als Berater das nötige und ausreichende Maß für die Hilfestellung herauszufinden und vor allem den „Korrektur-Reflex" zu vermeiden. Vor allem können Fragen, die mobilisierenden Change Talk hervorrufen, die Planung unterstützen:

„Wie genau/was genau wollen Sie tun?“ *(ins Detail gehen)*
„Was wäre ein erster Schritt in Richtung Ihres Ziels?“ *(Vorbereitung)*
„Wann wollen Sie beginnen?“ *(Terminierung)*
„Welche Hindernisse könnten auftreten?“ *(Schwachstellen identifizieren)*
„Haben Sie wirklich vor, das zu tun?“ *(Selbstverpflichtung stärken)*

Hilfreich ist eine Verschriftlichung des Plans, in dem u. a. konkrete Vereinbarungen festgehalten werden können. Dies ermöglicht beispielsweise die regelmäßige Wiedervorlage zur Reflexion von Erfolgen und Hindernissen bei der Umsetzung von Teilschritten.

Der Stärkung der Selbstverpflichtung kommt eine besondere Bedeutung zu. Die Wahrscheinlichkeit für eine tatsächliche Veränderung erhöht sich, wenn neben dem Bestehen eines konkreten Handlungsplans gegenüber sich selbst und anderen Menschen die Absicht geäußert wird, diesen in die Tat umzusetzen. Die in Abbildung 21 aufgeführten Verben lassen selbstverpflichtende Äußerungen („Commitment Talk“) erkennen.

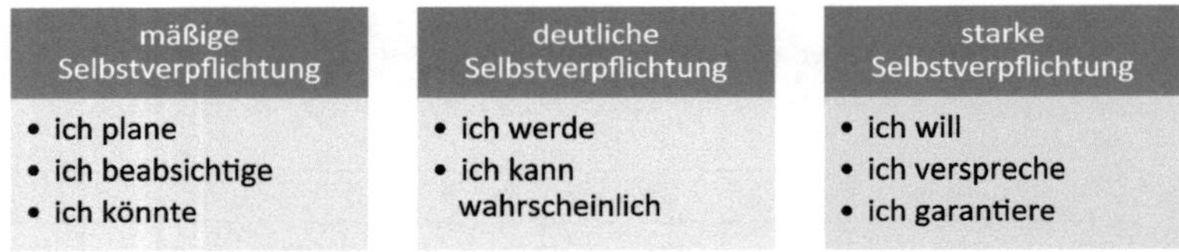

Abbildung 21: Selbstverpflichtung

Die gesamte Vorgehensweise von MI kann die Selbstverpflichtung stärken, weil sie auf eine Förderung der intrinsischen Motivation abzielt. Darüber hinaus kann es für den Klienten selbstverpflichtend sein, sein Vorhaben in seinem sozialen Umfeld kundzutun. Zum einen können Angehörige, Freunde oder Kollegen unterstützend auf das Ziel eingehen, zum anderen kann die „soziale Kontrolle“ in schwachen Momenten das Durchhaltevermögen stärken und indirekt dabei helfen, das Gesicht zu wahren. Für manche Menschen mag auch eine Form von Self-Monitoring hilfreich sein, indem sie Fortschritte dokumentieren, Tagebuch schreiben oder grafische Auswertungen vollziehen. Ein Trinktagebuch, ein Trainingsplan, ein Ernährungs-Guide oder eine Gewichtskurve können je nach Zielsetzung motivierend sein. Der in Abbildung 22 gezeigte Veränderungsplan kann gemeinsam mit dem Klienten erarbeitet werden und die Selbstverpflichtung stärken.

Veränderungsplan von:	**Selbstverpflichtende Absicht**
Ich möchte ganz genau erreichen:	**Spezifität, Konkretisierung**
Ich weiß, wozu ich das will:	**Attraktivität des Ziels, Sinnhaftigkeit**
Ich weiß, weshalb ich es kann:	**Innere Ressourcen**
Auf diese Hilfen kann ich zurückgreifen:	**Äußere Ressourcen**
Folgendes könnte mir in die Quere kommen:	**Mögliche Hindernisse bedenken**
In solchen Situationen wird Folgendes hilfreich sein:	**Lösungsideen bei auftretenden Hindernissen**
Dieses ist mein Zeitplan:	**Terminierung**
Daran werde ich erkennen, dass ich mein Ziel erreicht habe:	**Messbarkeit**
Diese Auswirkungen wird meine Zielerreichung für meine Umwelt haben:	**Öko-Check**

Abbildung 22: selbstverpflichtender Veränderungsplan

Vor allem für Verhaltensänderungen bedarf es einer starken Ausdauer sowie einer umfassenden Motivation. Rückschläge oder eine temporäre Rückkehr in alte Verhaltensmuster sind möglich, vor allem dann, wenn krisenhafte Ereignisse in das Leben treten. Für eine gute Unterstützung des Klienten in solchen Situationen ist die konsequente Beibehaltung der akzeptierenden, wertschätzenden und ressourcenorientierten Grundhaltung von MI stärkend. Oft gehen Rückschläge mit Selbstvorwürfen und Unzulänglichkeitsgefühlen einher. Übungen zur Selbstakzeptanz können eine enorme Entlastung bieten. Die Entwicklung und ein Selbstzuspruch von Affirmationen, wie z. B. *„Auch wenn ich wieder Alkohol getrunken habe, schätze und achte ich mich selbst“*, *„Obwohl es mir nicht immer gelingt, meinen Ernährungsplan umzusetzen, bin* *ich es mir wert, täglich neu damit zu beginnen*" fördern die Selbstwertschätzung.

Manchmal müssen aufgestellte Pläne aber auch neu überdacht und korrigiert werden. Vielleicht wurden Ziele zu hochgesteckt oder es fehlt noch an Ressourcen. Genauso kann es sein, dass die zuvor erarbeiteten Gründe für die Veränderung aus dem Blickfeld geraten sind und in Erinnerung gerufen werden sollten. Möglicherweise erscheint ein anderes Thema plötzlich als vordringlicher. Oder aber, der Klient meidet den Kontakt und wehrt die Planung ab. Wenn die Umsetzung eines Plans in Wanken gerät, kann eine flexible Rückkehr in jede der vier benannten Prozessschritte (Beziehungsaufbau, Fokussierung, Evokation, Planung) nötig sein.

6. Motivational Interviewing als Chance für die Wohnungslosenhilfe

Motivational Interviewing ist mittlerweile das Mittel der Wahl für die Initiierung von Veränderungsprozessen in Beratung und Therapie. Es ist kein eigenständiges psychotherapeutisches Konzept, sondern wird als zusätzliches Instrument eingesetzt. Das Bestreben der Entwickler ist vielmehr auf die Integration in andere Ansätze ausgerichtet als auf die Anerkennung einer eigenständigen Therapieform. Methodisch ist es vom Grundansatz einer konsequenten Ressourcen- und Lösungsorientierung eher der Beratung zuzuordnen und kann dort eingesetzt werden, wo es um Veränderungsarbeit geht. Weil Veränderung selten ein linearer Prozess ist, kann MI auch in Teilaspekten verschiedener Beratungs- und Therapieansätze nützlich sein.

Auch wenn der Ursprung in der Behandlung substanzbezogener Suchttherapie liegt und die Wirkung in diesem Feld am meisten erforscht wurde, dehnte sich MI im Laufe der Zeit auf weitere gesundheitsrelevante Bereiche, u. a. Ernährungs- und Diabetesberatung, Physiotherapie, zahnhygienische Beratung und der Förderung von Compliance für psychiatrische Behandlungen etc. aus. In sozialen Arbeitsfeldern kommt MI zunehmend dort zum Einsatz, wo es z. B. um Problemverhalten von Jugendlichen, einer Verbesserung von Lernverhalten oder um die Bearbeitung von Gewalthandlungen bei Straftätern geht. Viele Studien belegen mittlerweile die Wirksamkeit des Ansatzes auch in verschiedensten weiteren Bereichen, in denen Verhaltensänderungen angestrebt werden (Miller & Rollnick, 2015, S. 439 f.).

Neben den im Außen sichtbaren verhaltensbezogenen Änderungen kann MI auch da eingesetzt werden, wo eine Person eine Wahl zu einer persönlichen Haltung oder Denkweise zu treffen hat, also eine innere Einstellung verändern bzw. einnehmen kann (ebd. S. 45 f.). Mithilfe der Haltung, der Struktur und den Basismethoden von MI, können Therapeuten und Berater ihre Patienten und Klienten bei inneren und äußeren Veränderungsprozessen unterstützen, die Ziele zu erreichen, die für ihre Lebensgestaltung sinnvoll und förderlich sind. Genau dies kann als übergeordnetes Ziel der Wohnungslosenhilfe verstanden werden. In diesem Hilfefeld besteht die Herausforderung darin, Veränderungsmotivationen für mehrere problembehaftete Lebensbereiche und deren Bedingtheiten zu erarbeiten. Motivational Interviewing kann in seiner Bandbreite von Haltung bis Kernkompetenzen als Beratungsinstrument eine große Bereicherung sein. In den folgenden sieben Thesen gehe ich darauf konkreter ein.

6.1 Sieben Thesen

1. *How-to-reach the hard-to-reach*

Wohnungslose Menschen, die ihr Vertrauen in das Hilfesystem verloren haben, können durch eine MI-orientierte Haltung und Hilfeausgestaltung neu erreicht werden.

Viele wohnungslose Menschen haben ein Scheitern in psychosozialen, (sucht-)medizinischen oder psychiatrischen Hilfen, vielleicht sogar bereits in der Jugendhilfe, erlebt. Sie sind dadurch skeptisch, enttäuscht und misstrauisch gegenüber dem Hilfesystem geworden. Um ihr Vertrauen darin neu aufzubauen, sollte ihr Bedürfnis nach Selbstbestimmung und Autonomie respektiert und die auf der Straße angeeigneten Kompetenzen wertgeschätzt werden. Eine offene, annehmende Einstellung begegnet auch den Personen mit Respekt, die von gesellschaftlich normativen Erwartungen abweichendes Verhalten an den Tag legen (vgl. Steckelberg, 2018). Eine Kontaktaufnahme im Sinne von MI übt keinen Druck aus. Sie konfrontiert nicht und fragt nicht nach dem Warum des Scheiterns. Die Beraterhaltung ist kontinuierlich akzeptierend und setzt bewusst am ersten Prozessschritt, dem Beziehungsaufbau, an. Gerade in diesem Praxisfeld ist die professionelle Beziehungsgestaltung ein wichtiges und zugleich herausforderndes Thema. Wohnungslosen Menschen fehlt es sehr oft an tragfähigen Beziehungen. Negative Erfahrungen in Beziehungsaufbau, -pflege und -erhalt sind öfter die Regel als die Ausnahme. Hinzu kommt, dass die gesellschaftliche Stigmatisierung nicht nur die Exklusion von allgemeiner sozialer Teilhabe verstärkt, sondern auch einen selbstbewussten positiven Umgang mit anderen Menschen beeinträchtigt.

Eine wichtige Rolle für den Zugang nehmen „Tür-und-Angel-Gespräche" in offenen Angeboten oder spontanen Begegnungen ein, die einen ungezwungenen Kontakt in einer informellen Atmosphäre bieten. Sie erfordern allerdings eine besondere Sensibilität für vertrauliche Themen. Eine bewusste Nutzung dieses Settings fördert den Beziehungsaufbau und ermöglicht situationsbezogene kürzere Beratungssequenzen im jeweiligen Lebensraum des Adressaten. Diese offene Beratungsform sollte deshalb genauso wahrgenommen und reflektiert werden wie terminierte Beratungen. Die Nutzung von „Tür-und-Angel-Gesprächen" entspricht dem sozialpädagogischen Konzept der Lebensweltorientierung, das sich eng an den „spezifischen Selbstdeutungen und Handlungsmustern" der Adressaten orientiert (vgl. Gerull, 2018, S. 19) sowie ihre Bewältigungskompetenzen respektiert und stärkt. Außerdem bietet die Lebensweltorientierung ein großes Potential, systemische Perspektiven für Bedarfe und Bedürfnisse der Klienten zu gewinnen.

Niebauer (2015) wechselt für seine Überlegungen zum Thema von „hard-to-reach“ zu „how-to-reach“ in diesem Sinne die Perspektive. Das übliche „hard-to-reach“ Label der Klientel mit Multiproblemlagen beinhaltet die Denkrichtung, dass es die Charakteristika der Zielgruppe sind, die die Schwererreichbarkeit schaffen. So sind sie vermeintlich wenig eigenmotiviert oder gar problemuneinsichtig, brechen Hilfemaßnahmen nach kurzer Zeit wieder ab und sind durch kognitive, oft suchtbedingte Einschränkungen nicht für Hilfeangebote geeignet. Die Beziehungsgestaltung ist herausfordernd, ein Vertrauen in Hilfeangebote fehlt und viele wollen deshalb mit ihrer existentiellen Notlage der Wohnungslosigkeit gar nicht ins Blickfeld der Hilfeeinrichtungen rücken (unsichtbare Wohnungslosigkeit). Die Gründe für „hard-to-reach“ liegen somit vermeintlich auf Seiten der Betroffenen. Sie selbst sehen sich allerdings anders. Aus ihrer Perspektive sind es vielmehr die Hilfeangebote, die mit Formen, Inhalt, Ausrichtung und Umfang nicht immer ihren Bedürfnissen entsprechen. Die Hilfen sind in den bestehenden Systemen an Bedingungen geknüpft und durch die Grenzen der Bedingungslosigkeit entstehen Tabus. Komm-Strukturen enthalten bereits die Erwartung an die Problemeinsicht des Klienten, wenn diese nicht vorhanden ist, werden höherschwellige Hilfen versagt.

Die Befragung „Motivation in der Wohnungslosenhilfe“ (vgl. Online-Material) zeigt u. a., dass Sozialarbeitende fast in allen Lebensbereichen mehr Hilfebedarfe bei der Klientel sehen als sie Veränderungsmotivation zur Überwindung der Problemlagen erkennen. Doch Wohnungslose sind selten nichtmotiviert, es braucht jedoch Zuversicht in die Selbstwirksamkeit. Wesentlich ist somit, genauer hinzuhören und mehr zu differenzieren, wozu Energie aufgebracht und wofür Zuversicht aufgebaut werden kann. Motivational Interviewing lehrt uns, das Ohr für die Motivation des Klienten zu schärfen. Der Ansatz zeigt mit seinem Verständnis von Ambivalenz als normale menschliche Reaktion auf, wie vermeintlich unmotivierte Klienten ihre Motivationsaspekte erkennen können. Wie oben bereits eingehend erörtert, kann eine ressourcenorientierte Haltung seitens der Fachleute die Bereitschaft zur konstruktiven Auseinandersetzung mit der Lebenssituation fördern. Schlussendlich führt Niebauer die Bedeutung des MI-Spirit und der MI-Prinzipien als Grundlage für alle Details der Hilfeausgestaltung als ein Merkmal von „how-to-reach“ an. Partnerschaftlichkeit, Evokation und Autonomie erscheinen auch für die Wohnungslosenhilfe unverzichtbare und zentrale Betrachtungs- und Herangehensweisen zu sein (vgl. Niebauer, 2015, S. 412 ff.).

2. *Von der Problem- zur Ressourcenorientierung*

MI fokussiert Ressourcen – ein Lernfeld für die Wohnungslosenhilfe.

Bis in die 1990er Jahre wurde in der Wohnungslosenhilfe ohne eine direkte Beteiligung des Hilfesuchenden eine Problembeschreibung zur Kostenbeantragung verfasst, die rein defizitorientiert ausgelegt war. Mittlerweile wird gemeinsam mit dem Betroffenen an der Bedarfsfeststellung und Hilfeplanung gearbeitet, sodass dem Mitwirkungsaspekt Rechnung getragen wird. Leider fordern Leistungsträger noch immer eine konkrete Beschreibung des Hilfeanspruchs, der fast ausschließlich auf Problembeschreibungen basiert. Die Maßgabe ist zwar, ressourcenorientiert zu arbeiten, aber ein Zuviel davon in der Antragstellung könnte immerhin auch eine Infragestellung bzw. Ablehnung der Hilfe bedeuten. *„Ohne Zuschreibung von Defiziten und somit Stigmatisierung der Adressat_innen, werden keine personenbezogenen Leistungen, bspw. nach §§ 67 SGB XII, bewilligt. Bei Betonung der vorhandenen Ressourcen und Kompetenzen wäre die Hilfe laut gesetzlichem Auftrag gar nicht erforderlich und würde abgelehnt."* (Schlembach, 2017, S. 121, in Anlehnung an Gerull)

Zu diesem Aspekt erhielt ich in meiner Befragung „Motivation in der Wohnungslosenhilfe" (s. Online-Material) eine Einschätzung der Sozialarbeitenden, die in großer Zahl bestätigten, dass die Konzentration in der Bedarfsermittlung immer noch sehr stark auf die Problembereiche gerichtet ist und nur zu einem geringen Anteil auf die vorhandenen Ressourcen gelenkt wird. Zu bedenken ist dabei, dass eine schriftlich formulierte Problemdarstellung, in der Bedürftigkeit und Defizite formuliert werden, bei einem Menschen innere und ggf. auch sichtbare äußere Reaktionen auslöst. Aus meinem Berufsalltag kenne ich unterschiedliche Reaktionen der Klienten, wenn die Verschriftlichung des Bedarfes für den Sozialhilfeantrag zu lesen und zu unterzeichnen ist. Manche lehnen es ab, den Antrag zu lesen, andere überfliegen ihn. Manche studieren und diskutieren den Text genau und finden ihre Situation zutreffend beschrieben, sind aber teilweise dadurch demoralisiert. Die Konfrontation mit der fachlichen, defizitorientierten Bedarfsfeststellung ist neben dem eigenen Leidensdruck zur Lebenssituation oft zusätzlich belastend und fördert eher Hoffnungslosigkeit als Zuversicht. Die besten Erfahrungen sammle ich damit, den Bericht gemeinsam zu verfassen und dabei nach Worten und Ausdrücken zu suchen, mit denen der Klient seine Situation auf den Punkt bringt und gleichzeitig die fachliche Einschätzung in einer Art und Weise auszudrücken, die er bejahen kann. Auch eine mündliche Darlegung der sozialen Schwierigkeiten in persönlichen Hilfeplangesprächen vor ein oder mehreren teils unbekannten Fachkräften ist fast immer eine schwierige Situation für Betroffene.

Eine motivierende Gesprächsführung arbeitet wesentlich stärker die vorhandenen Ressourcen heraus und aktiviert diese, anstatt dass sie Fehlendes hinzufügt. Und auch das ist in der Wohnungslosenhilfe nicht immer einfach, da v. a. materielle und soziale Ressourcen oft gar nicht oder nur sehr eingeschränkt vorhanden sind. Um personale Ressourcen zu entdecken hilft es, den Klienten etwas besser zu kennen und einschätzen zu können. Die eigenen Fähigkeiten und Stärken zu benennen fällt gerade den Menschen schwer, die in ihrem Selbstwert und Selbstbewusstsein getroffen sind. Aufschlussreich ist dabei, Fragen nach Werten, nach Erfolgen oder bisher gemeisterten Krisen bzw. Herausforderungen zu stellen. Auf jeden Fall sollte eine ressourcenorientierte Herangehensweise schon ab Beginn der Hilfemaßnahme eine bewusste Rolle spielen. Wenn positive Aspekte identifiziert und herausgestellt sind, können Schwierigkeiten leichter angesprochen werden. Insgesamt sollte sich die Konnotation in der Bedarfsfeststellung weg von der Defizitorientierung und hin zu einer deutlichen Ressourcenorientierung bewegen. Das Verständnis dafür muss sowohl auf Leistungserbringer-Seite als auch auf Leistungsträger-Seite wachsen. Die Herausforderung ist, eine neue Sprache zu entwickeln, die auf Förderung und Entwicklung setzt anstatt auf Problemorientierung. Mit Einzug des Bundesteilhabegesetzes wird u. a. die Eingliederungshilfe in ein solch verändertes Blickfeld gerückt. Der Bezugspunkt der Bedarfsermittlung ist nunmehr die Internationale Klassifikation der Funktionsfähigkeit, Behinderung und Gesundheit (ICF) der WHO. Dieses Konzept fragt nach den Auswirkungen eines Gesundheitsproblems im Leben einer Person und ihren Wechselwirkungen mit den relevanten Umweltfaktoren. MI kann bei der Erfassung von Gesundheitsproblemen und ihrer Auswirkungen als passgenaue Methode für eine ressourcen- und teilhabeorientierte Bedarfsermittlung dienen.

3. Ohne Druck Sucht zum Thema machen – Zieloffene Suchtarbeit

Das auf MI basierende Konzept der zieloffenen Suchtarbeit bietet für die Wohnungslosenhilfe einen niedrigschwelligen Ansatz für die Thematisierung von Substanzmissbrauch und -abhängigkeit.

Ein großer Anteil wohnungsloser Menschen ist suchterkrankt oder übt missbräuchlichen Suchtmittelkonsum aus, wie in Teil I dieses Buches dargelegt ist. Auch wenn damit einhergehend zum Teil eine seelische Beeinträchtigung droht oder vorliegt, die eine Hilfezuordnung nach dem Bundesteilhabegesetz sinnvoll erscheinen lässt, muss die Wohnungslosenhilfe tätig werden, sofern sie zuerst angesteuert wird bzw. durch aufsuchende Hilfen Kontakt zu diesen Betroffenen schafft. Fakt ist, dass viele suchtkranke Wohnungslose keinen Zugang zum Suchthilfesystem finden, weil die Hürden zu hochgestellt sind. Die klare „Komm-Struktur“, die soziale Mittelschichtsorientierung und die ausschließliche Abstinenzorientierung überfordern wohnungslose Menschen, weil sie sich neben ihrer Suchterkrankung täglich mit anderen existenziellen Themen beschäftigen müssen und sie sich von anderen sozialen Gruppen der Gesellschaft ausgegrenzt fühlen. Die klassische Suchthilfe hält keine passgenauen niedrigschwelligen Angebote für diesen Personenkreis vor und vielerorts gibt es noch keine effektiven Kooperationen zwischen den Hilfesystemen (vgl. Körkel, 2007a, S. 33 ff.).

Ein Einsatz von Motivational Interviewing und insbesondere der zieloffenen Suchtarbeit bauen eine Brücke für eine konstruktive Auseinandersetzung mit dem Suchtmittelkonsum. Die zieloffene Suchtarbeit, die noch genauer vorgestellt wird, antwortet mit ihrer methodischen Ausrichtung auf die Herausforderung „how-to-reach". Vor allem die Stärkung von Zuversicht und die Erfahrung von Selbstwirksamkeit durch Rückgewinnung der Selbstkontrolle stellen Faktoren dar, infolge derer eine Überleitung in das Suchthilfesystem besser gelingen kann. Die Wohnungslosenhilfe soll und kann dabei nicht die Arbeit der Suchttherapie vorwegnehmen, sondern eine Türöffner-Funktion einnehmen. Aber sie ist, so Körkel, „idealer Einsatzort für Interventionen nach dem Konzept des MI …" (ebd. S. 42). Dafür ist erforderlich, dass sich die Mitarbeitenden der Wohnungslosenhilfe die dafür notwendigen suchtspezifischen Wissens- und Handlungskompetenzen aneignen, um ausreichend qualifiziert zu sein.

4. *Ein Sprungbrett in weiterführende psychiatrische/psychotherapeutische Hilfen*

Der Einsatz von MI kann eine Türöffner-Funktion in weiterführende psychiatrisch-psychotherapeutische Hilfen für psychisch erkrankte wohnungslose Menschen sein.

Psychisch Erkrankte, die wohnungslos geworden sind, finden oftmals eher den Weg in die Wohnungslosenhilfe als in das psychiatrische Versorgungssystem, in welchem sie sich meist noch stärker stigmatisiert fühlen. Ängste vor Zwangsmaßnahmen und vor Medikationen mit Nebenwirkungen kommen hinzu. Sie lehnen fachärztliche Hilfen ab, kommen dadurch aber in vielen Lebensbereichen nicht weiter. Manchmal werden sie auch vom psychiatrischen Hilfesystem abgelehnt, weil sie entweder nicht krankenversichert sind oder aber zu wenig Therapiemotivation zeigen.

Alltagsnahe und niedrigschwellige Angebotsformen wie Beratung, Tagesaufenthalte und aufsuchende Hilfen ermöglichen, dass Sozialarbeitende der Wohnungslosenhilfe mit Personen in Kontakt kommen, bei denen unentdeckte oder unbehandelte psychische Störungen vorliegen, die mithilfe psychotherapeutischer Behandlungsangebote bewältigt werden könnten. Somit stehen sie auch hier vor der besonderen Herausforderung, eine Türöffner-

Funktion zu übernehmen, die Menschen niedrigschwellig zu begleiten, über bedarfsgerechte Hilfen zu informieren und nach Möglichkeit in psychiatrisch-therapeutische Hilfen zu vermitteln. Meistens ist dies kein gradliniger Verlauf, sodass eine Hilfeplanung nach §§ 67 SGB ff. XII einsetzt. Deren Umsetzung ist allerdings durch die Symptomatik verschiedener Krankheitsbilder erschwert (vgl. Bäuml et al., 2017).

Eine Rolle spielt an dieser Stelle die Verhältnisbestimmung von (Psycho-) Therapie und Sozialer Arbeit, die Überschneidungen und Unterschiede umfasst. Sozialarbeit setzt an der Flächenstruktur multifaktoriell bestimmter Problemlagen an, während Psychotherapie die Tiefenstruktur beeinflusst. In der Beratung müssen Kompetenzbereiche eingehalten werden und es hat aus fachlichen Verpflichtungen eine Abgrenzung zur Therapie zu erfolgen. Gleichzeitig berücksichtigt Beratung komplexe Wechselverhältnisse von materiell-existentiellen, seelischen, körperlichen und geistigen Interdependenzen, weshalb es immer auch temporäre Schnittmengen gibt (vgl. Straumann, 2001, S. 57 f.). Sozialarbeitende müssen allerdings beim Vorliegen deutlicher Krankheitszeichen und selbstverständlich bei Selbst- oder Fremdgefährdung reagieren. Grenzen werden dann erreicht, wenn Klienten ihre aktuellen Probleme, Konflikte, Wahrnehmungen oder Verhaltensauffälligkeiten nicht mehr erkennen und steuern können. Aber auch wenn diese Grenzen im Wohnungslosenhilfesystem im Sinne des sozialhilferechtlichen Auftrages erreicht sind, besteht in der Praxis dann ein Problem, wenn die nötige Einsicht und eine freiwillige Inanspruchnahme anderer Hilfeleistungen seitens des Klienten ausbleiben. Die Person daraufhin abzuweisen bzw. Hilfen zu beenden bedeutet für Sozialarbeitende oftmals ein Scheitern der Maßnahme. Somit arbeitet man weiter mit dem Betroffenen und kann die Hilfe nicht umgehend kappen, auch wenn sich zeigt, dass ein psychotherapeutischer Bedarf vorrangig gedeckt werden muss. Die weitere Aufgabe ist somit, in Form einer nicht verletzenden Konfrontation Widerstände und Ängste zu thematisieren. Es sollte das Vertrauen in mögliche psychiatrisch/ psychotherapeutische Hilfen gestärkt und dazu motiviert werden, diese in Anspruch zu nehmen. Dann muss eine ausreichende Unterstützung erfolgen, damit Klienten den Weg in die Behandlung finden. Erst wenn alle Möglichkeiten ausgeschöpft wurden und keine Potentiale und Ressourcen für eine Inanspruchnahme weiterführender Hilfen geweckt werden konnten, muss das Mandat ggf. unter Akzeptanz der Selbstbestimmung des Klienten niedergelegt werden. Ich schreibe an dieser Stelle bewusst „ggf.“, denn aus menschlicher Sicht kann auch in höherschwelligen Hilfen die Begleitung und Unterstützung einer wohnungslosen psychisch erkrankten Person, die vorrangige medizinische Hilfe ablehnt, weiterhin zu vertreten sein.

Eine weitere Problematik ergibt sich, wenn die Zugangsschwellen in die Psychiatrie/Psychotherapie zu hoch sind, z. B. weil sie hohe Sprachverarbeitungsfähigkeiten voraussetzen oder diese Hilfen kaum verfügbar sind, obwohl sich ein Klient prinzipiell darauf einlassen könnte. Vor allem die ambulante Psychotherapie ist für wohnungslose Menschen schwer erreichbar, zum einen wegen langer Wartezeiten, zum anderen, weil sie als womöglich unzuverlässige oder schwierige Patienten eher abgelehnt werden als Nicht-Wohnungslose. Diese Zuschreibungen lassen außer Acht, dass Formen von Widerstand in therapeutischer Beziehung immer auch als Bestandteil von Interaktionsproblemen in Betracht gezogen werden können. Weiterhin wird in der Regel nur dann psychotherapeutisch behandelt, wenn eine nebenher bestehende Suchterkrankung bereits ausreichend bearbeitet wurde.

Motivational Interviewing kann als ein nichtkonfrontativer Ansatz zur Motivation der Inanspruchnahme fachärztlicher Hilfe eingesetzt werden. In der klinischen Behandlung psychiatrischer Störungen wird MI erfolgreich angewandt, um Patienten zu aktivieren, an Behandlungen teilzunehmen, ihre Medikamenten-Compliance zu stärken und Probleme besser zu erkennen (vgl. Arkowitz, Westra, Miller und Rollnick, 2010, S. 341 ff.). Daraus lässt sich schlussfolgern, dass auch in der Wohnungslosenhilfe Klienten mittels MI an die so oft notwendige psychiatrische/psychotherapeutische Hilfen herangeführt werden können.

In Anfängen wurde auch untersucht, inwieweit eine Adaption von MI bei kognitiven Beeinträchtigungen möglich ist. Erste Ergebnisse zeigen, dass die Ansprechbarkeit auf MI auch beim Vorliegen einer Einschränkung von kognitiven Fähigkeiten gegeben ist. Menschen mit Einschränkungen in diesem Bereich haben ein ebenso großes Bedürfnis nach Respekt und Mitgefühl wie unbeeinträchtigte Menschen. Somit sollte man auch in Beratung und Betreuung kognitiv beeinträchtigter Menschen die Tendenz zu einem lenkenden Stil überdenken und eine personenzentrierte Herangehensweise zur Erhaltung von Würde und Eigenständigkeit favorisieren (vgl. Miller & Rollnick, 2015, S. 403 f.).

Das Merkmal „Hard-to-reach“ zieht ein „How-to-reach“ mit eigenen Angeboten in der Sozialarbeit nach sich. Ein im Kapitel 10.2 beschriebenes Beispiel ist das eigens für die Wohnungslosenhilfe entwickelte Programm *gesund.sein* von Niebauer, dass auf die Sensibilisierung für die seelische Gesundheit abzielt. Es thematisiert Gesundheit und Krankheit, Schutz- und Risikofaktoren und Selbsthilfemöglichkeiten und liefert Informationen zum Hilfesystem.

5. Komplexe Problemlagen strukturieren

Wohnungslosigkeit nachhaltig zu verändern bedeutet, ein ganzheitliches Verständnis für die Problemlagen der betroffenen Person zu gewinnen und gemeinsam ein Lösungskonzept zu erarbeiten.

Die Wohnungslosenhilfe trifft auf Menschen in komplexen Problemlagen, was ein flexibles Eingehen auf die verschiedenen Themen erfordert. Die Beratung und Begleitung von existenzsichernden Maßnahmen ist immer ein zentrales Thema, v. a. in der Basisberatung oder zu Beginn von Hilfemaßnahmen. Daneben bestehen oft weitere soziale Schwierigkeiten und bei vielen Hilfeberechtigten auch Bedarfe im Bereich Suchtbewältigung oder psychische Erkrankung, respektive Komorbiditäten. Zusammenhängende Probleme erscheinen als unüberschaubare Problembündelung und bringen manchmal diffuse Problemdefinitionen mit sich. Eine einfache Lösung zu finden, bzw. sich lediglich auf einen gesonderten Problembereich zu konzentrieren, sind in einem ersten Schritt nicht machbar. Nützlich ist dafür der Prozessschritt der Fokussierung nach MI. Mit dem Tool Agenda Mapping lässt sich eine Themenlandschaft visualisieren. Damit erhält man eine Übersicht für Entscheidungen zur Vorgehensweise, die seitens des Klienten sowohl motivational als auch logisch getroffen werden können *(„Wenn Sie dieses nicht berücksichtigen, wird jenes nicht klappen“)*. Dabei kann ein Spannungsfeld zwischen der Klienten-Orientierung einerseits und einer Hilfelenkung andererseits entstehen. Wie sich im MI gezeigt hat, bietet sich das Prinzip E-P-E (Elicit-Provide-Elicit) an, was bedeutet, dass Klienten mit ihrem bestehenden Wissen zu Problembereichen und funktionierenden Abläufen einbezogen werden sollen.

Wird deutlich, dass ein Vorankommen oder gar ein Überleben nur mit einer radikalen Veränderung von komplexen Problemlagen einhergehen kann, betonen Miller und Rollnick nochmals die Bedeutsamkeit einer Stärkung von Zuversicht. Das Vertrauen des Klienten in seine allgemeinen Fähigkeiten zur Problembewältigung und sein Klarwerden über konkrete Ressourcen und Fertigkeiten sollte thematisiert werden, *bevor* Überlegungen zur Umsetzung grundlegender Lebensveränderungen angestellt werden (vgl. Miller & Rollnick, 2015, S. 261 ff.).

6. Erreichbare Ziele setzen

Die Akzeptanz von kleinschrittigen Zielen kann in der Wohnungslosenhilfe eine realistische Hilfeplanung hervorbringen.

Motivational Interviewing bedeutet, den Klienten zu befähigen, eigene und erreichbare Ziele zu erarbeiten. Gleichzeitig ist der Ansatz direktiv und steuert auf Ziele hin, die auf das Wohlergehen des Klienten ausgerichtet sind. Dies geschieht dadurch, dass der Beratende genau auf die Klienten-Aussagen zur Ambivalenz zwischen dem Ist-Zustand und Soll-Zustand achtet und die „vernünftigere" Richtung fördert, sofern diese für ihn deutlich erkennbar ist. Diese Direktivität ist ein Schlüsselkonzept des MI, das zwei Elemente umfasst: zum einen wird die Aufmerksamkeit auf jene Aspekte im Gespräch gerichtet, die beim Klienten Veränderungen unterstützen, zum anderen wird das Gespräch in eine produktive Richtung gelenkt (vgl. Rosengren, 2015, S. 32).

Die Herausforderung in der Hilfeplanung nach §§ 67 ff. SGB XII ist, dass Zielsetzungen parallel für mehrere Lebenslagen entwickelt werden sollen, deren Erreichung mit der Überwindung sozialer Schwierigkeiten einhergehen. Dies wiederum setzt für verschiedene Themen und deren Interdependenzen Reflexionsprozesse, Einsichten und Wünsche nach Veränderungen voraus, ein großes Unterfangen. Das Konzept von MI verdeutlicht, wie viel Kraft, Zeit und Dialog eine (Teil-)Zielentwicklung in Anspruch nehmen kann, wenn eine Motivation erst noch zu entwickeln ist. Und ohne Motivation läuft jede Zielformulierung ins Leere.

Ich möchte ein Beispiel aus meinem Arbeitsalltag berichten. Herr S. fragte nach einer stationären Aufnahme im Übergangswohnheim. Er berichtete, dass er in den letzten Jahren von Einrichtung zu Einrichtung „gewandert" war. Zwischenzeitlich habe er in ambulant betreuten Wohnungen oder städtischen Notunterkünften gelebt. Jedoch habe es irgendwann immer einen Grund gegeben, diese Orte wieder zu verlassen. Jetzt wolle er „das Festmachen" erneut versuchen und sei zuversichtlich, es zu schaffen. Eine Sucht- oder psychische Erkrankung lag bei ihm nicht vor. Die Aufnahmemitteilung bei einem auswärtigen Leistungsträger, der bereits häufiger Kostenanträge für Herrn S. bearbeitet hatte, führte zur umgehenden Reaktion: einer schriftlichen Ablehnung. Grund dafür sei, dass das Hilfeziel der gesellschaftlichen Teilhabe (Leben in eigener Wohnung) nicht erreichbar sei. Somit würden ihm fortan keine Leistungen mehr nach §§ 67 ff. SGB XII bewilligt. Der Leistungsträger, der Herrn S. nur aus Aktenlage kannte, verfolgte das Ziel für ihn, wohnhaft zu werden. Herr S. selbst wusste, dass er dieses Ziel auch benennen sollte, um in der stationären Hilfe aufgenommen werden zu können. Vermutlich war es nicht sein Ziel. Vielleicht wagte er nur einen x-ten Versuch des Bleibens, demoralisiert genug, um zu wissen, dass er irgendwann die Flucht ergreifen würde und erneut scheiterte. Ohne die externe Zielsetzung wäre es Herrn S. eventuell gelungen, in einer sicheren Arbeitsbeziehung äußern zu können, was er persönlich gern erreicht hätte. Wäre ein dreimonatiges Bleiben, ohne Hilfeabbruch ein akzeptables Ziel für eine Hilfegewährung gewesen? Hätte sein Bedürfnis nach Schutz in den Wintermonaten, nach einem temporären sozialen Umfeld der Einrichtung und einem ihn respektierenden Ansprechpartner Grund genug sein dürfen? Möglicherweise hätte er noch andere Bedürfnisse äußern können, aus denen sich hätten Ziele entwickeln lassen. Dieses Beispiel lässt deutlich werden, dass ein Hilfeangebot wie „Housing first" als voraussetzungslose direkte Hilfe dem Klienten ermöglicht hätte, selbstbestimmt weitere Bedarfe zu äußern, ohne unter dem Druck der Zielformulierung zu stehen. Fehlender Wohnraum führt wohnungslose Menschen wie Herrn S. oftmals zunächst in stationäre Settings, die eine Anpassungsfähigkeit erfordern. Aber auch hier sollte eine Legitimierung zur Orientierung an den Zielen der Klienten möglich machen, erreichbare und kleinschrittige Ziele im Hilfeplan zu benennen ohne den gesetzlichen Auftrag der Hilfe nach §§ 67 ff. SGB XII aus den Augen zu verlieren. Für den Betroffenen ist eine transparente Hilfeplanung motivierender, wenn er kleine Erfolge, anstatt große Misserfolge zu verbuchen hat. Eine Überforderung führt zu Frust, ein „Tieferstapeln" kann zum Selbstwertaufbau und zur Ermutigung führen.

7. MI motiviert auch die Fachkräfte

Eine angewandte Haltung und Methodik von MI können zu einer positiven Gestaltung von Arbeitsbündnissen beitragen, die schließlich auch die Sozialarbeitenden in ihrer Arbeit motiviert.

Ich stelle mir vor, dass die meisten Sozialarbeitenden ihre Berufswahl getroffen haben, weil sie darin eine sinnstiftende Aufgabe sehen. Ein Bedürfnis vieler Kolleginnen und Kollegen könnte somit sein, die erworbene Professionalität erfolgversprechend einzusetzen und Selbstwirksamkeit zu erleben. Die Wohnungslosenhilfe ist kein Arbeitsfeld der schnellen, gradlinigen und leider auch nicht immer nachhaltigen Erfolge. Es braucht Geduld, Frustrationstoleranz und einen Blick für kleine Fortschritte. Während gute Fortschritte eher zu Lebenslagen erreicht werden können, die mit existenzsichernden Maßnahmen einhergehen, z. B. Unterbringung bzw. Wohnen, Sicherung des Einkommens, Wiederherstellung des Krankenversicherungsschutzes, kann die weitere Bearbeitung psychosozialer Schwierigkeiten, z. B. Krisenmanagement, Konfliktverhalten, Sozial- und Gesundheitsverhalten, zu Abwehr und Konflikten in der Hilfe führen.

Eine deutsche Studie brachte im Jahr 2020 das Ergebnis hervor, dass angewandtes MI in helfenden Berufen das Burn-out Risiko senken und die Resilienz erhöhen kann. Ausgehend von der Erkenntnis, dass eine wenig erfolgreiche Kommunikation auf Dauer die gesundheitlichen Ressourcen der Praktiker verbraucht, kann ein in den Arbeitsalltag integrierter MI-Kommunikationsstil die Resilienz stärken, weil der Umgang mit schwierigen Klienten händelbarer wird und weniger Konflikte auftreten. Eine Methodensicherheit gibt Praktikern ein besseres Selbstvertrauen, auch herausfordernde Gesprächssituationen gut zu meistern. Die Aneignung der MI-Haltung wird Fortschritte unterstützen: die Vermeidung des lenkenden Stils und eine auf Partnerschaftlichkeit und Autonomie ausgelegte Zusammenarbeit werden zu weniger Konflikten führen, weil die Entscheidungswahl und die Selbstverantwortung des Klienten im Zentrum stehen. Klienten zeigen dadurch weniger Rückzug, Erschöpfung und eine höhere Belastbarkeit, sodass sich eine bessere Zusammenarbeit entwickeln kann (vgl. Endrejat & Kauffeld, 2020).

Eine Implementierung von MI kann sich somit positiv auf Sozialarbeitende in ihrer Selbstwirksamkeit und Selbstwahrnehmung als förderliche Begleiter sowie ihrem Bezug zu einer sinnstiftenden Tätigkeit auswirken. Außerdem zeigt eine gewollte Qualifizierung der Mitarbeitenden durch den Arbeitgeber Wertschätzung und Führungsstärke.

Diese sieben Thesen zeigen meines Erachtens nicht nur auf, dass es *möglich* ist, die Vorteile dieses Ansatzes auf die Wohnungslosenhilfe zu beziehen, sondern dass MI ein *sinnvoller* Ansatz ist, damit wohnungslose Menschen bestmöglich erreicht werden können. Der Effekt, mit MI positive Prozesse in Gang zu bringen, wurde vor allem im klinischen Bereich hinreichend belegt. Da der Anteil der Sucht- und psychisch Erkrankten in der Wohnungslosenhilfe sehr hoch ist und viele dieser Menschen in herkömmlichen Therapieangeboten nicht ankommen, liegt nahe, dass der Einsatz von „MI“ in der Wohnungslosenhilfe eine logische Schlussfolgerung ist. Und auch die weiteren sozialen Problemlagen erfordern motivierende Interventionen der Sozialarbeitenden, um Veränderungen zu initiieren.

Als wirksam erweist sich in MI – wie auch schon in anderen psychotherapeutischen Wirksamkeitsuntersuchungen – der unspezifische Faktor einer qualitativ guten therapeutischen Beziehung. Eine Ausbildung in Motivational Interviewing mit integriertem Feedback und Coaching kann außerdem dazu verhelfen, ungünstige Reaktionen des Beratenden zu unterdrücken. Spezifisch wirkt „MI“ aber wahrscheinlich durch die Kommunikationskompetenz. Einhergehend mit der empathischen Haltung erhöht die sprachliche Konzentration auf Change Talk die Chance auf Verhaltensänderungen (vgl. Miller & Rollnick, 2015, S. 443). Eine weitere naheliegende Konsequenz ist damit die Notwendigkeit, Change Talk zu lernen. Es sollte deutlich geworden sein, dass es sich „leider“ nicht um eine einfach zu definierende Technik handelt, sondern es viel Übung und intuitives Geschick erfordert, im situativen Gesprächsverlauf MI-angemessen zu intervenieren. Um einen Ansatz wie diesen zu einem festen Bestandteil der täglichen Arbeit zu etablieren, ist im Folgenden zu betrachten, wie eine solche Implementierung, also die Integration eines neuen, sich als wirksam erwiesenen Ansatzes in einer Einrichtung/ Organisation gelingen kann.

6.2 Implementierung von MI in der Wohnungslosenhilfe – Chancen und Herausforderungen

Die sieben Thesen für eine Implementierung von Motivational Interviewing in der Wohnungslosenhilfe münden in der Frage nach dem *Wie*. Welche Bedingungen müssen erfüllt sein, damit sich in diesem Arbeitsfeld ein solcher innovativer und zugleich breiter Ansatz strukturell etablieren kann? Dies kann weder in kurzer Zeit noch durch einzelne Personen der Organisation gelingen. Schon allein die Haltung von MI kann sich auf unterschiedlichen Ebenen ausdrücken: im Leitbild der Einrichtung, in der Umgebungsgestaltung, in den Möglichkeiten von Partizipation und der allgemeinen Kommunikationskultur. Daneben trägt jeder Mitarbeitende mit seiner individuellen Haltung sowie seinem Werte- und Menschenbild zur Lebendigkeit und Wirkung von MI bei. Weiterhin kann sich MI in der Hilfestruktur abbilden, indem die Prozessschritte für Zielentwicklung und -verfolgung darin Beachtung finden. Schließlich trägt die MI-gemäße, professionelle Kommunikationskompetenz der Fachkräfte in der Beratungsarbeit im Einzel- und im Gruppensetting wesentlich zu einer erfolgreichen Implementierung bei.

Körkel (2007) beschreibt in seinem Beitrag „Implementierung innovativer Ansätze in den Alltag einer Organisation – was ist nötig?“ die Notwendigkeit von „drei offenen Fenstern“ für eine Ergänzung des MI in der Wohnungslosenhilfe. Demnach muss Offenheit beim Mitarbeitenden, bei der Organisation und beim Klienten bestehen.

> *Fenster 1:* Die Mitarbeitenden müssen verständlicherweise über Kompetenzen in der Anwendung von Motivational Interviewing verfügen und hinreichend geschult sein. Hinzu kommt, dass sie gegenüber der Klientel eine Haltung vertreten, die mit den Aspekten Partnerschaftlichkeit, Akzeptanz, Autonomie und Mitgefühl einhergehen. Hinderlich ist, wenn eine Antipathie für einen Klienten mitschwingt, wenn keine Zuversicht für eine Veränderung besteht und wenn die MI-Basiskompetenzen fehlen. Der Versuch einer Implementierung eines neuen Ansatzes durch Einzelne, die beispielsweise eine Fortbildung durchgeführt haben, ist als „Bottom-up-Strategie“ meist nicht ausreichend.

Fenster 2: Neben den personellen Voraussetzungen braucht es für MI einen zuträglichen Kontext auf Seiten der Organisation. Neuimplementierungen von innovativen Angeboten erfordern zeitliche und personelle Ressourcen. Ein finanzieller Aufwand wird nur dann befürwortet, wenn eine Maßnahme als sinnvoll und förderlich bewertet wird. Einrichtungsträger bzw. Führungskräfte müssen diesen Arbeitsansatz somit inhaltlich kennen, befürworten und gezielt in das Leitbild, das Konzept und die Strukturen einbinden. Oftmals müssen Arbeitsabläufe neu strukturiert werden. Für den neuen Ansatz wird Zeit und ein geschützter Raum, v. a. in offenen Hilfesettings wie Streetwork und Tagesaufenthalten, benötigt. Es bedarf bestenfalls eines Projektmanagements, das die sukzessive Einführung „top-down“, aber unter Beteiligung der durchführenden Mitarbeitenden lenkt.

Fenster 3: Und schließlich müssen auch die Angesprochenen bzw. Nutzer der Angebote eine gewisse Zugänglichkeit für Veränderungen mitbringen. Entscheidend ist, dass eine Zuversicht für Veränderungen besteht oder im Zuge einer guten, von Vertrauen geprägten Arbeitsbeziehung hergestellt werden kann. Hemmend kann u. a. ein Zustand unter Rauschmitteln sein, der ein klares Gespräch behindert. (vgl. Körkel, 2007 b). Auch eine psychisch gravierend instabile Lage erfordert zunächst eher Interventionen zur Schadensminimierung als den reflektierenden Ansatz.

Die Implementierung von MI als neues Handlungskonzept in einen Arbeitskontext ist möglich, aber es erfordert immer eine genaue Wahrnehmung des Kontextes. Folgende Übung soll zum Nachdenken darüber anregen, welche Bedingungen für eine Einführung von MI in Ihrem Arbeitskontext bereits bestehen würden oder aber noch geschaffen werden müssten.

Übung

Ich lade Sie dazu ein, diese drei Fenster der Veränderung bezogen auf die Einrichtung, in der Sie tätig sind, zu betrachten. Wann sind die Fenster geöffnet und wann geschlossen?

Fenster 1: Eigene Haltung, Kompetenzen, Stimmungen
- Welche Voraussetzungen bräuchten Sie, um voll und ganz hinter einer Implementierung von MI zu stehen?
- Unter welchen Bedingungen können Sie sich vorstellen, MI Kompetenzen zu erwerben und einzusetzen?
- Was wäre für Sie hinderlich?

Fenster 2: zuträglicher Kontext
- Was braucht es, um ein freundliches Veränderungsklima zu entwickeln?

- Welche Rahmenbedingungen müssen in Ihrem Arbeitskontext verändert werden, um MI einsetzen zu können?

Fenster 3: Zugänglichkeit von Klienten
- Wann sind Ihre Klienten offen für Veränderung?
- Was führt eher dazu, dass sich Ihre Klienten nicht auf Veränderung einlassen?

Chancen und Herausforderungen bei der Implementierung von MI im System Wohnungslosenhilfe

Im November 2019 führte ich eine Befragung unter Sozialarbeitenden im Rahmen der Bundestagung der Bundesarbeitsgemeinschaft Wohnungslosenhilfe in Berlin zum Thema „Motivation in der Wohnungslosenhilfe" durch. Die vollständigen Ergebnisse dieser Befragung stehen als Online-Material zur Verfügung.

Ich stellte fest, dass unter den 95 Befragten Motivational Interviewing bislang nur einen relativen Bekanntheitsgrad besitzt. 44% gaben an, MI zu kennen und 32% schätzten einen teilweisen Kenntnisstand ein. 44% nutzten diesen Ansatz teilweise oder meistens, 42% wendeten ihn dagegen nicht bzw. eher nicht in ihrer Arbeit an. Daraus lässt sich ableiten, dass dem originär suchtspezifischen Ansatz durchaus die Tür in der Wohnungslosenhilfe geöffnet ist, er aber noch nicht zum methodischen Standardrepertoire gehört. Viele der befragten Sozialarbeitenden motivieren ihre Klienten intuitiv, teilweise aber auch durch methodische Ansätze, wobei diese nicht näher erfragt wurden. Die Relevanz einer vertrauensvollen Arbeitsbeziehung sowie weitere Haltungsfragen gingen konform mit den Grundgedanken von MI. Auch zur Einschätzung an die Veränderungsfähigkeit (Glaube und Hoffnung) äußerte sich der Großteil der Befragten so, dass ihre Klienten – zumindest überwiegend – Veränderungspotential haben. Wie schon erwähnt spielen Glaube und Hoffnung auf Veränderung des Klienten seitens der beratenden Person neben der eigenen Veränderungszuversicht des Klienten eine wichtige Rolle.

Etwas geringer wurde die Beratungsbereitschaft eingestuft, da ca. die Hälfte der Teilnehmenden auch der Frage nach dem Bestehen einer (teilweisen) Beratungsresistenz zustimmen.

Nur 18% der Befragten fanden eindeutig, dass Veränderungsziele von dem Klienten selbst kommen müssen, für 82% schien es hierzu Einschränkungen zu geben. Wenn die Beratung von vornherein darauf ausgerichtet ist, dass es um Veränderung geht, so kann dies einen positiven Effekt für den weiteren Verlauf haben. Beispielsweise kann zum Thema Konsum sehr gezielt und zugleich offen abgefragt werden, für welche Substanzen (Alkohol, Nikotin,

Cannabis, andere Drogen) ein Veränderungswunsch besteht, was eine gute Gesprächsgrundlage bietet. Letztendlich entscheidet immer noch der zu Beratende, ob er sich auf Veränderungen einlässt.

Weiterhin lehnten lediglich knapp 13% eindeutig ab, dass es ethisch zulässig ist, in einer finanzierten Hilfemaßnahme Ziele vorzugeben. 40% der Befragten räumten weiterhin die Möglichkeit ein, dass es ethisch zulässig ist, zeitliche Vorgaben für einen Veränderungsentschluss zu machen. In diesen Aspekten wird deutlich, dass die Rahmenbedingungen des Arbeitsfeldes Einschränkungen zum Einsatz des Motivational Interviewing in Reinform nach sich ziehen. Die gesetzlichen Aufträge, öffentlichen Gelder und klaren Rahmenbedingungen für die Hilfegewährung nach §§ 67 ff. SGB XII schränken die freie Zielwahl seitens der Klientel und zum Tempo der Veränderung scheinbar teilweise ein. Zu bedenken ist weiterhin, dass ein großer Anteil der Sozialarbeitenden, v. a. in stationären Einrichtungen, einige kontrollierende Tätigkeiten wahrnimmt (z. B. Geldeinteilung, Sanktionierungen bei Regelverstößen). Dadurch können Herausforderungen bei der konsequenten Umsetzung von MI in puncto Partnerschaftlichkeit und Autonomie auftreten. Eine zentrale Aufgabe des Beraters ist hier, Kontexttransparenz zu schaffen, in dem er erklärt, dass äußere Rahmenbedingungen einen Einfluss auf Inhalte der Zusammenarbeit nehmen können. Auch in anderen Arbeitsfeldern, in denen MI Einzug nimmt, wie z. B. Justiz, Forensik oder Jobcenter, gibt es Ansprüche an den Klienten. Dennoch kann auch in Zwangskontexten mit dem Menschenbild und der Methodik von MI gearbeitet werden, denn gewisse Wahlfreiheiten bestehen immer für den Klienten.

Ein weiterer Aspekt in der Befragung war die Erwartung hinsichtlich der Eigeninitiative des Klienten. Für 63% der Befragten gehörte eine Eigeninitiative zum Hilfeprozess mehr oder weniger dazu und nur 10% erwarteten diese nicht. Motivational Interviewing kann ein hilfreiches Instrument sein, um diese Eigeninitiative zu wecken und zu fördern.

Strukturelle Gegebenheiten können die Umsetzung von MI in seiner Reinform teilweise eingrenzen. Dabei muss berücksichtigt werden, dass Teilbereiche (z. B. stationäre Hilfe) und Teilaufgaben (z. B. Postadresse, Geldverwaltung) der Wohnungslosenhilfe zumindest situativ auch als allgemeine Drucksituation angesehen werden können (vgl. Breitling, Knodel, Zimmer, 2018). Geäußerter Change Talk könnte opportun erfolgen, wenn dieser aus Sicht des Klienten die Hilfemaßnahme rettet, die ohne eine erkennbare Veränderungsmotivation ggf. eingestellt würde, was somit zu einer existenziellen Bedrohung führen könnte.

Es gibt also kontextuelle Fragen bei der Nutzung von MI in der Wohnungslosenhilfe, die sich in der Absteckung von Grenzen zur Bedingungslosigkeit ausdrücken. Eine Implementierung muss sicherlich die gegebenen Rahmenbedingungen der Hilfeformen berücksichtigen. Meine Überzeugung ist, dass sich die klientenzentrierte Grundhaltung der motivierenden Gesprächsführung dennoch konsequent leben lässt und in den Basismethoden und spezifischen Kompetenzen des MI Ausdruck finden kann, was die Hilfeerbringung auch in den gegebenen Strukturen positiv beeinflussen wird.

6.3 Motivational Interviewing lernen

In diesem Buch gebe ich einen Überblick über den Aufbau, die Leitgedanken, Arbeitsschritte und Grundfertigkeiten von Motivational Interviewing. Letztere erkläre ich anhand von Beispielen aus dem Alltag der Wohnungslosenhilfe, um deutlich zu machen, dass der Ansatz integrierbar und zugleich wertvoll für dieses Arbeitsfeld ist. Das Dilemma der Methode ist, darüber zu denken, man kenne das meiste bereits (z. B. das Aktive Zuhören aus der klientenzentrierten Gesprächsführung), es ist verständlich und somit wahrscheinlich auch in der Umsetzung ganz einfach. Ähnlich wie die Wirksamkeit von MI bei Patienten bzw. Klienten in zahlreichen Studien erforscht wurde, existieren auch Untersuchungen über die Aneignung der MI-Fertigkeiten bei den Anwendenden. Das Instrument ist einfach zu verstehen, aber es ist keinesfalls leicht in der präzisen Anwendung, denn diese zu lernen erfordert einen hohen Zeitaufwand, stetiges Üben und Feedback durch versierte MI-Anwender. Miller und Rollnick verzichteten zugunsten einer Weiterentwicklung von MI auf eine markenrechtliche Registrierung, ihnen ist aber sehr wohl an einer Qualitätssicherung des Ansatzes gelegen. Um dem wissenschaftlichen Qualitätsanspruch von „MI“ gerecht zu werden, sei Folgendes vorweg betont: Motivational Interviewing ist nicht als ein Ansatz zu begreifen, der einem Praktiker ein paar Tipps gibt, die er aufgrund seiner allgemeinen Beratungsfähigkeiten unmittelbar integrieren kann. Von Kennern des Ansatzes wird klar darauf hingewiesen, dass autodidaktische Versuche oder ein Einführungskurs noch nicht dazu führen werden, um in der Anwendung sicher und selbstreflektiert zu sein. Und auch die Grundhaltung von MI ist ein Entwicklungsprozess, die sich ein Mensch über die Stufen des Wissens, der Reflexion, der Überzeugung bis hin zur Integration aneignen kann (vgl. Miller & Rollnick, 2015, S. 39). Folgende Lernschritte sind zu benennen (vgl. ebd. S. 380):

- Verstehen der Grundhaltung „Spirit“ von MI
- Sicherer und kompetenter Umgang mit den Basismethoden
- Erkennen von Veränderungszielen des Klienten
- Im MI-Stil informieren und Rat anbieten

- Change Talk und Sustain Talk erkennen können
- Change Talk evozieren
- Sustain Talk und Discord Talk so begegnen, dass er abgeschwächt wird (geschmeidiger Umgang mit Widerstand)
- Entwicklung von Hoffnung und Zuversicht (Confidence Talk)
- Den guten Zeitpunkt für den Übergang in die Planungsphase finden und einen Veränderungsplan aushandeln
- Selbstverpflichtung stärken
- MI flexibel mit anderen therapeutischen Kompetenzen und Gesprächsführungsansätzen kombinieren

Ein erster wichtiger Schritt zum Aufbau von Basiskompetenzen in Motivational Interviewing kann ein zwei- bis dreitägiger Manual-treuer Einführungsworkshop mit aktiven Übungssequenzen (z. B. Rollenspielen) sein. In Deutschland ist die Heidelberger GK Quest-Akademie marktführender Anbieter von Basis- und Aufbau-Seminaren, die auch als Inhouse-Schulungen gebucht werden können. Viele Dienste der Wohnungslosenhilfe schulen ihre Mitarbeitenden bereits über dieses Angebot. Zur integrierten Anwendung von Methoden und Verinnerlichung der Implementierung des Gesprächsführungskonzeptes, ist die Durchführung von mehrtägigen Aufbauworkshops empfehlenswert.

Das aktuelle Standardwerk von Miller und Rollnick „Motivierende Gesprächsführung" (2015) bietet eine gut lesbare und umfassende Darstellung des Ansatzes mit zahlreichen Praxisbeispielen. Ergänzend dazu bietet sich das „Arbeitsbuch Motivierende Gesprächsführung" von Rosengren (2015) an, um schriftliche Übungen durchzuführen. Weiterhin können Video-Beispiele einen guten Einblick in die MI-Praxis ermöglichen. Maßgeblich für eine persönliche Weiterentwicklung und Erlangung einer fortgeschrittenen Kompetenz in der MI-Anwendung sind ein kontinuierliches Training und Coaching mit anschließendem Feedback bestenfalls durch erfahrene Trainer. Aber auch MI geschulte Kollegen können wertvolles Feedback geben, wenn Beratungen hin und wieder in Triaden durchgeführt werden (Klient-Berater-Beobachter). Ein Kompetenzzuwachs lässt sich auch an der Häufigkeit komplexer Reflexionen, offener Fragen und MI-gemäßer Äußerungen (z. B. Evozieren von Change Talk) ablesen.

Um die erlernten Fertigkeiten im Berufsalltag zu festigen, spielt die institutionelle Unterstützung eine wesentliche Rolle. Je mehr aktive MI-Befürworter in der Organisation vertreten sind und je ausgeprägter die gesamten Angebote in der Grundhaltung von MI gestaltet sind, desto besser festigen sich die erworbenen Kompetenzen. Dies kann in der gesamten Kommunikationskultur Ausdruck finden, in der wertschätzenden räumlichen Gestaltung einer

Einrichtung sowie in einer kontinuierlichen inhaltlichen Präsenz von MI (z. B. Hinweisschilder zu einzelnen MI-Elementen, Beachtung aktueller Literatur, Thematisierung in Supervisionen etc., vgl. Rosengren, 2015, S. 398).

Letztlich gibt die Klientin bzw. der Klient selbst die Signale zu Ihrem Lernfortschritt:

> „Beim Erlernen von MI bekommen Sie, sobald Sie sich im Klaren sind, worauf Sie hinhören müssen, vom Klienten unmittelbare und fortlaufende Rückmeldungen, die Ihnen bei der Weiterentwicklung Ihrer Fertigkeiten helfen." (Miller & Rollnick, 2015, S. 203)

6.4 Zieloffene Suchtarbeit für die Wohnungslosenhilfe – WALK

> *„Zieloffene Suchtarbeit (ZOS) bedeutet, mit Menschen an einer Veränderung ihres problematischen Suchtmittelkonsums zu arbeiten, und zwar auf das Ziel hin, dass sie sich selbst setzen."* – Dr. Joachim Körkel

Substanzkonsumstörungen wirken sich auf verschiedene Lebensbereiche aus: auf die körperliche und psychische Gesundheit, Erwerbsfähigkeit, soziale und familiäre Bezugssysteme, finanzielle Situation, Freizeitgestaltung und eventuell auf die Wohnsituation. Bei einigen Menschen kommt es zu regelwidrigem Verhalten und hat infolgedessen juristische Konsequenzen. Die Lebenszufriedenheit ist beeinträchtigt und schließlich entfernt sich der Erkrankte von dem Gedanken, sich als Teil dieser Gesellschaft zu verstehen. Eine Veränderung des Suchtmittelkonsums kann Dreh- und Angelpunkt sein, in dieser breiten Palette der Lebensbereiche wieder positive Entwicklungen zu schaffen, insbesondere bei wohnungslosen Menschen. Daher muss es eine Selbstverständlichkeit werden, den Konsum und eine Veränderungsabsicht zu erfassen.

Laut SEEWOLF-Studie beträgt die Lebenszeitprävalenz von substanzinduzierten Störungen bei Wohnungslosen 74%, der Suchtstoff Alkohol nimmt mit über 66% den deutlichen Spitzenplatz ein (vgl. Bäuml et al., 2017). Ein Grund für die zögerliche Inanspruchnahme von Suchthilfeangeboten trotz bestehendem Leidensdruck und Veränderungswunsch kann u. a. die Befürchtung sein, dass der einzige Weg eine lebenslange Abstinenz ist. Nicht allen, aber vielen Menschen kann es möglich sein, wieder einen gemäßigten Alkohol- oder anderen Substanzkonsum zu erlernen. Die Wohnungslosenhilfe kann sich diese Aufgabe zu eigen machen.

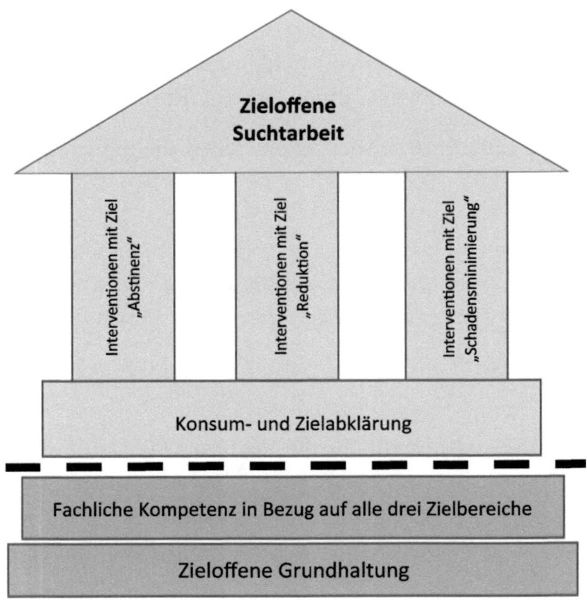

Abbildung 23: Zieloffene Suchtarbeit (nach Körkel & Nanz (2016), S. 200)

Das Paradigma der zieloffenen Suchtarbeit basiert in Menschenbild und Methodik auf den Grundzügen des Motivational Interviewing und bietet eine Chance, mit Menschen über ihr Konsumverhalten ins Gespräch zu kommen und eine Veränderung in Richtung selbstgesetzter Ziele anzustreben. Die zieloffene Suchtarbeit integriert abstinenzorientierte Angebote neben Angeboten zur Konsumkontrolle und zur Schadensminimierung. Letzteres meint die Gewährung von Überlebenshilfen und schadensminimierende Angebote zur Verringerung gesundheitlicher Gefährdungen (z. B. Spritzentausch), ohne dass an einer Veränderung des Konsums aktiv gearbeitet wird (vgl. Körkel & Nanz, 2016). Zieloffen bedeutet nicht ziellos, denn sie ist eindeutig veränderungsorientiert bezogen auf drei mögliche Zielrichtungen: Schadensminimierung (harm reduction), kontrollierter Konsum und Abstinenz. Als Grundvoraussetzung für die Anwendung der ZOS sollte eine fachliche Kompetenz zu evidenzbasierten Interventionen aller drei Zielrichtungen bestehen. Eine wichtige Voraussetzung für beratende Personen ist, sich über ihre eigene Haltung der Zieloffenheit klar zu sein. In der zieloffenen Grundhaltung zu arbeiten meint, die Konsumvorstellungen und Ziele des Klienten in den Mittelpunkt zu stellen und kein Ziel, wie z. B. die Abstinenz, vorzugeben. Insbesondere in niedrigschwelligen Arbeitsfeldern gilt es auch, jeglichen schädigenden Substanzkonsum nicht nur akzeptierend hinzunehmen, sondern ihn zum Thema zu machen und die intrinsische Veränderungsmotivation der Klienten zu erfassen. Dies inkludiert auch die Substanz Nikotin, die gern toleriert oder übersehen wird. Fast alle Menschen mit Substanzkonsumstörungen benutzen mehr als eine psychotrope Substanz. Die meisten Alkohol- und Drogenkonsumenten sind meistens auch Raucher, Opiatabhängige haben oft einen zusätzlichen Gebrauch von Alkohol oder Tabletten. Wichtig ist zu erkennen, dass auch eine Reduktion des Konsums von nur einer Substanz eine Schadensminimierung von gesundheitlichen oder sozialen Folgen bewirken kann.

ZOS stellt die eigenen Ziele der Klienten in das Zentrum des Gespräches, was die Bereitschaft des Beraters voraussetzt, offensiv und sanktionsfrei über verschiedene Konsumziele ins Gespräch zu kommen. Offensiv bedeutet, dass Konsum immer zum Thema gemacht wird und die Zielfrage einladend eingebracht wird. Wenn mehrere Substanzen konsumiert werden, wird für jede Substanz die Zielvorstellung exploriert.

> „Wie soll es mit Ihrem Konsum von Alkohol/Cannabis/Nikotin/Kokain ... weitergehen? Wollen Sie nichts verändern/weiterkonsumieren wie bisher?
> Wollen Sie weniger/anders konsumieren? (seltener/Mengenreduktion)
> Wollen Sie eine zeitlich begrenzte Abstinenz?
> Wollen Sie eine zeitlich unbegrenzte Abstinenz?
> Bei welcher Substanz, die Sie weiterkonsumieren wollen, ist Ihnen die Reduktion am wichtigsten?"
> (GK Quest Akademie, www.gk-quest.de)

Der Klient bestimmt die Zielrichtung, die sich auf alle drei Zielbereiche von ZOS ausrichten kann. Sozialarbeitende klären dann über Möglichkeiten zur Konsumänderung auf, führen diese anhand von Einzel- oder Gruppenprogrammen durch oder sie vermitteln zu diesem Zweck an entsprechende ZOS-leistende Fachstellen (vgl. Körkel & Nanz, 2016, S. 196–204).

Für eine Implementierung der ZOS in der Wohnungslosenhilfe als nicht primär suchtbezogenes Arbeitsfeld besteht die

> *„zentrale Herausforderung darin,*
> - *die Arbeit am Suchtmittelkonsum als integrale Aufgabe der eigenen Arbeit zu verstehen und sich dafür die notwendigen Suchtbehandlungskompetenzen anzueignen*
> - *auf Veränderung des Substanzkonsums hinzuarbeiten (Richtung Reduktion, Abstinenz oder Harm Reduction), soweit dies im einrichtungsbezogenen Rahmen möglich ist*
> - *funktionierende Kooperationen mit spezialisierten Suchthilfeeinrichtungen aufzubauen."*
>
> (Körkel & Nanz, 2016, S. 202)

Kontrolliertes Trinken

In Teil III dieses Buches wird beschrieben, wie die zieloffene Suchtarbeit, basierend auf dem Gesprächsführungskonzept Motivational Interviewing in der Wohnungslosenhilfe des Katholischen Männerfürsorgevereins München implementiert wurde. Dafür wurde ein spezifisches Manual zum Programm „Kontrollierten Trinken“ bezogen auf die Arbeit mit wohnungslosen Menschen eingeführt: WALK – Wohnungslosigkeit und Alkohol. Mittlerweile wird das WALK Programm in vielen Einrichtungen der WLH in Deutschland, Österreich und der Schweiz durchgeführt.

> *Definition:* „Selbstkontrollierter Konsum liegt vor, wenn eine Person ihr Konsumverhalten an einem zuvor festgelegten Konsumplan bzw. an Konsumregeln ausrichtet.“

Die Vorgehensweise ist somit, klare Grenzen für den eigenen Alkoholkonsum zu setzen und sich damit zu disziplinieren. Die Zielsetzung erfolgt in der Regel wöchentlich mit einer Vorab-Festlegung in drei Punkten:

- Anzahl der Tage, an denen kein Alkohol konsumiert werden soll
- Festlegung der maximalen Konsummenge pro Tag
- Festlegung der maximalen Konsummenge aller Tage einer Woche

und ist gegebenenfalls durch kontextuelle Aspekte zu ergänzen:

- Wann soll konsumiert werden, wann nicht?
- Wo soll konsumiert werden, wo nicht?
- Mit wem soll konsumiert werden, mit wem nicht?

Kontrolliertes Trinken kann ein notwendiger Zwischenschritt auf dem Weg zur Abstinenz sein. Es stellt ein Konzept zur Angebotserweiterung dar, das Abstinenz nicht ausschließt, sondern beinhaltet. Umgesetzt wird es als Selbstlernprogramm, als ambulantes Gruppenprogramm und ambulantes Einzelprogramm.

Das Kontrollierte Trinken wird in zehn bis zwölf Sitzungen, einbettet in eine intensive Auseinandersetzung mit dem Suchtstoff und seiner Auswirkungen, erlernt. Das Manual nach dem WALK (Wohnungslose und Alkohol) Handbuch (2004) sieht dafür folgenden Ablauf und Inhalt vor:

- persönliche Einschätzung zur aktuellen Belastung in den verschiedenen Lebensbereichen
- Vorteile und Nachteile für eine Veränderung benennen (Vier-Felder-Tafel/Entscheidungsmatrix)
- Informationen über Alkohol (Berechnung von Standardgetränkeeinheiten)
- Führen eines Trinktagebuches
- Verständnis für die Auswirkungen von Alkohol auf die Gesundheit erlangen
- Bilanz ziehen (Auswertung des eigenen Trinkverhaltens anhand des Trinktagebuches)
- Ziele festlegen (maximale Konsummenge pro Tag und Woche, maximale Konsumtage pro Woche)
- Interessen und Hobbys fokussieren, Alternativen zum Konsum schaffen
- Risikosituationen erkennen (Trinkzeit, der Trinkort, das soziale Umfeld, die Getränkereihenfolge oder die Trinkgeschwindigkeit)
- Strategien zur Trinkkontrolle festlegen
- Umgang mit Ausrutschern
- Nein sagen (stärkende Affirmationen formulieren)
- Umgang mit Belastungen

Andernorts existieren ähnliche Anleitungen zum KT nach einem 10-Schritte-Programm.

Eine Übertragung des Programms zum Kontrollierten Trinken auf anderen Substanzkonsum mündete im Programm „KISS-Kompetenz (früher: Kontrolle) im selbstbestimmten Substanzkonsum", das nach einem etwas modifizierten Manual vorgeht. Auch hier wurden in einer Studie gute Erfolge evaluiert. So verbesserten sich das subjektive psychische Befinden der Teilnehmenden und ihre gesundheitsbezogene Lebensqualität nachhaltig. Auch eine langfristige positive Entwicklung von Konsumtagen und -einheiten konnte verzeichnet werden (vgl. Vertheim, 2010).

7. Logotherapie und Existenzanalyse – Was macht Sinn?

„Der Mensch ist letztlich ein um den konkreten Sinn – um Werteverwirklichung und Sinnerfüllung – seines persönlichen Daseins ringendes Wesen.“
– Viktor E. Frankl

Vier Jahre nach meinem Start in der Wohnungslosenhilfe wurde ich auf das Thema „Logotherapie und Existenzanalyse“ aufmerksam. Ich begleitete zu dieser Zeit einen wohnungslosen Mann, der wiederholt äußerte, wie sinnlos er sein Leben empfand. Mich beschäftigte die Frage, wie ich einem Menschen in einer solchen Verfassung eine hilfreiche Gesprächspartnerin sein könnte. Um Ziele wie selbstständige Existenzsicherung und gesellschaftliche Teilhabe überhaupt anvisieren zu können, ging es bei ihm zunächst um die Klärung existenzieller Fragen des Lebens. Er suchte nach Antworten als motivationale Voraussetzung für eine gelingende Lebensgestaltung.

Negativeinstellungen zum Leben, zur Umwelt und zur eigenen Person begleiten viele wohnungslose Menschen, weil sie in einem langen Ausgrenzungsprozess zahlreiche bittere Erfahrungen gesammelt haben. Gefühle von Wert- und Sinnlosigkeit und beeinträchtigende Glaubenssätze haben sich verfestigt. Die Hoffnung auf ein gelingendes Leben ist verebbt und manchmal in Selbstaufgabe gemündet. Angesichts der oft defizitären gesundheitlichen, finanziellen und sozialen Lage wohnungsloser Menschen ist das verstehbar.

Die „Logotherapie und Existenzanalyse“ nach Viktor Frankl lädt dazu ein, sich mit Sinnfragen, Bewältigung von Lebenskrisen und Förderung von Lebensqualität zu befassen. Meiner Erfahrung nach kann ein Rückbezug auf diesen Ansatz – *als Lebenshaltung und als Beratungsrichtung* – die berufliche Aufgabe in der Wohnungslosenhilfe bereichern. Aus diesem Grund erweitere ich in diesem Buch den motivierenden Ansatz um die sinn- und werteorientierte Ausrichtung in Sinne der Logotherapie.

Meines Erachtens ist eine Voraussetzung für Beratung auf dieser Ebene auch eine Auseinandersetzung mit dem eigenen Selbst-, Menschen- und Weltbild. Wichtig ist, sich über die eigenen Vorannahmen, Glaubenssätze und Prägungen sowie über die persönlichen Wertehaltungen bewusst zu sein. Fragen wie folgende durchdacht und diskutiert zu haben, dabei vielleicht persönliche Positionen gefunden zu haben, ist für eine authentische und sinnorientierte Beratung wichtig:

- Denke ich, dass jedes Leben wertvoll und lebenswert ist oder gibt es Einschränkungen?
- Welches sind meine eigenen Werte?
- Welche Werte führe ich vielleicht nur fort, weil ich sie gelernt habe, ohne dass ich sie mir bisher bewusst gemacht habe?
- Welche Werte trage ich in meinem beruflichen System mit, auch wenn sie mir fragwürdig erscheinen?
- Auf welche Ressourcen kann ich zurückgreifen, wenn ich so etwas wie eine „Sinnkrise" erlebe?
- Habe ich aufgrund meines freien Willens alle Wahlfreiheiten im Leben?
- Oder gibt es Grenzen meiner aktiven Lebensgestaltung durch äußere Lenkung oder gar Vorbestimmung?
- Was macht mein Sein aus, wenn ich alle gesellschaftlichen Rollen ablegen würde?
- Gibt es einen Gott? Bin ich ein biologischer Zufall oder durch eine höhere Instanz gedacht und gewollt?
- Was folgt nach dem Tod?

Menschen fragen nach Sinn, vor allem dann, wenn sie in Situationen geraten, die sinnlos erscheinen und Leid verursachen. Solche Lebensereignisse sind z. B. Depressionen oder andere psychische und schwere körperliche Erkrankungen, Suizidgedanken, Burnout, Trennung oder Verlust eines geliebten Menschen oder die Angst um dessen Versterben sowie der eigene bevorstehende Tod. Auch durch traumatische Lebensereignisse, Verlust der Existenzgrundlage oder gravierende Konflikte mit anderen Menschen kann sich die Frage nach dem Sinn im Leben aufdrängen. Drei Dinge werden von Frankl als „unvermeidliche tragische Trias" benannt, denen sich jeder Mensch im Leben irgendwann stellen muss: Leid, Schuld und Tod. Möglich ist, eine innere Haltung als positive Antwort zu diesen Themen zu entwickeln, vielleicht sogar bevor sie aktuell sind. Wie können Antworten auf diese Fragen des Lebens lauten, welchen sinnvollen Umgang kann der Mensch mit seinen ganz persönlichen Werten dazu finden? (vgl. Migge, 2016, S. 327 f.) All dies ist u. a. Gegenstand von Beratung in der Wohnungslosenhilfe, sofern sich Menschen mit ihren Herzensanliegen öffnen und darüber sprechen wollen.

7.1 Logotherapie und Existenzanalyse – ein Überblick

Frankl beschreibt durch die Logotherapie seine Vorstellung zum Wesen des Menschen. Darin wird die physische und psychische Ebene der Person um die Existenz einer geistigen und transpersonalen Ebene erweitert, wodurch für jeden Menschen die Chance besteht, sein Leben sinnerfüllt zu gestalten.

Diese geistige Ebene ermächtigt zur Würde und Freiheit. Sie gibt Raum, stets eine eigene Einstellung, Bewertung und Sinngebung auch zu einer leidvollen Situation zu finden. Frankl war als Insasse von Konzentrationslagern den widrigsten Lebensbedingungen ausgesetzt und hielt trotzdem an folgender Überzeugung fest:

> „..., dass man dem Menschen im Konzentrationslager alles nehmen kann, nur nicht: die letzte menschliche Freiheit, sich zu den gegebenen Verhältnissen so oder so einzustellen. Und es gab ein „So oder so". (Frankl, 1977, S. 108)

Viktor Emil Frankl (*1905, †1997), der in Wien als Neurologe und Psychiater tätig war, entwickelte die Logotherapie und Existenzanalyse als „Dritte Wiener Schule der Psychotherapie" neben der Psychoanalyse Sigmund Freuds (als erste Wiener Schule) und der Individualpsychologie Alfred Adlers (als zweite Wiener Schule). Frankl wollte zunächst Psychoanalytiker werden, wandte sich mit der Zeit aber immer mehr von den populären Schulen ab. Er beschäftigte sich schon als Jugendlicher mit der Frage nach dem Sinn des Lebens und wurde durch ein jüdisch religiöses Elternhaus geprägt, in dem der Glaube an Gott gelebt wurde. Der Frage nach dem Sinn im Leben begegnete er nach seinem Medizinstudium täglich in seiner ärztlichen Tätigkeit mit depressiven, suizidgefährdeten Patienten und stellte fest, dass er auch im Rahmen von psychotherapeutischen Hilfen die Fragen nach Werten und Sinn berücksichtigen musste. Die noch jungen Ansätze der Psychotherapie begannen zwar, hinter körperlichen Symptomen die seelischen Ursachen zu entdecken, gingen aber u. a. von den Annahmen aus, dass der Mensch grundsätzlich auf die Befriedigung seiner Triebe (Freud) bzw. auf die Kompensation eines Minderwertigkeitskomplexes (Adler) ausgerichtet ist. In diesen Aspekten kritisierte Frankl das der Psychoanalyse und Individualpsychologie zugrunde liegende Menschenbild als reduktionistisch und sah die Lehren als deterministisch und mechanisch. Das menschliche Sein ging seiner Ansicht nach über diese Vorstellung hinaus. Wesentliche Eigenschaften, die den Menschen zum Menschen machen, fanden in dem Menschenbild der Psychoanalyse keinen Raum. Somit entwarf er die Logotherapie als sinnzentrierte Gesprächspsychotherapie und ärztliche Seelsorge sowie als existenzielle Ergänzung zu anderen Therapieformen. Später entwickelten verschiedene Schüler Frankls Anwendungsbereiche aus der Logotherapie für Beratung, Pädagogik, Personal und Business Coaching, also für Arbeitsfelder, in denen grundlegende Fragen zum Sinn des Alltags oder des ganzen Lebensentwurfes gestellt werden (vgl. Migge, 2016). Die Logotherapie wurde in den letzten Jahrzehnten inhaltlich weiterentwickelt und auf die genannten Bereiche angewandt. Eine zentrale Ausrichtung ist dabei die Werteorientierung für Themen wie Kommunikation, Konfliktlösung, Persönlichkeitsentwicklung sowie für die Leitbildentwicklung in Organisationen im Business und im Non-Profit-Sektor.

Den Titel „Logotherapie", den Frankl seinem Gesprächspsychotherapiekonzept im Jahr 1927 gab, ergänzte er sechs Jahre später um den Begriff der Existenzanalyse. Er erklärte dies folgendermaßen:

> „Die Existenzanalyse und Logotherapie sind je eine Seite ein und derselben Theorie. Und zwar ist die Logotherapie eine psychotherapeutische Behandlungsmethode, während die Existenzanalyse eine anthropologische Forschungsrichtung (bzw. Betrachtungsweise) darstellt. Als Forschungsrichtung ist die Existenzanalyse offen, und zwar in zwei Dimensionen: Sie ist bereit zur Kooperation mit anderen Richtungen und zur Evolution ihrer selbst." (Riemeyer, 2007, S. 130)

Vereinfachend spricht man überwiegend nur von Logotherapie.

Existenzanalyse bedeutet nicht Analyse *der* Existenz, sondern Analyse *auf* Existenz *hin*. Man arbeitet weniger in der Rückschau und Ursachenforschung von Problemen, sondern beabsichtigt in der Beratung vielmehr eine Hinführung der Person zu einem eigenverantwortlichen, selbstbestimmten und menschenwürdigen Leben. Der griechische Begriff „Logos" kann mit „Sinn" übersetzt werden, weshalb man bei der Logotherapie von einer „sinnzentrierten Psychotherapie" spricht. Logotherapie und Existenzanalyse wird der humanistischen Psychologie zugeordnet, wobei es mindestens einen Unterschied zu anderen humanistischen Verfahren gibt: während diese die Selbstverwirklichung als höchstes menschliches Ziel nennen, gilt in der Logotherapie die Selbsttranszendenz des Menschen als oberstes Streben (ebd. S. 137).

Durch seinen beruflichen Background als Arzt und Psychologe konzentrierte sich Frankl auf ein therapeutisches Konzept. Die heutige Logo„therapie" und Existenzanalyse muss nicht zwangsläufig mit einer „Behandlung" einhergehen, sondern kann in allen Beratungskontexten hilfreich sein, in denen Sinn- und Werteorientierung eine Rolle spielen.

Menschenbild

Frankl konzipierte die *Dimensional Ontologie* und erklärte damit sein ganzheitliches Menschenbild. Demnach ist der Mensch eine integrale Einheit von drei unterschiedlichen Dimensionen. Während die *somatische Dimension* die körperlichen Aspekte und die *psychische Dimension* u. a. emotionale, kognitive, triebhafte und instinktive Vorgänge des Menschen umfasst (die Verbindung dieser zwei Dimensionen nannte er das Psychophysikum), steht darüber die *geistige Dimension*, die mit einem anthropologischen Verständnis von Person und Existenz einhergeht. Der Mensch unterliegt demzufolge nicht nur dem Willen zur Lust und Macht, der Mensch will Sinn in seinem Leben entdecken und Werte verwirklichen. Die geistige, auch noëtische (griechisch „Nous“= Geist) Dimension befähigt den Menschen zur *Selbstdistanzierung* und zur *Selbsttranszendenz.* Der Mensch ist reflexionsfähig und kann sich aus einer anderen Perspektive betrachten. Außerdem kann er zur gegebenen Lebenssituation eine frei gewählte Haltung einnehmen. Frankl bezeichnet diese Selbstdistanzierungsfähigkeit als die *„Trotzmacht des Geistes“.* Mit Selbsttranszendenz meint er die völlige Ausrichtung über sich hinaus, z. B. auf einen gegebenen Sinn (Religion/Weltanschauung), eine Aufgabe oder die Liebe zu (einem) anderen Menschen. Mit der geistigen Dimension sind auch eigenständige Willensentscheidungen, sachliches und künstlerisches Interesse, schöpferisches Gestalten, Religiosität und ethisches Empfinden (das Gewissen) sowie Wertverständnis und Liebe verbunden (vgl. Riemeyer, 2007). Während das Psychophysikum erkranken kann, bleibt die geistige Dimension als Kern der Person unzerstörbar. Dieses Verständnis kann nützlich sein, um sich der eigenen Würde in jeder Situation bewusst zu werden und ganz konkrete Schritte in ein erfülltes und sinnvoll empfundenes Leben zu gehen (vgl. Migge, 2016).

Frankl stellt die Logotherapie und Existenzanalyse auf drei theoretische Säulen als disziplinäre Schwerpunkte (vgl. Abb. 24). Aus der philosophischen Perspektive ist seine Überzeugung: Jedes Leben macht unter allen Umständen immer Sinn. Seiner anthropologischen Auffassung nach ist jeder Mensch potentiell willensfrei und kann seine Antworten auf Fragen des Lebens selbst wählen. Der psychotherapeutischen Motivationsforschung entnimmt er, dass jeder Mensch nach Sinn im Leben strebt, also einen Willen zum Sinn in sich trägt. Die Komponenten der 2. und 3. Säule erfordern geistige Fähigkeiten, die durch organische, kognitive oder psychische Aspekte eingeschränkt sein können.

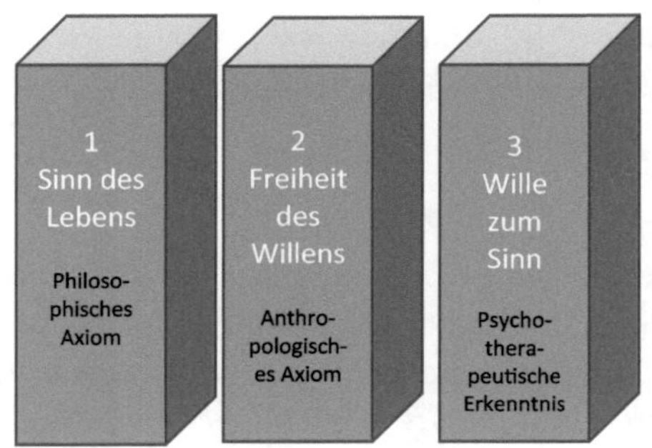

Abbildung 24: Drei Säulen der Logotherapie und Existenzanalyse
(vgl. Riemeyer, 2007, S. 140, nach Lukas, Von der Trotzmacht des Geistes, 1986)

> „Der Wille zum Sinn ist Ausdruck oder Funktion des Noetischen (von griech. Nous: Geistigkeit). Er kann rational formuliert und bewusst reflektiert werden, doch er bildet sich zuvor im Gefühl, in der Intuition, im Herzen. Wille ist hier eine Kraft, ein Motor, ein Streben, der uns zum Sinnhaften, zum Erfüllenden, zum Wertvollen zieht." (Migge, 2016, S. 284)

> „Wird der Wille zum Sinn frustriert, dann wird der Mensch im Zentrum seiner Intentionalität getroffen und gerät in den quälenden Zustand des existentiellen Vakuums, welches bei entsprechender Disposition eine noogene Neurose auslösen kann." (Kurz, 1995, S. 44)

Das *existentielle Vakuum* ist ein subjektives Gefühl eines Sinn-suchenden Menschen und durch innere Leere, Langeweile, Konsumdenken, Hedonismus oder lähmende Initiativlosigkeit gekennzeichnet. Die pathologische Entwicklung dieser existentiellen Frustration führt zu einer (von Frankl definierten) *noogenen Neurose* (= durch ein geistiges Problem, eine existenzielle Krise hervorgerufen) und wirkt sich auf psychophysischer Ebene aus. Im Lebensalltag sind typische Folgen dieser Symptome oft Versäumnisse und Fehlhandlungen, die ihrerseits erneute Hoffnungslosigkeit und Frustrationen hervorrufen, sodass sich der Betroffene in einem „circulus virtiosus" befindet. Dieser kann nur dann durchbrochen werden, wenn der Betroffene

- auf seine existenziell wichtigen Fragen Antworten findet
- wieder spürt, wozu sein Leben gut ist
- ein Gefühl dazu entwickelt, dass es wichtig ist, auf dieser Welt zu sein
- wieder neuen Sinn in seinem Leben findet

Werte

Werte können sich in allgemein anerkannten Grundsätzen (z. B. „Die Würde des Menschen ist unantastbar"), in Tugenden, Normen oder Sitten ausdrücken. Werte sind aber auch individuelle Grundeinstellungen, Weltanschauungen, Geisteshaltungen oder Leitmotive. Es gibt viele Synonyme für Werte und unbegrenzte Beispiele (Ehrlichkeit, Höflichkeit, Attraktivität, Materialismus, Effektivität, Unabhängigkeit, Harmonie, Akzeptanz, Tradition, Ordnung, Zweckmäßigkeit, Geduld, Gehorsam, Klugheit, Treue, Mut, Hingabe etc.).

> *„Während nun der Sinn an eine einmalige und einzigartige Situation gebunden ist, gibt es darüber hinaus Sinn-Universalien, die sich auf die condition humaine als solche beziehen und diese umfassenden Sinnmöglichkeiten sind es, die Werte genannt werden."* – Viktor E. Frankl

Für Frankl, der sich in seinem Werteverständnis eng an die Philosophie Max Schelers anlehnt, sind Werte in erster Linie Mittel zum Zweck der Sinnerfüllung. Wird ein Wert in einer konkreten Lebenssituation eines Menschen durch ihn verwirklicht, so erlebt der Mensch Sinn. Ein Sinn bezieht sich also immer auf eine einmalige und einzigartige Situation, während Werte auch eine übergeordnete und allgemeine Bedeutung haben können, wie z. B. gesellschaftlich moralische und ethische Prinzipien. An solchen objektiven Werten, die sich durch Geschichtlichkeit und gesellschaftliche Veränderungen wandeln können, kann sich der Mensch orientieren. Er entwickelt im Laufe seines Lebens daneben ein eigenes Wertesystem, auf das sich sämtliche Handlungen, Entscheidungen und Einstellungen zurückführen lassen. Die Herausforderung des Menschen ist, in jeder Situation eine individuelle Rangordnung mithilfe seines „Sinnorgans", dem Gewissen, aufzustellen. Das Gewissen hilft außerdem bei der Lösung von Wertekonflikten.

Die Logotherapie beschreibt drei *Wege der Werteverwirklichung* („Straßen zum Sinn"): schöpferische Werte, Erlebniswerte und Einstellungswerte. Die schöpferischen Werte beziehen sich auf Kreativität und Schaffenskraft des Menschen. Erlebniswerte bezeichnen Erfahrungen in Begegnung mit anderen Menschen, mit der Natur oder dem Genuss an Kunst. Schließlich sind Einstellungswerte die menschliche Fähigkeit zur freien Wahl einer Haltung hinsichtlich jedes Lebensaspektes (Riemeyer, 2007, S. 229 ff.).

Abbildung 25: Wege der Werteverwirklichung

Frankl stellte fest, dass es eine Wertehierarchie gibt, bei der die Einstellungswerte höher als die Erlebniswerte und die schöpferischen Werten zu betrachten sind. Während die Wertmöglichkeiten der Kreativität und des Erlebens begrenzt sind, liegt in den Einstellungswerten eine bedingungslose Sinnträchtigkeit. Für die Realisierung schöpferischer Werte sind Talente nötig und für das Erleben braucht es funktionstüchtige Sinnorgane. Für die Verwirklichung von Einstellungswerten bedarf es vielmehr einer *Leidensfähigkeit*. Diese ist niemandem von Natur aus gegeben, sondern der Mensch kann sie sich nur durch *er-leiden* aneignen. Frankl erkennt die Bemächtigung einer Leidensfähigkeit als Leistung an. Selbst ein nichtveränderbares Schicksal kann bewältigt werden, in dem der Mensch eine frei gewählte Haltung einnimmt und dadurch Einstellungswerte verwirklicht. Durch diese Fähigkeit wird menschliches Dasein niemals sinnlos (vgl. Frankl, 1984). Dennoch muss jeder einzelne Mensch seine eigene Rangordnung der Werte herausfinden. Baut man sein Leben z. B. nur auf die Sinnerfüllung im Bereich Arbeit (schöpferische Werte), ist man besonders krisenanfällig, wenn die Arbeit nicht mehr ausgeübt werden kann. Die Schlussfolgerung kann die Denkfolge „Ich bin arbeitslos, also bin ich nutzlos und daher ist mein Leben sinnlos" sein. Arbeit ist allerdings nur ein Wert unter vielen möglichen, ein sinnerfülltes Leben zu gestalten (vgl. Schlieper-Damrich et al., 2008). Die eigene Resilienz wird stärker, wenn das Leben mit unterschiedlichen Werten aus allen genannten Kategorien angereichert und man somit breit aufgestellt ist. Damit wird der Vorzug einer sogenannten parallelen Werteordnung gegenüber einer pyramidalen Werteordnung erklärt.

In der logotherapeutischen Beratung wird eine ethische Neutralität gewahrt. Werte können nicht gelehrt, sondern nur gelebt werden und Sinn kann nicht erzeugt, er muss gefunden werden, so Frankl. Dem Klienten werden keine eigenen Wertvorstellungen aufoktroyiert, ebenso wenig wie Verantwortung oder Entscheidungen abgenommen werden. Der Maßstab ist der Klient selbst, seine eigenen Werte und Sinnmöglichkeiten liegen in ihm selbst.

Methoden der Logotherapie

Bei Frankl standen weniger konkrete Methoden oder Techniken im Fokus seiner Arbeit, weshalb er nur wenige konkrete Vorgehensweisen beschrieb. Ausgangspunkt war für ihn immer die Lebenswelt des Einzelnen und er maß dem Dialog die höchste Bedeutung bei.

Anders als die Psychoanalyse verweilte Frankl nie zu lange mit seinen Klienten bei deren schmerzvollen Erinnerungen und Erlebnissen an die Vergangenheit. Eine reflexive Rückschau nutzte er stets dafür, einen zukunftsweisenden Sinn zu entdecken. Hyperreflexionen zu inneren Bildern, Gefühlen und Gedanken führen seiner Meinung nach zu Egozentrik, zum ständigen Kreisen um sich selbst und um das eigene Leid. Dem begegnete er mit *Dereflexion*. Er forderte dazu den Klienten auf, das psychische Symptom möglichst gering zu beachten und sich stattdessen auf ein sinnvolles Thema, eine Aufgabe oder ein lohnendes Ziel auszurichten. Sich selbst zu vergessen und etwas anderem eine Bedeutung geben führt dazu, wieder zu sich selbst zu finden. Das ist die geistige Fähigkeit der Selbsttranszendenz. Das Prinzip der Dereflexion ist einfach, die Umsetzung mit einer hyperreflektierenden Person zu schaffen, ist jedoch keine leichte Aufgabe. Es geht nicht nur um die Ermunterung, positiv zu denken, sondern um das, manchmal mühsame, Wiedererlernen, sich auf etwas anderes auszurichten als auf sich selbst. Dafür braucht es Geduld, Anleitung und Übung.

Zweite Methode ist die *paradoxe Intention*. Frankl schlägt seinem Klienten auf größtmöglich humorvolle Weise vor, das Symptom bewusst zu verstärken oder das Problem absichtlich zu verschlimmern, was zunächst natürlich verwirrend und provokativ erscheint. Der Klient soll überlegen, wie er selbst willentlich seine Emotionen und Umstände beeinflussen kann, auch wenn er zunächst in die paradoxe Richtung geführt wird. Er wird damit allerdings eingeladen, aus der bisherigen Opferrolle rauszutreten und stattdessen zum Gestalter seines Zustandes zu werden. Die neue Perspektive kann die Spannung auf eine originelle Weise auflösen und in einem befreienden Lachen münden. Für Frankl ist *Humor* ein notwendiges Element seiner Methode der paradoxen Intention, die gerade psychisch belasteten Menschen dazu verhelfen soll, eine Distanz zu ihren Symptomen zu entwickeln. Humor verhilft zur Selbstdistanzierung und zum Abstand zu den thematisierten Problemen.

> „Humor ist eine Haltung, eine „heitere Gelassenheit" im Umgang mit der Welt und sich selbst. Humor ist menschenfreundlich, tolerant, ein Zeichen innerer Versöhnung, verzichtet auf absolute Wahrheitsansprüche, ist nicht überheblich und zeugt von Reife." (Riemeyer, 2007, S. 161)

Die paradoxe Intention zeigt ihre Wirkung vor allem bei schambesetzten Ängsten (Angst vor Erröten, Zittern, Versprechen, Stottern, Schwitzen etc.), wo eine Störung in einer Erwartungsangst (Angst vor der Angst) gründet (vgl. ebd. S. 160). Eine solche provokative Intervention kann dann eingesetzt werden, wenn ein vertrauensvolles Arbeitsbündnis besteht. Die Methode der paradoxen Intention wurde später von der systemischen Therapie als paradoxe Intervention aufgegriffen.

Die *Einstellungsmodulation* trifft den Kern der Realisierung von Einstellungswerten durch die Ausschöpfung des persönlichen geistigen Freiraums. Wenngleich keine Möglichkeit dazu besteht, einen äußeren, leidvollen Zustand zu ändern, ist der Mensch immer noch dazu im Stande, seine Haltung zur Situation zu verändern. Er kann sich „so oder so“ entscheiden, bewerten und akzeptieren und dadurch Frieden im Leiden finden. Ziel ist, dass sich der Klient „personal umstellen“ kann, d. h. er kann eine bewusste Einstellung zu sich selbst und seinem Schicksal herstellen. Außerdem soll der Klient für seinen individuellen Daseinssinn sensibilisiert werden und konkrete Sinnmöglichkeiten für sich entdecken.

Logotherapeutische Gesprächsführung erfolgt angelehnt an den *Sokratischen Dialog*. Die Beraterhaltung ist nicht-wissend, naiv fragend, um Verständnis bemüht, zugewandt und akzeptierend. Der strukturierte Dialog zielt darauf ab, dass der Klient seine alte Sichtweise reflektiert, Widersprüche und Mängel erkennt, selbstständig Einsichten und Erkenntnisse erarbeitet und umsetzt. Im *explikativen Sokratischen Dialog* geht es vorrangig um die gemeinsame Suche nach funktionalen Begriffsklärungen, ausgehend von einer konkreten Fragestellung aus dem Alltag des Klienten. (Beispiel: „Was bedeutet Würde?“) Im *normativen Sokratischen Dialog* werden bestimmte Einstellungen oder Handlungen des Klienten, ebenfalls an Alltagssituationen orientiert, hinterfragt. Er soll entscheiden, welche ethisch-moralischen Einstellungswerte für seine (Lebens-)Ziele nützlich sind (vgl. Stavemann, 2002).

8. Logotherapeutische Beratung als Chance für die Wohnungslosenhilfe

Wohnungslosigkeit hat oft multiple Ursachen, wie in Teil I dieses Buches beschrieben wurde. Oft dauert es lange, bis das Angebot der Wohnungslosenhilfe von Betroffenen in Anspruch genommen wird. Bis dahin haben sie schon viele Rückschläge, Enttäuschungen und Niederlagen erlebt, was nicht selten dazu führt, dass das Selbstvertrauen und Selbstwertgefühl bereits erheblich gelitten haben. Wer im Leben immer wieder frustriert wurde, fragt schließlich nach dem *Wozu*. Wer am Ende allein da steht und keine tragfähigen Beziehungen hat, weiß nicht mehr, *für wen* sich die Anstrengung lohnt, von wem er für eigene Leistungen anerkannt werden könnte. Das Fehlen von engen sozialen Bindungen, von Kontakten zu Familie und echten Freunden ist ein Kernproblem der Klientel. Mit dem Gefühl des Alleinseins gelingt es wenigen, Erlebniswerte in der Natur oder durch Kunstinteresse zu schaffen. Für vieles fehlen außerdem die nötigen finanziellen Mittel. Hobbys, denen früher nachgegangen wurde, können nicht mehr bezahlt werden. An gesellschaftlichen Zusammenkünften oder Aktivitäten teilzuhaben fällt schwer, weil man sich von gesellschaftlich integrierten Menschen schon zu weit entfernt fühlt. Das Selbstvertrauen fehlt, um auf andere Menschen zuzugehen, ihnen von sich zu erzählen und sich zu seiner Lebenssituation zu äußern. Durch die Arbeitslosigkeit mangelt es an der Möglichkeit, die eigenen Fähigkeiten beruflich auszuleben. Mit den Jahren steigt die Unsicherheit, ob man noch zu etwas taugt und die geforderte Leistung erbringen kann. Sich positiv zu einem veränderbaren Schicksal einzustellen, gelingt oft nicht. Eher werden Gründe und Schuldige für das Scheitern eigener Veränderungen gesucht: die Politik, die Gesellschaft, das Sozialamt, die Sozialarbeiterin, der Mitbewohner, schließlich die eigene Person, die offenkundig oder insgeheim nicht mehr geachtet wird. Soziale Benachteiligung und Ausgrenzung sind Sinn-Räuber auf allen Ebenen und machen eine Werte- und Sinnorientierung in der Beratung der Wohnungslosenhilfe erforderlich.

Die Übernachtungsstelle der Einrichtung, in der ich tätig bin, wird überwiegend von Personen aufgesucht, die ohne festen Wohnsitz umherziehen. Bei der Auszahlung des Tagessatzes erkundige ich mich manchmal, wohin die Weiterreise führen soll. Manche planen ihre Reisen sehr genau, wissen ihre Fahrten zu finanzieren und wo sie unterkommen können. Sie haben sich zu Logistikexperten entwickelt, sind mit dem Notwendigsten gut ausgestattet. Anderen Wohnsitzlosen ist es morgens noch nicht klar, wo sie abends schlafen werden. Sie orientieren sich täglich neu. Ich frage die langjährig Wohnungslosen, ob sie ortsansässig werden möchten. Wenn sich ein obdachlos Reisender für einen Neuanfang entscheidet, bestehen zu Beginn der Hilfe selten konkrete Zielvorstellungen. Als Wünsche werden oft „Wohnung und Arbeit“ benannt, doch ein konkretes Bild für das weitere Leben muss erst entstehen.

Frankl sprich von einer *provisorischen Daseinshaltung*, in der es Menschen nicht für wichtig erachten, ihr Schicksal in die Hand zu nehmen (Riemeyer, 2007, S. 258). Sie leben ziellos in den Tag hinein und lassen viele Möglichkeiten verstreichen. Es mag Betroffene geben, deren eigentliches Ziel dieses ziellose Leben ist. Für andere bedeutet es Hilfe, Ziele zu entwickeln und neue Kräfte dafür zu mobilisieren.

Andere wohnungslose Menschen fühlen sich in ihrer Lebenssituation und in ihrer gesellschaftlichen Position derart gefangen, dass keine Hoffnung besteht, sich je daraus lösen zu können. Sie haben sich eine *fatalistische Lebenseinstellung* angeeignet und denken, dass ihr Schicksal durch äußere Umstände vorgegeben ist und sie keine Gestaltungsmöglichkeiten haben (ebd. S. 259). Ein 27-jähriger Betroffener spricht z. B. immer wieder davon, dass sich für ihn Bemühungen um eine Arbeitsstelle nicht lohnen. Er habe als Jugendlicher versäumt, einen Schulabschluss zu absolvieren, weshalb sich niemand auf dem Arbeitsmarkt für ihn interessiere. Einen Weg aus der Inaktivität sehe er nicht. Seinen Alltag bestimmen das Fernsehprogramm und die notwendigen Erledigungen. Ein anderer Nutzer des Hilfeangebotes vertritt die Meinung, dass seine frühen Kindheitserlebnisse die heutigen Handlungsmuster unwiderruflich geprägt hätten. Er wurde vom Vater geschlagen und habe von ihm gelernt, sich mit körperlicher Gewalt in Konflikten durchzusetzen, also würde er dieses Gelernte nicht mehr ablegen können und sich ähnlich verhalten wie sein Vater. Sein Schicksal sei vorherbestimmt und führe ihn in den Kreislauf von Haft und Obdachlosigkeit.

Ziel logotherapeutischer Beratung ist „gelingendes Leben“. Sie will Menschen dabei helfen, ihre persönlichen Sinnmöglichkeiten aufzuspüren und zu verwirklichen. Folgende Fragen stehen im Fokus:

- Wie kann ich mein Leben gestalten, sodass ich glücklich bin und das, was ich erlebe und tue als sinnvoll empfinde?
- Wie kann ich meine Fähigkeiten und meine Kreativität so einbringen, dass ich einen positiven Beitrag für mich und meine Umgebung leiste?
- Wie kann ich auch unter schwierigen Lebensumständen eine Haltung finden, die mich trägt und die meinen inneren Werten entspricht?

In diesem Kapitel folgen einige Anwendungsideen für eine sinnorientierte Beratung in Anlehnung an die weiterentwickelte Logotherapie für die Beratung wohnungsloser Menschen.

8.1 Existenzanalytische Biografie-Arbeit

Der Mensch sieht meist nur das Stoppelfeld der Vergänglichkeit, aber er übersieht die vollen Scheunen der Vergangenheit – er übersieht, was er alles ins Vergangensein hineingerettet hat, wo es nicht unwiederbringlich verloren ist, sondern unverlierbar geborgen bleibt.“ – Viktor E. Frankl.

Der Lebenslauf kann mal mehr, mal weniger Thema in der Beratung wohnungsloser Menschen sein. Für Hilfeanträge ist mancherorts der Baustein „Sozialanamnese“ vorgesehen, der eine Befragung des Leistungsberechtigten zu prägenden Ereignissen und aktuellen Umständen seines Lebens erforderlich macht. Für die Bedarfserhebung nach § 67 SGB XII werden vorrangig Negativprägungen und soziale Abwärtsspiralen fokussiert. Eine Möglichkeit, den Lebenslauf des Klienten vertiefend zu besprechen, liegt in einer veränderten Aufmerksamkeitsrichtung auf gute und sinnvolle Zeiten des bisherigen Lebens. Dadurch kann der Klient die Erfahrung machen, viele Aspekte seiner Lebensgeschichte zu würdigen und sich an positive Erfahrungen zu erinnern.

Ablauf:

Stellen Sie ihrem Klienten eine Handvoll Münzen sowie eine Handvoll kleiner Steine zur Verfügung. Legen Sie auf dem Tisch oder Fußboden ein Seil aus, das den Lebensweg symbolisiert. Nun bitten Sie den Klienten, die Geschichte seines Lebens mit Blick auf Gutes und Schmerzhaftes zu erzählen. Jede schmerzhafte Erinnerung wird durch einen Stein auf der Lebenslinie symbolisiert, jeder gute Aspekt (Erinnerung, Erlebnis, Erlerntes, Bezugspersonen, Vorbilder, entdeckte Hobbys und Talente) werden mit einer Münze versehen. Achten Sie darauf, die Narration mit offenen Fragen zu den guten Aspekten des Lebens zu fördern, sodass am Ende mindestens ein ausgewogenes Bild entsteht. Die folgenden existenzanalytischen Fragen können dabei unterstützen. Sie deuten auf persönliche Werte und auf Sinnmöglichkeiten des Klienten hin. Im weiteren Verlauf ist es wichtig, einen Gegenwartsbezug herzustellen und konkrete Umsetzungsmöglichkeiten zu entwickeln.

Lenken Sie den Blick auf die Gegenwart und Zukunft: „Wie wollen Sie jetzt damit umgehen? Wie können Sie das Beste daraus machen? Welche Begabungen schlummern auch heute noch in Ihnen?“

Existenzanalytische Fragen in der Beratung wohnungsloser Menschen

Was war bisher die beste Zeit in Ihrem Leben?

Was war Ihnen zu dieser Zeit am wichtigsten?

Wofür haben Sie viel Zeit investiert?

Welche Zukunftspläne und Träume hatten Sie zu dieser Zeit?

Welche Ihrer Tätigkeiten erschienen Ihnen bislang als sinnvoll?

Was konnten Sie bisher besonders gut? Wo liegen Ihre Begabungen?

Wo haben Sie sich bisher zuhause gefühlt?

Was war das Besondere an diesem Zuhause?

Welche Menschen waren Ihnen bisher wichtig?

Wer war bisher Ihr Vorbild?

Was hat diesen Menschen ausgezeichnet? Nach welchen Werten hat er gelebt?

Wie haben Sie gemeinsam Zeit verbracht?

Welche Herausforderungen haben Sie bisher gerne angenommen?

Welche Schwierigkeiten haben Sie schon gemeistert?

Wofür hat es sich gelohnt, zu kämpfen?

Was haben Sie dabei dazu gelernt?

Von welchen Prinzipien haben Sie sich bis heute leiten lassen?

Frankl lädt mit seinem Bild der „vollen Scheunen der Vergangenheit“ dazu ein, die guten Ereignisse des Lebens wertzuschätzen. Sie können zwar Trauer und Schmerz auslösen, gehören jedoch zum Erfahrungsschatz der Person, die darin unverlierbar sind.

8.2 Wege aus dem Existentiellen Vakuum

Eine konkrete Fragestruktur für einen neuen Fokus auf die möglichen Optionen einer Situation bietet das Sinneswahrnehmungstraining nach Lukas (1998). Der Klient wird angeleitet, folgende Fragen genau zu beantworten:

Was ist mein Problem?

Das Problem wird anhand einer konkreten Situation beschrieben. Auch die Grenzen des Problems werden abgesteckt, z. B. durch die Frage: Wann ist das Problem stärker, wann schwächer zu spüren?

Wo ist mein Freiraum?

Das Problem soll so betrachtet werden, dass es nicht Produkt eines unabänderlichen Schicksals ist. Sofern ein problemfreier oder problemschwacher Raum identifiziert wurde, entsteht ein Freiraum mit neuen Möglichkeiten.

Welche Wahlmöglichkeiten habe ich?

Alle Optionen werden wertfrei gesammelt.

Welche Möglichkeit ist die sinnvollste?

Mit dieser Frage wird das „Sinnorgan“, das persönliche Gewissen angesprochen. Es wird erarbeitet, welche der Optionen sinnvoller ist als andere. Der Berater achtet darauf, dass die Optionen unter dem Sinnaspekt, nicht nach dem Lustprinzip bewertet werden.

Welche will ich verwirklichen?

Die Entscheidung obliegt allein dem Klienten, der frei aus den Optionen wählen kann. Er selbst hat diese Wahl zu verantworten.

8.3 Seelische Judorolle

Aus der lösungsorientierten Kurzzeittherapie sind die von Steve de Shazer benannten Interaktionstypen Besucher, Klagender und Kunde bekannt. Besucher sehen meistens kein Problem bei sich selbst, sondern kommen auf Geheiß anderer in die Beratung. Sie formulieren weder Auftrag noch Ziel und zeigen entweder Reaktanz (sich widersetzendes Verhalten) oder eine strategische Selbstpräsentation durch scheinbar konformes Verhalten (vgl. Widulle, 2012). Klagende benennen zwar konkrete Probleme, sehen diese aber ausschließlich durch andere Personen verursacht, sodass sie weder einen erfüllbaren Auftrag noch ein erreichbares Ziel benennen. Nur mit Kunden kann in der Beratung ein Ziel erarbeitet und auch erreicht werden, weil sie sich selbstverantwortlich als Teil des Problems und auch der Lösung einschätzen können.

Wie kann nun ein Klagender in die Rolle des Kunden wechseln, wie kann die Perspektive des eigenen Anteils und der Selbstverantwortlichkeit geschaffen werden? Die Logotherapeutin Hadinger benennt ihr Tool dazu „seelische Judorolle“ (Judo= sanfter Weg).

Ablauf:

In einem ersten Schritt erhalten die Klagen des Ratsuchenden Raum, sie werden angehört und als belastend wahrgenommener Zustand gewürdigt. Häufig werden vom Klienten direkte und indirekte Vorwürfe gegen andere Personen oder Systeme geäußert. Die als schmerzhaft empfundenen Aspekte werden verbalisiert, wobei der Fokus auf die dahinterstehenden Bedürfnisse, Wünsche und Sehnsüchte gerichtet wird. Diese sind oftmals bislang unausgesprochen. Dem Klagenden kann deutlich gemacht werden, dass es einen Zusammenhang zwischen dem Nichtäußern eigener Wünsche und der Tatsache ihrer Nichterfüllung gibt. Der Berater unterstützt im nächsten Schritt bei der Umformulierung von Vorwürfen in Wünsche. Damit wird eine veränderte emotionale Stimmung beim Klienten erreicht und die Eigenverantwortlichkeit für die Situation gestärkt. Außerdem werden Werte angerührt und für die als problematisch erlebte Situation erfahrbar gemacht.

Fallbeispiel:

K: „Mein Sohn verweigert sich mit mir zu sprechen, solange ich keine Wohnung habe. Er hält sich für etwas Besseres. Als hätte er mir nicht genug zu verdanken. Aber heute, wo es mir so schlecht geht, grenzt er mich völlig aus."

B: „Sie haben das Bedürfnis, wieder Kontakt zu ihm zu haben. Und Sie wünschen sich, dass Ihre äußeren Lebensumstände nicht abgewertet werden. Immerhin gab es einmal eine engere Bindung zwischen Ihnen beiden."

K: „Natürlich. Es kann doch nicht sein, dass man plötzlich nicht mehr der Vater ist, nur weil man Pech im Leben hatte."

B: „Sie würden auch gerne deutlich machen, dass Sie für einige eingetretene Umstände nicht allein verantwortlich sind."

K: „Wenn er mir nur zuhören würde."

B: „Sie wollen mit ihm in Ruhe sprechen und ihm Ihre Situation erklären. Und vielleicht dabei auch deutlich machen, wie viel Ihnen an ihm liegt."

K: „Ja, das wäre mir sehr wichtig."

8.4 Entscheidungsverantwortung stärken

„In der Übernahme der eigenen Verantwortung schließlich erfährt der Mensch seine ihm allein zukommende Würde. Denn dort, wo ich gefragt bin, kommt es allein auf meine Antwort an. Ich bin der Antwortende und trage damit Verantwortung. So erweist sich existentielles Leben als Herausforderung und zugleich als ungeheure Aufwertung von menschlichem Sein." (Riemeyer, 2007, S. 215)

Eine aktivierende Hilfe zielt auf die Stärkung von Selbstverantwortung ab. Sie belässt die Verantwortung für zu treffende Entscheidungen immer beim Klienten. Eine visuelle Darstellung logischer Konsequenzen von möglichen Entscheidungen (siehe Abb. 26) kann eine gute Reflexionshilfe sein.

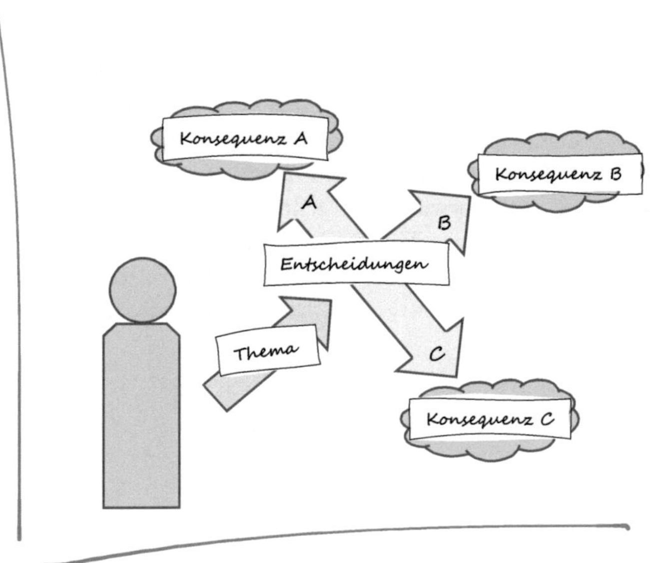

Abbildung 26: Entscheidungsverantwortung

Ablauf:

Laden Sie Ihren Klienten ein, seinen Handlungsspielraum zu einem aktuellen Thema mithilfe von Bodenankern (Metaplankarten) zu beleuchten. Gehen Sie in folgenden Schritten vor:

- Welche Entscheidungen könnten zum aktuellen Thema theoretisch getroffen werden? Notieren Sie Entscheidung A, B, C etc. auf Metaplankarten und legen diese auf den Boden
- Jede Entscheidung und jedes Handeln führen zu Konsequenzen. Welche Konsequenzen werden voraussichtlich aus den genannten Entscheidungsmöglichkeiten resultieren? Notieren Sie auch diese in Stichworten und legen sie gut sichtbar aus.
- Eine Option ist, dass sich der Klient auf die jeweiligen Karten stellt und sich in die Situation „einfühlt“.

Fallbeispiel: *Integration in den Arbeitsmarkt*

Herr L. bezieht SGB II Leistungen. Es besteht eine Eingliederungsvereinbarung zur Durchführung einer Arbeitsgelegenheit in einem Förderzentrum. Dazu hatte Herr L. auch seine Zustimmung gegeben, nur nimmt er nicht an der Maßnahme teil. Seine Wahlmöglichkeiten benennt er wie folgt:

A: weiterhin die Teilnahme verweigern

B: regelmäßige Teilnahme an der Maßnahme

C: Orientierung auf dem freien Arbeitsmarkt

Positive und negative Konsequenzen der Wahlmöglichkeiten könnten sein:

A-a: Die eigene Freiheit verteidigen, weniger Anstrengung, schwierige Gespräche mit Fallmanager, mögliche finanzielle Sanktionen im Rahmen des SGB II, weniger Lebensunterhalt

B-b: Gefühl von Überforderung, aber auch weniger Langeweile, mehr soziale Kontakte, Ausprobieren von Fähigkeiten, zusätzliches Geld

C-c: mehr Wahlmöglichkeiten, höherer Verdienst, höhere Anforderungen, Angst vor Überforderung und Scheitern

- Stellen Sie die Schlüsselfragen: „Welche dieser Konsequenzen wollen Sie erreichen?“ „Welche dieser Konsequenzen wollen Sie unbedingt vermeiden?“
- Welche Entscheidung wäre demnach am ehesten zu treffen?
- Wie können Sie diese umsetzen?
- Welche Unterstützung brauchen Sie dabei?

8.5 Einstellungsveränderung

> *Gott, gib mir die Gelassenheit, Dinge hinzunehmen, die ich nicht ändern kann, den Mut, Dinge zu ändern, die ich ändern kann, und die Weisheit, das eine vom anderen zu unterscheiden.* – Reinhold Niebuhr

Schuld, Leid und Tod – dies nannte Frankl die Tragische Trias, die jedem Menschen früher oder später begegnen wird. Wer hinter seiner tragischen Lebenssituation einen Sinn erkennen kann, läuft weniger Gefahr, daran zu zerbrechen oder zu verzweifeln. Das Thema Leid ist in der Wohnungslosenhilfe immer gegenwärtig, es kann eine Ursache und eine Folge der Wohnungslosigkeit sein, zumindest ist es offensichtlich und Gegenstand der Beratung. Ziel logotherapeutischer Beratung ist in diesem Punkt, den Klienten erkennen zu lassen, dass er eine geistige Freiheit besitzt, seine Einstellung und

Haltung gegenüber der vorliegenden Situation zu wählen. Der Inhalt des Beratungsgespräches kann sich durch unterschiedliche Frageansätze auf die Entscheidungsfreiheit des Klienten konzentrieren und auf seine Chance, sich angesichts seines Leids würdig für sein Leben zu entscheiden (vgl. Riemeyer, 2007, S. 165 f.). Folgende verkürzte Dialoge geben Anregungen, wie Einstellungen überdacht und verändert werden können.

Fallbeispiel:

Ein alleinstehender wohnungsloser Mann, aufgewachsen mit fünf Geschwistern, hat seit dem Tod der Eltern und der darauf erfolgten Erbstreitigkeiten keinerlei familiäre Kontakte mehr. Keiner der Geschwister ist mehr dazu bereit, ihn bei sich aufzunehmen, ihn finanziell zu unterstützen oder auch nur zu treffen. Er ist darüber zutiefst enttäuscht und verbittert. Er spricht keine guten Worte mehr über die Familie und fühlt sich benachteiligt, ausgestoßen und allein.

Die Frage nach dem Preis und dem Gewinn der Situation

B: Was ist für Sie der Preis des Kontaktabbruchs?

K: Ich bin alleine und fühle mich von der Familie ausgestoßen. Keiner ist da, der mich unterstützen würde.

B: Gibt es vielleicht auch einen Gewinn, etwas Gutes, an der Situation?

K: Ich bin nicht immer wieder dem Familienstreit ausgesetzt. Das bedeutet für mich auch weniger Stress. Ich habe dann den Kopf frei für andere Dinge.

Gedanken bestimmen die Gefühle zur Situation. In dem Moment, in dem der Klient eine innere Einstellung verändert, verändert das auch sein Gefühl zur Situation.

K: Meine Geschwister behandeln mich wie einen Aussätzigen. Ich bin für die Familie scheinbar nicht gut genug.

B: Welche Gefühle löst das aus, wenn Sie das denken?

K: Ich bin wütend und es macht mich traurig.

B: Welche Möglichkeiten gibt es außerdem als zu denken, dass Sie für die Familie „scheinbar nicht gut genug“ sind?

K: Manchmal denke ich, dass es mir auch guttut, keinen Kontakt zu meinen Geschwistern zu haben. Ich suche mir lieber die Leute aus, die nachvollziehen können, was ich durchgemacht habe und immer noch durchmache.

B: Und wie fühlt sich das an, wenn Sie so über die Situation denken?

K: Ich kann eigene Entscheidungen treffen und mich schützen, was sich auch gut anfühlt. Ich ziehe da auch meine Grenzen und lass mich nicht wegen früherer Fehler beschimpfen.

Welche Glaubenssätze/Grundeinstellungen/Prägungen stehen hinter dem Thema?

K: Ich war immer schon das schwarze Schaf der Familie.

B: Was bedeutet das genau? *(Glaubenssatz hinterfragen)*

K: Ich war halt anders als die anderen und wurde weniger geliebt.

B: Wo/wann/durch wen genau ist dieser Gedanke entstanden, dass Sie „das schwarze Schaf" sind? *(Herkunft des Glaubenssatzes erfragen)*

K: Ich bin das jüngste Kind. Mein Vater gab mir das Gefühl, da meine Mutter nach der Geburt schwer krank wurde.

B: Denken Sie heute, dass es berechtigt war, dass Ihr Vater Ihnen Schuldgefühle zusprach? *(Neubewertung aus der Position des erwachsenen Klienten)*

K: Nein, natürlich nicht. Ich hatte keine Schuld. Mein Vater war überfordert.

B: Hat dieser Satz „Ich bin das schwarze Schaf der Familie" seine Berechtigung? *(Hinterfragen, ob der Glaubenssatz noch Bestand haben soll)*

K: So gesehen nicht.

B: Welcher positive Mensch steckt hinter dem vermeintlich „schwarzen Schaf" der Familie? *(Frage nach einer alternativen Bewertung)*

K: Ich bin vielleicht der, der seinen eigenen Weg gewählt hat.

B: Welche Herausforderung bringt die Situation? *(Herausforderungscharakter der leidvollen Situation erfragen)*

K: Ich schaffe es, unabhängig zu bleiben. Ich bin zum Lebenskünstler geworden, arm, aber viel freier von gesellschaftlichem Druck als es meine Geschwister sind.

B: Können Sie die Situation verändern? Wollen Sie die Situation verändern? Wollen Sie sie akzeptieren, wie sie ist?

8.6 Werteorientierte Teamarbeit

„Ich habe den Sinn meines Lebens darin gesehen, anderen zu helfen, in ihrem Leben einen Sinn zu sehen.“ – Viktor E. Frankl.

Je mehr Mitarbeitende ein Team hat, umso größer ist wahrscheinlich die vorhandene Wertvielfalt. Daraus kann resultieren, dass Wertekonflikte entstehen. Auch Generationsunterschiede im Team können zu ganz unterschiedlichen fachlichen, aber auch ethischen Ansichten führen. Möglich ist, sich über Wertvorstellungen auszutauschen und einen gemeinsamen Prozess der Wertefindung zu initiieren.

Folgende Fragen und Anregungen können Sie für eine werteorientierte Sozialarbeit in Ihrem Team nutzen.

1. Gibt es in Ihrer Institution/Ihrer Trägerschaft ein Leitbild? Welche Werte werden darin definiert? Wie werden diese in der alltäglichen Arbeit umgesetzt?
2. Beobachten Sie, wie im Team informell über Ihre Klienten gesprochen wird. Welche Eigenschaften schreibt man ihnen zu? Entspricht dies dem Leitbild Ihres Arbeitgebers? Passen diese zu Ihrem eigenen Menschenbild und zu Ihren Werten?
3. Welche persönlichen Werte sind Ihnen für die Arbeit mit Ihrer Klientel wichtig? Wie können Sie diese kommunizieren und vorleben? Welche Wege der Werteverwirklichung nach Frankl werden damit umgesetzt?
   Möglich ist hier der Einsatz eines Wertekarten-Sets, das eine Vielzahl an Werten vorschlägt und zur Reflexion anregt (z. B. mit dem Kartenset Werte von Ralf Besser. www.besser-wie-gut.de)
   Eine alternative Gesprächseröffnung bieten Bildkarten, zu denen jeder Teilnehmende Werte assoziieren und anhand seines gewählten Bildes erläutern kann. (z. B. 75 Bildkarten Sinnorientiertes Coaching von Björn Migge, erschienen im Beltz Verlag oder 140 Bildkarten von Ralf Besser)
4. Wertecoach Ralf Besser sagt: „Der Königsweg mit Werten umzugehen ist Reflexion, nicht Definition. Werte müssen erlebbar gemacht werden.“ Die eigenen Werte entdeckt man häufig dann, wenn sie verletzt werden bzw. wenn man sich selbst verletzt fühlt. Wenn Sie über Werte sprechen wollen, denken Sie an konkrete Situationen, in denen Sie gemerkt haben, dass eine Störung aufgetreten ist, sei es in der Einzelfallhilfe, im Team oder in der Organisation.
5. Der Werte-Rahmen: Nach Auffassung von Ralf Besser werden Werte zum großen Teil durch die vorhandenen Rahmenbedingungen geformt. Die äußeren Bedingungen einer Organisation rufen gewisse Verhaltensweisen und damit eine Etablierung bestimmter Werte hervor. Ein konstruktiver Reflexionsprozess kann durch das Tool „Werterahmen“ in Gang gesetzt werden.

Das Team bildet einen großen Stuhlkreis. Der ernannte Moderator sammelt die wesentlichen Rahmenbedingungen der Organisation (z. B. Konzept, Hausordnung, Tarifvertrag, Mitarbeitervertretung, Arbeitsgruppen, Supervision, Qualitätsmanagement, Heimbeirat, Freizeitarbeit, Hilfeplankonferenz, Zieloffene Suchtarbeit, Wohnungscoaching, Pausenregelung …). Jeder Punkt wird auf eine Metaplankarte geschrieben und vom Moderator gruppiert. Die Karten werden in der Mitte des Stuhlkreises ausgelegt, sodass ein großer, rechteckiger geschlossener Rahmen entsteht.

Die Mitarbeitenden können in den Rahmen hineingehen und Rahmenbedingungen auswählen, von denen nach ihrem Empfinden Werte ausgehen. Optimalerweise stellen sich die Mitarbeitenden auf jede der Rahmenbedingungen und erkunden spürend, was sie auslösen. Diese Werte werden ebenfalls auf Karten notiert und an die passenden Rahmenbedingungen gelegt. Gegebenenfalls ist es sinnvoll, Kernwerte herauszufiltern, sofern sich Bedeutungen überschneiden. Im letzten Schritt kann darüber diskutiert werden, welche Werte als „hilfreich-unterstützend", als „hinderlich-abzuschwächen" und „kaum vorhanden, aber hilfreich" wahrgenommen werden. Daraus resultierend kann über eine mögliche bzw. nötige Veränderung von Rahmenbedingungen diskutiert werden. (vgl. Besser, Ralf, „Wertereflexion" und „Umgang mit Werten", Eigenverlag, www.besser-wie-gut.de).

9. Salutogenese – Was macht gesund?

Ein weiterer evidenzbasierter Ansatz, der mit einer motivierenden und sinnorientierten Beratung in der Wohnungslosenhilfe einhergeht, stammt aus der Gesundheitsforschung. Das von Aaron Antonovsky entwickelte Konzept der Salutogenese (salus = Gesundheit, genese= Entstehung) beschreibt die Bedingungen, die menschliche Gesundheit ermöglichen, aufrechterhalten und wiederherstellen. Sie sieht die Menschenrechte als Basis für die Stärkung der Gesundheit, für Gerechtigkeit, Empowerment und Partizipation (vgl. Magistretti, 2019). Auch wenn sich Soziale Arbeit bislang noch wenig auf die Salutogenese bezieht, zeigen sich in ihren Ausrichtungen deutliche Parallelen. Die Aufgabe Sozialer Arbeit ist per Definition

> „als praxisorientierte Profession und wissenschaftliche Disziplin gesellschaftliche Veränderungen, soziale Entwicklungen und den sozialen Zusammenhalt sowie die Stärkung der Autonomie und Selbstbestimmung von Menschen" zu fördern. „Die Prinzipien sozialer Gerechtigkeit, die Menschenrechte, die gemeinsame Verantwortung und die Achtung der Vielfalt bilden die Grundlage der Sozialen Arbeit [...] Soziale Arbeit befähigt und ermutigt Menschen so, dass sie die Herausforderungen des Lebens bewältigen und das Wohlergehen verbessern [...]" (vgl. DBSH, 2016).

Sowohl in der Salutogenese als auch in der Sozialen Arbeit gelten Gesundheit und Wohlbefinden als Ergebnis einer Interaktion von Umwelt und Individuum. Davon ableitend lässt sich sagen, dass auch die Wohnungslosenhilfe als Teilgebiet Sozialer Arbeit darauf abzielt, ihrer Klientel einen Zugang zu Voraussetzungen zu schaffen, die Lebensqualität ermöglichen, wobei Gesundheit und Wohlbefinden dafür zentrale Aspekte darstellen (vgl. Magistretti, 2019, S. 222). Somit lohnen sich ein Blick in das Konzept der Salutogenese und Überlegungen zu den Rezeptionschancen und einem möglichen Mehrwert für die Wohnungslosenhilfe.

9.1 Salutogenese – Ein Überblick

Aaron Antonovsky antwortete auf die Frage „Wie entsteht Gesundheit?" mit einem Gegenkonzept zur Pathogenese, das als Forschungsgebiet für Ursachen von Krankheit bis in die 90er Jahre im Zentrum des medizinischen und politischen Interesses stand. Die Salutogenese entstand etwa zeitgleich zum Paradigmenwechsel, der 1986 als Ergebnis der internationalen WHO-Gesundheitskonferenz in der Ottawa-Charta angestoßen wurde. Darin werden die Voraussetzungen für eine gesunde Entwicklung des Menschen benannt, die in Faktoren wie Frieden, Schutz, Bildung, Ernährung, Einkommen, einem stabilen Ökosystem, nachhaltigen Ressourcen, sozialer Gerechtigkeit und Teilhabe bestehen. In der Ottawa-Charta plädiert die WHO für ein aktives Handeln mit dem Ziel *„Gesundheit für alle bis zum Jahr 2000“*. Sie enthält Werte und Prinzipien für eine auf Lebensqualität und Wohlbefinden ausgerichtete Gesundheitsförderung auf allen politischen und gesundheitsfördernden Ebenen. Das Hauptprinzip ist das Empowerment, die Befähigung der Menschen, ihre Gesundheit durch die Steuerung und Kontrolle der gesundheitsbestimmenden Faktoren (Genetik, sozioökonomischer Status, Familie, Bildung, Kultur, Traditionen etc.) zu entwickeln und durch diesen Prozess ein aktives und produktives Leben zu führen. Für die praktische Ausrichtung der öffentlichen Gesundheitsfürsorge (Public health) fehlte allerdings noch ein klarer theoretischer Rahmen, sodass man sich weiterhin eher an der Erforschung und Beseitigung von Gesundheitsrisiken und Krankheitsursachen orientierte. Die Salutogenese bildet als gewachsene Wissenschaft die gesundheitsfördernden Elemente im Sinne der Ottawa-Charta ab: Ressourcen, Bedeutung/Sinn, Motivation und Handlungskompetenz (vgl. ebd. S. 49 ff.). Das gemeinsame ethische Fundament der Gesundheitsförderung und der Salutogenese bilden die Menschenrechte.

Der Soziologe Aaron Antonovsky (*1923 in Brooklyn, +1994 in Beer-Sheba, Israel) wuchs unter jüdischen und italienischen Migrierten in der New Yorker Unterschicht auf. Er engagierte sich in einer jüdischen Jugendbewegung und setzte sich mit sozialistischen Gedanken auseinander. Während seines ersten Studiums wurde er in die Armee eingezogen und diente im Zweiten Weltkrieg an der Seite der Alliierten. Nach der Staatsgründung Israels 1948 wirkte Antonovsky am Aufbau eines Kibbuz, einer sozialistischen israelischen Siedlung, mit. Zurück in den USA beschäftigte sich Antonovsky im Zuge seines Soziologiestudiums mit Medizinsoziologie und Stressforschung, mit sozialen Schichten, Diskriminierung, Ungleichheit, Migration und ethnischen Minderheiten. 1955 promovierte er und widmete sich weiterhin der Lehre und Forschung. 1960 emigrierte Antonovsky mit seiner Ehefrau nach Israel und arbeitete in Jerusalem am Institut für angewandte Stressforschung. Hier stieß er auf eine wegweisende Entdeckung. In einer epidemiologischen Studie über die über Effekte der Menopause auf Frauen, die in ihrem Leben extremen Stress ausgesetzt gewesen waren, befanden sich auch Frauen, die den Holocaust überlebt hatten. Die meisten von ihnen zeigten zwar mehr Symptome in der Menopause als Frauen, die vergleichsweise weniger Stress in ihrem Leben erfahren hatten. Einige von ihnen wiesen aber eine ähnlich stabile Verfassung auf, obwohl sie unter diesen extrem negativen Lebensumständen gelitten hatten. Sie waren fähig zu lieben, in Beziehungen zu leben, Kinder zu erziehen und den Alltag zu bewältigen. Antonovsky nahm diese Beobachtung zum Anlass für die weitere Erforschung der Frage „Wie entsteht Gesundheit?“ und entwickelte den theoretischen Rahmen für die Wissenschaft der Salutogenese und für das Konzept des Kohärenzsinns (vgl. Antonovsky, 1997; Magistretti, 2019).

Antonovsky forschte bis zu seinem Tod am Salutogenese-Konzept und gab den Weg für eine Weiterentwicklung frei. Wissenschaftler wie Bengt Lindström, Monica Eriksson und Claudia Meier Magistretti fanden überzeugende Beweise für die Wirksamkeit des Salutogenese-Konzepts und konstatieren:

> „Menschen und Systeme, die den Salutogenese-Ansatz anwenden, können Bevölkerungen und Individuen entwickeln helfen, die länger leben, sich gesünder verhalten und die, wenn sie von akuter oder chronischer Krankheit betroffen sind, Stress besser aushalten und besser mit der Krankheit zurechtkommen. Weiter leben sie (vergleichsweise) subjektiv gesünder, bewerten ihre Lebensqualität positiver und fühlen sich psychisch gesünder." (Magistretti, 2019, S. 29)

Das Gesundheits – Krankheitskontinuum

Eine Grundlage der Salutogenese ist das Gesundheits-Krankheitskontinuum (siehe Abb. 27), dargestellt auf einer horizontalen Linie mit zwei Polen. Ein Pol stellt das absolute Fehlen von Gesundheit dar, der andere Pol den Zustand völliger Gesundheit. Jeder Mensch befindet sich zu jedem Zeitpunkt auf einem Punkt zwischen den Polen, aber nie entweder nur auf dem Gesundheits- oder auf dem Krankheitspol. Gesunde und ungesunde Aspekte sind stets Bestandteil menschlichen Befindens, die auch gleichzeitig auftreten können, was das Verständnis von Gesundheit relativer darstellt als in der Definition der WHO formuliert (*„ein Zustand des vollständigen körperlichen, geistigen und sozialen Wohlergehens und nicht nur das Fehlen von Krankheit oder Gebrechen"*). Es geht somit nicht um die Feststellung, ob ein Mensch gesund oder krank ist, sondern welchen der beiden Pole er nähersteht.

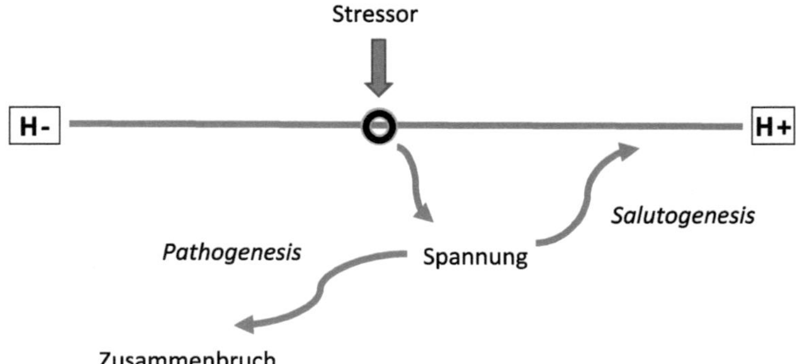

Abbildung 27: Das Gesundheits-Krankheitskontinuum (nach © Bengt Lindström, Monica Eriksson, Peter Wikström. In: Magistretti, 2019, S. 31)

Der Mensch ist täglichen Anforderungen ausgesetzt, die als Stressoren auf ihn einwirken und sein Leben störend beeinflussen können. Die Frage ist, wie er mit der auftretenden Spannung umgehen kann: entweder erkrankt er und bewegt sich auf den Pol H- zu oder er kann seine Gesundheit durch Salutogenese erhalten bzw. zurückgewinnen und nähert sich dem Pol H+. Je stärker der Kohärenzsinn ausgebildet ist, umso mehr bewegt sich der Mensch Richtung H+.

Ausschlaggebend kann sein, ob Menschen unter guten oder schwierigen Lebensbedingungen aufgewachsen sind und mit welchen erlernten oder gegebenen Ressourcen sie Stressoren begegnen können. Die Salutogenese stellt somit Schutzfaktoren bzw. Coping-Ressourcen in das Zentrum der Aufmerksamkeit, die dem Menschen dazu verhelfen, seine Position auf dem Kontinuum beizubehalten oder aber auf den gesunden Pol hinbewegen zu können (Antonovsky, 1997, S. 30).

Der Kohärenzsinn

Eine entscheidende Grundvoraussetzung für den Erhalt von Gesundheit ist nach Antonovsky der Kohärenzsinn bzw. das Kohärenzgefühl (siehe Abb. 28). Damit ist die Grundhaltung des Individuums gegenüber der Welt und dem eigenen Leben zu verstehen, die sich in einer stimmigen Verbundenheit ausdrückt. Stimmigkeit ist ein Empfinden des Zusammenpassens, des Wohlgefühls in unterschiedlichen Systemen, wie z. B. im Individuum selbst (autonomes Streben nach Kohärenz und Wohlbefinden), in Familie (emotional stimmigen Beziehungen), in Kultur (Sprache, Normen, Werte) in der Menschheit (einem globalen Verantwortungsbewusstsein) und dem Universum/Gott (universelles Denken) (vgl. Petzold, 2013 b). Das Kohärenzgefühl trägt entscheidend dazu bei, inwieweit Menschen bestehende Ressourcen zum Erhalt ihrer Gesundheit und ihres Wohlbefindens sowie zur Bewältigung von Problemen nutzen können. Antonovsky nennt sie „generalisierte Widerstandsressourcen", die den Kohärenzsinn ausbilden. Je ausgeprägter der Kohärenzsinn ist, umso weniger schätzen Menschen herausfordernde Situationen als Belastung ein, umso differenzierter nehmen sie Probleme wahr und umso handhabbarer können sie mit Stressoren umgehen. Dies hat zur Folge, dass sie Herausforderungen, Belastungen und Stress konstruktiver bewältigen können und weniger negative Emotionen entwickeln.

Antonovsky definiert den Kohärenzsinn folgendermaßen:

> „eine globale Orientierung, die ausdrückt, in welchem Ausmaß man ein durchdringendes, andauerndes und dennoch dynamisches Gefühl des Vertrauens hat, dass (1) die Stimuli, die sich im Verlauf des Lebens aus der inneren und äußeren

Umgebung ergeben, strukturiert, vorhersehbar und erklärbar sind; (2) einem die Ressourcen zur Verfügung stehen, um den Anforderungen, die diese Stimuli stellen, zu begegnen; (3) diese Anforderungen Herausforderungen sind, die Anstrengung und Engagement lohnen.“ (Antonovsky, 1997, S. 36)

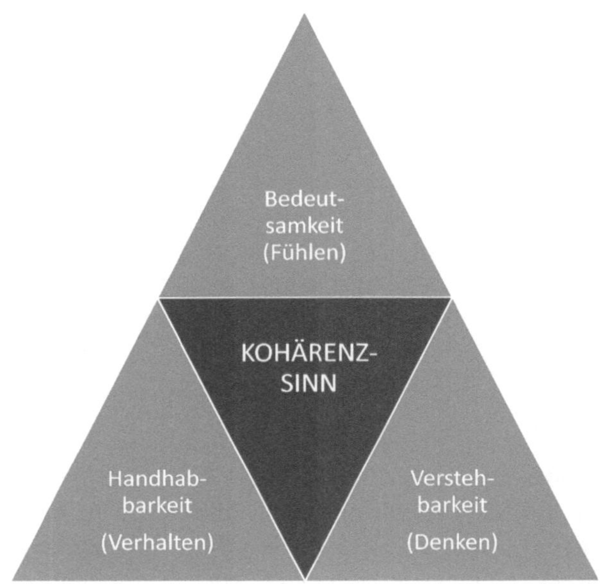

Abbildung 28: Der Kohärenzsinn

Drei Komponenten spielen für diese Lebensorientierung eine Rolle:

Die Verstehbarkeit

Man kann die Anforderungen des Lebens kognitiv sinnhaft wahrnehmen. Das Leben scheint verstehbar und geordnet zu sein. Zukünftige Anforderungen sind vorhersagbar oder, sollten sie überraschend auftreten, können sie eingeordnet und erklärt werden: „Es geht in der Welt geregelt zu“.

Die Handhabbarkeit

Das Leben scheint beeinflussbar, aus eigener Kraft oder mit fremder Hilfe. Man verfügt über geeignete Ressourcen, um den Anforderungen des Lebens zu begegnen. Krisen sind zu bewältigen und man gerät nicht in eine Opferrolle.

Die Bedeutsamkeit

Das Leben ist (emotional) sinnvoll und macht Freude. Es lohnt sich, Energie und Mühe zu investieren. Die Fähigkeit zur Sinngebung ist der motivationale

Faktor, die treibende Kraft für das Leben und die wichtigste der drei Komponenten. (Antonovsky wurde bei der Benennung dieser Komponente von Viktor Frankl inspiriert.)

Ein starker Kohärenzsinn umfasst alle drei Komponenten und korreliert in hohem Maße mit psychischer Gesundheit, mit wahrgenommener Gesundheit und Lebensqualität. Er verhilft zu einer Positionierung auf dem Gesundheits-Krankheitskontinuum in Richtung Gesundheitspol. Kohärenz ist der maßgebliche Faktor für eine gesunde Selbstregulation, eine Ressource zur Lebensorientierung und ermöglicht, schwierige Lebensereignisse positiv zu bewältigen.

Generalisierte Widerstandsressourcen

Für die Entwicklung eines starken Kohärenzsinns muss der Mensch fähig sein, bestehende Ressourcen auf eine gesundheitsfördernde Weise zu aktivieren. Antonovsky benennt zahlreiche Variablen, die eine erfolgreiche Spannungsbewältigung erleichtern und damit für eine gesunde Entwicklung wichtig sind. Dies können individuelle (z. B. Körper, Intelligenz, Bewältigungsstrategien), soziale (z. B. persönliches Umfeld, finanzielle Möglichkeiten) und kulturelle Faktoren (z. B. kulturelle Stabilität) sein. Er nennt sie *generalisierte Widerstandsressourcen*: Variablen, die in verschiedensten Situationen (generalisiert) als Ressourcen die Widerstandsfähigkeit der Person verbessern. Einerseits stellen sie das Potential für eine erfolgreiche Stressbewältigung dar, andererseits prägen sie kontinuierlich die Lebenserfahrungen und führen zur Ausbildung des Kohärenzgefühls (vgl. BZgA, 2001, S. 34)

Nach Magistretti ist die Aktivierung folgender generalisierte Widerstandsressourcen besonders bedeutsam:

1. sinnvolle Aktivitäten
2. die gedankliche Auseinandersetzung mit existenziellen Fragen
3. der Kontakt mit den eigenen inneren Gefühlen
4. soziale Beziehungen

(vgl. Magistretti, 2019, S. 40)

Wichtig ist letztlich, dass der Mensch diese Ressourcen nicht nur besitzt, sondern dass er dazu in der Lage ist, sie in einer Gesundheit fördernden Weise einzusetzen. Die salutogene Kommunikation nach Petzold zeigt eine Gesprächsstruktur auf, die dazu verhilft, Ressourcen zu erkennen und sie nutzbar zu machen.

9.2 Salutogene Kommunikation nach Petzold

Der Mediziner Theodor Dierk Petzold, Leiter des Zentrums für Salutogenese in Bad Gandersheim, unterscheidet zwischen Fähigkeiten und Ressourcen, die es ermöglichen, die eigene „innere Stimme" zu erfühlen, also wahrzunehmen, wonach wir streben wollen (Annäherungssystem) und die uns Handlungsfähigkeit verschaffen, um mehr Stimmigkeit (=Kohärenz) zu erreichen.

	A: Wahrnehmen	B: Handeln
Physikalisch-chemisch/ vegetativ	... der materiellen Umgebung (Luft, Temperatur, Strahlung etc.), Nahrungsmittel, Körperempfinden in Bewegung/in Entspannung	Kann für eine sichere materielle Umgebung hinreichend Sorge getragen werden? Kann körperliches Wohlbefinden durch Ruhe, Entspannung, Bewegung, Ernährung hergestellt werden?
Sozial	... der emotionalen Stimmigkeit sozialer Beziehungen (Familie, Freunde, Nachbarn etc.)	Besteht das Gefühl von Zugehörigkeit, Glück, Zufriedenheit, ausreichender Unterstützung, gelingender Kommunikation, angenehme Nähe und Distanz im sozialen Umfeld?
Kulturell	... der Stimmigkeit von Kultur, Werte, Normen, Vorstellungen, Institutionen, Arbeit, Kreativität, Erfolg ... der Stimmigkeit von Anerkennung für eigene Leistungen	Besteht Motivation zum Engagement in kulturellen Zusammenhängen? Können intellektuelle, sprachliche, kreative, instrumentelle Fähigkeiten eingesetzt werden? Besteht eine sinnerfüllte Ausübung des Berufes? Können äußere Ressourcen (materielle, institutionelle, fachliche) genutzt werden?
Global	... des globalen Geschehens und globaler Zusammenhänge	Bietet das Kohärenzgefühl Kraft und Ausrichtung im Leben? Können Ressourcen für einen eigenen Beitrag zu global stimmiger Entwicklung genutzt werden?
Übergeordnet	Bezug zum Glauben an eine Gottheit	Dient eine positive Gottesbeziehung als Kraftquelle oder Führung?

Abbildung 29: Salutogene Kommunikation (vgl. Petzold, 2013 b, S. 178 ff.)

Salutogenese bedeutet, motivierende attraktive Gesundheitsziele in den Blick zu nehmen und die Ressourcen, die man zur Annäherung an diese benötigt, zu erschließen. Um Menschen dahingehend zu begleiten, ihre gesunden Anteile zu stärken, entwickelte Petzold (vgl. Petzold, 2013 a) die Salutogene Kommunikation (SalKom®), eine lösungs- und ressourcenorientierte Gesprächsmethode, die eine gesunde Selbstregulation anregt, in deren Zentrum der Hauptattraktor „Kohärenz“ (stimmige Verbundenheit) steht.

Seine Theorie setzt in der Chaosforschung an, die in sogenannten Attraktoren den Ursprung der Zielinformation für eine Wiederherstellung von Ordnung in organischen Regelkreisen (z. B. Wundheilung) betrachtet. Attraktoren sind imaginäre Informationen, die attraktiven Gesundheitszielen entsprechen. In ihnen liegt der Ursprung menschlicher Motivation. Sie drücken sich in Form eines Bedürfnisses aus, wenn Ist- und Soll-Zustand voneinander abweichen. Die salutogene Kommunikation fördert die Bedürfniskommunikation und nutzt die „Macht der Sprache“, wie sie in Therapie und Beratung eingesetzt wird. Das, was wir uns vorstellen, vornehmen und verbalisieren kann Handlungen in Richtung des Soll-Zustandes in Bewegung setzen. Hier zeigt sich eine deutliche Parallele zum Gesprächsführungskonzept Motivational Interviewing: eine der spezifischen Kompetenzen ist der Change Talk, dessen Wirkung sich auch in der Annäherung eines Verhaltens zeigt, wenn eine Person über den positiven Soll-Zustand spricht.

SalKom® nach Theodor Dierk Petzold erfolgt in vier Phasen, die in Abbildung 30 dargestellt sind.

Phase 1: **Einstimmen und Intention abstimmen**	Aufmerksames und aktives Zuhören Anamnese Attraktive Gesundheitsziele und persönliche Fähigkeiten wahrnehmen Hypothesen bilden
Phase 2: **Wahrnehmen (vgl. Abb. 29)**	Der Klient soll Angenehmes und Unangenehmes differenziert wahrnehmen und subjektiv bewerten Wunschvorstellungen äußern und damit seine wichtigsten Bedürfnisse entdecken: „**Bedeutsamkeit**“
Phase 3: **Handeln (vgl. Abb. 29)**	Der Klient lernt, seine Kommunikation und sein Verhalten in einer Art zu gestalten, dass er Verständnis und eine stimmige Resonanz für seine Bedürfnisse und Anliegen erhält und sich dadurch seinem Soll-Zustand nähert: „**Handhabbarkeit**“
Phase 4: **Bilanzieren**	Der Klient lernt durch Reflexionen aus seiner Kommunikation und seinem Verhalten für kommende ähnliche Situationen: „**Verstehbarkeit**“

Abbildung 30: Vier Phasen von SalKom® nach Petzold

Petzold hebt, u. a. Bezug nehmend auf Antonovsky und Frankl, hervor, dass sich die wichtigsten Attraktoren in dem Gefühl von Sinnhaftigkeit (Bedeutsamkeit) wiederfinden. Für eine gesunde Entwicklung ist es deshalb wichtig, eine sinnorientierte Kommunikation bezogen auf die unterschiedlichen Lebensdimensionen (körperliches Wohlergehen, soziale Beziehungen, kulturelle, globale und übergeordnete Dimensionen) anzuregen.

10. Salutogener Ansatz als Chance für die Wohnungslosenhilfe

> *„Soziale Arbeit ist salutogene Arbeit, wenn sie Ressourcen stärkt und damit Gesundheit ermöglicht."* (Magistretti, 2019, S. 227)

Die körperliche und seelische Gesundheit wohnungsloser Menschen ist ein zentrales und dringendes Thema in der Wohnungslosenhilfe. Zahlreiche Studien, sowohl in Deutschland als auch international, bestätigen über Jahrzehnte dieses Faktum.

> „Der Gesundheitszustand von wohnungslosen Menschen ist sehr häufig beeinträchtigt. Sowohl im Bereich der somatischen als auch der psychiatrischen Medizin finden sich bei wohnungslosen Menschen stets erhöhte Morbiditätsraten und auch Mortalitätsraten. Häufiger als die wohnende Bevölkerung leiden sie unter Mehrfacherkrankungen und haben eine kürzere Lebenserwartung." (Bäuml et al., 2017, S. 23)

Direkte existenzsichernde Hilfen, wie die Wiederherstellung der Krankenversicherung, die Motivation zur Aufnahme von und damit einhergehend die Vermittlung in allgemeinmedizinische, fachärztliche, zahnärztliche, psychiatrische, suchttherapeutische und pflegerische Hilfen sind Bestandteile der Hilfeleistungen (vgl. Lutz & Simon, 2007). Dennoch stellt die Anbindung an die Regelversorgung Betroffene oft vor Hürden, sodass vor allem in Großstädten bereits unterschiedliche Zugänge geschaffen wurden, wie z. B. mobile Dienste in der Streetwork oder psychiatrische Unterstützung in den Einrichtungen. Viele Betroffene verbinden negative Erfahrungen mit medizinischen Angeboten oder sie haben den Bezug dazu verloren, weil die eigene Gesundheitsfürsorge in den Hintergrund gerückt ist. Die Thematisierung gesundheitsbezogener Themen erfordert meistens ein sehr behutsames Vorgehen. Die Salutogenese liefert als ganzheitliches Konzept zur Stärkung der gesunden Selbstregulation eine weitere Perspektive für Handlungsansätze in der Wohnungslosenhilfe. An dieser Stelle werden erste Ideen für eine Anschlussfähigkeit der Salutogenese bezogen auf die Ebenen der Einzelfallhilfe, der Gruppen- und Gemeinwesenarbeit vorgestellt.

10.1 Salutogenese in der Einzelfallarbeit

Für die Anwendung der salutogenen Perspektive in der Einzelfallarbeit kann die Struktur der SalKom® nach Petzold hilfreich sein. Ziel der Kommunikation ist immer die Förderung von Stimmigkeit und damit die Stärkung des Kohärenzsinns mit seinen Komponenten Verstehbarkeit, Handhabbarkeit und Bedeutsamkeit.

Die erste Phase „Einstimmen und Intention abstimmen" entspricht der bekannten Kontaktphase in der Beratung, in der Beziehungsaufbau und Auftragsklärung im Fokus stehen. Statt der medizinischen Anamnese erfolgt in der Sozialberatung eine Erfassung der Problemlagen. Die Aufmerksamkeit wird dabei früh auf positive Ziele und Ressourcen gelenkt. Die Haltung von Respekt und Höflichkeit, Kooperation, Transparenz und aktives Zuhören fördern die Erfahrung von Stimmigkeit im Dialog (vgl. Petzold, S. 52).

In der zweiten Phase geht es um die genaue Wahrnehmung von Stimmigkeit in unterschiedlichen Lebensdimensionen. Die Lebenslagen wohnungsloser Menschen sind in vielen Bereichen oft durch Unstimmigkeiten gezeichnet. Ziel salutogener Beratung ist an dieser Stelle, die Bedürfnisse achtsam wahrzunehmen und Schritte für mehr Stimmigkeit zu erarbeiten, wie Abbildung 31 zeigt.

Achtsamkeit für Lebensdimension	Unstimmigkeit in Lebenslagen wohnungsloser Menschen	Ziel für Stimmigkeitserleben
Materiell/physikalisch		
Physikalisch-chemische Umweltbedingungen	Physische Bedrohung, Unsicherheit, Flucht, Kälte …	Schaffung einer Sicherheit gebenden Umgebung, angenehme Temperatur, frische Luft …
vegetativ		
Lebendige Umgebung, Körperlichkeit	Vegetative Beschwerden bzgl. Stoffwechsel, Anspannung, mangelnde Hygiene, Intoxikationen …	Körperliche Entspannung, Schlaf, Hygiene, gute Nahrung, Reduktion von Substanzkonsum …
Sozial-emotional		
Gelingende Kommunikation in sozialen Beziehungen	Angst, Misstrauen, Neid, Verschlossenheit, Bitterkeit, paradoxe oder sehr starke Emotionen …	Vertrauen, Offenheit, Mitgefühl, Emotionskontrolle, Fähigkeit zur Verbalisierung …
Kulturell		
Verhältnis zum Thema Arbeit, zur Politik, allgemeinen Normen und Werten, Sprache und Kultur	Über- oder Unterforderung, Missverständnis, Be- und Abwertung, Kritik, Meinungskonflikte …	Partizipation: Entscheidungsteilhabe und Mitgestaltung, Einbringen von Fähigkeiten und Arbeitskraft, erfolgreiche Verständigung, Verstehen des politischen und kulturellen Geschehens
Global-geistig		
Ethische Werte, Spiritualität	Distanz zu Werten und Normen, Ausgrenzungsgefühl von Einheit der Menschheit, fehlendes globales Verantwortungsgefühl, Distanz zu Spiritualität	Offenheit für geistige Fragen, Ökumene, Dankbarkeit, Vergeben, Wiedergutmachung, Verantwortlichkeit als Erdenbürger für Biosphäre und Weltfrieden …

Abbildung 31: Stimmigkeitserleben (angelehnt an Petzold 2013 b, S. 47)

Ziel ist, eine Bedeutsamkeit für Stimmigkeitsgefühle zu entwickeln, einen attraktiven Soll-Zustand zu visualisieren und damit Motivation für eine Veränderung zur Bedürfnisbefriedigung zu erreichen. Der Einsatz der Basiskompetenzen aus dem Motivational Interviewing (OARS: offene Fragen, Bestätigung und Würdigung, Reflexionen, spiegelnde Zusammenfassungen) ist dafür zieldienlich.

In der dritten Phase wird die Handhabbarkeit zur Erreichung von Stimmigkeitszielen gestärkt. Das Prinzip „Hilfe zur Selbsthilfe" fördert die Handhabbarkeit und das Selbstwirksamkeitserleben. Der Dialog zielt auf die Aktivierung des Klienten ab und nimmt die Ressourcen in den Blick, mit denen er selbst mehr Stimmigkeitserleben erreichen kann.

Beispielfragen:

Wie können Sie für eine sichere und angenehmere materielle Umgebung sorgen?

Was können Sie zugunsten Ihres körperlichen Wohlbefindens verändern?

Wie möchten Sie Ihren Substanzkonsum verändern? (s. hierzu „Zieloffene Suchtarbeit“)

Welche Menschen tun Ihnen gut? Wie können Sie nötige Unterstützung einfordern?

Wie können Sie Ihrer Umgebung verdeutlichen, was Ihnen wichtig ist?

Wo liegen Ihre Talente? Wie können Sie Ihre Fähigkeiten einsetzen?

Was ist Ihre Kraftquelle? Welchen Bezug haben Sie zu Gott/einer Gottheit?

Die vierte Phase beinhaltet das Bilanzieren der entwickelten Handlungsfähigkeit. Wichtig ist, die Stimmigkeitsziele reflektierend zu erfragen und zu besprechen, wie die Ressourcenaktivierung bereits gelungen ist. Diese Ausrichtung kann für ein ressourcenorientiertes Hilfeplangespräch nützlich sein. Fragen wie: „*Wo sind Fortschritte erkennbar? Welcher Lebensbereich fühlt sich bereits besser oder noch ausbaufähig an? Wo haben Sie dazu gelernt? Worauf möchten Sie sich demnächst konzentrieren?*“ entsprechen dem Aspekt des Bilanzierens und fördern die Kommunikation über Bedürfnisse und die eigene Handlungsfähigkeit.

10.2 Salutogenese in der Gruppenarbeit – *gesund.sein*

Mit dem Gruppenprogramm *gesund.sein* besteht seit 2017 das erste wissenschaftlich fundierte psychoedukative Angebot für die Wohnungslosenhilfe (vgl. Niebauer, 2017 b). Es richtet seinen Fokus auf die Förderung der seelischen Gesundheit nach dem salutogenen Ansatz und geht konzeptionell auf die besonderen Bedarfe der Zielgruppe ein. Die Idee, Entwicklung und wissenschaftliche Erforschung liegt in der Hand des Münchner Sozialarbeiters Niebauer, dessen Anliegen es war, ein für die Klientel gut erreichbares Angebot zu schaffen und es möglichst flächendeckend in die Angebotsstruktur der Wohnungslosenhilfe zu etablieren. Zwischen 2014 und 2015 wurde das Programm im Rahmen der Dissertation von Niebauer in acht stationären Einrichtungen der Wohnungslosenhilfe Deutschlands durchgeführt, formativ evaluiert und unter quantitativen und qualitativen Aspekten ausgewertet. Die Grundidee für das Programm war bereits 2011 entstanden. Niebauer gibt mit *gesund.sein* eine methodische Antwort auf die hohe Prävalenz häufig chronischer und/oder unbehandelter psychischer und Suchterkrankungen. Daneben reagiert er mit seiner Arbeit auf die Feststellung, dass ein Mangel an für diese Zielgruppe ausgelegten psychosozialen Hilfeangeboten besteht. Er sah die Notwendigkeit und Herausforderung, diesem Versorgungsbedarf anhand einer zielgruppenorientierten Methode in den Einrichtungen der Wohnungslosenhilfe zu begegnen. In sechs Einheiten (wöchentlichen Gruppentreffen) wird wohnungslosen Menschen Unterstützung für ein gelingendes Alltagsmanagement mit dem Fokus auf die Förderung und den Erhalt der seelischen Gesundheit angeboten (vgl. Niebauer, 2017 b).

Zielgruppe

gesund.sein ist ein Angebot für Menschen, die die Angebote der ambulanten und (teil-)stationären Wohnungslosenhilfe in Anspruch nehmen.

Zur Zielgruppe der Studie zählten zunächst männliche wohnungslose Klienten im Alter von ca. 20–60 Jahren. Da ebenso wohnungslose Frauen in hohem Maße von seelischen Belastungen und psychischen Erkrankungen betroffen sind, kann das Gruppenprogramm auch für die weibliche Klientel angeboten werden, wenngleich die Wirkung des Programms für Frauen noch nicht erforscht wurde. (Im Laurentiushaus Osnabrück wurde das Programm bereits mehrfach mit positiven Erfahrungen für Frauen durchgeführt.) Es wird eine Geschlechtertrennung der Gruppen empfohlen, um Hemmschwellen möglichst gering zu halten.

Ausschlusskriterien

Personen, die sich in einer schweren oder akuten psychischen Krise befinden oder bei denen möglicherweise sogar eine akute Selbst- und/oder Fremdgefährdung vorliegt, sind nicht für eine Gruppenteilnahme geeignet. Außerdem können Personen mit starken kognitiven (angeborene oder erworbene) Einschränkungen oder fehlenden Deutschkenntnissen inhaltlich nicht profitieren, bzw. stellt eine Teilnahme für diese Menschen eine Überforderung dar.

Fachliche Ausrichtung

gesund.sein setzt klare Grundhaltungen bei den durchführenden Fachkräften voraus. Im Sinne des Motivational Interviewing (vgl. Teil II) ist der Umgang und die Kommunikation mit den Teilnehmenden *partnerschaftlich* ausgerichtet. Die Teilnahmeanforderungen sollen so niedrigschwellig wie möglich gehalten sein. Ein Merkmal dafür ist, dass das Programm in den Einrichtungen stattfindet, die Betroffene aufsuchen bzw. in denen sie vorübergehend leben. Es werden keine bürokratischen Hürden gesetzt.

Der Rückbezug auf die Salutogenese beinhaltet eine Ausrichtung auf gesundheitsfördernde und gesundheitserhaltende Faktoren anstatt auf denen, die

Krankheiten begünstigen können oder abwenden helfen. Im Sinne der „Hilfe zur Selbsthilfe" sollen Prozesse der Selbstbemächtigung (Empowerment) für eine gelingende Lebensgestaltung initiiert werden. Den Gruppenleitern sollte bewusst sein, dass sich die Teilnehmenden auf unterschiedlichen Motivationsstufen für Veränderungsthemen befinden und Interventionen und Ziele daran anzupassen sind (vgl. das transtheoretische Modell und Motivational Interviewing in Teil II). Hilfreich ist weiterhin, Grundlagenwissen zu dynamischen Gruppenprozessen und Kommunikation in Gruppen, wie es beispielsweise in der themenzentrierten Interaktion (TZI) beschrieben wird, zu besitzen.

Struktur und Setting

Das Gruppenprogramm wird über sechs Wochen einmal wöchentlich, möglichst am selben Tag zur selben Uhrzeit über 90 Minuten (mit Pause) in den Einrichtungen der Wohnungslosenhilfe durchgeführt. Zur Teilnehmergewinnung werden rechtzeitig Werbeplakate und Handzettel verteilt, zusätzlich wird in einer Informationsveranstaltung (ca. 10 Tage vor Beginn) über das Programm informiert. Am wirksamsten ist die zusätzliche persönliche Motivation, die durch Gruppenleitungen und/oder durch den Bezugssozialarbeiter geleistet wird.

Die Gruppenleitung wird durch zwei Fachkräfte der Wohnungslosenhilfe besetzt, die das Programm kontinuierlich begleiten. Meist sind dies Sozialarbeiter oder ggf. Psychologen, Pädagogen oder Fachkrankenpfleger der Psychiatrie.

Die Gruppengröße liegt idealerweise bei 5–8 Personen. Nach dem zweiten Treffen wird die Gruppe geschlossen, um die Entwicklung eines Gruppenzugehörigkeitsgefühls zu ermöglichen. Auch die Gestaltung des äußeren Rahmens wirkt sich motivierend aus: der Gruppenraum weist eine angenehme Atmosphäre auf. Das Angebot von Kaffee und Snacks signalisieren den Teilnehmenden Respekt und Willkommen sein. Die Arbeitsphase wird durch eine ausreichende Pause unterbrochen.

Ziele

Durch die Teilnahme an *gesund.sein* erhalten die Klienten Informationen zum Thema „seelische Gesundheit" und können sich untereinander darüber austauschen. Gleichzeitig werden dabei ihre Kommunikationsfähigkeiten gestärkt, die sie auch in anderen Lebenssituationen benötigen. Es wird vermittelt, dass sie selbst Experte ihrer eigenen Lebenssituation sind und Selbsthilfepotentiale einsetzen können. Das motiviert und sensibilisiert die Teilnehmenden wiederum für die Auseinandersetzung mit ihrer seelischen Gesundheit. Weiterhin erhalten sie Informationen zum Hilfenetz ihrer Umgebung, das bei Bedarf in Anspruch genommen werden kann.

Das Manual

Das Manual, das für das Gruppenprogramm zur Verfügung gestellt wird, enthält alle erforderlichen Materialien zu sechs Einheiten. Detaillierte Anleitungen zu den Einheiten 1–6 für die eigene Vorbereitung, Informations- und Arbeitsblätter für die Teilnehmenden, Feedbackbögen, vorbereitete PowerPoint-Präsentationen für die einzelnen Einheiten sowie Werbematerial (Plakat und Handzettel) stehen zur Verfügung.

Darüber hinaus sollten von den Gruppenleitungen Mappen vorbereitet werden, in denen die pro Einheit verteilten Unterlagen abgeheftet werden können. Diese sollen einen Unterordner (oder eine separate Mappe) enthalten, der als sogenannter „Gesundheitskoffer" dient. Darin können jene Papiere abgeheftet werden, die von den Teilnehmenden zur individuellen Reflexion ausgefüllt werden.

Die Einheiten

Die Eingangs-, Arbeits- und Abschlussphasen strukturieren die einzelnen Einheiten. Die Arbeitsphase wird somit von Wiederholungs-, Reflexions- und Austauschmöglichkeiten gerahmt und aufgelockert. Es werden nach Bedarf Pausen eingebaut.

Im Folgenden sollen die einzelnen Einheiten inhaltlich kurz skizziert werden.

1. Einheit

Das Gruppenprogramm beginnt mit allgemeinen Informationen zum Inhalt und zu organisatorischen Belangen. In einer Vorstellungsrunde (Warm-up) soll jede/r zu Wort kommen und das über sich erzählen, was er/sie möchte. Im Anschluss daran werden gemeinsam Gesprächs- und Gruppenregeln erarbeitet.

Nun wird in das Thema eingeführt. Die Begriffe „Gesundheit" und „Krankheit" werden diskutiert und schließlich anhand des salutogenetischen Grundgedankens erläutert. Gesundheit darf nunmehr als Prozess verstanden werden, auf den der Mensch aktiv Einfluss nehmen kann und der stets subjektiv erlebt und bewertet wird. Im weiteren Verlauf erfolgt eine gemeinsame Erarbeitung der Formen der Erkrankung (somatisch, psychisch, neurologisch, psychosomatisch), die in Wechselwirkung stehen können. Abschließend wird das Vulnerabilitäts-Stress-Modell (siehe Abb. 32) vorgestellt, anhand dessen vermittelt wird, dass die Komponente „Stress" aktiv beeinflussbar ist.

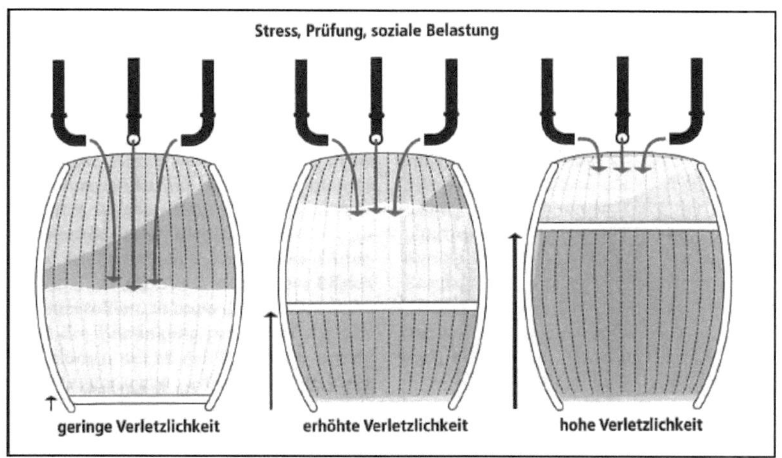

Abbildung 32: Vulnerabilitäts-Stress-Modell, vereinfacht. (Quelle: Bäuml/Lambert, 2009, S. 16, 36 in Bäuml et al., 2016, S. 125)

2. Einheit

In dieser Sitzung wird der „persönliche Gesundheitskoffer“ eingeführt und dessen Funktion erläutert. Im Folgenden geht es um die Erarbeitung des Themas „Schutz- und Risikofaktoren“. Nach einer allgemeinen Einführung wird dazu angeleitet, eine Übertragung auf eigene Lebensbereiche (z. B. Freizeit, soziale Kontakte, Ernährung/eigener Körper) vorzunehmen und schließlich eigene Schutzfaktoren herauszuarbeiten.

3. Einheit

Zu dieser Einheit mit dem Titel „Psychiatrische Fragestunde“ wird eine externe Fachkraft, nach Möglichkeit ein Psychiater/eine Psychiaterin eingeladen, die mit den Teilnehmenden das offene Gespräch sucht. Themen können sein: Berufsbild des Psychiaters, Diagnosen, das psychiatrische Hilfesystem, Medikamente und deren Wirkungen sowie Nebenwirkungen. Ziel dieser Zusammenführung ist, den wohnungslosen Menschen eine verständliche Auseinandersetzung mit Inhalten zu ermöglichen sowie durch den unkomplizierten persönlichen Kontakt mit dem Arzt Hemmschwellen für das medizinisch-psychiatrische Versorgungssystem abzubauen.

4. Einheit

Das vierte Treffen steht unter dem Thema „Krisen und Frühwarnzeichen“. Es wird vermittelt, dass Krisen „normale“ Phasen menschlicher Lebensverläufe sind und jede Person eigene Bewältigungsmechanismen einsetzt. Diese können entweder ausreichend sein, um die Krise eigenständig zu meistern oder aber für die jeweilige Situation nicht ausreichend, sodass externe und fachliche Hilfen unterstützende Optionen darstellen. Der Fokus liegt in dieser Einheit auf dem frühzeitigen Erkennen eigener Krisen (Frühwarnzeichen).

5. Einheit

In Einheit fünf geht es um „Kommunikation". Nach einem Brainstorming zum Begriff wird in einfacher Form das Vier-Ohren-Modell von Schulz von Thun vermittelt. Nachrichten können mit unterschiedlichen Bedeutungen gesendet und empfangen werden, was oftmals zu Problemen und Missverständnissen in der Kommunikation führt. Diese zwischenmenschlichen Belastungen können sich negativ auf das Gesundheitsempfinden (Stress) auswirken. Weiterhin werden kommunikationsoptimierende Aspekte gemeinsam erarbeitet und beispielhaft zum besseren Verstehen eingesetzt. Im Anschluss daran werden die Kommunikationsaspekte in zwei kurzen Rollenspielen aktiv trainiert. Die Teilnehmenden reflektieren abschließend, welche Aspekte sie für sich persönlich als wichtig erachten und in den Alltag mitnehmen wollen.

6. Einheit

Die letzte Einheit sieht vor, professionelle Hilfeangebote, insbesondere das Hilfenetz vor Ort, zu besprechen. Für den schnellen Zugriff werden im „Gesundheitskoffer" Namen und Telefonnummern konkreter Kontaktpersonen notiert. Es wird auf die vorangegangenen Inhalte Bezug genommen, insbesondere auf die Einheit 2 (Schutz- und Risikofaktoren).

Abschließend erfolgt eine ausführliche gegenseitige Feedbackrunde. Neben dem Rückblick auf das Gruppenprogramm nutzen die Gruppenleitungen die Gelegenheit, Optionen für weitere Schritte zur Inanspruchnahme von (Hilfe-)Angeboten zu benennen. Den Teilnehmenden wird zum Schluss ein Teilnahmezertifikat ausgehändigt.

Einheiten	*Inhalte*	*Bezug zur Salutogenese*
EH 1	Auseinandersetzung mit dem Thema Gesundheit/Krankheit Erklärung des Vulnerabilitäts-Stress-Modells	Gesundheits-Krankheits-Kontinuum Verstehbarkeit
EH 2	Schutzfaktoren/Risikofaktoren	Ressourcenorientierung Bedeutsamkeit/Handhabbarkeit
EH 3	Fragen an einen Psychiater/ Psychiaterin	Verstehbarkeit
EH 4	Krisen	Bedeutsamkeit/Verstehbarkeit
EH 5	Kommunikationstraining	Handhabbarkeit
EH 6	Soziales Hilfenetz vor Ort	Handhabbarkeit

Abbildung 33: Übersicht mit Bezug zur Salutogenese

Studienevaluation durch Teilnehmende und Gruppenleitungen

Mit seiner Dissertation, die 2017 zu diesem Thema erschien, legte Niebauer mit *gesund.sein* dieses übersichtliche und praxisorientierte Manual vor, das Sozialarbeitende der Wohnungslosenhilfe ohne größeren zusätzlichen Aufwand für ihre Arbeit verwenden können. Um eine professionelle Umsetzung zu gewährleisten, bietet er deutschlandweit Inhouse-Schulungen für die Professionellen der Wohnungslosenhilfe an.

Wie eingangs erwähnt erfolgte im Rahmen der Dissertation Niebauers eine quantitative Evaluation des Programms *gesund.sein* unter 15 Gruppenleitungen aus acht unterschiedlichen Einrichtungen und unter insgesamt 60 Teilnehmenden. Weiterhin erfolgte eine qualitative Erhebung durch leitfadengestützte Interviews mit acht Teilnehmenden sowie durch Fokusgruppen mit den Gruppenleitungen.

Einige Kernaussagen der Evaluation sollen nun zur Verdeutlichung benannt werden (vgl. ausführliche Ergebnisdarstellung: Niebauer, 2017 b). Die Teilnehmer des Gruppenprogramms sind sowohl durch die persönliche Ansprache von Sozialarbeitenden ihrer Einrichtung und teilweise durch das verteilte Werbematerial motiviert worden. Vor allem aber bestand ein persönliches Interesse am Thema. Sie berichteten von einer positiven Gruppenerfahrung mit *gesund.sein*, in der sie einen respektvollen, ehrlichen und offenen Umgang untereinander erfuhren. Dies begünstigte auch das Klima unter den Bewohnern außerhalb der Gruppentreffen. Die Veranstaltung machte Spaß und war informativ. Die Inhalte waren verständlich, didaktisch gut aufbereitet und zusammenhängend; sie konnten von vielen Befragten noch nach einigen Wochen wiedergegeben werden. Die beabsichtigten Ziele des Programms (Informationszugewinn, Stärkung der Kommunikationsfähigkeiten, Förderung der Selbsthilfepotentiale, Motivationssteigerung zur Auseinandersetzung mit der eigenen seelischen Gesundheit) wurden durch die Befragungen bestätigt. Weiterhin traten nicht-intendierte Wirkungen zum Vorschein. Somit hatte die Teilnahme am Programm soziale Beziehungen gefördert und zu einer Verbesserung des seelischen Wohlbefindens während bzw. nach Abschluss des Gruppenprogramms beigetragen. Durch partizipatorische Elemente kam es zu einer Steigerung des Selbstwertgefühls, zur Förderung von Empathie und Solidarität. Vereinzelt waren sogar gesundheitsbezogene Verhaltensänderungen erkennbar.

Knapp 80% der Teilnehmer gaben an, dass sie an einem weiteren Programm von *gesund.sein* teilnehmen würden, nur unter 6% verneinten dies. Abschließend bewerteten fast 96% das Gruppenprogramm als *sehr gut* bzw. *gut*, fast 4% als *mittelmäßig* und kein Teilnehmer als *schlecht* oder *sehr schlecht*.

Auch die Gruppenleitungen kamen zu sehr guten Ergebnissen nach Durchführung des Programms. Sie waren alle in Einrichtungen tätig, in denen bisher keine Gruppenprogramme etabliert waren. Alle Mitarbeiter waren im Vorfeld durch den Urheber geschult worden und hatten diese Vorbereitung als sehr hilfreich für das Verständnis der Grundhaltung, des Manuals und der Materialen empfunden. Sie bewerteten die Struktur und Rahmenbedingungen als gut und fanden die Konzeption und Theorie für das Feld der Wohnungslosenhilfe sehr passend. Dies hatte sich in der guten Programmakzeptanz innerhalb der heterogenen Zielgruppe abgebildet. Alle Gruppenleitungen berichteten von rundum positiven Rückmeldungen seitens der Teilnehmer und teilten die Einschätzungen zu den wahrgenommenen Wirkungen. Es waren kaum Ausstiege aus dem Programm (drops-out) zu verzeichnen gewesen (nur insgesamt 3 von 60). Die Gruppenleiter empfanden die neue Art der Zusammenarbeit mit den Klienten als spannend, bereichernd und wertvoll. Sie nahmen wahr, dass ein großer Bedarf seitens der Klienten bestand, über die Inhalte von *gesund.sein* zu sprechen (vgl. Niebauer, 2017b). Insgesamt zeigte sich, dass sich das Programm als sehr praxistauglich und zielgruppenorientiert erweist und einen wertvollen, ergänzenden Baustein in der Wohnungslosenhilfe darstellt.

Anlehnung und Adaption von Grundlagen der Psychoedukation

Bei der Entwicklung des Manuals zeigte ein Blick in die Nachbardisziplinen Psychiatrie und Psychotherapie Möglichkeiten und Grenzen hinsichtlich der Konzepte zur Psychoedukation, die sich dort als Behandlungsbausteine etabliert haben (vgl. Niebauer, 2017 b). Psychoedukation meint die Zusammenfassung systematischer didaktisch-psychotherapeutischer Interventionen, *„die Patienten und ihre Angehörigen über die Krankheit und ihre Behandlung informieren, ihr Krankheitsverständnis und den selbstverantwortlichen Umgang mit der Krankheit verbessern und sie bei der Krankheitsbewältigung unterstützen sollen.“* (Bäuml, et al., 2016, S. 3) Durch Informationsvermittlung und durch den Austausch darüber sollen Betroffene einen verbesserten Umgang mit der Erkrankung und damit einhergehend eine positive Entwicklung ihres Krankheitsverlaufes erreichen können. Die Gruppenleitungen haben dabei die Aufgabe, Fachwissen in einfache Sprache zu dolmetschen, um den Teilnehmenden ein besseres Verständnis für die medizinischen und psychotherapeutischen Sichtweisen zu ermöglichen. Zudem sollten sie dazu fähig sein, subjektive Krankheitskonzepte und individuelle Coping-Stile in die Gruppengespräche zu integrieren. Neben dem dafür nötigen pädagogisch-didaktischen Geschick stellt außerdem eine humanistische Grundhaltung eine unverzichtbare Voraussetzung dar, um diesen Behandlungsbaustein mitzugestalten (ebd. S. 12). Während zunächst für die meisten psychischen Erkrankungen spezielle psychoedukative Gruppenprogramme entwickelt wurden, liegen mittlerweile auch diagnoseunabhängige bzw. diagnoseübergreifende Manuale vor, da die Herausforderungen für die Lebensgestaltung (z. B. Umgang mit der Erkrankung, Erfahrungen mit Stigmatisierung, sozialer Isolation und Auswirkungen auf das soziale Umfeld, Wohnungs- und Arbeitssuche) sehr ähnlich sind. Niebauer fokussiert die Schnittmenge psychosozialer Hilfen, in der Soziale Arbeit auf methodische Ansätze der Psychotherapie, wie z. B. psychoedukative Programme, zurückgreifen kann, ohne die Grenzen dieser beiden Disziplinen (Psychotherapie und Soziale Arbeit) auflösen zu wollen. Seine Aufmerksamkeit richtet sich dabei auf die besonderen Bedürfnisse der Zielgruppe der wohnungslosen Menschen, für die aufgrund der multiplen Hilfebedarfe keine 1:1-Umsetzung der bestehenden Psychoedukationsmanuale möglich ist. Hauptgrund dafür ist, dass wohnungslose Menschen für professionelle Hilfeangebote oft schwer erreichbar sind. Als sogenannte „Hard-to-reach"-Merkmale werden benannt (vgl. Niebauer, 2017 b, S. 55):

- Geringe Veränderungsmotivation und fehlendes Problembewusstsein
- Viele Hilfeabbrüche, insbesondere von therapeutischen Maßnahmen
- Kognitive Einschränkungen durch schwerwiegenden Alkoholkonsum
- Angst vor Stigmatisierungen und fehlendes Vertrauen in Hilfeangebote
- Herausforderungen in der Beziehungsgestaltung
- Unsichtbare Wohnungslosigkeit, v. a. bei Frauen

Das „Hard-to-reach"-Label richtet die Ursachen allerdings auf die Zielgruppe. Diese liegen jedoch auch in bestehenden psychoedukativen Angeboten. Herkömmliche Hilfeangebote sind mittelschichtsorientiert und durch eine Komm-Struktur, Hochschwelligkeit und Defizitorientierung geprägt. Eine Krankheitseinsicht und das Vertrauen in psychiatrische und psychotherapeutische Interventionen werden vorausgesetzt. Außerdem stellt der zeitliche und inhaltliche Umfang in der Regel eine Überforderung an wohnungslose Menschen dar, die soziale Schwierigkeiten zu bewältigen haben. Niebauer regt somit an, in erster Linie die Hilfeangebote auf ihre Erreichbarkeit für die Zielgruppe zu überprüfen. Die Lösung liegt somit im Perspektivwechsel von „hard-to-reach" zu „how-to-reach" (vgl. Niebauer, 2015, 2017 a, 2017 b; s. Thesen in Teil II). Diese Vorgehensweise haben wir in ähnlicher Weise im Ansatz des Motivational Interviewing kennengelernt, der z. B. bei auftretenden Konfrontationen die *Fachkräfte* dazu auffordert, die Vorgehensweise zu ändern, anstatt eine Erwartungshaltung an die Zielgruppe zu stellen. Dieser Erkenntnis trägt das Gruppenprogramm *gesund.sein* Rechnung.

10.3 Salutogenese in der Gemeinwesenarbeit

Gemeinwesenarbeit gilt zum einen neben der Einzelfallhilfe und der Gruppenarbeit als die dritte Methode Sozialer Arbeit, zum anderen wird sie nach Oelschlägel als ein *Arbeitsprinzip* definiert, *„das meint eine zu entwickelnde, zu entfaltende Grundorientierung, Haltung, Sichtweise professionellen Handelns, eine grundsätzliche Herangehensweise an soziale Probleme [...].“* (Oelschlägel, 1986 zit. in Hinte, Lüttringhaus & Oelschlägel, 2011, S. 57, 69) Als Arbeitsprinzip versucht die Gemeinwesenarbeit soziale Probleme in ihrer historischen und gesellschaftlichen Dimension zu erfassen und zu verstehen. Sie liefert Strategien professionellen Handelns in sozialen Feldern und bezieht sich auf die Sozialräume/Quartiere, in denen Menschen mit ihren Problemen anzutreffen sind. Schlussendlich zielt die Gemeinwesenarbeit darauf ab, die Menschen innerhalb der Quartiere zu aktivieren und sie zu „Subjekten politisch aktiven Lernens und Handelns“ zu machen (ebd. S. 69 f.). Sie ist als Handlungskonzept der sozialen Arbeit auf den „sozialen Raum“ bezogen und somit kein direktes Format von Beratung. Die mit der Gemeinwesenarbeit einhergehenden Handlungsansätze Empowerment, Partizipation und Lebensweltorientierung spielen als Elemente einer motivierenden Sozialarbeit in der Wohnungslosenhilfe in diesem Buch in verschiedenen Zusammenhängen eine Rolle, sodass der Gemeinwesenarbeit in Bezug auf ihre salutogene Wirkung hier in einem kurzen Abschnitt Aufmerksamkeit zuteilwird.

Erkenntnisse der Gesundheitswissenschaften zeigen einen engen Zusammenhang zwischen der sozioökonomischen Lage eines Menschen und seiner Gesundheit auf. So sind Menschen in benachteiligten Lebensverhältnissen höheren körperlichen und psychosozialen Belastungen ausgesetzt, greifen auf geringere Bewältigungsressourcen zurück, nehmen soziale und medizinische Versorgungsangebote weniger in Anspruch und verhalten sich oft ungesünder, in dem sie rauchen, mehr Alkohol trinken oder ungesünder essen (vgl. Faller, 2020). Hingegen zeigen Menschen mit guter sozialer Einbettung und einer hohen Lebensqualität deutlich weniger gesundheitsschädigendes Verhalten als Menschen in belasteten Lebens- und Arbeitsumständen (vgl. Magistretti, 2019, S. 232). Diese Kausalität verdeutlicht die Notwendigkeit, Gesundheitsförderung nicht nur individuell zu verorten, sondern zu ermöglichen, dass „Menschen reale Gestaltungsmöglichkeiten und Einflusschancen auf ihre sozialen und ökologischen Lebensbedingungen haben“ (Faller, 2020, S. 201). Die Förderung von Gesundheit umfasst somit auch die Bekämpfung von Armut und sozialer Ungleichheit durch Handlungsstrategien wie Interessenvertretung, Befähigung zur Einflussnahme und strukturelle Vernetzung gesellschaftlicher Akteure (vgl. Ottawa-Charta, 1986; Faller, 2020, S. 201). Eben dies kann die Wohnungslosenhilfe über den Einsatz des sozialen Arbeitsprinzips der Gemeinwesenarbeit leisten. Gemeinwesenarbeit ist, ebenso wie das Case Management, systemisch orientiert. Sie betrachtet nicht den Einzelfall, sondern richtet sich auf den sozialen Raum, auf die Lebenswelt als Ort, wo der Mensch oder die Gruppe alltäglich handeln (vgl. Hinte, Lüttringhaus & Oelschlägel, 2011).

Gemeinwesenarbeit ist salutogene Arbeit, weil eine gute soziale Integration in unterschiedliche soziale Netzwerke (Freundeskreis, Familie, Interessengemeinschaft, Quartier, Gemeinde) dabei unterstützt, Gesundheit zu erhalten und wiederherzustellen. Das Risiko gesundheitsschädigender Einflüsse wird durch eine soziale Einbettung reduziert. Hingegen ist Einsamkeit ein „hochrelevanter Risikofaktor für Morbidität und Mortalität vor allem im Alter", weshalb Maßnahmen wie z. B. Nachbarschaftshilfe einen direkten Effekt auf die Gesundheit haben und auch indirekt das Gesundheitsverhalten positiv verstärken (Magistretti, 2019, S. 231 f.)

Salutogen ist Gemeinwesenarbeit auch deshalb, weil sie Partizipation beinhaltet und darauf aufbaut. Partizipation als Entscheidungsteilhabe wird ein gesundheitsförderlicher Wert zugesprochen, nicht nur in der bereits erwähnten Ottawa-Charta, sondern auch sichtbar an präventiven Projekten der Gesundheitsförderung oder dem Modell „Shared Decision Making", welches die gemeinsame Entscheidungsfindung von Arzt und Patienten verfolgt (Hartung, 2012, S. 59). Partizipation schafft Voraussetzungen für die Entfaltung der Selbsthilfekräfte sowie personaler und sozialer Ressourcen. Dies fördert den Kohärenzsinn als Grundlage für eine gesunde menschliche Entwicklung.

> „Strukturelle und gesellschaftliche Maßnahmen, die dem Einzelnen Einflussnahme und Teilhabe an sozial anerkannten Entscheidungsprozessen (Partizipation) ermöglichen, sieht Antonovsky als vielversprechendste Möglichkeit, das Kohärenzgefühl positiv zu beeinflussen." (Bengel et al., 2001, S. 70)

Wohnungslosenhilfeeinrichtungen, die ihr Angebot unter dem Partizipationsaspekt gestalten, fördern die Beteiligung ihrer Klientel z. B. an Stadtteilfesten, Angeboten von Kirchengemeinden oder politischen Aktionen. Sie bringt Menschen, die am Rand der Gesellschaft stehen, mit Menschen der gesellschaftlichen Mitte zusammen. (s. hierzu auch Teil III: „Vielfältige Partizipation im St. Ursula-Heim Offenburg", „Ein Erfolgsprojekt – Der Osnabrücker „abseits"-Straßenchor"). Sie unterstützt die Heranführung Wohnungsloser (oder ehemals Wohnungsloser) an die Ressourcen ihres Sozialraums, z. B. durch Nutzung von Stadtteiltreffs, Vereinen oder Selbsthilfegruppen. Ferner kann die Wohnungslosenhilfe durch Gemeinwesenarbeit Strukturen und Koalitionen aufbauen, die eine konstruktive Wohnungspolitik, insbesondere eine Prävention von Wohnungsverlusten stärkt (vgl. Lutz & Simon, 2012,

S. 146). Sie kann Eigeninitiativen wie Selbstvertretungen begleiten, unterstützen und materielle Ressourcen akquirieren. In diesem Sinne kann die Wohnungslosenhilfe durch Verwendung des Arbeitsprinzips Gemeinwesenarbeit die Gesundheit ihrer Klientel fördern.

11. Offene Handreichung

In Teil II dieses Buches wurden drei renommierte Ansätze der Beratung und Psychotherapie (Motivational Interviewing, Logotherapie/Existenzanalyse und Salutogenese) vorgestellt und auf die Beratungsarbeit der Wohnungslosenhilfe übertragen. Analog zur Frankl'schen Dimensional-Ontologie (= Lehre des menschlichen Seins, differenziert in den Dimensionen Körper-Psyche-Geist) habe ich die Themen Sinn- und Werteorientierung auf der geistigen Ebene, Motivation auf der psychischen Ebene und die Gesundheitsentstehung auf der psycho-/somatischen Ebene aufgegriffen. In der folgenden „offenen Handreichung" fasse ich die Aspekte eklektisch zusammen, welche ich für eine motivierende und sinnorientierte Beratung in der Wohnungslosenhilfe für relevant halte. Sie ermöglicht den Überblick über die wesentlichen Elemente.

Rückblickend auf Teil I dieses Buches möchte ich an das Spezifische des Arbeitsfeldes Wohnungslosenhilfe erinnern: Soziale Arbeit ist in diesem Hilfefeld mit einer großen Heterogenität der Klientel sowie mit einer hohen Komplexität der Themen konfrontiert. Hinzu kommen die unterschiedlichen Settings mit ihren jeweiligen Anforderungen: In Tagesaufenthalten erfolgt die persönliche Beratung und Unterstützung überwiegend inmitten einer unruhigen Umgebung, die Streetwork findet in der Lebenswelt der Zielgruppe an Szenetreffpunkten statt. In Beratungsstellen oder Wohnheimen nutzt man in der Regel den Vorteil des geschützten Büros und arbeitet inhaltlich hilfeplanbezogen. Bei Hausbesuchen in der präventiven oder nachgehenden Hilfe spielen Faktoren wie andere Beteiligte, Haustiere, Nachbarschaft und gegebenenfalls der Zustand der Wohnung eine Rolle für das Gesprächsklima und den Gesprächsverlauf. Gleichzeitig finden in allen genannten Settings „Tür-und-Angel-Gespräche" statt, die sich in jede Richtung auf Beziehungen und Hilfeverläufe auswirken. Neben den äußeren Rahmenbedingungen spielen naturgemäß innere Zustände, Befindlichkeiten und Haltungen der Dialogpartner in die Bearbeitung der Hilfethemen hinein. Parallel der existenzsichernden Aufgaben im Hilfeprozess inmitten dieser Vielfalt an Bedingtheiten sollte aus meiner Sicht der Fokus immer auf eine motivierende und sinnorientierte Beratung gerichtet werden.

Die „offene Handreichung" bietet Orientierung für diese mehrdimensionale Beratung und stellt einen metaphorischen Leitfaden dar: Es ist das symbolische Bild einer Hand, das auf die einzelnen Elemente einer motivierenden und sinnorientierten Beratung in der Wohnungslosenhilfe hinweist.

11.1 Haltung

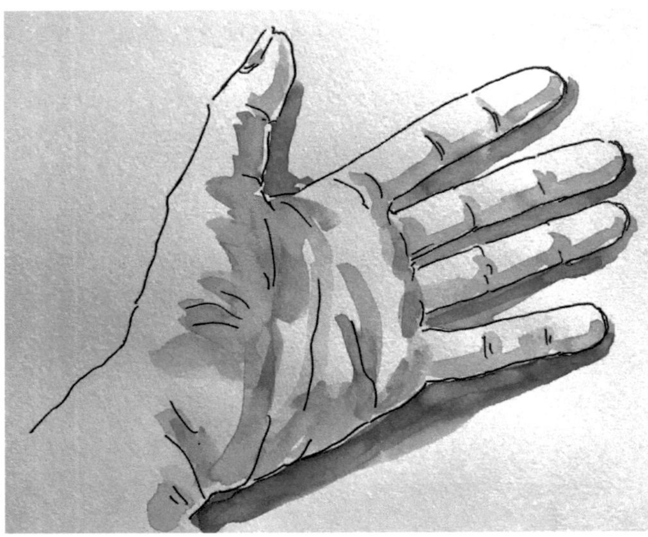

Abbildung 34: Offene Hand-Haltung

Eine Hand greift zu, packt an, trägt. Sie kann in eine Richtung weisen. Und sie berührt den eigenen Körper sowie andere Menschen. Visuell wahrgenommene und als angenehm interpretierte Dinge oder Neugier weckende Objekte laden zum Reflex des Anfassens und Fühlens ein. Sowohl die eigene (intrapersonelle) als auch zwischenmenschliche (interpersonelle) Berührung können als beruhigend und wohltuend erlebt werden und stärken die (Selbst-)Beziehung.

Die offene Hand steht in diesem Modell für die *Haltung* zum Klienten, für die Bereitschaft, in Kontakt zu treten und eine Beziehung aufzubauen, für den Grad der Hinwendung und Offenheit des Sozialarbeitenden zum Ratsuchenden. Die Handfläche verbindet die einzelnen Finger miteinander. Sie versinnbildlicht den Einfluss der Beraterhaltung auf die einzelnen Beratungssegmente. Und sie bildet das Fundament für die Beziehungsgestaltung, ihren Aufbau, ihre Entwicklung und ihren Erhalt. Ein professioneller Berater hat die Aufgabe, Beziehungsangebote zu machen und auf sein Gegenüber so einzugehen, dass eine Zusammenarbeit möglich wird. Bestenfalls verhält sich die beratende Person in dieser Interaktion verlässlich und ist in der Lage, Höhen und Tiefen souverän und wertfrei auszuhalten. Sie bleibt auch in Konflikten akzeptierend und zugewandt.

Eine logotherapeutisch orientierte Haltung nimmt den unbestreitbaren Wert jeden Lebens, die Freiheit des Willens und den Willen zum Sinn in den Fokus. Die Salutogenese stellt das Kohärenzgefühl als stimmige Verbundenheit im systemischen Sinn, die Handhabbarkeit des Lebens durch den Einsatz persönlicher Ressourcen sowie die Sinnhaftigkeit als gefühlte Motivation zum aktiven Dasein ins Zentrum des Konzeptes. Motivational Interviewing basiert auf der Grundhaltung Partnerschaftlichkeit, Akzeptanz, Mitgefühl und Evokation. In ihren Kerngedanken finden sich alle drei Konzepte (MI, Logotherapie/Existenzanalyse und Salutogenese) in der humanistischen Psychologie wieder. Demnach besitzt jeder Mensch Potential zur Persönlichkeitsentfaltung. Bedürfnisse nach Ganzheitlichkeit, Autonomie und Selbstverantwortung, Selbstverwirklichung sowie die teleologische Ausrichtung (Sinn- und Zielorientierung) kennzeichnen das menschliche Sein. Diese Grundhaltung stellt das passende Fundament einer motivierenden und sinnorientierten Beratung in der Wohnungslosenhilfe. Zudem kann für Betroffene motivierend sein, in ihrem unmittelbaren und mittelbaren Umfeld wieder partizipieren zu können, wie im Teil I dieses Buches erläutert wurde. Die Haltung, die mit Partizipation einhergeht, wird an dieser Stelle einbezogen. Das englische Wort für Handfläche lautet „palm", „P" steht somit für *Partizipation*. Gemeint ist eine Haltung, die eine Begegnung und persönliche Unterstützung auf Augenhöhe ermöglicht. Partizipation bedeutet, Klienten zu bemächtigen und damit einhergehend zu wagen, die Macht, die einem in Systemstrukturen eingebundenen Professionellen obliegt, zu teilen oder gar zu übertragen. Wohnungslosen Menschen werden im Rahmen ihrer individuellen Hilfegestaltung Entscheidungen überlassen, ihnen werden innerhalb der sie umgebenden Hilfestruktur Mitspracherechte eingeräumt und ihnen wird auf kommunal- oder verbandspolitischer Ebene eine Stimme gegeben. Soziale Arbeit sollte sich damit auf die Potentialentfaltung ihrer Nutzenden ausrichten, um ihnen die Führung eines selbstbestimmten Lebens zu ermöglichen, um sie somit wieder zum Teil der Gesellschaft werden zu lassen.

Vom Zentrum der Hand zweigen die Finger ab, die sich durch feinmotorische Fähigkeiten auszeichnen. Der Daumen besitzt eine besondere Fertigkeit, denn er kann als einziger von allen mit den anderen Fingern feinmotorisch eine Zange bilden. Das Sattelgelenk macht ihn flexibel drehbar und lässt die Hand greifen. In der „offenen Handreichung" steht der Daumen für die erforderliche *direkte* und zum großen Teil existenzsichernde Hilfe. Er kümmert sich um die „Hard Facts" und erbringt die nötigen Unterstützungsleistungen für die physische Sicherheit und die Bewältigung alltagsrelevanter Belange. In der Wohnungslosenhilfe ist es wichtig, unverzügliche existenzsichernde Hilfen nach dem Empowerment-Prinzip auf den Weg zu bringen. Verzögerungen oder Unzuverlässigkeit (z. B. Terminversäumnisse, Unpünktlichkeit, Aufschieben wichtiger Aufgaben) können den Anschein erwecken, die vom Klienten erlebte Not zu verkennen. Dieser formulierte Anspruch an Sozialarbeitende soll weder eine unangemessene Anspruchshaltung seitens der

Klienten züchten noch eine Fehlerfreundlichkeit ausklammern. Es gehört zum menschlichen Sein dazu, Fehler zu machen. In der Beziehungsarbeit liegen Chancen für einen Kompetenzzuwachs im Beobachten, Annehmen und Tolerieren der Fehler und dem Scheitern von Mitmenschen. Vorrangig besteht die dienstleistende Rolle des Beraters darin, Reflexionspartner zu sein (und nicht Sekretär, Chauffeur oder Kreditgeber, wie es manchmal den Anschein hat). Dennoch: eine wertschätzende Beratung ist zuverlässig und unbürokratisch. Wichtig ist, zu jedem Zeitpunkt der Beratung das Maß der vorhandenen Selbsthilfekräfte gut einzuschätzen und ausreichend zu unterstützen. Es soll keine Verwechslung mit einem paternalistischen oder fürsorglichen Ansatz erfolgen, doch müssen die vom Betroffenen erlebten wichtigsten Bedarfe Beachtung finden. Gerade zu Beginn einer Hilfemaßnahme, wenn sich ein wohnungsloser Mensch möglicherweise durch das Bewusstwerden über die Komplexität seiner Problemlagen völlig überfordert fühlt, sind oft konkrete Hilfestellungen zielführend. Auch Miller und Rollnick weisen darauf hin, wie wichtig die genaue Klärung zum ausreichenden Maß der Hilfestellung ist, damit eine Veränderung tatsächlich erfolgen kann und sich der Ratsuchende angemessen gefordert fühlt. Existenzsichernde Maßnahmen *müssen* erfolgen, um Grundbedürfnisse zu stillen und den Leidensdruck zu mindern. Dazu gehört zweifellos an erster Stelle die Versorgung mit Nahrung, Kleidung, Geld und Wohnraum, z. B. durch die Umsetzung von „Housing first", durch die Überlassung einer Übergangswohnung, ferner die Aufnahme in ein stationäres Hilfesetting oder eine anderweitige Unterbringung. Weitere erste existenzsichernde Maßnahmen sind die Sicherstellung des Lebensunterhaltes und die Wiederherstellung des Krankenversicherungsschutzes, um medizinische Hilfen im Regelsystem zu sichern.

Die auf den Maslowschen Gedanken beruhende Bedürfnispyramide erklärt die vorrangige Befriedigung physiologischer und Sicherheitsbedürfnissen gegenüber der Erfüllung höherer Bedürfnisse (soziale Bedürfnisse, Individualbedürfnisse und Selbstverwirklichung). Somit kann eine intrinsische Motivation zu Verhaltensveränderungen, z. B. im Bereich Gesundheit oder Sucht, nur dann aufgebaut werden, wenn gleichzeitig auch die direkte existenzsichernde Hilfe geleistet wird.

11.2 Klärung

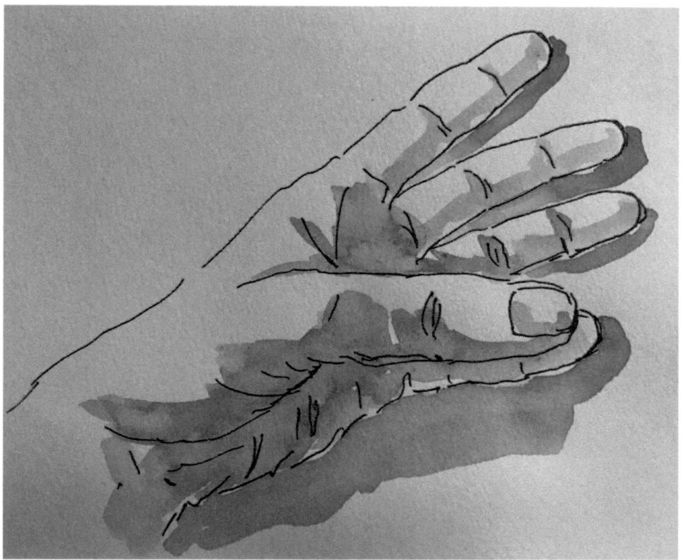

Abbildung 35: Kleiner-Finger-Klärung

Zu Beginn der Beratung stellt der Daumen den Kontakt zum kleinen Finger her. Der kleine Finger steht für die *Klärung* der Problemlagen. Schon während dieses Assessments ist es notwendig, dass die ratsuchende Person spürt: „Es setzt sich etwas in Bewegung". Durch die erste Klärung der Bedarfslagen kann etwa eine gemeinsame Einschätzung der adäquaten Hilfeform (Bsp.: ambulant-stationär) entwickelt werden. Wichtig ist die Mobilisierung erster direkter existenzsichernder Schritte, die der Kontakt zwischen Daumen und dem kleinen Finger in diesem Modell verdeutlicht. Sozialarbeitende ermöglichen dem Klienten, eine Postadresse einzurichten, eine Unterkunft zu erhalten, sich ggf. neue Kleidung zu organisieren oder den Erstantrag nach dem SGB II beim Jobcenter zu stellen. Weiterhin wird geklärt, welche sichtbaren und nicht sichtbaren Belastungen vorliegen, für die professionelle Hilfe erforderlich und gewünscht ist. Die Klärung findet somit auf unterschiedlichen Ebenen statt, sowohl auf einer materiellen als auch auf einer reflexiven Ebene. Ursachen und Auslöser der besonderen Lebensverhältnisse und sozialen Schwierigkeiten werden betrachtet. Die Beratung zielt in der Klärungsphase (auch Clearingphase genannt, gleichgesetzt mit dem ersten dreimonatigen Kostenbewilligungszeitraum in einigen Bundesländern) darauf ab, Anstöße zur Selbstreflexion für die unterschiedlichen Lebensthemen zu geben und eine Einschätzung zum erweiterten Hilfebedarf zu finden. Dies gelingt nur auf der Basis einer wachsenden Vertrauensbeziehung und mit einer Haltung von Ergebnisoffenheit (vgl. Breitling, Knodel, Zimmer, 2018).

11.3 Ressourcen

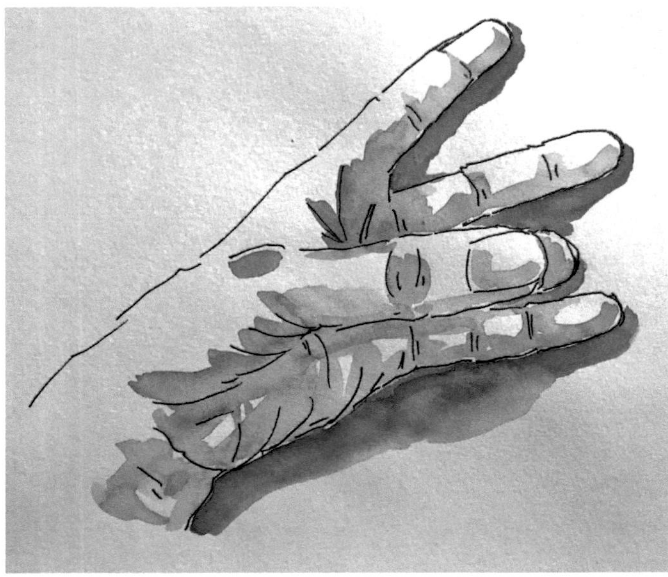

Abbildung 36: Ringfinger-Ressourcen

Im nächsten Schritt wird der Ringfinger visualisiert. Der Ringfinger steht für *Ressourcen*. Das Bewusstsein über die eigenen Ressourcen, Kompetenzen und Fähigkeiten ist eines der drei Elemente, aus denen sich Motivation zusammensetzt, weil sie Zuversicht für die Problembewältigung schafft. Mit Blick auf die Biografie des Klienten können existenzanalytische Fragen (s. Kapitel Logotherapie und Existenzanalyse) Aufschluss über bisherige Erfolge und Bewältigungsstrategien geben. Die Methode des Confidence Talk des MI zeigt Fragen und Vertiefungsmöglichkeiten für das Aufspüren von Ressourcen auf (s. S. 136 ff.) Und auch die salutogene Kommunikation bietet ein Spektrum an Blickrichtungen, um den Klienten in Resonanz zu seinen Ressourcen zu bringen (s. S. 198 ff.). Der Kontakt zum Daumen erinnert daran, dass parallel zur Ressourcenorientierung direkte Hilfestellung geleistet wird, wo es nötig ist. Die äußere, als existenzbedrohlich empfundene Situation sollte sich stetig verbessern und im Blickfeld der Beratung bleiben. Jedoch folgt eine frühzeitige Aktivierung der vorhandenen Ressourcen dem Prinzip der Hilfe zur Selbsthilfe nach dem Empowerment-Ansatz.

11.4 Motivation

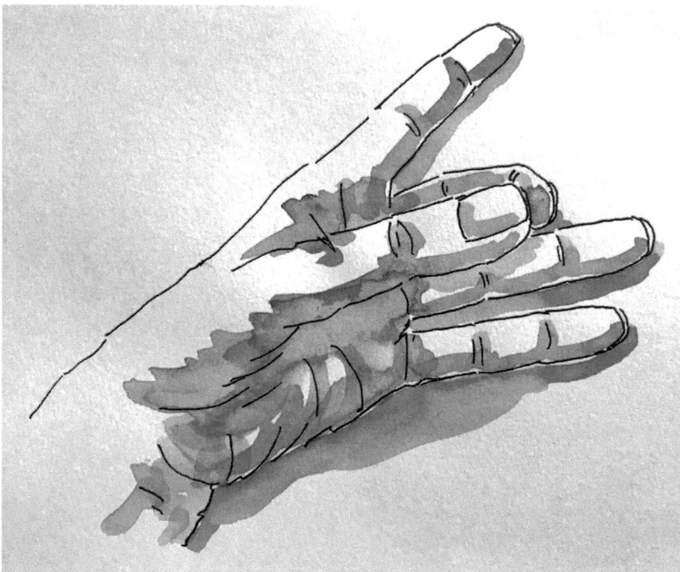

Abbildung 37: Mittelfinger-Motivation

Der Mittelfinger als Mitte und größte Gliedmaße der Hand steht für das Thema *Motivation*. Weil die intrinsische Motivation mit dem persönlichen Wertesystem des Klienten korreliert, ist an dieser Stelle ebenfalls die Sinn- und Werteorientierung verortet. Durch die vertiefte Klärung der Bedarfslagen haben sich Themenschwerpunkte herausgebildet, wie z. B. Wiederherstellung familiärer Kontakte, Bearbeitung einer Suchtthematik, wiederholte Straffälligkeit oder Arbeitsverluste durch Konflikte mit Kollegen.

Geht es um Veränderungsthemen liegt im Gesprächsführungskonzept Motivational Interviewing der passende methodische Arbeitsansatz. Wichtig ist zu erkennen, zu welchen Themen und Lebensbereichen der Ratsuchende in welcher Weise motiviert ist und in wie weit Ambivalenzen bestehen. Das transtheoretische Modell der Veränderungsintention (s. S. 93) kann helfen, die innere Position des Klienten zu einer Veränderung einzuschätzen. Sofern er sich im Stadium der Absichtslosigkeit oder Absichtsbildung befindet, kann mit Change Talk (s. S. 125 ff.) die Veränderungsbereitschaft gestärkt werden. Dabei werden die intrinsische Motivation und die persönlichen Werte erkundet.

Die in diesem Buch vorgestellten logotherapeutischen Methoden können Anwendung finden, wenn sich dem Klienten Sinnfragen stellen, wie bei unklaren Perspektiven, Trauer um Verluste oder depressiven Gedanken- und Verhaltensstrukturen. Leitfragen können z. B. sein: Wozu ist die aktuelle Situation eventuell so wie sie ist? Welche Gedanken, Gefühle und Einstellungen verbergen sich hinter den Themen wie Schuld, Leid und Tod? Welche positiven und Kraft gebenden Werte tragen die Person und bergen das Potential der Veränderung? Wie kann der weitere Lebensentwurf aussehen?

Schließlich leisten der salutogene Ansatz und insbesondere die salutogene Kommunikation einen Beitrag zur Gesundheitsförderung sowie zur Stärkung des Kohärenzgefühls zugunsten einer gesunden Lebensgestaltung.

Direkte Hilfen zur Stabilisierung der Lebenssituation und Förderung von Motivation stellen erfahrungsgemäß erste Schritte in Richtung tagesstrukturierende bzw. arbeitsbezogene Aktivitäten dar. Auch das Ankommen in fachspezifischen Angeboten, wie z. B. allgemeinmedizinische, suchtmedizinische, psychiatrische oder psychotherapeutische Hilfen bedarf oft direkter Hilfen durch Kontaktherstellung, Termin- und Fahrtwegplanung sowie ggf. Begleitung.

11.5 Zielplanung

Abbildung 38: Zeigefinger-Zielplanung

Der Zeigefinger weist auf die konkrete *Zielplanung* hin. Mit Blick auf alle relevanten Lebensbereiche wird eine Priorisierung vorgenommen und gleichzeitig eine Zieltendenz für alle Lebensbereiche angesprochen. In diesem Schritt kann die Methodik des Prozessschritts Planung nach Motivational Interviewing gut eingesetzt werden. Es sollten nun konkrete Vereinbarungen,

Maßnahmen und eine kontinuierliche Begleitung stattfinden. Direkte Hilfen erfolgen je nach Unterstützungsbedarf nur dort, wo eigene Ressourcen noch nicht ausreichen und die Sozialarbeit selbst als Ressource des Klienten dient. Naheliegende Beispiele dafür sind Vermittlungshilfen bei der Wohnungssuche und Antragsstellungen für weiterführende Hilfen (Therapie, Eingliederungshilfe, Pflege etc.). Es ist eher realitätsfern zu erwarten, dass formulierte Ziele linear umgesetzt werden. Hilfe zur Selbsthilfe bedeutet auch „try and error" zuzulassen, ohne die verlässliche Begleitung zu unterbrechen. Erforderlich wird dann eine Wiederaufnahme der Klärung in vertiefter Form, welche einen Aushandlungsprozess von Selbst- und Fremdwahrnehmung anstößt. Wünschenswert ist, das Nichtgelingen ebenso klar wie wertschätzend zu kommunizieren. Interessanterweise steigt somit die Qualität der Beziehung eher, als dass der Klient sie aus Scham oder Verletzung verlässt. Er bekommt neue Perspektiven angeboten und wird zu produktiven Verhaltensweisen ermutigt (vgl. Breitling, Knodel, Zimmer, 2018).

Illustrationen: Almuth Rusteberg, Wettringen

Teil III: Good-Practise-Beispiele für Motivierende und sinnorientierte Interventionen in der Wohnungslosenhilfe

In diesem abschließenden Kapitel stelle ich Projekte, Ansätze und Angebote aus der Wohnungslosenhilfepraxis vor, die mit einer motivierenden und sinnorientierten Beratung konform gehen. Ich habe einige, mir aus meiner praktischen Arbeit bekannte Ansätze gewählt, wohlwissend dass es ebensolche, ähnliche und sicherlich noch viele andere großartige Good-Practise-Beispiele in Deutschland gibt. Die Auswahl meiner Beispiele beruht überwiegend auf persönlichen Begegnungen oder Empfehlungen. Wenn Sie in der Wohnungslosenhilfe ähnliche oder ganz andere motivierende Konzepte umsetzen, teilen Sie diese z. B. durch Veröffentlichungen in Fachzeitschriften. Good-Practice-Beispiele sind schließlich nachahmenswert, um die Soziale Arbeit im Feld der Wohnungslosenhilfe stetig zu verbessern. Ich hörte in einem Vortrag zum Thema Partizipation folgenden ambitionierten Vorschlag einer Tagungsteilnehmerin: man möge doch bei der Bezeichnung „Good Practice“ bleiben, um den Anreiz von Entwicklung und Verbesserungsmöglichkeiten aufrecht zu erhalten; mit dem Titel „Best Practice“ schiene es, als seien alle Optionen schon erfasst und ausgeschöpft. Dieser Anregung bin ich gefolgt.

12. Umsetzung wissenschaftlicher Projekte in der Praxis

12.1 Motivational Interviewing und Zieloffene Suchtarbeit im KMFV München

Ich stelle ein groß angelegtes Projekt vor, das vor einigen Jahren eine Implementierung des Gesprächsführungskonzepts Motivational Interviewing in Verbindung mit einem spezialisierten Konsumkontrollprogramm (WALK für das Kontrollierte Trinken im Arbeitsfeld Wohnungslosenhilfe) umsetzte. Der KMFV e.V. München beschritt einen herausfordernden Weg mit positiven Wirkungen. Erfolgreiche Nachahmungen in dieser Konsequenz bedürfen wohl Top-Down Strategien. An dieser Stelle hoffe ich deshalb besonders auf interessierte Lesende, die Leitungsfunktionen innehaben.

> *„Gesagt ist nicht gehört. Gehört ist nicht verstanden. Verstanden ist nicht einverstanden. Einverstanden ist nicht umgesetzt. Umgesetzt ist nicht beibehalten.“*
> – nach Konrad Lorenz

Im Jahr 2003 initiierte der Katholische Männerfürsorgeverein München e.V. gemeinsam mit der GK Quest Akademie Heidelberg das Projekt WALK – *„Wohnungslosigkeit und Alkohol: Einführung zieloffener Suchtarbeit in Einrichtungen der Wohnungslosenhilfe des Katholischen Männerfürsorgevereins München“*. Damit wurde das Beratungsinstrument „Kontrolliertes Trinken“ als passgenaue Ergänzung zur abstinenzorientierten Suchtarbeit für wohnungslose Menschen eingeführt. Der KMFV e.V. ist ein karitativer Fachverband der Wohnungslosenhilfe in der Erzdiözese München und Freising. Er beschäftigt ca. 540 Mitarbeitende in 20 stationären, teilstationären und ambulanten Einrichtungen sowie in Wohnungen. Insgesamt werden etwa 1400 wohnungslose Menschen unterstützt (vgl. www.kmfv.de).

Dem WALK-Projekt ging eine Reaktion des Verbandes auf die Ergebnisse der Münchner Fichter-Studie voraus, die die hohe Prävalenz von Alkoholabhängigkeit unter Wohnungslosen aufzeigte. Die oberbayrische Wohnungslosenhilfe modernisierte und erweiterte die Angebotsstruktur mit einer Entwicklung neuer Konzepte für die Suchtarbeit auf der Grundlage des ehem. § 53 SGB XII (z. B. therapeutische Wohnformen, heute im BTHG verankert). Hiermit war ein guter Nährboden für die Implementierung der Zieloffenen Suchtarbeit geschaffen, insbesondere die personellen Ressourcen betreffend. Zwölf der KMFV-Einrichtungen unterschiedlicher Hilfesettings beteiligten sich am WALK-Projekt. Die Finanzierung wurde durch den örtlichen und überörtlichen Sozialhilfeträger sowie dem Bundesverband der BKK (Betriebskrankenkasse) sichergestellt. Zunächst erfolgten in der *Implementierungsphase* Workshops zur Einführung von Führungskräften und Mitarbeitenden in die Thematik. Aufbauend wurden 80 pädagogische und leitende Mitarbeitende in Motivational Interviewing geschult und außerdem in der Anwendung des ambulanten Einzel- und Gruppenprogramms zum Kontrollierten Trinken fortgebildet. In diesem Zuge erfolgte eine Weiterentwicklung der eher mittelschichtsorientierten Kursmaterialien zum „Kontrollierten Trinken", die auf eine Adaption an die Bedürfnisse der Klientel wohnungsloser Menschen abzielte. Daraus resultierte die Arbeitshilfe „WALK-Handbuch", das zentrale Arbeits- und Informationsblätter zum Erlernen des Kontrollierten Trinkens enthält. Mittlerweile kommt die WALK-Adaption in vielen Einrichtungen der Wohnungslosenhilfe Deutschlands, Österreichs und der Schweiz zum Einsatz. Die Metaphorik des Titels „WALK" (Wohnungslosigkeit und Alkohol) drückt die Haltung von Motivational Interviewing aus. Sich mit dem Betroffenen gemeinsam auf den Weg zu begeben, innezuhalten und Stolpersteine sowie Fortschritte zu erkennen. Das Projekt erhielt eine Begleitstudie durch die GK Quest Akademie Heidelberg, für die Maßgaben zur laufenden Dokumentation und dem Monitoring der KT-Kurse festgelegt wurden.

In der *Umsetzungsphase* (2004–2006) wurde das Programm mit 47 Klienten angewandt und parallel dazu evaluiert. Die Trainer wurden durch die GK Quest Akademie angeleitet und supervidiert. Die Ergebnisse im Jahr 2006 waren durchgehend positiv: Mitarbeitende fühlten sich durch den Kompetenzzuwachs motiviert und sahen auch Verbesserungen im kollegialen Miteinander. Die Programmteilnehmer, auch schwer abhängige Menschen, konnten teilweise nachhaltig ihren Alkoholkonsum senken sowie ihre persönliche Lebenszufriedenheit steigern (vgl. König et al, 2007, S. 161 ff.).

Ich hatte die Gelegenheit, mit Alexander Schuchmann und Christian Jäger, beide Führungskräfte im KMFV, zu sprechen. Alexander Schuchmann, heutiger Gesamtleiter der Wohnungslosenhilfe im Landkreis München war 2003/2004 einer der Pioniere bei der Einführung von Motivational Interviewing und dem Programm „Kontrolliertes Trinken" im KMFV e.V. Im Rahmen seiner damaligen Masterarbeit beschrieb er die Implementierung des neuen Beratungsinstrumentes als Maßnahme zur Organisationsentwicklung des Vereins. Die Projektzielsetzungen bezogen sich auf die Klientel, die Mitarbeitenden und den Träger KMFV: Die *Klientel* soll durch die ZOS besser (als durch die abstinenzorientierte Suchtarbeit) erreicht werden und mit einer Reduzierung des Alkoholkonsums die allgemeinen Hilfeziele nach §§ 67 ff. SGB XII realisierbarer machen. *Mitarbeitende* sollen ihre Fachkompetenz steigern und ihre Handlungsspielräume in der Suchtberatung erweitern können. Damit einhergehend findet eine Reduktion der individuellen Belastung statt, denn der Blick des Sozialarbeitenden wird auf den selbstverantwortlichen Klienten als Akteur in seinem Beratungsprozess gelenkt. Der *Träger*

KMFV erhöht die Attraktivität der vorgehaltenen Angebote für Betroffene und Kostenträger. Er bildet Multiplikatoren aus, um zukünftig weitere Einrichtungen bzw. Mitarbeitende in die KT-Arbeit einzubeziehen. Außerdem übernimmt er die Aufgabe, Leistungsträgern und Öffentlichkeit Dokumentation, Auswertung und Ergebnisse zu präsentieren (vgl. Schuchmann, 2005, S. 48 f.).

In seiner Masterarbeit hält Schuchmann abschließend fest:

> „Für die Zukunft scheint es für die Aufrechterhaltung und Weiterentwicklung der Veränderungen in den Arbeitsprozessen wichtig, weitere Ausbildungen bzw. Refreshing-Kurse durchzuführen, einmal, um auch neue Mitarbeiterinnen und Mitarbeiter in die Methodik einzubinden, zum anderen aber auch, um diesem entscheidenden Feld in der Betreuung von Wohnungslosen einen hohen Stellenwert verbandsintern und darüber hinaus zu sichern. Die Fortführung der bereits bestehenden KT-Lenkungsgruppe als Qualitätszirkel erscheint hier dringend notwendig, um diese weiteren Interventionen zu planen und zu organisieren, die Ergebnisse zu bewerten und wichtige Informationsflüsse sicherzustellen." (ebd. S. 85)

Mich interessierte, wie sich das neue Beratungsinstrument im KMFV im Laufe der Jahre verstetigt hat und erhielt dazu Antworten von Alexander Schuchmann und Christian Jäger (Leiter der Einrichtung Knorrstraße). Als positiven Effekt sehen beide Führungskräfte, dass der Geist der Wahlfreiheit des Klienten und der Blick auf seine Eigenverantwortung viel mehr in den Mittelpunkt gerückt ist. Ein wesentliches Element zur Pflege der MI-basierten Grundhaltung entstand nach der Projektdurchführung mit der Entwicklung interner Suchthilfeleitlinien. Jäger sieht in dem prozessual entwickelten Leitbild eine effektive Grundlage für den Erhalt des gemeinsamen Nenners in der Beratungs- und Betreuungsarbeit. Mitarbeitende sind aufgefordert, sich daran zu orientieren und in der zieloffenen Suchtarbeit mitzugehen.

Ca. 16 Jahre nach der Projektdurchführung arbeiten noch drei stationäre Einrichtungen mit dem WALK-Programm: das Haus an der Pistorinistraße, das Haus an der Knorrstraße sowie das Haus an der Chiemgaustraße. Es zeigte sich, dass der stationäre Rahmen durch die höhere Frequentierung der Klientel eine stärkere Verlässlichkeit und Kontinuität für die Programmteilnahme ermöglicht. Allerdings gestaltete sich die Implementierung in den hochstrukturierten abstinenzorientierten Resozialisierungsangeboten sowie in den ambulanten Hilfen schwieriger. Schuchmann hält das Konzept in der Bandbreite der Wohnungslosenhilfe für einsetzbar, wenngleich die Durchführung in manchen Settings herausfordernd ist. Weiterhin berichtet er von der Schwierigkeit der Neuimplementierung und systematischen Integration in den Regelbetrieb. Für ihn ist klar, dass eine Top-down Strategie am wirksamsten ist und eine hohe inhaltliche Zustimmung der zahlreichen Einrichtungsleitenden voraussetzt. Diese tragen die Verantwortung, Konzepte lebendig zu halten. Allerdings sind Führungskräfte im Nonprofit-Sektor mit einer Fülle von Aufgaben versehen, die ihre Kontingente ausschöpfen. Sie können konzeptionelle Neuimplementierungen durchaus als unattraktiv empfinden, da sie immer mit einer erheblichen Mehrbelastung einhergehen. ZOS ist nur eines von vielen relevanten Themen in der Wohnungslosenhilfe, sodass nicht alle Energie dort einfließen kann. Darüber hinaus fordert die ZOS eine interdisziplinäre Pflege, was sowohl die Aufrechterhaltung der MI-Haltung als auch die fortwährende Qualifizierung der Mitarbeitenden betrifft. Der KMFV bietet seinen Mitarbeitenden die Möglichkeit, im Rahmen des allgemeinen Fortbildungsprogramms Schulungen und Refresher-Kurse in Motivational Interviewing und Konsumreduktionsprogrammes wahrzunehmen. Außerdem sichern Supervisionen durch einen externen Suchttherapeuten die Qualität der Arbeit.

Jäger beschreibt die Herausforderung, dass es auf allen Ebenen (Leitung, Mitarbeitende, Klientel) auch Befürworter des abstinenzorientierten Ansatzes gibt, die der ZOS skeptisch bis ablehnend gegenüberstehen. Vor allem zu Beginn des Projektes existierte erheblicher fachlicher Gegenwind. Mittlerweile sei v. a. der Aspekt von „harm reduction" als ein Ziel der ZOS weitreichend akzeptiert. Dennoch bedeutet eine Implementierung des Ansatzes auch eine Auseinandersetzung mit Kritikern. Jäger empfiehlt deshalb, einen solchen Prozess mit einer Klausur zu beginnen, in der sich alle Beteiligten mit der Entwicklung eines Leitbildes beschäftigen und eine klare Position finden. Weiterhin sind klare Strukturen durch den Einsatz methodischer Arbeitshilfen (WALK-Handbuch) und Vorgehensweisen zum Monitoring und zur Evaluation (z. B. „KLAR-O" Trainerleitfaden, Arbeitsheft und Screening-Bogen der GK Quest Akademie) einzusetzen. Auch sollte überlegt werden, welche Angebote Betroffenen nach einem Kurs zur Konsumkontrolle zur Verfügung stehen, die für die Klientel inhaltlich anschlussfähig sind.

Alexander Schuchmann und Christian Jäger sind nach wie vor von der Wirksamkeit der Zieloffenen Suchtarbeit und ihrem Mehrwert für die Wohnungslosenhilfe überzeugt.

12.2 *gesund.sein* in der Wohnungslosenhilfe Osnabrück

Im Rahmen der BAG-W Bundestagung 2015 erlebte ich Daniel Niebauer als Referent, der seine Forschung und das Manual zum Gruppenprogramm *gesund.sein* erstmalig der Fachöffentlichkeit vorstellte. Die Begeisterung des Münchner Doktoranden steckte mich an, sodass ich im darauffolgenden Jahr zwei Schulungstage besuchte und mich mit dem Manual vertraut machte. 2017 unternahm ich mit einem als Männerberater ausgebildeten Kollegen des SKM Osnabrück e.V. den ersten Versuch zur Durchführung des Programms in der stationären Wohnungslosenhilfeeinrichtung Laurentiushaus Osnabrück (42 Plätze für Frauen und Männer). Anfangs war ich skeptisch, ob sich jemand beteiligen würde. Doch schnell waren fünf Männer interessiert und fanden sich zu einer festen Gruppe zusammen. Die erste Erfahrung war positiv. Die Gruppe stellte, durch die Leitung moderiert, ihre eigenen Regeln auf und es entstand Offenheit unter den Teilnehmern. Ähnlich erging es meinen Kolleginnen und mir mit den weiteren sechs Durchgängen bis Ende 2020. Zweimal führten wir das Programm ausschließlich mit Frauen durch und können bestätigen, dass sich das ursprünglich für die männliche Klientel gedachte Manual ebenfalls mit Frauen anwenden lässt. Die Gruppenleitungen bestanden in den Fällen ausschließlich aus Sozialarbeiterinnen. Die Männergruppen begleitete fortwährend der Kollege aus dem Bereich Männerberatung.

Die Durchführung des Gruppenprogramms steht und fällt mit der persönlichen Ansprache der Klientel. Aushänge oder Handzettel reichen zur Motivation allein nicht aus, diese unterstützen lediglich die Terminerinnerung. Wir sind im Team mittlerweile dazu übergegangen, die Klientinnen und Klienten über die Bezugssozialarbeit hilfeplanbezogen zu motivieren. Ein weiterer Erfahrungswert ist, die Planung so zu gestalten, dass die Durchführung innerhalb von sechs Wochen ohne Pausen (z. B. durch Feiertage oder Urlaube der Gruppenleitungen) stattfinden kann. Die Einheiten sollten inhaltlich gut vorbereitet werden, weiterhin hat sich eine enge Orientierung am Manual als sinnvoll erwiesen. Auch die ansprechende Vorbereitung des Raumes mit einem gedeckten Tisch und einer Kleinigkeit zum Essen sowie optisch gut gestaltetes Material (Mappe mit Gesundheitskoffer, vorbereitete Kopien, Zertifikat nach Abschluss) drücken Wertschätzung aus und erhöhen die Motivation der Teilnehmenden. Ein Highlight ist die 3. Einheit, in der uns ein Psychiater besucht. Wir haben das Glück der Zusammenarbeit mit dem ehemals leitenden Arzt des örtlichen Fachkrankenhauses für Psychiatrie, der mit seiner wertschätzenden und offenen Haltung die Fragen der Gruppe beantwortet. Die Erfahrung zeigt, dass die 3. und 4. Einheit inhaltlich gut austauschbar sind, was die Terminabsprache mit dem Gast vereinfacht. In unseren bisherigen sieben Durchgängen hatten wir kaum Drop-outs, wenngleich nicht immer alle Teilnehmenden anwesend waren. Neben der inhaltlichen Ausrichtung „Was macht gesund?“ entsteht in der beständigen Runde ein gutes Miteinander. Die Gruppenarbeit ermöglicht ein Zugehörigkeitsgefühl und die Erfahrung, über persönliche Bedürfnisse ins Gespräch zu kommen und gehört zu werden. In allen bisher ausgeführten Durchgängen formulierten die Gruppenteilnehmer am Ende den Wunsch nach einer Fortsetzung.

Ein aufbauendes Programm, beispielsweise ein *Soziales Kompetenztraining*, kann an die Förderung des Kohärenzgefühls anknüpfen. Aktive Themenerarbeitungen wie „persönliche Grenzen setzen“, „Feedback geben und nehmen“, „Perspektivenwechsel üben“, „Empathie schärfen“ etc. fördern v. a. die Aspekte Verstehbarkeit und Handhabbarkeit. Erste Anläufe haben wir diesbezüglich unternommen. Perspektivisch wäre ein auf die Wohnungslosenhilfe zugeschnittenes und evaluiertes Manual „Soziales Kompetenztraining“ ein attraktiver methodischer Baustein.

Im Frühjahr 2019 stellte Niebauer das Programm in einer Sitzung der ZBS Osnabrück (Zentrale Beratungsstelle) vor und weckte das Interesse der Sozialarbeitenden in den Beratungsstellen. Seit der erfolgten Schulung verbreitet sich das Gruppenprogramm auch regional im ambulanten Bereich. In 2020 sollten in verschiedenen Orten (Osnabrück, Delmenhorst, Diepholz, Papenburg, Bersenbrück) Kurse beginnen oder waren bereits im Gange, mussten jedoch in Folge der Corona-Pandemie zunächst auf Eis gelegt werden.

13. Regionale „Good-Practise“-Beispiele

13.1 Niedrigschwellige Suchtarbeit mit Wohnungslosen in Hannover

Aus der Erkenntnis heraus, dass wohnungslose Menschen oft nicht (mehr) von der herkömmlichen Suchthilfe erreicht werden, beschritt das Diakonische Werk Hannover in den 90er Jahren einen neuen Weg. Dieser trägt der Tatsache Rechnung, dass eine Suchterkrankung nicht losgelöst von den Lebensumständen betrachtet werden kann und die rein abstinenzorientierte Suchttherapie aufgrund mangelnder Ressourcen selten anschlägt. Der zieloffene Ansatz formte das Modell der niedrigschwelligen Suchtarbeit für wohnungslose Menschen. Die Expertin Ulla Neubacher beantwortete mir dazu zehn Fragen.

Frau Neubacher, Sie haben bereits im Jahr 2009 die niedrigschwellige Suchtarbeit in Hannover implementiert. Wie kam es zu dieser Idee und wie sind Sie vorgegangen?

Ich arbeite seit 1996 in der Zentralen Beratungsstelle der ambulanten Wohnungslosenhilfe des Diakonischen Werks in Hannover. Die ersten 13 Jahre habe ich im „Kontaktladen Mecki“, einer Anlauf- und Vermittlungsstelle mit Straßensozialarbeit gearbeitet. Täglich kamen über 100 Personen zu uns und starteten den Tag bei einem Kaffee. Viele baten um Unterstützung bei ihren unterschiedlichsten Angelegenheiten oder suchten einfach so das Gespräch mit uns. Unter anderem war auch die Abhängigkeitserkrankung ein wichtiges Thema. Bei Bedarf oder auf Wunsch vermittelten wir beispielsweise in die umliegenden Krankenhäuser zur Entgiftung. Nach dem Entzug wurden die meisten Personen einfach wieder auf die Straße entlassen. Natürlich kam es in diesen Fällen häufig zu Rückfällen. Die Hoffnungs- und Ausweglosigkeit war sichtbar. Auf der Straße lebt es sich nicht gut abstinent.

In den Fachkliniken herrschte damals die allgemeine Meinung vor, dass diese Klientel „nur ein warmes Bett will“ oder „sich da eh nie etwas ändern wird“ und „sich eine Therapie nicht lohnt“. Therapien oder Weiterbehandlungen wurden kaum besprochen oder veranlasst. Auch wurden Personen mit psychischen Störungen selten behandelt oder auf Medikamente eingestellt. Bei der Straßensozialarbeit sowie der Arbeit im Kontaktladen konnten wir dann erleben, wie z. B. Depressionen stärker wurden, einige Personen durch ihre Ängste wie gelähmt waren oder durch imaginäre Stimmen massiv beeinflusst wurden. So war das Suchtmittel oft eine Eigenmedikation, um mit den Problemen, Stimmen, Ängsten irgendwie besser umzugehen.

Nicht nur in den Fachkliniken, sondern auch in der Wohnungslosenhilfe herrschte die Meinung vor, Therapien und die Arbeit mit der Klientel widersprächen sich. Wohnungslose Menschen benötigten lediglich eine Wohnung. Ein Drehtür-Modell war perfekt entwickelt, rein in die Entgiftung, raus aus der Entgiftung, wieder rein, raus, rein, raus … Es herrschte wenig Respekt vor der Notwendigkeit der jeweils anderen Hilfe, es gab kaum Kooperationen zwischen Psychiatrie und Wohnungslosenhilfe oder Sucht- und Wohnungslosenhilfe. Darüber hinaus waren und sind die Angebote der Suchthilfe für Menschen mit einer Alkoholabhängigkeit hochschwellig. Vor 11 Jahren kam diese Klientel kaum in den Genuss von suchttherapeutisch notwendiger Hilfe. Für wohnungslose Personen mit einer Drogensucht gab es längst niedrigschwellige Angebote. Für wohnungslose, ehemalig wohnungslose oder von Wohnungslosigkeit bedrohte Menschen, für Personen der § 67er SGB XII Hilfe gab es kaum Angebote. Viele von ihnen litten unter einer langjährigen Abhängigkeit und tranken einfach immer weiter oft ohne Aussicht auf eine Veränderung. Sie blieben meist jahrelang unbehandelt und hielten sich in den Einrichtungen der Wohnungslosenhilfe auf – ohne adäquate Hilfe für ihre besonderen Problemlagen.

So entstand bei mir die Idee eine Ausbildung zur Sozialtherapeutin Sucht zu machen und ein Angebot für diese Klientel zu entwickeln. Dieses Angebot sollte in der Wohnungslosenhilfe selbst stattfinden, dort wo sich die Klientel aufhält und sich sicher fühlt. Es sollte einen niedrigschwelligen Zugang zur Suchthilfe ermöglichen für Personen, die sonst keine Hilfe erhalten – ein Angebot für Alkohol abhängige Personen der § 67er Hilfe. Diese Idee wurde von der Leitung des Diakonischen Werkes unterstützt, ein Konzept wurde entwickelt.

Bereits während der dreijährigen Ausbildung konnte ich erste Angebote in die Arbeit im Kontaktladen „Mecki“ einbringen. So führte ich mit drei Klienten Therapien durch, diese wurden zu meinen Prüfungsfällen im Rahmen der Ausbildung. Darüber hinaus implementierte ich Gruppenangebote, erst im Kontaktladen „Mecki“ und dann auch im Tagestreff DÜK. Mit den Klienten besprach und entwickelte ich die Inhalte. Wir sprachen viel über Sucht, Stress, Aggressionen, Verzweiflung oder Hoffnungslosigkeit und Wege aus ihren Dilemmata.

In den Gruppen, aber auch in Einzelkontakten, informierte ich über Sucht und gesundheitliche Folgeerkrankungen. Wir arbeiteten an Verhaltensänderungen – viele wollten z. B. nicht mehr in Haft, wussten aber nicht, wie sie ihr aggressives Verhalten ablegen konnten – und es wurden erste Entspannungstechniken eingeübt. Auch die Veränderung negativer Gedanken wurde ein Schwerpunkt in der Arbeit. Viele Klienten haben den Kopf voller Gedanken, die sie im Leben stark einschränken, aus denen sie aber oft nicht aussteigen können. Sie grübeln unentwegt und können dann z. B. nicht einschlafen. Der Griff zur Flasche ist in diesen Fällen meist der Versuch ihren Grübeleien zu entfliehen. Schlechte Erfahrungen sorgen dafür, dass sich Klienten nicht mehr aufraffen oder anstrengen, weil sie überzeugt sind, dass ihnen sowieso nichts gelingen wird.

Am 01.02.2009 war es dann so weit, mit dem Konzept der niedrigschwelligen Suchtarbeit für wohnungslose und ehemalig wohnungslose Menschen wurde eine Projektfinanzierung gefunden. Unter dem Motto „Sucht zum Thema machen“ startete ich die Arbeit.

Mit Initiativen wie dem in Abbildung 39 abgebildeten Handzettel wollte ich die Klientel ansprechen.

Säufst Du noch oder lebst Du schon?!

„Gemeinsam Wege aus der Sucht finden“

Das Thema Alkohol ist alles andere als einfach. Alkohol hat in erster Linie eine entspannende Wirkung – dies in Maßen zu nutzen ist ja auch okay. Nur sind, wie bei jeder Droge, auch hier die Übergänge vom Genuss zur Sucht fließend.

Wenn Du für Dich das Gefühl hast, dass der Alkoholkonsum überhandnimmt, solltest Du nicht nur eine kritische Selbsteinschätzung vornehmen, sondern Dir frühzeitig Hilfe holen. Sich Hilfe zu holen ist keine Schande und leichter als Du vermutest. Denn es gibt auch für wohnungslose und ehemalig wohnungslose Menschen einen einfachen Zugang zum Suchthilfesystem, ohne dass Du Dich gleich ins Krankenhaus oder zur Langzeittherapie begeben musst. Vielleicht hast Du ja auch schon schlechte Erfahrungen mit Suchtberatungsstellen und Krankenhäusern gemacht.

Aber eins musst Du wissen: Alkoholismus ist eine Krankheit. Auch wenn dies viele nicht wahrhaben wollen. Du entscheidest nicht mehr frei, wann und wieviel Du trinkst – es geschieht einfach mit Dir. Du verlierst immer mehr den Halt und die Kontrolle – körperliche, soziale und seelische Schäden sind unweigerlich die Folge.

Wenn du ehrlich bist, siehst Du das Elend täglich auf der Straße. Schnell merkst Du, ob Du noch aus eigener Kraft mit dem Trinken aufhören kannst oder nicht.

Wenn Du bei Dir ein Alkoholproblem erkennst, hast Du die Möglichkeit mit mir freiwillig und ohne Druck ganz unverbindlich Kontakt aufzunehmen und zu sprechen. Oder du sprichst die Mitarbeiter hier vor Ort an.

Ulla Neubacher

Abbildung 39: Handzettel

Anfangs kamen einzelne Personen heimlich, 60 Personen waren es aber bereits 2009. Dies änderte sich bereits im zweiten Jahr, in dem über 90 Personen in die Suchtberatung kamen. Mittlerweile kommen ca. 160 Menschen zu mehr als 1200 Gesprächen jedes Jahr in die Suchtberatung und psychosoziale Beratung.

Wenn die Betroffenen merkten, dass ihnen die Gespräche halfen, kamen sie wieder. Bald hieß es mit Stolz „Ich gehe zu meiner Therapeutin." und es wurde Werbung gemacht. Viele wurden an mich über Mund-zu-Mund-Propaganda in der Szene vermittelt. Da ich bei der Klientel damals bereits sehr bekannt war aus meiner Arbeit im Kontaktladen, war es leicht das Angebot zu bewerben. „Geh doch mal zu Ulla." hieß es dann, „Rede mal mit ihr.".

Erst nach und nach vermittelten auch Kollegen Klienten an mich weiter. Von der herkömmlichen Suchthilfe für Alkoholkranke wurde das Angebot lange belächelt und nicht ernst genommen. Die Akzeptanz stellte sich erst im Laufe der Jahre ein.

Von Anfang an kamen auch Personen ohne eine Abhängigkeitserkrankung in die Beratung, wenn es ihnen sehr schlecht ging. Mittlerweile sind knapp 25% meiner Klienten Wohnungslose oder ehemalig Wohnungslose mit psychischen Problemen, ohne Suchterkrankung. Da der Zugang zum herkömmlichen Hilfesystem schwierig und oft sehr hochschwellig war, führte ich auch mit ihnen viele Gespräche zur Entlastung, Deeskalation und Stabilisierung. Die Bekanntheit in der Szene und das Vertrauen machten und machen es vielen wohnungslosen Menschen leichter, das Angebot anzunehmen.

Ich bin immer gern bereit einen anderen Ort aufzusuchen, um mich mit jemandem zu unterhalten. Selbst heute, wenn ich nach elf Jahren z. B. in den Kontaktladen „Mecki" gehe, werde ich sofort auf Menschen aufmerksam gemacht, mit denen ich mal reden sollte. Leider gibt es immer noch wenige Therapeuten, die diesen Personenkreis gerne behandeln. Natürlich versuche ich auch weiter in adäquate Hilfe zu vermitteln, wie z. B. Psychiater, Tagesklinik, Sozialpsychiatrische Beratungsstelle, Fachkliniken, Entwöhnungstherapien. Dies ist allerdings oft mühselig und zeitaufwendig. Aber allein ist die Arbeit nicht zu schaffen, zu viele Personen wünschen sich Hilfe, viele brauchen Gespräche.

Es kommen viele Menschen mit verschiedenen Problematiken zu mir, mit psychischen Erkrankungen, mit Abhängigkeitserkrankungen, meist bin ich gut ausgebucht, mein Terminkalender ist voll. Oft läuft es dann aber doch anders als geplant. Einige kommen zur verabredeten Zeit, andere können Termine nur schwer einhalten, dafür kommen wieder andere ohne Voranmeldung vorbei. Zusätzlich rufen Kollegen an und fragen, ob sie mir spontan jemanden mit einem Bedarf für eine Suchtberatung oder psychosoziale Beratung vorstellen können. Denn Ängste verringern sich deutlich, wenn man das Gesicht von jemandem schon mal persönlich gesehen hat. Auch kommt es vor, dass sich eine Person Mut für den ersten Termin antrinken muss.

Flexibilität ist bei meiner Klientel unabdingbar, ich darf nicht empfindlich, muss dafür umso empfindsamer sein. Ein vergessener Geburtstag kann da schon mal zu einem vorübergehenden Kontaktstillstand führen.

Im Verlauf der Jahre habe ich mich über psychische Erkrankungen fortgebildet und auch etliche Schulungen besucht, um mich adäquat weiterzubilden, damit ich fachlich gut unterstützen kann. Fachlich fundiert und gut ausgebildet zu sein sind Voraussetzungen für diese anspruchsvolle Tätigkeit. Aber es ist auch notwendig, ein „Händchen für die Leute" zu haben.

Ich habe Kontakte zu Psychiatern, Neurologen, Psychiatrischen Ambulanzen und Suchtambulanzen, Psychiatrien, Tageskliniken und weiteren psychiatrischen und sucht-spezifischen Einrichtungen aufgebaut, die mittlerweile bereit sind, die Klientel zu behandeln. Komorbiditäten (Doppeldiagnosen) werden mitbehandelt, es wird diagnostiziert und versucht nachfolgende Hilfen zu organisieren. Die Anträge auf Entwöhnungstherapien beantrage ich häufig noch selbst. Diese werden dann aber meist bewilligt und es wird nach Kliniken gesucht, die für die Bedürfnisse und Problemlage der Personen geeignet sind. So musste ich einmal z. B. eine stationäre Entwöhnungstherapie für einen jungen Mann finden, der seit seinem 13. Lebensjahr mehr oder weniger auf der Straße gelebt hat. Seine Suchtgeschichte begann mit der Abhängigkeitserkrankung seiner Mutter, seine eigene startete mit 16 Jahren. Er hat keinen Schulabschluss, keine Ausbildung und kaum soziale Kompetenzen, außer denen auf der Straße zu überleben.

Mittlerweile ist das Angebot der Suchtberatung fest integriert und anerkannt, sowohl in der Wohnungslosenhilfe als auch in den Einrichtungen der Suchthilfe. Die Klientel hat die Hilfe von Anfang auf schnell angenommen und viele Klienten ließen sich dankbar auf die Hilfe oder auch einen therapeutischen Prozess ein. Das beweist einmal mehr, dass ein Hilfsangebot angenommen wird, wenn es entsprechend zugeschnitten und wirksam ist.

Wie gestalten sich die Rahmenbedingungen Ihrer Arbeit?
(Träger, Finanzierung, zeitliche Kapazitäten)

Der Träger der Suchtberatung für wohnungslose Menschen ist das Diakonische Werk Hannover GmbH. Eingebunden ist die Hilfe in die ZBS, Zentrale Beratungsstelle Hannover. Das Angebot der ZBS besteht aus den folgenden Einrichtungen: Ambulante Beratung, Schuldnerberatung, AH/Mieterbetreuung mit eigenem Wohnungsbestand, Krankenwohnung Kurve I und II, Zahnmobil, Tagestreff DüK, Kontaktladen „Mecki" als Anlauf- und Vermittlungsstelle mit Straßensozialarbeit und medizinischer Versorgung durch medizinisches Personal, Re_STaRT, Begleitung für Menschen in notwendige Hilfe, Anlaufstelle Kompass, Bekleidungsausgabe und im Winter die Beteiligung an einer ökumenischen Essensausgabe. Im gleichen Haus wie die Suchtberatung arbeiten die Kollegen der AG Resohelp. Zusätzlich gibt es im Landkreis Hannover noch Beratungsstellen und Tagestreffs an verschiedenen Standorten. Finanziert wird die Stelle durch unterschiedliche Mittel, dazu zählen eine pauschalisierte Zuwendung der Region Hannover, die Beratungsscheine § 16a SGB II auf Basis einer Kooperationsvereinbarung mit der Region und dem Jobcenter sowie die Finanzierungen über die § 67er Hilfe SGB XII.

Worin unterscheidet sich Ihrer Meinung nach die niedrigschwellige Suchtarbeit mit Wohnungslosen von einer herkömmlichen Suchtberatung?

Niedrigschwellige Suchtarbeit holt die Menschen dort ab, wo sie gerade sind. Ich sehe die Hilfe als Ganzes. In der Arbeit mit wohnungslosen Menschen ist es wichtig, auch die existenziellen Bedürfnisse im Blick zu haben: Ist die Existenz gesichert, erhält die Person Bezüge, ist sie krankenversichert und hat einen Schlafplatz? Denn wer Hunger leidet oder existenzielle Nöte hat kann sich nur schwer auf therapeutische Gespräche konzentrieren. Die Unterstützung und Beratung können auch nicht krankenversicherte Menschen in Anspruch nehmen. Sollte aber eine Entgiftung gewünscht sein, so wird eine Krankenversicherung benötigt und ein Arzt muss die Einweisung vornehmen. In diesem Fall hilft z. B. die enge Zusammenarbeit mit der medizinischen Versorgung im Kontaktladen „Mecki" oder den Ärzten der Caritas Straßenambulanz. Dinge, die für Menschen mit einem festen Wohnort selbstverständlich sind, müssen hier mit bedacht werden. Bei der Aufnahme in eine Entwöhnungsbehandlung kann es z. B. vorkommen, dass nicht ausreichend oder nicht die benötigte Kleidung wie Sportbekleidung etc. vorhanden ist, diese Aspekte müssen mit besprochen und ggf. organisiert werden. Oft ist es den Wohnungslosen unangenehm nachzufragen, weshalb ich vermeintlich selbstverständliche Aspekte mit in die Vorbereitung und Gespräche aufnehme. Der große Unterschied zwischen der herkömmlichen und der niedrigschwelligen Suchtarbeit besteht daher in der ganzheitlichen Beratung. Der Vorteil der Suchtarbeit in der Wohnungslosenhilfe ist, dass aufgrund des Netzwerkes der unterschiedlichen Einrichtungen direkt an die anderen Stellen vermittelt werden kann.

Inhaltlich sind die Probleme bei wohnungslosen Menschen häufig tiefgründiger, vielschichtiger und je länger sich jemand in dem Hilfesystem bewegt schwerwiegender. Erlerntes Verhalten zum Überleben auf der Straße ist manchmal nicht hilfreich in anderen Lebenszusammenhängen. So muss z. B. häufig ein neuer Umgang bei aggressivem oder delinquentem Verhalten eingeübt werden.

Selten kann ich jemanden in andere therapeutische Hilfen vermitteln, wenn psychische Erkrankungen deutlich werden. Dies liegt natürlich daran, dass es wenig passende Hilfe gibt, aber auch daran, dass die Klientel sich schwer öffnet und misstrauisch ist. Viele der Menschen sind kaum in der Lage Termine einzuhalten – das Überleben steht im Vordergrund. Gleichzeitig ist der prozentuale Anteil der Komorbiditäten erheblich. Um abstinent leben zu lernen, müssen auch die psychischen Störungen Beachtung finden. Die notwendige Vielschichtigkeit der Gesprächsinhalte ist eine Besonderheit der niedrigschwelligen Suchtarbeit.

Weiterhin besteht das Problem, dass außerhalb der Szene kaum Kontakte existieren, es ist eher typisch, dass andere Beziehungen in der Vergangenheit abgebrochen wurden. Es wird gemeinsam getrunken, es ist keine Arbeit vorhanden, es gibt keine eigene Wohnung. Ich berate allerdings auch ehemalig oder von Wohnungslosigkeit bedrohte Menschen. Zur Erlangung einer eigenen Wohnung ist die Auseinandersetzung mit der Sucht häufig notwendig, hat jemand bei einer Wohnungsbesichtigung eine Fahne, bekommt er die Wohnung nicht. Bei Bezug einer eigenen Wohnung besteht die Gefahr eines Rückfalls, die Einsamkeit ist ein starker Rückfallrisikofaktor. Die nun wohnende Person hat außerhalb der Szene kaum Kontakte, der Weg zum gemeinsamen Trinken ist da ein einfacher und vertrauter Weg heraus aus der Einsamkeit. In Gesprächen sollen alternative Beschäftigungen gefunden und neue Kontaktmöglichkeiten erarbeitet werden.

Natürlich gibt es auch viele Personen mit einer langjährigen Abhängigkeitserkrankung, die unter schweren Folgeschäden, sowohl körperlich als auch kognitiv leiden. Hier müssen in der Beratung andere Ziele festgelegt werden.

Die Vielschichtigkeit der Probleme und Situationen der Menschen ist enorm, die Beratung nehmen sowohl noch trinkende als auch bereits abstinente Klienten in Anspruch, einige haben bereits eine Entgiftung oder Therapie hinter sich, andere zeigen kaum Veränderungsbereitschaft, manche kommen sogar stark angetrunken in die Beratung. Die Unterschiede zur herkömmlichen Suchtberatung liegen damit auf der Hand. Nur mithilfe eines niedrigschwelligen und auf die Besonderheiten der Klientel angepassten Angebots können diese Menschen erreicht werden.

Was ist der Kern der niedrigschwelligen Suchtarbeit?

Der Kern der Arbeit besteht darin die Motivation zur Veränderung aufzubauen und zu stärken, Entlastung durch Gespräche zu finden oder neue Methoden zu erlernen mit vielen Situationen im Alltag konstruktiv umzugehen – dabei wird der Werkzeugkoffer nach und nach mit mehr Methoden gefüllt. Weiterhin geht es darum Hoffnungen aufzubauen, Ängste abzubauen, Informationen zu erhalten, ein Verständnis für die eigene Problematik zu entwickeln, Ziele für das eigene Leben zu finden, Verständnis zu erfahren sowie die Lebensqualität zu verbessern.

Ziel kann auch das kontrollierte Trinken sein – Bier schädigt den Körper nicht so sehr wie Schnaps – und dabei zu erleben, dass man mit weniger Promille seine Angelegenheiten besser regeln kann, die Dinge wieder etwas klarer sehen und damit auch förderliche Entscheidungen treffen kann – sonst entscheidet ja der Alkohol. Abstinent oder mit weniger Alkohol kann man seine eigenen Ziele besser erreichen. Das Angebot ist speziell auf diese Klientel abgestimmt. Es beinhaltet einen respektvollen Umgang, geprägt von Akzeptanz und Wertschätzung. Die Beratung soll die Einzelnen bemächtigen, selbstständig zu handeln mit der Unterstützung, die sie benötigen. Die Klienten entscheiden und bestimmen auch den zeitlichen Rahmen, ihr Tempo zählt. Wenn sich jemand z. B. nicht auf ein abstinentes Leben einlassen kann, kann kontrolliertes Trinken eine gute Alternative sein.

Wo erkennen Sie Grenzen?

Jeder Mensch ist für sich selbst verantwortlich, eine Kontaktaufnahme ist natürlich notwendig, um zu arbeiten. Wenn Klienten zu mir kommen, die eigentlich nichts verändern wollen, kann ich zumindest motivierend mit ihnen arbeiten. Ich kann versuchen, den Wunsch nach einer Änderung zu säen, aber das geht natürlich nicht mit jedem. Außerdem bin ich nur eine Person in der Suchtberatung und komme bei dem hohen Bedarf schon mal an die Grenzen der Kapazität.

Natürlich kann niemand alle Wohnungslosen in Hannover zur Abstinenz bewegen, man kann niemals alle Abhängigen erreichen. Das ist grundsätzlich so, wenn man mit abhängigen Menschen arbeitet. Genauso gehören Rückfälle bei der Suchterkrankung dazu. Die häufig sehr lange Suchtgeschichte und die schwierigen Lebensumstände setzen einer Veränderung Grenzen. Die Ausgangssituation ist ausschlaggebend für eine Zielsetzung, die individuell erarbeitet werden muss. Wenn jemand ohne Schulabschluss anstrebt Arzt zu werden, ist dieses Ziel wenig realistisch und wird unweigerlich zur Frustration führen. Für manche Trinker kann es ein Ziel sein nur noch Bier zu trinken, was deutlich weniger gesundheitsschädigend ist. Eine Arbeit zu finden – oder aber nicht mehr arbeiten zu müssen, Ziele sind für jeden Menschen unterschiedlich. Teilschritte oder das Erreichen kleiner Ziele sind für viele Betroffene häufig schon eine sehr große positive Veränderung.

Jedoch gibt es auch äußere Faktoren, die eine erfolgreiche Suchtbehandlung erschweren, dazu zählen nicht ausreichend vorhandene abstinente Unterbringungen oder bezahlbarer Wohnraum, denn in Hannover dauert eine

Vermittlung über das Amt für Wohnungswesen mittlerweile ca. ein Jahr. Wer in Hannover in einer stationären Einrichtung lebt, bekommt erst gar keine Wohnung über das Amt für Wohnungswesen vermittelt. Eine Perspektive zu haben ist aber ein starker Motor für eine Veränderung und die Hoffnung auf etwas Gutes ist manchmal nicht leicht zu wecken.

Da ich die Hilfe nicht alleine leisten kann, schule ich seit einigen Jahren die Kolleginnen und Kollegen zum Thema Suchterkrankung: Einstieg, Auswirkungen, Kriterien und den hilfreichen Umgang mit der Klientel. Darüber hinaus biete ich Schulungen zu anderen psychiatrischen Erkrankungen an. Dabei geht nicht um psychische Störungen im Allgemeinen, sondern speziell um die Klientel der § 67er SGB XII Hilfe. Ein erfolgreicher und umsichtiger Umgang mit dieser schwierigen Klientel soll erlernt werden. Je mehr Kolleginnen und Kollegen sich mit der Thematik besser auskennen, desto mehr können die Betroffenen davon profitieren. Demotivierende Aussagen wie „Du trinkst ja schon wieder …“ sind selten geworden. Diese Aussage bewirkt bei alkoholkranken Menschen die Annahme, sie würden es sowieso nicht schaffen aufzuhören. Wer wieder mit dem Trinken begonnen hat, sollte sich hingegen möglichst schnell Hilfe suchen und z. B. wieder zu einer Suchttherapeutin oder einem Suchttherapeuten Kontakt aufnehmen oder zur Entgiftung ins Krankenhaus gehen. Schuldgefühle sollten relativiert werden, sie sind eher hinderlich und oft wenig hilfreich in der Suchtgeschichte. Die suchtspezifischen Schulungen des Kollegiums wurden in den vergangenen fünf Jahren in der ZBS gut angenommen.

Was motiviert aus Ihrer Erfahrung wohnungslose Menschen, sich ihrer Suchtthematik zuzuwenden und Veränderungen einzuleiten?

Jeder Mensch benötigt gute Gründe für Veränderungen. Dies können Ziele und Wünsche für die Zukunft sein. Eine Wohnung, eine Arbeit, Freundin oder Familie spielen dabei eine große Rolle. Die Wünsche sind meist gar nicht so weit entfernt von den Zielen anderer Menschen. Oft sind es keine unerreichbaren Dinge, sondern ganz alltägliche Sachen, die wohnungslose Menschen bewegen. Die Hoffnung auf das Erreichen des Erwünschten spielt dabei eine große Rolle. Nur wer glaubt, sein Ziel auch erreichen zu können, macht sich auf den Weg.

Aber auch die Aussicht auf erhebliche Nachteile, wie nicht mehr ins Gefängnis zu wollen, ist ein starker Beweggrund. Manchmal kommen Menschen zu mir, weil ihnen ein Arzt gesagt hat, sie hätten kein Jahr mehr zu leben, wenn sie so weiter machen würden. Ängste um die Gesundheit sind dann ausschlaggebend für die Veränderungsbereitschaft. Auch die Trennung von der Freundin oder dem Freund, die Wegnahme des Kindes, der Verlust des Arbeitsplatzes, existenzielle Gründe, Ängste oder Befürchtungen sind starke Motivatoren, um sich mit der eigenen Sucht auseinanderzusetzen. Eigentlich sind es kaum andere Gründe als bei anderen abhängigen Menschen auch. Die Not ist häufig allerdings erheblich stärker.

Welche Qualifikationen sind aus Ihrer Sicht erforderlich, um diese Arbeit durchzuführen?

Ich bin Dipl. Sozialpädagogin mit einer Zusatzausbildung zur Sozialtherapeutin Sucht. Nebenbei habe ich weitere Schulungen absolviert und in den letzten elf Jahren viele Erfahrungen gesammelt und auch viel von den Klienten gelernt.

Die Ausbildung zur Sozialtherapeutin sollte auf jeden Fall gegeben sein. Motivierende Gesprächsführung und viel vertiefendes Wissen werden dabei gelehrt und sind aus meiner Sicht dringend notwendig. Es handelt sich um eine anspruchsvolle Aufgabe und nur die beste Ausbildung hilft der Arbeit gerecht zu werden. Allerdings halte ich es für genauso wichtig, mit der besonderen und zum Teil sehr schwierigen Klientel gut umgehen zu können. Das kommt mit der Erfahrung. Es bietet sich an eine Ausbildung zur Sozialtherapeutin/zum Sozialtherapeuten zu absolvieren und „ein Händchen" für diese Menschen mitzubringen.

Mögen Sie eine ganz besondere Erfahrung der letzten elf Jahre teilen?

Als ich mit der Suchtberatung 2009 begann, erschütterten mich die Lebensgeschichten einzelner Personen sehr. Obwohl ich bereits damals seit 13 Jahren mit diesen Menschen arbeitete, habe ich nie in solch einer Intensität aus der Vergangenheit und ihrer Kindheit erfahren. Die berichteten Erfahrungen musste ich erst einmal verarbeiten, so schlimm waren viele von ihnen. Gewalt, Missbrauch, Vernachlässigung waren in den Berichten eher die Regel. Einige Geschichten waren so furchtbar, dass man sie sich kaum vorstellen kann. So tief war ich vorher nie eingestiegen, da der Rahmen dafür war nicht gegeben war. In unseren Gesprächen berichteten viele erstmals von ihren Erlebnissen und trauten sich Türen in die Vergangenheit zu öffnen, die lange verschlossen waren. Hinterher fühlten sich viele erleichtert oder gar befreit. Das Vertrauen, das sie mir schenkten, war für mich sehr wertvoll. Es wurden viele Tränen in meinem Büro geweint. Manche Klienten stellten mit Erstaunen fest, dass ihre Erlebnisse nicht der Regel entsprachen und von anderen Menschen als schlimme Erfahrung bewertet wurden. Die unterschiedliche Wahrnehmung mancher Klienten wurde mir besonders deutlich als ein Klient auf meine Frage wie viele Menschen seiner Meinung nach ein Suchtproblem hätten mit „Alle!“ antwortete. Das war seine Realität und nur langsam konnte ich ihm eine andere Realität aufzeigen.

Im letzten Jahr feierte die Suchtberatung für wohnungslose Menschen ihr 10-jähriges Bestehen. Dies wurde geehrt durch Berichte in der Presse, in der Wohnungslosen Zeitschrift Asphalt, im Radio und bei Hallo Niedersachsen im Fernsehen. Eine mittlerweile abstinente Klientin, die schon länger bei mir in der Beratung ist, erklärte sich bereit ein Interview vor der Kamera zu geben. Die Klientin leidet unter diversen Ängsten, unter anderem unter einer sozialen Phobie. Als Dank für meine Hilfe und Unterstützung stellte sie sich ihren Ängsten und willigte in das Interview ein. Sie war so mutig, das hat mich sehr gerührt und in dem Film machte sie einen sehr positiven Eindruck. Wir haben ihn uns dann später gemeinsam angesehen, alleine traute sie sich nicht.

Was motiviert Sie selbst?

Ich erlebe meine Arbeit als notwendig und wichtig. Im Verlauf der letzten elf Jahre kamen viele Menschen zu mir und konnten von der Hilfe profitieren. Mittlerweile kommen über 160 Personen im Jahresdurchschnitt in die Suchtberatung und psychosoziale Beratung. Viele lassen sich auf einen therapeutischen Prozess ein und nach einer gewissen Zeit kann ich positive Veränderungen beobachten. Auch die Menschen selbst nehmen für sich gute Veränderungen wahr. Dazu gehören unter anderem ein verringerter Alkoholkonsum oder längere Abstinenzphasen, der Aufbau von Selbstsicherheit und Selbstwert, weniger delinquentes oder aggressives Verhalten. Das motiviert mich weiterzumachen. Wenn z. B. jemand zu mir kommt und sagt, dass wir viel erreicht haben und es ihm besser geht, weiß ich, dass ich hier richtig bin. Das Vertrauen meiner Klienten motiviert mich genauso wie das Wissen, dass der Zugang zu weiterführenden Hilfen mittlerweile deutlich einfacher für sie geworden ist und es auch in anderen Bereichen positive Veränderungen gibt. Mehr Verständnis für die besondere Problemlage von wohnungslosen Menschen hat sich auch in der Suchthilfe und der Psychiatrie etabliert. So findet z. B. mittlerweile oft eine Behandlung bei Komorbiditäten statt und Hilfesuchende werden ernst genommen.

Die positive Veränderung, zu der auch mein Angebot beiträgt, kann als Erfolg gewertet werden. Es ist jedoch erst ein Anfang, denn immer wieder gibt es Situationen, in denen die notwendige Hilfe insbesondere für Menschen mit massiven psychischen Störungen, die nur auf der Straße auftreten, unzureichend aufgestellt ist.

Ihr Wunsch für die Wohnungslosenhilfe?

Es sollte ein Standard sein sowohl Suchtangebote als auch psychiatrische Angebote speziell auf diese Klientel abgestimmt anzubieten. Dies kann durch gute Kooperationen innerhalb der Wohnungslosenhilfe, zwischen der Suchthilfe und der Wohnungslosenhilfe sowie dem psychiatrischen Hilfesystem und der Wohnungslosenhilfe gelingen. Auch in der Wohnungslosenhilfe angestellte Kolleginnen und Kollegen mit Zusatzausbildung z. B. zum Suchttherapeuten können einen wichtigen Beitrag leisten. Eine gute Ausbildung ist hier die wesentliche Voraussetzung für ein inhaltliches Gelingen.

Und schließlich habe ich dann noch den Wunsch nach adäquatem Wohnraum für wohnungslose Menschen, denn das schafft Hoffnung auf die Möglichkeit einer positiven Veränderung. Denn Wohnungslosigkeit endet mit dem Einzug in die eigenen vier Wände.

Ulla Neubacher, Diakonisches Werk Hannover, Zentrale Beratungsstelle – Suchtberatung und Psychosoziale Beratung, Berliner Allee 8, 30175 Hannover, 0511/9904014 (vgl. Neubacher, Bartels, Lührs, 2015).

13.2 Niedrigschwelliges Beschäftigungsprojekt in Niedersachsen

Der von Wohnungslosigkeit betroffene Jörg Plewa hatte ursprüngliche gute Voraussetzungen für einen gelingenden arbeitsbezogenen Lebenslauf: nach der Klasse 10 eine Ausbildung absolviert, dann das Abitur nachgeholt und ein Lehramtsstudium aufgenommen. Er hatte Pläne für ein sinnvolles Berufsleben, ging zielstrebig den Weg des Lernens, doch schließlich traten Lebensumstände ein, die alle Vorhaben durchkreuzten. Etliche Gelegenheitsjobs dienten zum Erhalt der Lebensgrundlage, jedoch nicht für Sprünge auf der Karriereleiter. Schließlich trat eine lange Arbeitslosigkeit ein und mit ihr ein Prozess der Verarmung und Depression.

Arbeit hat verschiedene Zwecke und Bedeutungen für den Menschen. Sie dient der Sicherstellung des Lebensunterhaltes, sofern sie ausreichend entlohnt wird bzw. Einkünfte generiert werden können. Somit erfüllt sie den Zweck, individuelle und materielle Bedürfnisse zu befriedigen. Durch Arbeit leistet ein Mensch seinen Beitrag im Gesellschaftssystem und erfährt gesellschaftliche Anerkennung. Arbeit schafft soziale Kontakte und gemeinschaftliche Erfahrungen, sie stiftet Zugehörigkeitsgefühl und Identifikation. Arbeit kann aktivieren und herausfordern, sie kann jedoch auch überfordern, Krisen und Krankheiten hervorrufen. Ein Fehlen von Arbeit führt oftmals zum Ausbleiben der positiven Zwecke: es fehlen das regelmäßige, Existenzminimum übersteigende Einkommen, die Tagesstruktur, körperliche und geistige Aktivitäten, soziale Kontakte, gesellschaftliche Anerkennung und die sinnstiftende, schöpferische Tätigkeit. Die negativen Folgen von Langzeitarbeitslosigkeit schlagen sich somit vielschichtig nieder und führen im Gesamten zu einer geringeren Lebensqualität.

Meine Befragung von Sozialarbeitenden der Wohnungslosenhilfe zum Aspekt der Arbeitsaufnahme ihrer Klientel ergab hohe Werte hinsichtlich des geschätzten Hilfebedarfes und der Motivation, allerdings lagen die vermuteten Erfolge in diesem Bereich deutlich darunter. Die Motivation zum Aufbau einer Tagesstruktur wurde geringer angenommen, die Erfolge wurden dafür aber höher eingeschätzt (vgl. Online-Material). Daraus lässt sich schlussfolgern, dass a) die Arbeitsmarktanforderungen oft zu hoch sind und b) Klienten sich trotz eingeschränkter Motivation teilweise dennoch in tagesstrukturierende Maßnahmen begeben. Ein Grund für Erfolge bei niedriger Motivation kann auch der Druck durch sanktionierende Maßnahmen nach dem SGB II sein.

Seit der Umsetzung der Agenda 2020 ab dem Jahr 2005 etablierten sich bundesweit nach dem SGB II Qualifizierungs- und Beschäftigungsangebote für langzeitarbeitslose Menschen mit dem Ziel des Wiedereinstiegs in den ersten Arbeitsmarkt. Eingliederungsvereinbarungen zwischen Jobcenter und erwerbsfähigen Leistungsberechtigten sehen nach § 16 d SGB II Zuweisungen in Arbeitsgelegenheiten vor, die in öffentlichen und sozialen Sektoren eingebettet sind. Es gelten die Grundsätze der Zusätzlichkeit, Wettbewerbsneutralität und dem öffentlichen Nutzen, die verhindern, dass Planstellen durch die sogenannten „1-Euro-Jobs" ersetzt werden. Bei diesen Qualifizierungsmaßnahmen handelt es sich primär um arbeitsbezogene Maßnahmen, die für die überwiegend arbeitsmarktferne Personengruppe der Wohnungslosen vielfach zwar eine Chance, aber oft noch zu hochschwellig für einen Wiedereinstieg sind. Da das Prinzip „Fördern und Fordern" zu sanktionierenden Konsequenzen bei Versäumnissen und Regelbrüchen führt, kann die Verarmung verschlimmert werden, wenn die Anforderungen den Leistungsberechtigten überfordert.

2017 veröffentliche die BAG-W eine Erneuerung ihres Positionspapiers zum Thema „Angebote zur Tagesstrukturierung" und bewertete rückblickend auf die bisherige Umsetzung des SGB II, dass „eine ausschließlich an Arbeitsförderung orientierte soziale Integrationsstrategie zu Misserfolgen führt und ins. für wohnungslose und von Wohnungslosigkeit bedrohte Menschen nicht ausreicht". Das Papier ist inhaltlich ausgerichtet auf Hilfen zur Alltagsbewältigung im Rahmen der Hilfen nach §§ 67 ff. SGB XII und § 16 d SGB II und fokussiert die nicht arbeitsbezogenen tagesstrukturierenden Maßnahmen. Es stellt eine Ergänzung zum Konzept der Beteiligung des Personenkreises nach § 67 SGB XII am Arbeitsleben dar.

Die Erreichung des Hilfeziels „Teilhabe am Leben in der Gemeinschaft" geht mit einer gelingenden Alltagsbewältigung einher. Grundlegende Bedürfnisse nach Kontakten, Kommunikation und aktivem Handeln müssen erfüllt sein, um ein gesundes Selbstwertgefühlt, Selbstvertrauen und Erleben von Sinnhaftigkeit zu entwickeln. Maßnahmen, die dieses ermöglichen, werden auch in § 6 der Durchführungsverordnung zu § 68 SGB XII formuliert (z. B. Begegnung und Umgang mit anderen Personen, aktive Alltagsgestaltung, kulturelle Erlebnisse, gesellige und sportliche Betätigung). Das Positionspapier weist auf einen bedeutsamen Aspekt hin: „Auch wenn wohnungslose Menschen zu ca. 80% erwerbsfähig im Sinne des § 7 SGB II sind, heißt dies eben nicht, dass Maßnahmen nach dem SGB XII für sie nicht in Frage kommen. Sie haben im Gegenteil einen Rechtsanspruch auf diese besonderen Hilfen." (BAG-W, 2017, S. 2) Den besonderen Bedarfslagen wohnungsloser Menschen muss mit parallelen Ansprüchen auf Hilfen nach den §§ 67 ff. SGB XII und dem SGB II begegnet werden. Die BAG-W fordert deshalb mit diesem Positionspapier, dass die Leistungsträger nach §§ 67–69 SGB XII aller Bundesländer Leistungstypen zur Tagesstruktur (Freizeit und beschäftigungsvorbereitende Tätigkeit) schaffen und mit den Jobcentern abstimmen. Weiterhin sollte auch die Bundesagentur für Arbeit mit einem diesbezüglichen Förderprogramm reagieren. Leistungserbringer der Wohnungslosenhilfe sollten die tagesstrukturierenden Angebote durch Förderung mit Leistungsträgern verstärken.

Als ein Beispiel für die Umsetzung dieser Forderungen nahm das Land Niedersachsen im Jahr 2018 die Beschäftigung des Personenkreises nach § 67 SGB XII intensiver in den Blick und entwickelte gemeinsam mit einer Arbeitsgruppe verschiedener Hilfeanbieter der §§ 67 ff. SGB XII das Modellprojekt „Niederschwelliges Angebot zur Beschäftigung wohnungsloser Menschen" mit einer Laufzeit von drei Jahren. Es wurden drei Standorte mit unterschiedlich ausgebildeter Infrastruktur ausgewählt, an denen das Projekt derzeit mit jeweils zehn Plätzen erprobt wird. Neben den Diakonischen Heimen Freistatt (Bethel im Norden) und dem Werkheim e.V. Hannover wurde die REHOLAND GmbH als Beschäftigungsträger des SKM Lingen e.V. mit der Durchführung beauftragt. Am Angebot der REHOLAND GmbH Lingen in Kooperation mit der Arbeits- und Qualifizierungseinrichtung MÖWE gGmbH in Osnabrück möchte ich das Projekt genauer beschreiben.

Am 1.6.2019 startete das Projekt mit dem Ziel, Menschen mit einem Hilfebedarf nach §§ 67 ff. SGB XII zu einer angemessenen Tagesstrukturierung zu verhelfen, um die Stärkung der Selbsthilfekräfte voranzubringen. Der Fokus liegt dabei v. a. auf den Personen, die durch ihre Lebenssituation und weiterer (gesundheitlicher) Beeinträchtigungen die Angebote im Rahmen des SGB II nicht erfolgreich wahrnehmen können. Neben der Verbesserung der persönlichen Lebensumstände werden soziale und lebenspraktische Kompetenzen gefördert. Zentral ist dabei, dass kein Leistungsdruck besteht und die Maßnahme sanktionsfrei, häufig zur Vorbereitung der aktivierenden Maßnahmen des SGB II, angeboten wird. Die Teilnehmenden werden dahingehend stabilisiert, dass sie künftig Folgemaßnahmen annehmen und durchhalten können. Die individuell zu treffenden Absprachen orientieren sich an den aktuellen Fähigkeiten des Maßnahmeteilnehmers. So kann die wöchentliche Beschäftigungszeit zwischen 10 und 30 Stunden betragen.

Das Angebot in ist drei Projektphasen gegliedert. In der Orientierungsphase steht die Kontaktaufnahme und das Kennenlernen des Projektes im Vordergrund. Verschiedene Arbeitsbereiche (z. B. Second-Hand-Kaufhaus, Recyclinghof, Anlagenpflege, Möbel- und Metallwerkstatt) können im geschützten Raum ausprobiert werden. Unregelmäßigkeiten bei der Teilnahme oder Verspätungen werden nicht sanktioniert, aber angesprochen. Die Stabilisierungsphase beinhaltet eine Festlegung des Arbeitsbereiches und eine Erhöhung der Wochenarbeitszeit. Besonderes Augenmerk liegt auf der Förderung sozialer Kompetenzen und Basisqualifikationen. Im dritten Abschnitt, der Phase „Perspektive“, werden Ziele für den weiteren Weg in den Arbeitsmarkt erarbeitet. Die vorhandenen Ressourcen und Kompetenzen sollen in ein realistisches Verhältnis zu den Arbeitsmarktanforderungen gesetzt werden, um künftige Erfolgserlebnisse zu ermöglichen, anstatt für weitere Misserfolge Gefahr zu laufen. Praktika auf dem freien Arbeitsmarkt stellen dabei eine Möglichkeit dar. Schließlich wird in der Phase des Übergangs eine Vermittlung in ein arbeitsmarktorientiertes Angebot, einer Arbeitsstelle oder alternativ einer Vermittlung in andere Hilfesysteme angestrebt. Neben der qualifizierten Arbeitsanleitung (Stellenschlüssel 1:10) erfolgt eine sozialpädagogische Begleitung (1:24).

Die Teilnehmenden des Projektes erhalten eine Motivationsprämie, deren Höhe sich an die Mehraufwandsentschädigungen von Arbeitsgelegenheiten orientiert (1,00€ pro Stunde). Weitere Anreize werden durch Unterstützung zur Mobilität (Fahrrad oder Busfahrkarte) und durch kostenfreie Mahlzeiten geschaffen. Um die Perspektive eines Projektteilnehmers kennenzulernen, habe ich ein Interview mit Jörg Plewa geführt.

Jörg, ich würde mich freuen, wenn Du Dich und Deine Lebenssituation kurz vorstellen würdest. Woher kommst Du und was hast Du bislang beruflich gemacht?

Ich bin 57 Jahre und kann die Frage woher ich komme, nicht eindeutig beantworten! Es gab viele Stationen in meinem Leben: Geboren in Aachen, danach habe in Schwerte, Papenburg, Oldenburg, Friedrichsdorf bei Frankfurt am Main gelebt, dann erneut in verschiedenen Orten in Ostfriesland. Ich habe nach dem Erwerb der Sekundarstufe II eine Ausbildung zum technischen Zeichner abgeschlossen, später in Oldenburg auf dem Kolleg das Abitur nachgeholt und anschließend angefangen, Deutsch und Mathe auf Lehramt Gymnasium zu studieren. Das Studium habe ich allerdings leider nicht abgeschlossen. Im Laufe der Jahre war ich in der Telefon-Akquisition beschäftigt, als Taxifahrer, Kurierfahrer, Buchhalter in einem Taxiunternehmen, selbstständig im Bereich Flughafen-Transfer und zuletzt als Disponent in einem Taxi-Unternehmen.

Mitte 2018 wurde ich nach einem Suizidversuch in der Psychiatrie Osnabrück behandelt. Zu der Zeit habe ich als Untermieter in Papenburg gewohnt und während meines Klinik-Aufenthalts erfahren, dass die Hauptmieterin die Miete von mir zwar erhalten, sie aber nicht an den Vermieter weitergegeben hat mit der Folge, dass uns das Mietverhältnis fristlos gekündigt wurde. Vom Krankenhaus aus konnte ich nichts weiter unternehmen; mein Hab und Gut wurde von einem Räumkommando an die Straße gestellt und entsorgt. Als ich dann im Juli aus der Klinik entlassen wurde, wurde mir dort empfohlen, mich an die Wohnungslosenhilfe zu wenden und ich wurde im stationären Wohnheim (Laurentiushaus) aufgenommen.

Weshalb war es für Dich schwierig, auf dem freien Arbeitsmarkt Fuß zu fassen?

Zum Teil lag es wohl daran, dass damals der Arbeitsamtsbezirk Leer/Papenburg einer der beiden mit der bundesweit höchsten Arbeitslosenquote war. Dazu kommt, dass ich zwar eine Ausbildung abgeschlossen habe, danach aber mit Erwerb des Abiturs auf dem zweiten Bildungsweg, Bundeswehr und Beginn des Studiums sehr lange aus diesem Beruf raus war – so lange, dass ich mir schon damals zwar den Gesellenbrief als Andenken an die Wand hätte hängen können, er aber nicht mehr zeitgemäß war: Zwischen meinem Abschluss und dem Versuch eines Wiedereinstiegs in den Arbeitsmarkt hatte sich in dem Berufsfeld unglaublich viel verändert, an erster Stelle die Einführung von CAD-Systemen (Computer Aided Design), mit dem ich überhaupt keine Erfahrung habe. Weiterbildungen und Umschulungen wurden damals vom Arbeitsamt nicht bezahlt.

Wie bist Du zum Beschäftigungsprojekt gekommen?

Im Mai 2019 erzählte mir meine Sozialarbeiterin im Laurentiushaus von dem neuen Projekt. Ich musste nicht lange überlegen, ob ich dort anfangen will: Zum einen sorgt eine regelmäßige Betätigung auch für einen regelmäßigeren Tagesablauf. Während der Unterbrechung in der Corona-Krise habe ich gemerkt, wie sehr mir dies fehlt. Zum zweiten gibt es mir ein besseres Gefühl, wenn ich Geld nicht nur bekomme, sondern es auch verdiene und zum dritten lebe ich zwar gerne allein und habe mit dem Alleinsein auch keine Probleme, dennoch bin ich alles andere als unglücklich, während der Arbeit Menschen kennenzulernen und mich mit ihnen zu unterhalten.

Was machst Du dort genau?

Anfangs war ich ausschließlich in der Spendenannahme beschäftigt. Dort werden eingehende Kleinspenden danach sortiert, ob sie überhaupt für einen Weiterverkauf geeignet sind und wenn ja, ob sie im Bereich Küchenbedarf oder im sog. Baumarkt, wo alles an Kleingütern angeboten wird, was nicht unter Küchenbedarf oder Kleidung fällt, verkauft werden können.

Später wurde ich an drei von fünf Tagen im Fahrdienst eingesetzt, wo ich Mitarbeiter, die in den LKWs keinen Platz mehr haben, zu Umzügen und Entrümpelungen fahre, Kurierfahrten für die MÖWE unternehme und für die hauseigene Cafeteria einkaufe.

Seit Januar arbeite ich überwiegend im Fahrdienst und helfe lediglich, wenn dort gerade nichts zu tun ist, in der Spendenannahme aus.

In wie weit empfindest Du, dass Deine besondere Lebenssituation, die Wohnungslosigkeit, im Beschäftigungsprojekt berücksichtigt wird?

Zum einen stehen dort mehrere der Mitarbeiter, in erster Linie der für mich zuständig Sozialarbeiter, zu jeder Zeit zu Gesprächen und mit Rat zur Seite. Zum zweiten sind Fehlzeiten wegen meiner Situation, z. B. wenn ich persönliche Dinge erledigen muss, jederzeit unkompliziert möglich.

Welche Deiner Fähigkeiten kannst Du gut einbringen?

Im Wesentlichen sind meine abgerufenen Stärken Reden und Autofahren. Es schadet aber sicher nicht, dass ich mich selbst gern als pünktlich (was gerade beim Abliefern von Arbeitern an den Baustellen erforderlich ist) und zuverlässig betrachte. Vermutlich sehen das meine Vorgesetzten ähnlich, sonst wäre ich vielleicht noch ausschließlich in der Spendenannahme untergebracht.

Welche wesentlichen Erfahrungen hast Du dort bisher gemacht?

Die meisten Kolleginnen und Kollegen nehmen Neulinge gut auf, die Atmosphäre ist überwiegend freundlich und oft humorvoll. Die Geschäftsleitung ist ebenfalls freundlich und hilfsbereit, auf auftretende Probleme wird (wenn man den bereit ist, diese anzusprechen) eingegangen, Hilfe wird, wo nötig, angeboten und zuteil.

Kommt es auch mal zu Schwierigkeiten?

Nicht immer ist es als „Frischling" leicht, mit Leuten zu arbeiten, die schon sehr viel länger dort sind.

Was macht für Dich den Unterschied zu anderen Jobs auf dem zweiten Arbeitsmarkt, z. B. Arbeitsgelegenheiten?

Der direkte Vergleich zwischen dem sozialen Kaufhaus MÖWE des SKM Osnabrück und einem anderen sozialen Kaufhaus, wo ich eine Zeitlang eine Arbeitsgelegenheit hatte, lässt zumindest die Aussage zu, dass dort weit weniger auf die Bedürfnisse der „1€-Jobber" eingegangen wurde als ich es jetzt erlebe.

Welche Ideen hast Du für Deine berufliche Zukunft?

Sowohl mein rechtlicher Betreuer als auch meine Sozialarbeiterin im Laurentiushaus und ebenso ich selbst sehen meine Lage wie folgt: massive gesundheitliche Einschränkungen und auch mein Alter machen einen Einsatz auf dem ersten Arbeitsmarkt mehr als schwierig, sodass wir derzeit an einem Eintritt in die Frührente arbeiten. Ich würde allerdings auch, wenn dieser Antrag genehmigt wird, gerne weiter bei der „MÖWE" im Rahmen des Wohnungslosenprojekts arbeiten.

Vielen Dank für das Interview!

13.3 Vielfältige Partizipation im St. Ursula-Heim Offenburg

Robert Limmer nimmt unbefangen Platz vor der Handykamera, die ihn trotz anfänglicher technischer Probleme nicht aus der Ruhe bringt. Er hat sich auf das Gespräch mit mir für diesen Buchabschnitt gut vorbereitet und schon etliche Materialien zusammengelegt, auf die er im Gespräch verweist. Damit zeigt er mir die Strukturen der Einrichtung St. Ursula-Heim auf und dokumentiert markante partizipatorische Aktivitäten, die er im Laufe der Jahre in der Institution erlebt und mitentwickelt hat. Vor über zehn Jahren geriet er selbst in Armut und Wohnungslosigkeit und nahm professionelle Hilfe in Anspruch. Heute ist er als Pförtner Teil des Teams im St. Ursula-Heim. Seine nach § 16 (i) SGB II geförderte Stelle schätzt er als „sinnvoll und handverlesen“, mit seinem konsequenten „Wir“ verdeutlicht er sein starkes Zugehörigkeitsgefühl während er über die Einrichtung spricht. Limmer übernimmt Verantwortung im St. Ursula-Heim und bringt Kompetenzen aus seinem früheren Arbeitsleben ein. Er ist ein Teamplayer und daran gewöhnt, dass Entscheidungen demokratisch getroffen werden. Wohl auch deshalb hat er hier seinen Platz gefunden.

Partizipation ist im St. Ursula-Heim Offenburg seit Jahrzehnten ein fester Bestandteil der Arbeit. Die Gesamtinstitution besteht u. a. aus stationärer Hilfe mit 44 Plätzen, der ambulanten Hilfe mit Wärmestube, Tagessatzauszahlung, Fachberatung und dem Erfrierungsschutz im Winter (in Kooperation mit Stadt und Landkreis), einer medizinischen Versorgung durch den Förderverein Pflasterstube e.V., Streetwork, Betreutes Wohnen und dem frauenspezifischen Angebot „ELLEfriede“. Die Institution gehört zum AGJ-Fachverband für Prävention und Rehabilitation in der Erzdiözese Freiburg e.V., welcher seit 1976 im Ortenaukreis tätig ist. Als eine wichtige Aufgabe sieht der Verband die Förderung und Begleitung von Selbsthilfeinitiativen und Organisationen betroffener Menschen. Seit 1992 integrierte maßgeblich der frühere Leiter des St. Ursula-Heimes, Roland Saurer, die partizipatorische Perspektive, die heute Thomas Rutschmann fortführt. Nachdem bereits die Hausversammlung des St. Ursula-Heims ihre eigene Hausordnung festgelegt hatte, wurde 1993 eine Bewohnervertretung aufgebaut, aus der sich später die Betroffeneninitiative (BI) entwickelte. Diese vernetzte sich in den 90er Jahren mit der Bundesbetroffeneninitiative und trug 2012 unter starker Beteiligung des St. Ursula-Heims zur Gründung der Landesarbeitsgemeinschaft wohnungsloser Menschen in Baden-Württemberg (LAG e.V.) bei. Diese Zusammenschlüsse haben zum Ziel, die politische Organisation und Beteiligung wohnungsloser Menschen zu unterstützen.

Von 1997–2012 fanden jährlich die „Offenburger Berbertreffen“ statt. Hervorzuheben ist die Internationale Karawane, die 2010 im Dreiländereck die öffentliche Aufmerksamkeit erlangte und gegen Armut und Ausgrenzung protestierte. Ein starkes Engagement entwickelte sich auf Sozialraumebene, wodurch Wohnungslosen Zugang zu Stadtteilangeboten sowie zu politischen und kulturellen Organisationen in Offenburg und dem Ortenaukreis ermöglicht wurde. Die Einrichtung nutzt in Kooperation mit den örtlichen Netzwerkpartnern und Organisationen viele Möglichkeiten, sich im öffentlichen Raum bürgernah zu engagieren. So besteht z. B. seit 1993 eine Beteiligung an der landesweiten Armutswoche. Eine gemeinsame Teilnahme von wohnungslosen Frauen und Sozialarbeiterinnen der Einrichtung erfolgt außerdem an politischen Aktionen, wie der „Fahnen-Hiss-Aktion gegen Gewalt an Frauen“ und dem Tanzflashmob „One Billion Rising“. Auf Diözesan-Ebene trifft sich zweimal jährlich die „AG Frauen“, ein Forum, in dem Betroffene und Mitarbeiterinnen der Einrichtungen des AGJ-Fachverbands und der Caritas der Erzdiözese Freiburg frauenspezifische Themen, teils unterstützt durch externe Referentinnen, diskutieren, zum gegenseitigen Kennenlernen und zur Vorbereitung einer jährlichen Frauenfreizeit. Es bestehen gewachsene Beteiligungen am kirchlichen Gemeindeleben, andere Aktivitäten erfolgen punktuell, z. B. ein gestaltetes und medienwirksames Kunstprojekt in Zusammenarbeit mit der Hochschule Freiburg. Eine originelle Idee stellt der monatliche Fachaustausch dar: Sozialarbeitende stellen den Klienten anhand von Kurzpräsentationen und Vorträgen neues Wissen aus Fortbildungen vor und diskutieren miteinander die Inhalte (z. B. Kontrolliertes Trinken). Weiterhin ist dem St. Ursula-Heim wichtig, für eine Teilnahme Wohnungsloser auf Fachtagungen der großen Verbände (BAG-W, KAG-W) zu werben.

Das 11. Offenburger Berbertreffen im Jahr 2007 führte zu einer starken Auffrischung des Bestrebens, die Basis noch mehr partizipieren zu lassen. Ein zweitägiger Forschungsworkshop im St. Ursula-Heim, an der neben Basisvertretern und Profis der Sozialarbeit auch Sozialwissenschaftler teilnahmen, beschleunigte den „kollektiven Umsetzungsprozess von Grundprinzipien der Partizipation, die Übertragung auf das System der Wohnungslosenhilfe wie auf die Lebenslage von wohnungslosen bzw. ausgegrenzten Menschen" (Saurer, 2008, S. 63 f.).

Im Zentrum stand die Frage nach dem „How it works" – wie können Ideen von Partizipation und Empowerment in der Wohnungslosenhilfe mit welcher Wirkung umgesetzt werden. Die Forschungswerkstatt zeigte auf, dass demokratische Grundsätze im Obdachlosenbereich realisiert werden können, müssen und sinnvoll sind (vgl. Bergold & Thomas, 2010). Die Beteiligten konzeptualisierten aufgrund ihrer Erfahrungen wie die partizipatorische Haltung der Einrichtung ihre innere und äußere Handlungsfähigkeit stärkt. Ihrem Entschluss zur aktiven Beteiligung waren u. a. Erfahrungen wie die sichere Umgebung des St. Ursula-Heims, einhergehend mit Akzeptanz des augenblicklichen Zustandes, Solidarität, wertschätzende Anerkennung und die Beteiligungskultur der Einrichtung vorausgegangen. Das Erleben anderer Werte als die des Straßenlebens böte „eine konkrete Vision eines anderen Lebens" (ebd. S. 55). Vor allem sich als handelnde Subjekte in der Gesellschaft zu erleben und damit selbstwirksam zu sein, ermutigte die Betroffenen.

Bei aller positiver Wirkung wurde nicht unterschlagen, dass auch schwer handhabbare Aspekte mit dem hohen Anspruch an Partizipation innerhalb einer hierarchisch gegliederten Institution auftreten. Ein ständiges Aushandeln von Entscheidungen und eine planmäßige Einbeziehung von Betroffenen in feste Abläufe kann zu Überforderung auf allen Seiten führen. Ein Spannungsfeld besteht dadurch, dass eine Institution nicht vollständig basisdemokratisch geführt werden kann, da ein Machtgefälle Bestandteil der Strukturen ist. Weiterhin stellte die Forschungsgruppe die Nachhaltigkeit des Konzeptes in Frage, sowohl innerhalb des St. Ursula-Heimes beim Eintritt neuer Leitungskräfte und Mitarbeitenden als auch in seiner Übertragbarkeit auf andere Wohnungslosenhilfeeinrichtungen.

Denn: Partizipation steht und fällt mit den Menschen, die darin leben und arbeiten. Und sie entwickelt sich sukzessive innerhalb der Organisationskultur.

Zehn Jahre später (2020) trägt ein Leitungstrio die Verantwortung für die pädagogische Arbeit im St. Ursula-Heim, Julia Karlhuber ist eine von ihnen und teilt mir ihre Erfahrungen zur Umsetzung von Partizipation mit. Karlhuber bestätigt die starke Ausprägung der partizipatorischen Haltung innerhalb der AGJ durch die stetige Beteiligung Betroffener an Entscheidungsprozessen. Die Beteiligungsarbeit beruht mittlerweile auf einem 2015 gemeinsam ausdiskutierten Eckpunktepapier mit handlungsleitenden Rahmenbedingungen. Dies geschieht im strukturellen Instrument „Forum Beteiligung" als Netzwerk der AGJ-Häuser genauso wie im Alltag der Einrichtung. Sicherlich gibt es Aspekte, die nicht diskutierbar sind, doch die von Betroffenen als dringlich erlebte Themen werden stets debattiert. Einmal monatlich erfolgen Hausversammlungen, moderiert vom Einrichtungsleiter. Bewohner können zu Wort kommen und haben Mitspracherechte. Themen sind beispielsweise der Brandschutz, die Hausverpflegung oder der Umgang mit Alkohol in der Einrichtung. Diese offene Form der Kommunikation wird weitaus mehr in Anspruch genommen als der aufgestellte Beschwerdekasten. Karlhuber betont die Priorität von Ruhe und Schutz nach unmittelbarer Ankunft in die Einrichtung. Beteiligung hat noch keine Dringlichkeit, solange existenzsichernde Bedürfnisse nicht gedeckt sind. Außerdem kann und möchte sich nicht jede Person gleich stark einbringen. Karlhuber motiviert zur Teilhabe durch Beziehungsarbeit, durch eine respektvolle und wertschätzende Haltung, die signalisiert, dass sie Betroffene als Experten ihres eigenen Lebens wahrnimmt. Vor allem die Beteiligung bei Aktionen im öffentlichen Raum erfordert häufig eine gemeinsame Durchführung auf Grundlage der gewachsenen Beziehung. Ein Sich-selbst-überlassen kann Klienten schnell überlasten und zu Rückzug führen. Außerdem zeigt Karlhuber ein mögliches Spannungsfeld zwischen der Förderung von Teilhabe und dem Drängen in eine Überforderungssituation auf. Der größtmögliche Fehler sei die Erzeugung eines Gefühls von Herabsetzung durch inhaltliche Überforderung. Sofern Betroffene aufgrund ihrer Ausgrenzung dazu eingeladen werden, wieder am gesellschaftlichen Leben zu partizipieren und sich durch genau dieses Geschehen erneut ausgegrenzt fühlen, erzeuge dies ein Empfinden von Erniedrigung. Sozialarbeit muss somit sensibel für den Umgang mit Sprache sein und auf verständliche Inhalte achten (Verzicht auf Fachvokabular, unbekannte Abkürzungen, umfangreiches Vorwissen etc.). Erfolgreiche Partizipation bedeutet für Frau Karlhuber beharrliche Motivationsarbeit sowie eine ausdauernde Pflege der Beziehungen im Gemeinwesen. Sie betont, dass Partizipation Zeit und Kraft kostet und es eine herausfordernde Aufgabe ist, von Wohnungslosigkeit Betroffene in Angebote des Gemeinwesens zu integrieren. Die Wahl der Aktivitäten ist durch die verfügbaren Personen entsprechend ihrer Interessen und Neigungen geprägt. Als Mitarbeitende kann man nur das mit Leben füllen, wozu man selbst begeistert ist.

Robert Limmer ließ sich damals begeistern und fungierte schon oft als Initiator für Partizipation im St. Ursula-Heim. Er ist Netzwerker und motiviert andere Betroffene, sich einzubringen und Verantwortung zu übernehmen, anstatt sich über Dinge zu beklagen. Auf der anderen Seite kann er auch nachvollziehen, dass Menschen, die vom Leben massiv enttäuscht und somit „psychisch blockiert“ sind, ihre passive Rolle nicht verlassen können. Partizipation kann nicht anders als freiwillig geschehen, darin sind sich Limmer und Karlhuber einig.

14. Betroffenen-Projekte

14.1 Die Selbstvertretung Wohnungsloser

„Alles verändert sich, wenn wir es verändern! Armut, Wohnungsnot, Ausgrenzung und Einsamkeit sind keine Naturgesetze.“

Tag Eins nach dem 5. Wohnungslosentreffen der Selbstvertretung: Ich treffe den Projektkoordinator Dr. Stefan Schneider sowie zwei Mitglieder der Selbstvertretung, Jürgen Schneider und Dirk Dymarski am Haus Wegwende in Freistatt. Eine arbeitsreiche Woche liegt hinter ihnen. Bedingt durch die Corona-Pandemie haben sie erstmalig ein fünftägiges Online-Treffen initiiert und insgesamt 25 Programmpunkte durchgeführt. Ein „Hammerprogramm“, wie Dr. Schneider anerkennend feststellt, welches Wohnungslose aus ganz Deutschland und über die Grenzen hinaus zusammengeführt hat und durch welches das Netzwerk wieder ein Stück mehr gefestigt wurde. Die drei Männer resümieren, was sich in der Woche ereignet hatte und geben mir Einblick in ihr Verständnis der Selbstvertretung. Mir fällt auf, dass sie ein geübtes Team in der gemeinsamen Kommunikation sind. Jeder kann in Ruhe ausreden, es herrscht eine entspannte Offenheit, eine wahrnehmbare Hierarchielosigkeit. Dr. Schneider hebt sich nicht ab, sondern ist Teil der Gruppe. Er erklärt mir, worin seine Funktion als Projektkoordinator besteht und wie er Hilfe zur Selbsthilfe leistet. Sein ganzheitliches Arbeitsverständnis baut auf das Konzept der Handlungsfähigkeit nach Klaus Holzkamp, das neben der Behebung oder Linderung der unmittelbaren Notlage eine Veränderung der gesellschaftlichen Verhältnisse, die das Problem der Wohnungslosigkeit hervorbringen, vorsieht. Und zwar geschieht dies durch den Zusammenschluss Betroffener, durch eine gleichberechtigte Zusammenarbeit bei Anerkennung der Unterschiede. Das ist Ziel des Wohnungslosentreffens, ein Netzwerk zu bauen und sich inhaltlich für die Beseitigung der Notlagen schaffenden Bedingtheiten aufzustellen.

Dr. Schneider beschreibt den Grundgedanken für die Gründung der Selbstvertretung Wohnungsloser wie folgt:

> „Wohnungslose werden oftmals zu Empfängern von Almosen degradiert. Die Wohnungslosenhilfe betätigt sich oftmals als Lobby, die für die Wohnungslosen spricht. (…) Wohnungslose und ehemals wohnungslose Menschen können sich sehr viel authentischer und glaubwürdiger für eigene Interessen und Belange einsetzen, wohnungslose Menschen haben nicht nur Probleme und Defizite, sondern auch Kompetenzen und Stärken und wollen und können ihre Lobbyarbeit selbst organisieren.“ (Schneider, 2016)

Dr. Schneider ist Assistent, wie er sagt. Er nimmt wohnungslose Menschen als (kollektive) Akteure wahr, fördert ihre Stärken und kompensiert assistierend ihre Schwächen. Das Maß der erforderlichen Assistenz beschreibt er als permanenten Aushandlungsprozess. Er will so viel wie nötig und gleichzeitig so wenig wie möglich Hilfestellung geben und durch seine Zurückhaltung den Rahmen für einen unbefangenen Austausch geben. Die Kunst bestehe in der gleichzeitigen Wahrnehmung des akuten Bedarfes bei Beibehaltung des Projektziels.

Methodisch nutzt er in Gruppentreffen „Thinking Circle“, das beharrliche gemeinsame Nachdenken im Hierarchie vermeidenden Stuhlkreis, in dem jeder seinen Platz finden und seine Fähigkeiten einbringen kann. Auch Menschen mit herausfordernden Verhaltensweisen können lernen, sich in die Gruppe einzufügen – ausgeschlossen wird niemand. Problematische Seiten der Gruppenarbeit (z. B. Konflikte, Streit, Missgunst oder Machtspiele) müssen bearbeitet werden. Dazu hat die Selbstvertretung eigene „goldene Regeln“ zur Zusammenarbeit aufgestellt und auch das Thema Deeskalation auf ihre Agenda gesetzt. Handlungsfähig machen außerdem das Training von im Außen sichtbaren Aktionen und der mutigen Kommunikation von Inhalten. Auf Personen mit Rang und Namen zuzugehen sowie zu zeigen „Wir haben etwas zu sagen“, führt zur Ermächtigung über die individuell wichtigen Lebensbedingungen.

Jürgen Schneider, der sich als langjährig wohnungsloser Mensch u. a. durch sein Engagement im Armutsnetzwerk einen Namen gemacht hat, spricht die Bedeutung von Instrumentalisierung Betroffener durch Fachleute an. Er selbst habe durchschaut, wann er für politische Zwecke benutzt worden sei, wofür er heute nicht mehr zur Verfügung stehe.

Dirk Dymarski, seit 20 Jahren von Wohnungslosigkeit betroffen und aktuell Mitarbeiter im Rahmen einer Arbeitsgelegenheit in der Koordinierungsstelle, findet es wichtig, sich für die Belange Wohnungsloser einzusetzen und ihnen eine öffentliche Stimme zu geben. Im Laufe der Jahre habe er gelernt, auf Personen mit politischer Relevanz zuzugehen und ihnen auf Augenhöhe zu begegnen. Dies habe sein Selbstbewusstsein enorm gesteigert, er habe gelernt, öffentlich zu sprechen und Kontakte aufzubauen. Sein Wunsch für die Selbstvertretung ist: „Wenn wir es schaffen, eine Veränderung im Grundgesetz zu erwirken: Das Recht auf Wohnen.“

Stefan Schneider entwickelte im Jahr 2015 gemeinsam mit Frank Kruse (Bethel im Norden, Fachbereich Wohnungslosenhilfe Freistatt), Peter Szynka (Diakonisches Werk Niedersachsen) und Jürgen Schneider (Armutsnetzwerk e.V.) das Konzept zum Projekt *„Förderung von Teilhabe und Selbstorganisa-*

tion wohnungsloser Menschen in Niedersachsen (Empowerment, Community Organizing, Sommercamps, Verstetigung)".

Im Sommer 2016 fand als Auftaktveranstaltung das einwöchige „Sommercamp" in Freistatt mit 77 Teilnehmenden statt. Der gewählte Titel sollte das Interesse der Adressatinnen und Adressaten wecken und einen niedrigschwelligen Zugang für das Teilhabe- und Selbstvertretungsprojekt schaffen. Die Eindrücke des ersten Treffens wurden am Ende von einer Kleingruppe in einer gemeinsamen Abschlusserklärung zusammengefasst. Im Anschluss an die Veranstaltung zeigten sich 25 Betroffene an einer Weiterarbeit interessiert.

Unterdessen trägt die jährliche Vollversammlung der Selbstvertretung Wohnungsloser den Titel „Wohnungslosentreffen". Die Themenpalette der jährlichen Treffen ist breit gefächert. Der Schwerpunkt liegt auf inhaltlichen Aspekten, die in Form von Workshops und Kleingruppen erarbeitet werden. Ziel ist es ebenfalls, durch kulturelle und freizeitbezogene Angebote Gemeinschaft entstehen zu lassen (vgl. Schneider, 2016).

Ein Jahr später fanden sich am selben Ort 120 Betroffene zum Wohnungslosentreffen ein. Zehn *„goldene Prinzipien"* wurden als Verhaltensregeln für die Jahrestreffen vereinbart, die fortan für alle Teilnehmenden, Mitwirkende und das Organisationsteam gelten:

1. In Brüderlichkeit/Schwesterlichkeit sich begegnen – friedlich und ohne Gewalt.
2. Immer offen, rauschfrei und ehrlich – ein Nein ist auch ehrlich.
3. Sehe die Anderen und ihre Ideen – gebe ihnen Raum, Toleranz und Respekt.
4. Bring dich ein. Soweit es geht.
5. Mache selbst! Lass die machen, die machen wollen.
6. Mut zur Lücke – es kann auch mal schief gehen.
7. Hilfe ist freiwillig. Annehmen auch. Jeder kann es!
8. Zeige deine Haltung & lass den Anderen ihre.
9. Gier ist keine Zier! Nehme deine eigenen Bedürfnisse sowie die der Anderen wahr.
10. Leben & leben lassen – Spaß und Spaß haben lassen.

Im Jahr 2018 kamen erneut ca. 120 wohnungslose Menschen in Freistatt zusammen. Sie erklärten am Ende des Treffens u. a.: *„Gemeinsam wollen wir die Mechanismen der Ausgrenzung, Entmündigung und Selbstentmündigung überwinden."*

Im Anschluss an das Wohnungslosentreffen 2018 verabschiedete die inzwischen gegründete Selbstvertretung ein Papier für den Beginn zur Arbeit an einem politischen Programm. Fünf zentrale Themen wurden darin aufgegriffen:

1. Forderungen für Soforthilfe (Regelsatzerhöhung für Wohnungslose aufgrund höherer Lebenshaltungskosten)
2. Hilfe zur Selbsthilfe (Forderung nach finanzieller Unterstützung, um Selbsthilfe betreiben zu können)
3. Medizinische Versorgung (gleichberechtigte Krankenversorgung mit nicht Wohnungslosen)
4. Konfliktlösungen (Absichtserklärung zur konstruktiven Konfliktbewältigung)
5. Recht auf Wohnen und Wohnungsbau (Forderung nach neuer Wohnungspolitik und nach Einbeziehung Wohnungsloser)
6. Weitere Forderungen, u. a. nach einer ausreichenden Finanzierung für (den Aufbau) einer Selbstvertretung über den Projektzeitraum hinaus

(http://www.wohnungslosentreffen.de/images/pdf/20180727_Fuenf_Punkte_Programm_Selbstvertretung.pdf)

Für die Ausrichtung des Wohnungslosentreffens 2019 bot sich die Einrichtung Herzogsägmühle anlässlich ihres 125jährigen Bestehens als Gastgeber an und beherbergte rund 100 Teilnehmende. In der Abschlusserklärung vereinbarte die Selbstvertretung unter anderem den Aufbau von Regionalgruppen sowie eine Vernetzung unter Bewohnervertretungen. Außerdem plädierte sie für ihre Beteiligung an der jährlichen Wohnungslosenberichterstattung. Es wurden Forderungen für bezahlbaren Wohnraum für alle, für die Verbesserung der Gesundheitsfürsorge Wohnungsloser und dem Ausbau der digitalen Teilhabe formuliert.

Im Oktober 2019 wurde der Verein „Selbstvertretung wohnungsloser Menschen e.V. mit Sitz der Koordinierungsstelle in Freistatt gegründet. Mitglieder dieses Vereins sind nur Menschen, die wohnungslos, von Wohnungslosigkeit bedroht oder wohnungslos gewesen sind. Bestandteil des Vereins sind die Regionalgruppen Nord (Berlin), Mitte (Mainz) und Süd (Herzogsägmühle), geleitet von gewählten Koordinatoren. Die Projektfinanzierung wurde zunächst für weitere drei Jahre verlängert.

Im Februar 2020 trat die Vereinssatzung und im Juli 2020 die Geschäftsordnung des Vorstandes der „Selbstvertretung wohnungsloser Menschen e.V." in Kraft.

Bedingt durch die Corona-Pandemie fand das Wohnungslosentreffen 2020 in digitaler Form über die Plattform Zoom statt.

Vier Jahre nach den Anfängen der Selbstvertretung zählt der Verein heute 51 Mitglieder.

Leitbild und Grundsätze

„1. Die Selbstvertretung Vereinter Wohnungsloser ist eine Plattform wohnungsloser und ehemals wohnungsloser Menschen, die sich auf den Weg gemacht haben. Sie engagiert sich für eine bessere Welt, die Überwindung von Armut, Ausgrenzung, Missbrauch, Entrechtung und Wohnungslosigkeit sowie für die Verbesserung konkreter Lebenssituationen. Sie hat sich das Motto gegeben: „Alles verändert sich, wenn wir es verändern!"

2. Die Selbstvertretung Vereinter Wohnungsloser ist unterschiedlich und vielfältig. Sie besteht aus Gruppen, Vereinen, Einzelpersonen, Projekte, Initiativen, Unterstützende und Gleichgesinnte und will diese miteinander vernetzen. Sie arbeitet auf der Basis selbstbestimmter Regeln zusammen.

3. Die Selbstvertretung Vereinter Wohnungsloser folgt der Überzeugung: Armut kennt keine Grenzen! Die Selbstvertretung ist offen für junge und alte Menschen, für alle Geschlechter, für Menschen mit und ohne Behinderung, für Menschen jedweder Herkunft.

4. Die Selbstvertretung Vereinter Wohnungsloser besteht aus

- der Vollversammlung, die nach Möglichkeit jährlich stattfinden soll,
- den Koordinierungstreffen und
- der Geschäftsstelle."

(http://www.wohnungslosentreffen.de/blog/93-struktur.html)

14.2 Ein Erfolgsprojekt – Der Osnabrücker „abseits"-Straßenchor

Diplom Pädagoge Thomas Kater gründete 1995 die Osnabrücker Straßenzeitung „abseits", die in der niedersächsischen Großstadt längst zum Stadtbild gehört. Ihr Redaktionssitz ist an die Tageswohnung für Wohnungslose angegliedert. 16 Jahre später, im Jahr 2011, hob er aus den bestehenden Strukturen ein weiteres Projekt hervor: den abseits-Chor, dessen Idee auf den Berliner Straßenchor zurückführt. Zur Teilnahme eingeladen waren wohnungslose Menschen als Gäste der Tageswohnung, ehemalige Wohnungslose, die über die hausinterne Fachberatungsstelle das Angebot nutzen sowie ehrenamtliche Mitarbeitende der Tageswohnung und der Straßenzeitung abseits. Von der ersten Probe an leitete nunmehr ein ausgebildeter Chorleiter einmal wöchentlich das über Spendeneinnahmen finanzierte Projekt. Der Chor etablierte sich und eignete sich ein auftrittsreifes Repertoire an. Schon bald kam es zu öffentlichen Darbietungen bei Festen, Feiern und anderen Anlässen, mittlerweile sind es ca. 20 Auftritte pro Jahr. Die zunehmende Bekanntheit sorgte für Spenden, u. a. von anderen Chören, Bildungsträgern und Kirchengemeinden, was die regionale Anerkennung deutlich macht. Im Jahr 2016 konnte der abseits-Chor, der mittlerweile ca. 20 feste Teilnehmerinnen und Teilnehmer zählt, eine Fahrt zum Deutschen Chor-Fest in Stuttgart organisieren und kam dort mit zehntausenden anderen Sängerinnen und Sängern zusammen. Kurz darauf spielte er eine eigene CD in einem professionellen Tonstudio ein. Im darauffolgenden Jahr war der Chor reif für einen eigenen Konzertabend am Osnabrücker Dom unter dem Motto „Bunt gemischt, sozial engagiert, selbst komponiert und gecovert". Teilweise werden selbstgeschriebene Songs dargeboten, die von schwierigen Lebenssituationen handeln, die ermutigen und Hoffnung stiften. Im weiteren Verlauf kam es zu Kooperationen mit anderen Chören. Mit einer 8. Schulklasse wurde das selbstgeschriebene und komponierte Musical „Leben auf der Straße" einstudiert und aufgeführt und in einem Videoprojekt entstand die Kampagne „Aufsteh'n, aufeinander zugeh'n".

Das professionelle Musikvideo des abseits-Chores vermittelt die Botschaft eines offenen Umgangs mit dem Thema Obdachlosigkeit und wurde 2018 dem Publikum eines Bundesligaspiels im Osnabrücker VFL-Stadion gezeigt. Ebenfalls über Spenden finanziert konnte der Chor im Jahr 2019 in einer mehrtägigen Reise sein Vorbild in Berlin besuchen, gemeinsam mit dem Straßenchor der Hauptstadt singen und darüber hinaus Berlin als Touristen erkunden, so wie es Nicht-Wohnungslose auch tun. Der „abseits-Chor" ist aus meiner Sicht deshalb ein Erfolgs-Projekt, weil er sich stetig weiterentwickelt und sich mutig immer neue Herausforderungen erschließt. Er schafft Partizipation auf verschiedensten Ebenen: Menschen aus dem sozialen Abseits finden ihre Stimme und ihren Ausdruck in Liedtexten, in denen sich ihre Lebenssituationen widerspiegeln. Das Projekt leistet wirksame Öffentlichkeitsarbeit und sensibilisiert für soziale Problemlagen. Mehr noch, denn viele Liedtexte liefern Zuhörenden sogar Ideen für einen konstruktiven Umgang mit der Lebenslage Wohnungslosigkeit. Gleichzeitig zeigen die Chor-Mitglieder, dass sie Teil der Gesellschaft sind und durch das Medium des Chores wieder in die Gemeinschaft zurückfinden. Singen beseelt, stärkt das Selbstvertrauen und bereitet Freude, es motiviert, etwas an der eigenen Lebenssituation zu verändern, es stiftet Gemeinschaft und ermöglicht sozial Ausgegrenzten einen Zugang zur kulturellen und gesellschaftlichen Teilhabe. Applaus!

Danke

… für den fachlichen Dialog, Eure Anregungen und Impulse: Dr. Daniel Niebauer, Christoph Straub, Andre Schulze, Ulla Neubacher, Julia Karlhuber, Robert Limmer, Alexander Schuchmann, Christian Jäger, Dr. Stefan Schneider, Jürgen Schneider, Dirk Dymarski, Jörg Plewa.

… für Euer geduldiges Mitlesen, Feedback geben und Mut machen: meinen Kolleginnen und Kollegen, Freundinnen, Freunden und meiner Familie.

… für Deine schönen Illustrationen meiner „offenen Handreichung“ und der „Erfolgsleiter“: Almuth Rusteberg.

Literaturverzeichnis

Antonovsky, Aaron (1997): Salutogenese. Zur Entmystifizierung der Gesundheit. Dgvt-Verlag, München.

Arkowitz, Hal; Westra, Henny A.; Miller, William R.; Rollnick, Stephen (2010): Motivierende Gesprächsführung bei der Behandlung psychischer Störungen. Beltz, Weinheim, Basel.

Arnstein, Sherry R. (1969): A ladder of citizen partizipation. In: Journal of the American Institute of Planners 4/1969, S. 216–224. https://www.historyofsocialwork.org/1969_ENG_Ladderofparticipation/1969,%20Arnstein,%20ladder%20of%20participation,%20original%20text%20OCR%20C.pdf (Stand: 21.01.2021)

Ayaß, Wolfgang (2013): Vagabunden, Wanderer, Obdachlose und Nichtsesshafte. Eine kleine Begriffsgeschichte der Hilfe für Wohnungslose. In: Archiv für Wissenschaft und Praxis der sozialen Arbeit 43/13, Heft 1, S. 90–102.

Bäuml, Josef; Behrendt, Bernd; Henningsen, Peter; Pitschel-Walz, Gabriele (2016): Handbuch der Psychoedukation für Psychiatrie, Psychotherapie und Psychosomatische Medizin. Schattauer, Stuttgart.

Bäuml, Josef; Brönner, Monika; Baur, Barbara; Pitschel-Walz, Gabriele; Jahn, Thomas (2017): Die SEEWOLF-Studie. Seelische Erkrankungsrate in den Einrichtungen der Wohnungslosenhilfe im Großraum München. Lambertus, Freiburg im Breisgau.

Ballweg, Thomas; Schuchmann, Alexander (2007): „Ist nun alles anders? Auswirkungen des Projekts auf Organisation und Akteure." In: Zieloffene Suchtarbeit mit Wohnungslosen. BKK Bundesverband (Hrsg.). Verlag für neue Wissenschaft GmbH, Bremerhaven, S. 205–228.

Bengel, Jürgen; Strittmatter, Regine; Willmann, Hildegard (2001): Was erhält Menschen gesund? Antonovskys Modell der Salutogenese – Diskussionsstand und Stellenwert. Bundeszentrale für gesundheitliche Aufklärung (Hrsg.). Forschung und Praxis der Gesundheitsförderung, Band 6, Köln.

Bergold, Jarg; Thomas, Stefan (2010): Gemeinsam forschen – Partizipative Forschung im St. Ursulaheim in Offenburg. In: wohnungslos 02/10, Bundesarbeitsgemeinschaft Wohnungslosenhilfe, Bielefeld, S. 52–57.

BKK Bundesverband (Hrsg.) (2007): Zieloffene Suchtarbeit mit Wohnungslosen. Verlag für neue Wissenschaft GmbH, Bremerhaven.

Breitling, Cristina; Knodel, Heinrich; Zimmer, Inge (2018): Wie können neue Schritte gelingen? Chancen und Mühen der Veränderung in der Beratung wohnungsloser Menschen. In: wohnungslos 03/18, Bundesarbeitsgemeinschaft Wohnungslosenhilfe (Hrsg.), Berlin, S. 91–94.

Bundesarbeitsgemeinschaft Wohnungslosenhilfe e.V. (BAG-W) (2006): Position. Psychische Erkrankungen bei wohnungslosen Frauen und Männern. Darstellung der Problemlagen und Handlungsbedarfe. Neuauflage 2017, Berlin.

Bundesarbeitsgemeinschaft Wohnungslosenhilfe e.V. (BAG-W) (2011): Position. Empfehlung zur rechtlichen Gestaltung der Zusammenarbeit frei-gemeinnütziger und öffentlicher Träger bei der Prävention von Wohnungsverlusten. Organisation und Rechtsanwendung, Bielefeld.

Bundesarbeitsgemeinschaft Wohnungslosenhilfe e.V. (BAG-W) (2013): Position. Integriertes Notversorgungskonzept: Ordnungsrechtliche Unterbringung und Notversorgung-Definitionen und Mindeststandards. Eine Empfehlung der BAG Wohnungslosenhilfe e.V., Bielefeld.

Bundesarbeitsgemeinschaft Wohnungslosenhilfe e.V. (BAG-W) (2015): Position. Mehr Partizipation wagen. Förderung und Unterstützung von Partizipation in der Wohnungslosigkeit. Berlin.

Bundesarbeitsgemeinschaft Wohnungslosenhilfe e.V. (BAG-W) (2018 a): Gesundheit ist ein Menschenrecht. Empfehlung der BAG Wohnungslosenhilfe zur Sicherstellung der medizinischen Versorgung von Menschen in einer Wohnungsnotfallsituation. BAG Wohnungslosenhilfe e.V., Berlin.

Bundesarbeitsgemeinschaft Wohnungslosenhilfe e.V. (BAG-W) (2018 b): Rechtsverwirklichung der Hilfen nach §§ 67–69 SGB XII. Grundsatzpositionen der BAG Wohnungslosenhilfe e.V., Berlin.

Bundesarbeitsgemeinschaft Wohnungslosenhilfe e.V. (BAG-W) (2019 a): Grundsätzliche Positionsbestimmung stationärer Hilfen im Wohnungsnotfall. Empfehlung der BAG Wohnungslosenhilfe, Berlin.

Bundesarbeitsgemeinschaft Wohnungslosenhilfe e.V. (BAG-W) (2019 b): Tiny Homes als Substandard-Lösung für Wohnungsnot und Wohnungslosigkeit? Eine Position der BAG Wohnungslosenhilfe, Berlin.

Bundesarbeitsgemeinschaft Wohnungslosenhilfe e.V. (BAG-W) (2020): Zugangssteuerung im Spannungsfeld von Leistungserbringern, Leistungsträgern und Leistungsberechtigten. Empfehlungen der BAG Wohnungslosenhilfe zur Sicherstellung bedarfsgerechter Hilfe gem. §§ 67 ff. SGB XII, Berlin.

Busch-Geertsema, Volker (2017): Housing First – innovativer Ansatz, gängige Praxis oder schöne Illusion? In: wohnungslos 2–3/17, Bundesarbeitsgemeinschaft Wohnungslosenhilfe (Hrsg.), Berlin, S. 75–80.

Busch-Geertsema, Volker (2018): Wohnungslosigkeit in Deutschland aus europäischer Perspektive. https://www.bpb.de/apuz/270882/wohnungslosigkeit-in-deutschland-aus-europaeischer-perspektive (Lizenz: CC BY-NC-ND 3.0 DE) (Stand: 21.01.2021)

Busch-Geertsema, Volker (2019): Housing first. Paradigmenwechsel für die Praxis, alter Wein in neuen Schläuchen oder schöne Idee, aber leider nicht umsetzbar? In: Reichenbach, Marie-Therese (Hrsg.): Teilhabe exklusiv? Soziale Arbeit im Bereich diakonischer Wohnungsnotfallhilfe und Straffälligenhilfe. Lambertus, Freiburg im Breisgau, S. 133–156.

DBSH (Deutscher Berufsverband für Soziale Arbeit e.V.) (2016): https://www.dbsh.de/media/dbsh-www/redaktionell/bilder/Profession/20161114_Dt_Def_Sozialer_Arbeit_FBTS_DBSH_01.pdf. (Stand 21.01.2021)

Deters, Heidrun (2008): Hilfen bei der Suche nach einem sinnerfüllten Leben. Einsatzmöglichkeiten der Logotherapie und Existenzanalyse nach Viktor Frankl in der Wohnungslosenhilfe. In: wohnungslos 02/08, Bundesarbeitsgemeinschaft Wohnungslosenhilfe (Hrsg.), Bielefeld, S. 55–59.

Deters, Heidrun (2012): Auf Augenhöhe Veränderungsprozesse initiieren. Motivierende Gesprächsführung als Haltung und Methode. In: wohnungslos 01/2012, Bundesarbeitsgemeinschaft Wohnungslosenhilfe (Hrsg.), Berlin, S. 14–18.

Deutscher Verein für öffentliche und private Fürsorge e.V. (Hrsg.) (2015): Empfehlungen/Stellungnahme vom 15. Dezember 2015, Leistungsberechtigte in besonderen sozialen Schwierigkeiten bedarfsdeckend unterstützen. Berlin.

Deutscher Verein für öffentliche und private Fürsorge e.V. (Hrsg.) (2019): Empfehlungen zum Verständnis und zur Ausgestaltung der Mitwirkung in der Hilfe nach §§ 67 ff. SGB XII. Berlin.

Drinkmann, Arno (2007): Praxisforschung im Bereich „Wohnungslosigkeit und Alkohol" – spezifische Herausforderungen und Lösungsansätze zum Forschungsdesign. In: Zieloffene Suchtarbeit mit Wohnungslosen. BBK Bundesverband (Hrsg.). Verlag für neue Wissenschaft GmbH, Bremerhaven. S. 75–98.

Endrejat, Paul C.; Kauffeld, Simone (2020): Learning motivational interviewing: prospects to preserve practitioners' well-being. In: International Journal of Workplace Health Management. https://www.emerald.com/insight/content/doi/10.1108/IJWHM-03-2020-0041/full/html (Stand: 12.01.2021)

Engels, Dietrich (2008): „Lebenslagen" in: Maelicke, Bernd (Hrsg.), Lexikon der Sozialwirtschaft. Nomos-Verlag, Baden-Baden, S. 643–646.

Faller, Gudrun (2020): Gesundheit. In: Wendt, Peter-Ulrich (Hrsg.), Soziale Arbeit in Schlüsselbegriffen. Beltz Juventa, Weinheim und Basel.

Faltermaier, Toni; Wihofszky, Petra (2012): Partizipation in der Gesundheitsförderung: Salutogenese – Subjekt – Lebenswelt. In: Hartung, Susanne; Rosenbrock, Rolf (Hrsg.): Handbuch Partizipation und Gesundheit. Verlag Huber, Hogrefe, Bern.

FEANTSA, ETHOS – European Typology on Homelessness and Housing Exclusion, 1.4.2005, http://www.feantsa.org/en/toolkit/2005/04/01/ethos-typology-on-homelessness-and-housing-exclusion (Stand:12.01.2021).

Frankl, Viktor Emil (1977): „... trotzdem Ja zum Leben sagen." Ein Psychologe erlebt das Konzentrationslager. Deutscher Taschenbuch Verlag, 14. Auflage, München.

Frankl, Viktor Emil (1984): Der leidende Mensch. Anthroposophische Grundlagen der Psychotherapie. Verlag Hans Huber, Bern, Stuttgart, Toronto.

Gehring, Ulrich; Straub, Christoph (2018): Motivierende Gesprächsführung in der suchtmedizinischen Grundversorgung. In: Bastigkeit, Matthias (Hrsg.): Suchtmedizinische Grundversorgung. Thieme Verlag, Stuttgart.

Gehrmann, Gerd; Müller, Klaus D. (2016): Aktivierende Sozialarbeit mit nicht-motivierten Klienten. 4. Auflage. Walhalla Fachverlag, Regensburg.

Gerull, Susanne (2013): Hausbesuche in der sozialen Arbeit: Traditioneller Ansatz – zu wenig reflektiert. Widersprüche. In: Zeitschrift für sozialistische Politik im Bildungs-, Gesundheits- und Sozialbereich, 33 (127), S. 51–62.

Gerull, Susanne (2018 a): Erste systematische Untersuchung der Lebenslagen wohnungsloser Menschen. https://www.ebet-ev.de/nachrichten-leser/erste-systematische-untersuchung-der-lebenslagen-wohnungsloser-menschen.html?file=files/EBET/Nachrichten/2018/ASH+EBET_Lebenslagenuntersuchung_2018.pdf (Stand: 12.01.2021).

Gerull, Susanne (2018 b): „Spaghetti oder Reis?" Partizipation in der Wohnungslosenhilfe. Alice Salomon Hochschule. Schibri Verlag, Straßburg.

Gerull, Susanne (2019): Da ist noch Luft nach oben: Partizipation in der Wohnungslosenhilfe. In: „... ohne Wohnung ist alles nichts!" Materialien zur Wohnungslosenhilfe, Heft 66. Jordan, Rolf (Hrsg.). BAG-W-Verlag, Berlin, S. 233–245.

Geuder, H. Christoph (2015): Nähe und Distanz in der professionellen Beziehung zu Klienten in der Wohnungslosenhilfe. Studienarbeit. Grin Verlag, Norderstedt.

Gillich, Stefan; Nieslony, Frank (2000): Armut und Wohnungslosigkeit. Grundlagen, Zusammenhänge und Erscheinungsformen. Fortis Verlag, Köln.

Grawe, Klaus (2000): Psychologische Therapie. Hogrefe Verlag, Göttingen.

Gumpinger, Marianne (2016): Aktivierende Sozialarbeit vs. Fürsorge? In: Gehrmann, Gerd; Müller, Klaus D. (Hrsg.): Aktivierende Soziale Arbeit mit nicht-motivierten Klienten. Walhalla, Regensburg, S. 25–40.

Hartung, Susanne (2012): Partizipation – wichtig für die individuelle Gesundheit? Auf der Suche nach Erklärungsmodellen. In: Rosenbrock, Rolf; Hartung, Susanne (Hrsg.): Handbuch Partizipation und Gesundheit. 2012. Verlag Huber, Hogrefe, Bern, S. 57–78.

Herriger, Norbert (1997): Empowerment in der Sozialen Arbeit. Eine Einführung. 4. Auflage. Kohlhammer Verlag, Stuttgart.

Holtmannspötter, Heinrich (2003). Entwicklung und Kontinuität in der Wohnungslosenhilfe. wohnungslos 2, Bundesarbeitsgemeinschaft Wohnungslosenhilfe (Hrsg.), Bielefeld, S. 86–89.

Heiner, Maja (2018): Kompetent handeln in der Sozialen Arbeit. 3. Auflage. Reinhardt Verlag, München.

Hiebinger, Irene (2016): Die sozialökologische Orientierung als Domäne Sozialer Arbeit. In: Gehrmann, Gerd; Müller, Klaus D. (Hrsg.): Aktivierende Soziale Arbeit mit nichtmotivierten Klienten. Walhalla, Regensburg, S. 41–90.

Hinte, Wolfgang; Lüttringhaus, Maria; Oelschlägel, Dieter (2001): Grundlagen und Standards der Gemeinwesenarbeit. Ein Reader zu Entwicklungslinien und Perspektiven. 3. Auflage 2011. Juventa Verlag, München und Weinheim

Institut Wohnen und Umwelt GmbH, GSF e.V. – Gesellschaft für Sozialwissenschaftliche Frauenforschung e.V., GISS – Gesellschaft für innovative Sozialforschung und Sozialplanung e.V., (2005): Gesamtbericht Forschungsverbund „Wohnungslosigkeit und Hilfen in Wohnungsnotfällen“, https://www.iwu.de/forschde/dateien/ FVGesamtbericht.pdf (Stand: 12.01.2021)

Jordan, Rolf (2019): Mehr Beteiligung in der Wohnungslosenhilfe. In: wohnungslos 04/19, Bundesarbeitsgemeinschaft Wohnungslosenhilfe (Hrsg.), Berlin, S. 130–133.

König, Dieter; Gering, Uli, Körkel, Joachim, Drinkmann, Arno (2007): Das Projekt WALK und die Ergebnisse der Begleitstudie. In: Zieloffene Suchtarbeit mit Wohnungslosen. BBK Bundesverband (Hrsg.). Verlag für neue Wissenschaft GmbH, Bremerhaven, S. 161–204.

Körkel, Joachim; Projektgruppe (2004): WALK-Handbuch. Ambulantes Einzelprogramm zum kontrollierten Trinken. GK Quest Akademie, Heidelberg.

Körkel, Joachim (2007 a): Alkoholkonsum und alkoholbezogene Probleme Wohnungsloser. In: Zieloffene Suchtarbeit mit Wohnungslosen. BBK Bundesverband (Hrsg.). Verlag für neue Wissenschaft GmbH, Bremerhaven, S. 21–53.

Körkel, Joachim (2007 b): Implementierung innovativer Ansätze in den Alltag einer Organisation-was ist nötig? In: BBK Bundesverband (Hrsg.): Zieloffene Suchtarbeit mit Wohnungslosen. Verlag für neue Wissenschaft GmbH, Bremerhaven. S. 99–118.

Körkel, Joachim (2014): Kontrolliertes Trinken. So reduzieren Sie ihren Alkoholkonsum. 2. Auflage. Trias Verlag, Stuttgart.

Körkel, Joachim; Nanz, Matthias (2016): Das Paradigma Zieloffener Suchtarbeit. In: Akzept e.V., Deutsche AIDS-Hilfe & JES-Bundesverband (Hrsg.). Pabst Science Publishers, Lengerich, S. 196–204.

Kritz, Jürgen (2001): Grundkonzepte der Psychotherapie. 5. Auflage. Beltz Verlag, Weinheim.

Kruse, Gunther; Körkel, Joachim; Schmalz, Ulla (2001): Alkoholabhängigkeit erkennen und behandeln. Psychiatrie-Verlag, 2. Auflage, Bonn.

Kurz, Wolfram; Sedlak, Franz (Hrsg.) (1995): Kompendium der Logotherapie und Existenzanalyse. Bewährte Grundlagen, neue Perspektiven. Verlag Lebenskunst, Tübingen.

Lippert, Johannes (2011): Dokumentation von Wirkung der Hilfe – Erwartungen des Leistungsträgers. In: wohnungslos, 03/11, Bundesarbeitsgemeinschaft Wohnungslosenhilfe (Hrsg.), Berlin, S. 94–101.

Ludwig, Marion (2018): Wohnungslos. Umgang mit Exklusion. Vandenhoeck & Ruprecht, Göttingen.

Lukas, Elisabeth (1998): Lehrbuch der Logotherapie. Profil Verlag GmbH, München.

Lüssi, Peter (2001): Systemische Sozialarbeit. Praktisches Lehrbuch der Sozialberatung: 6. Auflage. Haupt, Bern.

Lutz, Ronald; Simon, Titus (2007): Lehrbuch der Wohnungslosenhilfe. Eine Einführung in Praxis, Positionen und Perspektiven. Juventa Verlag, München und Weinheim.

Magistretti, Claudia (Hrsg.); Lindström, Bengt, Eriksson, Monica (2019): Salutogenese kennen und verstehen. Konzept, Stellenwert, Forschung und praktische Anwendung. Hogrefe Verlag, Bern.

Migge, Björn (2013): Schema-Coaching. Einführung und Praxis: Grundlagen, Methoden, Fallbeispiele. Beltz Verlag, Weinheim und Basel.

Migge, Björn (2016): Sinnorientiertes Coaching. Beltz Verlag, Weinheim und Basel.

Miller, William R., Rollnick, Stephen (2009): Motivierende Gesprächsführung. 3., unveränderte Auflage. Lambertus Verlag, Freiburg im Breisgau.

Miller, William R.; Rollnick, Stephen (2013): Motivierende Gesprächsführung, Motivational Interviewing: 3. Auflage des Standardwerks in Deutsch (2015). Lambertus Verlag, Freiburg im Breisgau.

Naar-King, Sylvie; Suarez, Mariann (Hrsg.) (2012): Motivierende Gesprächsführung mit Jugendlichen und jungen Erwachsenen. Beltz Verlag, Weinheim, Basel.

Neubacher, Ursula; Bartels, Rebecca; Lührs, Verena (2015): „Sucht zum Thema machen". Niedrigschwellige Suchtarbeit mit Wohnungslosen. In: wohnungslos 01/15, Bundesarbeitsgemeinschaft Wohnungslosenhilfe (Hrsg.), Berlin, S. 11–15.

Neupert, Paul (2018): Leben im Tiny House – ein geeignetes Instrument gegen Wohnungsnot? In: wohnungslos 01/18, Bundesarbeitsgemeinschaft Wohnungslosenhilfe (Hrsg.), Berlin, S. 14–19.

Neupert, Paul; Lotties, Sarah (2020): Statistikbericht 2018. Zur Lebenssituation von Menschen in den Einrichtungen und Diensten der Hilfen in Wohnungsnotfällen in Deutschland. Berichtsjahr 2018. BAG-W, Berlin.

Niebauer, Daniel (2015): Von „hard-to-reach" zu „how-to-reach": Erfolgreiche Partizipation wohnungsloser Menschen in Praxis und Forschung. Theorie und Praxis der Sozialen Arbeit. (TuP), 66(6), S. 412–421.

Niebauer, Daniel (2017 a): „hard-to-reach" – eine Frage der Perspektive. In: Partnerschaftlich Infodienst 3/17. Gesamtverband für Suchthilfe e.V. (GVS)-Fachverband der Diakonie in Deutschland (Hrsg.), Berlin.

Niebauer, Daniel (2017 b): *gesund.sein* – Ein Gruppenprogramm zur Förderung der seelischen Gesundheit wohnungsloser Männer. Implementierung, formative Evaluation und konzeptionelle Weiterentwicklung eines innovativen Gruppenprogramms der Wohnungslosenhilfe. Dissertation. Katholische Universität Eichstätt-Ingolstadt (verfügbar unter: https://opus4.kobv.de/opus4-ku-eichstaett/frontdoor/index/index/start/0/rows/10/sortfield/score/sortorder/desc/searchtype/simple/query/daniel+niebauer/docId/414) (Stand: 12.01.2021)

Niermeyer, Rainer; Seyffert, Manuel (2011): Motivation. Haufe, Freiburg im Breisgau.

Petzold, Theodor Dierk (2013 a): Salutogene Kommunikation und Selbstregulation. In: Klinische Verhaltensmedizin und Rehabilitation. Jg. 26, Heft 2-2013 (92), Pabst Science Publishers Verlag, Lengerich. S. 131–145.

Petzold, Theodor Dierk (2013 b): Gesundheit ist ansteckend. Praxisbuch Salutogenese. Irisana Verlag, München.

Polt, Wolfgang; Rimser, Markus (2006): Aufstellungen mit dem Systembrett. Interventionen für Coaching, Beratung und Therapie. Ökotopia Verlag, Münster.

GK Quest Akademie (2014): https://docplayer.org/23531220-Menschen-zu-veraenderungen-motivieren-mit-hilfe-des-motivational-interviewing-christoph-straub-gk-quest-akademie.html. (Stand: 12.02.2021)

Raddatz, Sonja (2009): Beratung ohne Ratschlag. Systemisches Coaching für Führungskräfte und BeraterInnen. Verlag Systemisches Management, Wien.

Reichenbach, Marie-Therese (Hrsg.) (2019): Teilhabe exklusiv? Soziale Arbeit im Bereich diakonischer Wohnungsnotfallhilfe und Straffälligenhilfe. Lambertus Verlag, Freiburg im Breisgau.

Reifferscheid, Gerd (2017): Bewertung der SEEWOLF-Studie für die Wohnungslosenhilfe. Ein vorläufiges Diskussionspapier. In: wohnungslos, 02–03/17, Bundesarbeitsgemeinschaft Wohnungslosenhilfe (Hrsg.), Berlin, S. 47–56.

Riemeyer, Jörg (2007): Die Logotherapie Viktor Frankls und ihre Weiterentwicklungen. Eine Einführung in die sinnorientierte Psychotherapie. Verlag Hans Huber, Bern.

Rogers, Carl (1957): Die klientenzentrierte Gesprächspsychotherapie. Client-Centered Therapy. 18. Auflage (2009). Fischer Verlag, Frankfurt am Main.

Rosengren, David B. (2015): Arbeitsbuch Motivierende Gesprächsführung. 2. Auflage. G. P. Probst, Lichtenau/Westf.

Ruder, Karl-Heinz; Bätge, Frank (2018): Obdachlosigkeit, Sozial- und ordnungsrechtliche Maßnahmen zu ihrer Vermeidung und Beseitigung, 2. Auflage. Carl Link Kommunalverlag, Kronach.

Saurer, Roland (2008): Partizipation als methodisches bzw. inhaltliches Ziel der Wohnungslosenhilfe. In: wohnungslos, 02/08, Bundesarbeitsgemeinschaft Wohnungslosenhilfe (Hrsg.), Bielefeld, S. 63–66.

Schilling, Johannes (2000): Anthropologie. Menschenbilder in der Sozialen Arbeit. Luchterhand Verlag, Neuwied, Kriftel.

Schlieper-Damrich, Ralph; Kipfelsberger, Petra, Netzwerk CoachPro (Hrsg.) (2011): Wertecoaching, Beruflich brisante Situationen sinnvoll meistern, 2. Auflage. managerSeminare, Bonn.

Schneider, Stefan (2016): Teilhabe und Selbstorganisation wohnungsloser Menschen/Wohnungslosentreffen – Zwischenbericht & Ausblick. Schriftliche Fassung des Impulses auf der Tagung des evangelischer Bundesfachverband Existenzsicherung und Teilhabe e.V. im September 2016 in Erfurt. https://www.drstefanschneider.de/publikationen/1476-teilhabe-erfurt.html, (Stand: 12.01.2021)

Schneider, Stefan (2017): Zwischen Platte und Plenum-auf dem Weg zu einer Selbstvertretung vereinter Wohnungsloser. In: wohnungslos 04/17, Bundesarbeitsgemeinschaft Wohnungslosenhilfe (Hrsg.), Berlin, S. 117–121.

Schlembach, Julia (2017): Ergebnisse einer qualitativen Untersuchung zu Partizipation in der Wohnungsnotfallhilfe aus Betroffenensicht. In: wohnungslos 04/17, Bundesarbeitsgemeinschaft Wohnungslosenhilfe (Hrsg.), Berlin, S. 121–124.

Schuchmann, Alexander (2005): Organisationsentwicklung im Nonprofitsektor. Die Implementierung des Beratungsinstrumentes Kontrolliertes Trinken und ihr Einfluss auf Arbeitsprozesse eines Fachverbandes der Wohnungslosenhilfe als Beispiel für Organisationsentwicklung. Masterarbeit im Masterstudiengang Sozialmanagement an der Fachhochschule Landshut.

Schreiter, Stefanie; Bermpohl, Felix; Krausz, Michael; Leucht, Stefan; Rössler, Wulf; Schouler-Ocak, Meryam; Gutwinski, Stefan (2017): The prevalence of mental illness in homeless people in Germany – a systematic review and meta-analysis. Dtsch Arztebl Int 2017; 114: 665–672. DOI: 10.3238/arztebl.2017.0665.

Shazer de, Steve; Dolan, Yvonne (2007): Mehr als ein Wunder. Lösungsfokussierte Kurztherapie heute. 3. Auflage. Carl Auer Verlag, Heidelberg.

Specht, Thomas; Rosenke, Werena; Jordan, Rolf; Giffhorn, Benjamin (2017): Handbuch der Hilfen in Wohnungsnotfällen. Entwicklung lokaler Hilfesysteme und lebenslagenbezogener Hilfeansätze. Berlin, Düsseldorf.

Specht, Thomas (2018): „Ambulante Hilfe in Wohnungen-„Housing first“ der ersten Stunde in Europa“. In: wohnungslos 1/18, Bundesarbeitsgemeinschaft Wohnungslosenhilfe (Hrsg.), Berlin, S. 1–6.

Spiegel, von, Hiltrud (2018): Methodisches Handeln in der Sozialen Arbeit. 6. Auflage. Reinhard Verlag, München.

Stavemann, Harlich H. (2002): Sokratische Gesprächsführung in Therapie und Beratung. Eine Anleitung für Psychotherapeuten, Berater und Seelsorger. Belz Verlag, Weinheim, Basel, Berlin.

Straumann, Ursula (2001): Professionelle Beratung. Bausteine zur Qualitätsentwicklung und Qualitätssicherung. 2. Auflage. Asanger Verlag GmbH, Heidelberg und Kröning.

Steckelberg, Claudia (2018): Wohnungslosigkeit als heterogenes Phänomen. Soziale Arbeit und ihre Adressat_innen. In: Aus Politik und Zeitgeschichte (APUZ 25–26/2018), Lizenz CC BY-NC-ND 3.0 DE, https://www.bpb.de/apuz/270888/wohnungslosigkeit-als-heterogenes-phaenomen-soziale-arbeit-und-ihre-adressatinnen?p=2, (Stand 12.01. 2021)

Szynka, Peter (2014): Partizipation in der Wohnungslosenhilfe. In: Archiv für Wissenschaft und Praxis der sozialen Arbeit 02/14, Deutscher Verein für öffentliche und private Fürsorge (Hrsg.), Berlin, S. 2–9.

Thomas, Stefan (2010): Professionalisierung im Verhältnis zu Partizipation, Empowerment und Selbstorganisation. In: wohnungslos 02/10, Bundesarbeitsgemeinschaft Wohnungslosenhilfe (Hrsg.), Bielefeld, 49–52.

Valeska Dörrich, Eva Maria (2017): Die Übertragbarkeit der Wirkfaktoren der Psychotherapie nach Grawe et al. auf die Beratung. Abschlussarbeit im Masterstudiengang Beratung (MA). Hochschule Neubrandenburg. URN: urn:nbn:de:gbv:519-thesis2017-0252-9.

Vertheim, Uwe (2010): KISS „Kontrolle im selbstbestimmten Substanzkonsum“ – Wissenschaftliche Evaluation des Selbstmanagement-Programms zum kontrollierten Drogenkonsum. Abschlussbericht zur Katamnese. http://www.zis-hamburg.de/uploads/tx_userzis/Bericht_KISS-Kat_fertig.pdf (Stand 12.01.2021)

Weisser, Gerhard (1956): Wirtschaft. In: Ziegenfuss, Werner (Hrsg.), Handbuch der Soziologie. Enke Verlag, Stuttgart.

Widulle, Wolfgang (2012): Gesprächsführung in der Sozialen Arbeit. Grundlagen und Gestaltungshilfen, 2. Auflage. Springer VS, Wiesbaden.

Wolf, Andreas (2018): Wohnungslosigkeit. In: Otto, Hans-Uwe; Thiersch, Hans; Treptow, Rainer; Ziegler, Holger (Hrsg.): Handbuch Soziale Arbeit, 6. überarbeitete Auflage. Ernst Reinhardt Verlag, München.